Hans Bohrmann · Otfried Jarren
Gabriele Melischek · Josef Seethaler (Hrsg.)

Wahlen und Politikvermittlung durch Massenmedien

Hans Bohrmann · Otfried Jarren
Gabriele Melischek · Josef Seethaler (Hrsg.)

Wahlen und Politikvermittlung durch Massenmedien

Westdeutscher Verlag

Die Deutsche Bibliothek – CIP-Einheitsaufnahme
Ein Titeldatensatz für diese Publikation ist bei
Der Deutschen Bibliothek erhältlich

Gedruckt mit Unterstützung des Vereins der Freunde der
Österreichischen Akademie der Wissenschaften.

Der Westdeutsche Verlag ist ein Unternehmen der
Fachverlagsgruppe BertelsmannSpringer.

www.westdeutschervlg.de

Höchste inhaltliche und technische Qualität unserer Produkte ist unser Ziel. Bei der Produktion und Verbreitung unserer Bücher wollen wir die Umwelt schonen: Dieses Buch ist auf säurefreiem und chlorfrei gebleichtem Papier gedruckt. Die Einschweißfolie besteht aus Polyäthylen und damit aus organischen Grundstoffen, die weder bei der Herstellung noch bei der Verbrennung Schadstoffe freisetzen.

Umschlaggestaltung: Horst Dieter Bürkle, Darmstadt
Druck und buchbinderische Verarbeitung: Rosch-Buch, Scheßlitz
Printed in Germany

ISBN 3-531-13304-7

Inhalt

Wahlkommunikation und politisch-sozialer Wandel

Vorwort

Nichts ist so gut erforscht wie die Wahlkommunikation – heißt es mit Blick auf die gesamte politische Kommunikationsforschung aus publizistik- und kommunikationswissenschaftlicher Perspektive. Wahlkommunikation wird von der Publizistik- und Kommunikationswissenschaft überbewertet, liest man in Beiträgen von Politologen. Und Methodenexperten wiederum kritisieren die Schlichtheit der Designs und Auswertungsmethoden bei vielen Wahlstudien und Wahlkampfanalysen. Und generell wird die Orientierung auf aktuelles Material kritisiert: die historische Tiefenschärfe fehle, sodass viele Erklärungen doch letztlich unzureichend bleiben.

Der vorliegende Band spiegelt die zahlreichen Dilemmata der Wahlforschung: Geschichte, Politikwissenschaft, Psychologie, Soziologie sowie Publizistik- und Kommunikationswissenschaft setzen sich mit Wahlen und Wahlkämpfen aus höchst unterschiedlichen Perspektiven, mit unterschiedlichen Fragestellungen und auf Basis unterschiedlicher Methoden auseinander. Die Vielfalt gibt kein einheitliches, geschlossenes Bild, macht aber auf die jeweiligen Erklärungsstärken von Ansätzen und Methoden aufmerksam. Ein ebenso komplexer wie folgenreicher politischer Prozess wie Wahlen lässt sich nun einmal nicht einfach erklären – selbst wenn man ihn nur als Einzelereignis begreift. Akteure, Konstellationen und historische Erfahrungen, also situative Faktoren wie Entwicklungspfade, bestimmen Verlauf und Ergebnis von Wahlkämpfen gleichermaßen. Allen Unkenrufen von der „Amerikanisierung" oder der Labilisierung politischer Strukturen zum Trotz, weisen auch heute Wahlverläufe ein hohes Maß an Berechenbarkeit auf, können Verläufe und Ergebnisse durchaus schlüssig erklärt werden. Das aber zumeist erst dann, wenn mit genügend zeitlichem Abstand auf die Entwicklungen gesehen wird. Die ad hoc-Erklärungen wie auch die immer zahlreicher werdenden Einzel(fall)studien leiden, so zeigen Beiträge auch in diesem Band, zu sehr unter den jeweils laufenden „Interpretationsschlachten". Und die beginnen spätestens mit dem Schließen der Wahllokale und der Veröffentlichung der ersten Trends und Hochrechnungen. Unser aller Bild, auch das Bild der Wissenschaft, von Wahlen wird vielfach durch den Ersteindruck und die Interpretationsangebote beteiligter und interessierter Kreise geprägt. Auch wenn Politiker, Demoskopen und Medienakteure mit derartigen schnellen Erklärungen oft auch die Rechtfertigung für ihr (meist teures) Dasein bieten, gewinnt doch die Wahl ihre eigentliche Bedeutung erst in diesem gesellschaftlichen, vor allem massenmedialen Interpretationsprozess. Die nächste Wahl findet schließlich alsbald statt, vom permanenten Wahlkampf wird gesprochen.

Politiker, Demoskopen, Polit-Berater und Medien profitieren gemeinsam vom „Event Wahl", wenngleich in unterschiedlicher Weise und in unterschiedlichen Währungen. Aber sie alle haben ein Interesse an Deutungen, die ihnen Vorteile verschaffen sollen. Ein Vorgang, der auch die Wissenschaft nicht unbeeindruckt lässt, wird sie doch um Analyse und Bewertung nachgefragt, kann sie sich – endlich – als praxisrelevant beweisen. Freilich greift manche Analyse dann zu kurz. Die wissenschaftliche Distanz fehlt vielfach, auch weil die grundlagenorientierte Wissenschaft an diesem Deutungsgeschäft nicht beteiligt ist. Die sozialwissenschaftliche Wahlforschung ist auf die Daten zumeist kommerzieller Unternehmen angewiesen, die vor, während und nach den Wahlen eifrig Daten für ihre Kunden sammeln und verbreiten (lassen). Doch was da alles erfragt und erhoben wird, das hat mit wissenschaftlichen Fragestellungen zumeist nur noch wenig zu tun und lässt sich deshalb für wissenschaftliche Zwecke eigentlich auch gar nicht heranziehen. Doch mangels eigener empirischer Möglichkeiten, denn solide empirische Erhebungen wie beispielsweise Panel-Befragungen, sind aufwendig und kostenintensiv, wird vielfach auf Material aus der kommerziellen Forschung zurückgegriffen. Es mangelt also tatsächlich, trotz der Zahlenflut, an seriös gewonnenen Daten für theoriegeleitete Interpretationen. So nimmt es nicht wunder, dass erst mit Distanz und einigem zeitlich Abstand Wahlen hinreichend interpretiert werden können.

Die Beiträge im Band machen deutlich, dass vor allem Longitudinalstudien sinnvoll und erkenntnisreich sind, denn erst über längere Zeiträume zeigen sich Veränderungen bei politischen Akteuren, bei einzelnen sozialen Gruppen im Wahlverhalten, im Mediensystem oder in der Medienberichterstattung. Und aus der Betrachtung des Wandels von und in Wahlspots lässt sich, als Langzeitstudie angelegt, auch viel über den sozialen Wandel und über das veränderte Politikverständnis in einer Gesellschaft ablesen. Andererseits lassen sich gerade Wahlkämpfe nicht begreifen ohne den Blick auf die politische Kultur, auf politische Strukturen, Akteure, deren Strategien und Handlungen zu werfen. Doch wie lässt sich das „Mikro-Makro-Puzzle" (Max Kaase) legen?

Allein der Blick in die Medien reicht nicht aus. Strukturen und Akteurshandeln bestimmen die Entscheidungen der Wahlbürger mit, denn sie nehmen Politik nun nicht allein über Medien und schon gar nicht allein nur zu Wahlzeiten oder aufgrund von Werbespots wahr. Zweifellos hat die Politikvermittlung über Medien an Bedeutung gewonnen und zweifelsohne sind auch Wahlen ohne die modernen Massenmedien nicht zu denken, aber sich bei Analysen allein auf Medieninhalte zu konzentrieren, wäre verkürzt. Und dann stellt sich die Frage, welche Inhalte eigentlich zu betrachten sind – nur die vermeintlich politischen, die wir in Nachrichtensendungen, auf Inlands- oder Auslandsseiten vorfinden? Seit längerem gilt, dass Politik und Politikvermittlung sich nicht allein über die politischen Inhalte vollzieht, sondern auch über Unterhaltungsangebote. Es ist schon eigentümlich: Zwar wird die große Bedeutung von Unterhaltungssendungen oder Talkshows für die Politikvermittlung betont und über die Politikerauftritte auch öffentlich gesprochen und gestritten, aber zugleich fehlt es beispielsweise an inhaltsanalytischen Studien zu diesen Genres. Und dass, obwohl Unterhaltungssendungen und Talkshows mehr BürgerInnen erreichen als politische Magazine. Zudem ist die starke Orientierung auf Printmedien auffällig, obwohl immer stärker die besondere Bedeutung der Bildmedien, vor allem des Fernsehens, betont wird. Dabei spielen wohl die leichtere Zugänglichkeit der Printmedien einerseits und die aufgrund des hohen Aufwands notwendig selektive Dokumentation audiovisueller Medienprodukte andererseits, die retrospektiv nur bestimmte Untersuchungsdesigns zulässt, eine entscheidende Rolle – ganz abgesehen von den höheren methodischen Anforderungen, vor die eine Analyse von Film- und Fernsehbildern gestellt ist.

In den Beiträgen des Bandes wird viel über Professionalisierung der Wahlkampfkommunikation geschrieben, es werden dafür Beispiele gegeben und für die Annahme gute Argumente ins Feld geführt. Dabei darf allerdings nicht übersehen werden, dass der Ressourcenaufwand für Wahlen in den letzten Jahrzehnten in allen westlichen Demokratien erheblich gestiegen ist. Daraus resultieren Probleme der Parteien- und Wahlkampffinanzierung, aber auch Probleme der demokratischen Chancengleichheit. Die offenkundige Ökonomisierung von Medien und Politik – wahrlich kein neuartiges Problem, aber ein sich wohl (wieder) verschärfendes – hat für den demokratischen Wettbewerb in Wahlen, aber auch für die politische Kommunikation Folgen. Der Bonus der Regierenden ist einer davon, zweifellos kein unwichtiger. Diese Entwicklungen werden im vorliegenden Band auch angesprochen, wenngleich sie zumeist nicht im Mittelpunkt empirischer Analysen stehen. Die Befassung mit Strukturfragen, eine stärkere Orientierung der Forschung auf die Meso- und Makro-Ebene, und auch eine Intensivierung historischer Aspekte scheint geboten, wenn denn auch die an Wahlfragen interessierten Sozialwissenschaften sich professionalisieren wollen.

Mit dem vorliegenden Band wird der Versuch unternommen, die Vielfalt an Ansätzen und Methoden in der Wahlforschung darzustellen. Die Unterschiedlichkeit soll anregen, auch über die Notwendigkeit einer verstärkten Zusammenarbeit innerhalb des Forschungsbereichs der politischen Kommunikation generell sowohl zwischen den Disziplinen als auch zwischen den mit unterschiedlichen Methoden der empirischen Sozialforschung arbeitenden WissenschaftlerInnen nachzudenken. Wenn ein Anstoß dazu gelänge, wäre viel erreicht.

Diesen Diskurs zu unterstützen war auch die Leitlinie für die Anordnung der Beiträge, die bewusst die übliche Trennung zwischen den strikt gegenwartsorientierten Sozialwissenschaften und historisch fragenden Wissenschaften vermeidet und gegenstandsbezogen unterschiedliche Disziplinen zu Wort kommen lässt. Auch wenn in einzelnen Beiträgen mehrere Ebenen einbezogen sind, wurden sie schwerpunktmäßig um drei zentrale Fragestellungen gruppiert: den Fragen nach der Qualität der Politikvermittlung durch Massenmedien in der Wahlkommunikation, nach ihrer möglichen Resonanz und inwiefern sie als Indikator politisch-sozialen Wandels gelten kann.

Nach den die Diskussion eröffnenden Einführungen aus politik- und kommunikationswissenschaftlicher Perspektive (Ulrich Sarcinelli und Ulrich Saxer) stehen am Beginn des ersten Abschnitts zwei Beiträge, die zentrale Aspekte der Wahlkampfkommunikation erneut aus der Sicht dieser Disziplinen untersuchen. So prüft Fritz Plasser anhand von Indikatoren, die er aus einer Charakterisierung der politischen Kommunikationspraxis in den USA gewinnt, die Relevanz des Konzepts „Amerikanisierung" für westeuropäische Wahlkämpfe, während Klaus Schönbach und Holli A. Semetko aus einer Zusammenschau von Forschungsergebnissen zu den Bundestagswahlen 1976-1998 die mit der journalistischen Professionalität begründete These von der Geltung eines Sichtbarkeitsbonus in der Wahlkampfberichterstattung ableiten, der in der Regel der Regierung nützt und nur dann der Opposition zugute kommt, wenn sie schon früh die Chance eines Wahlsieges als Nachrichtenfaktor anzubieten hat. Auf eine langfristige Überprüfung der von Thomas E. Patterson in seinem Buchtitel „Out of Order" zugespitzten Thesen der Veränderungen bzw. Verzerrungen in der Wahlkampfberichterstattung der letzten Jahrzehnte zielt schließlich das von Jürgen Wilke vorgestellte Design einer systematischen Inhaltsanalyse der Berichterstattung über Kanzler-Kandidaten in den führenden deutschen Tageszeitungen 1949-1994.

Der zweite Schwerpunkt dieses Abschnitts konzentriert sich primär auf die massenmedial vermittelten Interpretationen des Wahlergebnisses, die in letzter

Zeit zunehmend in den Fokus des Forschungsinteresses rücken. Eingeleitet wird er aus attributionspsychologischer Perspektive, die seit den 70er Jahren als das wichtigste Paradigma der Sozialpsychologie gilt. Ausgehend von Ergebnissen einer empirischen Untersuchung von Kommentaren zu niedersächsischen Landtagswahlen, stellt Friedrich Försterling attributionstheoretische Ansätze vor, die sich insbesondere auf Mechanismen strategischer Kommunikation bei Zuschreibungen von Ursachen (Attributionen) für Ereignisse wie Erfolg und Misserfolg beziehen und von deren Anwendung die Analyse der Berichterstattung aus der Sicht des Autors besonders profitieren könnte. Die Möglichkeiten der Nutzung attributionstheoretischer Ansätze in der empirischen Medienforschung erörtert sodann Hans-Jörg Stiehler in seinem Problemaufriss, indem er die Spezifik der Medien im Attributionsprozess systematisch herausarbeitet und damit der Komplexität der „Interpretationsschlacht", an der politische Akteure, Journalisten und Publikum beteiligt sind, gerecht zu werden versucht. Abschließend stellen Gabriele Melischek und Josef Seethaler am Beispiel der Überprüfung der These Richard F. Hamiltons, wonach ein zunehmend rechtes Presseklima in der Weimarer Republik den Aufstieg der NSDAP begünstigt habe, ein attributionstheoretisch fundiertes Modell zur Analyse der Sieger- und Verliererwahrnehmung in der Nachwahlberichterstattung vor.

Den zweiten Abschnitt der stärker auf die Resonanz der massenmedialen Politikvermittlung orientierten Beiträge leitet eine empirische wahlhistorische Studie von Martin Liepach ein. Ausgehend von den in der jüdischen Presse gegebenen Wahlempfehlungen wird die Hypothese eines strategischen Wahlverhaltens unter der jüdischen Wählerschaft der Weimarer Republik bei der Reichstagswahl im Juli 1932 anhand wahlstatistischer Datensätze überprüft. Während historische Analysen den Rezipienten indirekt einzubeziehen versuchen, zielt Manfred Knoche auf eine Analyse des Verhältnisses von Politikdarstellung, Politikvermittlung und Vorstellungen von Politik in der Bevölkerung. In seiner Untersuchung zu den Grünen in Deutschland (1983-1990) integriert er mit einer Input-Output-Analyse und der Verknüpfung einer kontinuierlichen Inhaltsanalyse mit Panel-Befragungen (im Sinne von Agenda-Building) politik- und kommunikationswissenschaftliche Zugänge. Für eine Erweiterung des Agenda-Setting-Ansatzes plädiert auch Claude Longchamp. Durch Überprüfung der ihm impliziten Annahmen anhand der Kampagnen zu den Parlamentswahlen in der Schweiz von 1983 bis 1995 werden vernachlässigte Aspekte offen gelegt und ein Konzept des „climate-setting" postuliert, das neben Wahrnehmungen auch Emotionen und Bewertungen berücksichtigt.

Spezifische Probleme von Panelstudien sind Gegenstand der den zweiten Abschnitt beschließenden Beiträge von Helmut Scherer sowie von Kai Arzheimer, Markus Klein und Jürgen W. Falter. Um den Vorbehalten gegenüber dem Panel als Erhebungsinstrument zu begegnen, überprüft Scherer mit Hilfe von Sekundäranalysen zweier Panelstudien zur Europawahl 1984 und zur Volkszählung 1987 die beiden zentralen Einwände (Panelmortalität und Paneleffekt) und kann zeigen, dass sich Ausfälle in Grenzen halten und eine Sensibilisierung für den Gegenstand der Befragung nicht nachweisbar ist. Arzheimer, Klein und Falter demonstrieren mit dem Einsatz der Total-Design-Method für Befragungen im Rahmen eines politikwissenschaftlichen Projekts zur Anwendung der Conjoint-Analyse als Instrument der empirischen Wahlforschung, dass das für Querschnittanalysen entwickelte Verfahren unter spezifischen Voraussetzungen mit gutem Erfolg auch für Panel-Studien eingesetzt werden kann.

Den aufgrund des großen Aufwandes für die Generierung entsprechender Datensätze seltenen Beispielen für Langzeitstudien, die auf die Untersuchung politischen und sozialen Wandels zielen, ist der dritte Abschnitt gewidmet. (Zweifellos könnte auch von einigen der bisher vorgestellten methodischen Modelle der Impuls ausgehen, sie im Sinne dieser Fragestellung einzusetzen bzw. zu adaptieren – als Plädoyer in diese Richtung versteht auch Hartmut Weßler die von ihm diskutierten Ansätze zu einer Prozessanalyse der Tiefenstruktur von politischer Kommunikation am Ende dieses Abschnitts.) Das zeitlich umfassendste Forschungsdesign zur Analyse des sozialen Wandels und des Strukturwandels der Öffentlichkeit wird von Kurt Imhof und Patrik Ettinger aus öffentlichkeitssoziologischer und -historischer Perspektive am Beispiel der Schweiz eingebracht, das beinahe das ganze 20. Jahrhundert (1910-1995) umfasst. Mit Hilfe eines Datensatzes, in dem die zehn wichtigsten Medienereignisse pro Jahrgang für fünf überregionale deutsch-schweizerischen Tageszeitungen in diesem Zeitraum erfasst sind, werden fünf Forschungshypothesen zur Relevanz von Wahlen und Abstimmungen in der politischen Kommunikation validiert. Vor dem Konzept der politischen Kulturforschung (in der Ausformulierung von Karl Rohe) und mit Bezug auf den wissenssoziologischen Ansatz von Peter L. Berger und Thomas Luckmann definieren Christina Holtz-Bacha und Eva-Maria Lessinger Wahlwerbung als Indikator für politisch-kulturellen Wandel. Die Untersuchungsbasis bilden Wahlwerbespots als Sinn- und Deutungsangebote der Parteien zu den sechs deutschen Bundestagswahlen von 1976 bis 1994. Durch Konfrontation von Charakterisierungen der Wahlkämpfe durch Partei- und Regierungsmedien mit einer Analyse der von der preußischen Zivilverwaltung regelmäßig erstellten Stimmungsberichte regt schließlich Rudolf Stöber eine differenziertere, die traditionelle historische Einschätzung korrigierende Interpretation der Entwicklung des politischen Klimas im deutschen Kaiserreich (1871-1914/18) an.

Der vorliegende Band geht, um zwei Beiträge erweitert, auf den gleichnamigen Workshop „Wahlen und Politikvermittlung durch Massenmedien“ in Wien im April 1998 zurück, der von der Kommission für historische Pressedokumentation an der Österreichischen Akademie der Wissenschaften (Obmann: Prof. Dr. Herbert Matis) organisiert wurde und unter dem Ehrenschutz des österreichischen Bundesministers für Wissenschaft und Verkehr, Dr. Caspar Einem, stand. Konzipiert und vorbereitet wurde die Veranstaltung in Zusammenarbeit zwischen dem Institut für Zeitungsforschung, Dortmund (Direktor Prof. Dr. Hans Bohrmann), dem Hans-Bredow-Institut für Medienforschung an der Universität Hamburg (Direktor Prof. Dr. Otfried Jarren) sowie der Kommission für historische Pressedokumentation, Wien (Dr. Dr. Gabriele Melischek und Dr. Josef Seethaler). Die Herausgeber danken vor allem den ReferentInnen und den DiskussionsteilnehmerInnen, die aus der Bundesrepublik Deutschland, der Schweiz und Österreich nach Wien gekommen waren, für ihr Engagement, das erst den Erfolg des Workshops ausgemacht hat. Ferner danken sie folgenden Institutionen für die großzügige Förderung der Veranstaltung: allen voran der Österreichischen Akademie der Wissenschaften, insbesondere ihrem Präsidenten, Herrn Prof. Dr. Werner Welzig, und dem Sekretär der philosophisch-historischen Klasse, Herrn Prof. Dr. Herwig Friesinger, aber auch der Stadt Wien, insbesondere Herrn Bürgermeister Dr. Michael Häupl, Herrn Vizebürgermeister Dr. Dr. Bernhard Görg, Frau Landtagspräsidentin Maria Hampel-Fuchs und Herrn Dr. Hubert Christian Ehalt (Wissenschafts- und Forschungsförderung), sowie der Raiffeisenbank Wien. Besonderer Dank gilt dem Verein der Freunde der Österreichischen Akademie der Wissenschaften, insbesondere seinem Präsidenten, Herrn Vizebürgermeister i.R. Hans Mayr, für die Übernahme des Druckkostenzuschusses, und dem Westdeutschen Verlag, vor allem Frau Barbara Emig-Roller und Herrn Frank Schindler, für die angenehme Zusammenarbeit. Last, but not least sei Frau Mag. Ingrid Serini für die Besorgung des Lektorats und Frau Magdalena Weber für die Mitarbeit an der Herstellung der Druckvorlage herzlich gedankt.

Dortmund, Hamburg/Zürich und Wien, im Oktober 1999

Hans Bohrmann Otfried Jarren Gabriele Melischek Josef Seethaler

Zur Einführung

Politikvermittlung und Wahlen – Sonderfall oder Normalität des politischen Prozesses? Essayistische Anmerkungen und Anregungen für die Forschung

Ulrich Sarcinelli

1 Assoziationen aus Anlass der Bundestagswahl 1998

„The show must go on", so resümiert Peter Radunski (1996, 34), erfahrener Parteimanager, Wahlkampfplaner und Spitzenpolitiker, seine Erfahrungen zur modernen Wahlkampfführung wie überhaupt zur unausweichlichen „Amerikanisierung" politischer Kommunikation. Nun kann man darüber streiten, ob die Show weitergehen *muss,* kann räsonieren über den Verfall der politischen Kultur durch zunehmende „Amerikanisierung" der Politikvermittlung; kann die Inhaltslosigkeit von Wahlkampagnen, die Reduktion von Politik auf Fernseh-Personality-Shows und Sympathiewettbewerbe wie überhaupt die Entertainisierung des Politischen beklagen. Die normativ-kulturkritisch aufgeladene Attitüde, mit der solche Klagen bisweilen geführt werden, dürfte wenig daran ändern, dass die Show weiter gehen *wird.* Der Bundestagswahlkampf 1998 lieferte jüngstes Anschauungsmaterial für den Grad an medialer Professionalisierung. Bei Kommentatoren nährte er erneut Zweifel, ob den Parteien noch die Funktion zukommt, Sprachrohre der Gesellschaft zu sein; ob wir uns nicht an einem „Wendepunkt" (Oberreuter 1996) auf dem Weg „von der Parteien zur Mediendemokratie" (Sarcinelli 1998a) befinden, ja das „Ende der Parteien" (Meng 1997) bevorstehe. Ohne die Medien jedenfalls und vor allem ohne das Fernsehen sind politische Parteien heute allenfalls noch politische „Flüstertüten".

Erfolg, so verkündete der SPD-Spitzenkandidat und spätere Wahlsieger Gerhard Schröder im Bundestagswahlkampf 1998 konsequent, sei immer ein über die Medien vermittelter Erfolg oder er sei kein Erfolg. „Nicht nur, aber immer öfter", ist – in Anlehnung an einen erfolgreichen Werbeslogan – dem zum Kanzler gewählten Kommunikator beizupflichten. Und selbst diejenigen in den Unionsparteien, die den telegenen Herausforderer im Verlaufe des Wahlkampfes als medieninszenierte „heiße Luft" zu disqualifizieren versuchten, waren sich dessen bewusst, dass Politikvermittlung ohne Medienkompetenz ein Unding ist.

Insofern kann man auch die vom späteren Wahlverlierer im Verlaufe des Wahlkampfes demonstrativ zur Schau getragene Aversion gegen Medieninszenierungen selbst als Teil eines Spiels mit verteilten Rollen abbuchen. Wer in der Gunst der Medien momentan schlechter abschneidet, bekennt sich kurzerhand zur Sachlichkeit, gleichsam zu „Politik pur". Diese gab es noch nie, schon gar nicht in Wahlkampfzeiten. Der Versuch, die Wahlkampfführung des politischen Gegners als unseriöse Show zu diskreditieren, wirkte im angesprochenen Fall umso weniger glaubwürdig, als sich der seinerzeit noch amtierende Kanzler selbst für den Bundestagswahlkampf mit dem ehemaligen Chefredakteur einer großen Boulevard-Zeitung einen Medienberater mit ausgewiesenem Rambo-Image zugelegt hatte.

Diese Debatte erscheint jedoch noch unter einem anderen, sowohl in der Wahl- und Wahlkampfforschung wie auch in der politischen Kommunikationsforschung vernachlässigten Gesichtspunkt von Bedeutung. Im Zuge der Professionalisierung von politischer Kommunikation wird die Politikvermittlung selbst zum öffentlichen Thema, auch in Wahlkämpfen werden bisweilen die Sach- und Personenkonflikte überlagert von der „Kommunikation über Kommunikation", von einer gleichsam metakommunikativen Debatte über den Wahlkampfstil (vgl. bereits Sarcinelli 1987, 181f.).

Natürlich beschränkt sich Wahlkampf keineswegs darauf, ein Medienereignis zu sein. Wer selbst einmal Wahlkampf gemacht oder als Wahlkampfhelfer gearbeitet hat, kann davon ein Lied singen. Doch ebenso klar ist auch: das Publikum oder bestimmte Zielgruppen sind nur über die Massenmedien zu erreichen. Das gilt inzwischen selbst für die eigene Parteiklientel. Medienpräsenz ist zu einer entscheidenden Machtprämie geworden, nicht nur vor Wahlen. Im Mittelpunkt des Interesses steht dabei das Fernsehen. Nach wie vor ist das „Flimmermedium" in Reichweite, Aktualität und vor allem in seiner visuellen Eindrücklichkeit unschlagbar. Es ist zudem auch das Darstellungsinstrument, das wie kein zweites Spielraum für Selbst- und Fremdinszenierungen bietet.

Der inzwischen inflationär gebrauchte Begriff Politikvermittlung macht einen kurzen begrifflichen Exkurs notwendig.

2 Zur Dimensionierung des Politikvermittlungsbegriffes

„Politikvermittlung" gehört zu der Kategorie sozialwissenschaftlicher Fachtermini, die sich inzwischen im allgemeinen politischen Sprachgebrauch etabliert haben. Dies ist sicherlich nicht nur der Begriffsschöpfung im Rahmen eines entsprechenden, auflagenstarken Buchtitels (Sarcinelli 1987) zu verdanken. Für die schnelle Adaption von Politikvermittlung in die Alltagssprache spricht mehr noch, dass hier ein politisches Zeitphänomen begrifflich erfasst wurde, das Konjunktur hatte und nach wie vor Konjunktur hat. Es geht um die i.d.R. medienvermittelte Darstellung und Wahrnehmung von Politik. Politikvermittlung bringt das erkenntnistheoretische Grundphänomen zum Ausdruck, dass Politik nicht nur für das Publikum, sondern weithin auch für politische Akteure erst als massenmedial „vermitteltes" Geschehen Realität wird; eine Realität allerdings, die im Wege von Politikvermittlung nicht einfach abgebildet wird. Vielmehr wird die politische Wirklichkeit selbst durch die Herstellung medialer Publizität – subjektiv und objektiv – mitkonstituiert und nicht selten erst hergestellt.

Politikvermittlung ist gleichwohl mehr als ein konstruktivistisches Grundphänomen. Sie kann einmal den einseitigen politischen Informationsaustausch bezeichnen, zum anderen aber auch zweiseitige Kommunikationsbeziehungen zum Gegenstand haben, die auf die Herstellung von Verständigung und Konsens ausgerichtet sind. Insofern ist Politikvermittlung eine zentrale demokratietheoretische Kategorie. So macht die im politischen Sprachgebrauch bisweilen verwendete Redewendung, eine politische Entscheidung oder Entscheidungsabsicht sei nicht vermittelbar, deutlich, dass Akzeptanz durch Politikvermittlung – zumindest im demokratischen System – nicht beliebig erzeugt werden kann. Umso mehr stellt Politikvermittlung eine conditio sine qua non demokratischer Regierungsweise dar. Es geht um nicht weniger als um die Legitimationsbeschaffung in offenen Kommunikationsprozessen. Wahlen sind dabei legitimatorische Sonderphasen einer kommunikativen Rückkoppelung, weil trotz Demokratisierung mit Ausweitung des politischen Beteiligungsrepertoires allgemeine Wahlen das einzige konstitutionelle Verfahren darstellen, in dem potentiell alle Bürger ein Votum abzugeben in der Lage sind, das für die Rekrutierung der politischen Führungselite und für die Beauftragung mit staatlichen Ämtern von Bedeutung ist. Insofern erzeugt Politikvermittlung im Kontext von Wahlen nicht nur einen höheren Erwartungshorizont. Sie hat auch einen legitimatorisch höheren Verbindlichkeitsgrad.

Zumal in demokratischen Systemen unterliegt Politikvermittlung den normativen Mindestanforderungen, die für offene Kommunikationssysteme und -strukturen Geltung beanspruchen können. Für diese wird gefordert bzw. vorausgesetzt: generelle Zugangspluralität und -offenheit (1), richtungspolitische Pluralität (2) im Sinne einer Widerspiegelung verschiedener politischer Richtungstendenzen bzw. sachlicher Differenzierung (3) durch abgestufte Angebote für unterschiedliche Adressaten und Teilöffentlichkeiten, die in verschiedenen Graden von Informations- und Unterhaltungsorientierung ihren Ausdruck finden können, sowie kommunikative Rückkopplung (4), durch die einseitige(r) Informationsaustausch und Interessenvermittlung möglichst vermieden und Responsivität ermöglicht wird.

Je nach Zielrichtung und Handlungskontext kann Politikvermittlung schließlich durch folgende funktionale Unterscheidungen einer differenzierteren Kommunikationsanalyse zugänglich gemacht werden: eine informatorische Funktion (1) durch Weitergabe politischer Informationen, eine appellative Funktion (2) durch Reduktion und symbolische Verdichtung des Informationsgehalts, eine partizipatorische Funktion (3) durch Vermittlung mittelbarer oder unmittelbarer Teilhabe an der Politik sowie eine i.w.S. politisch-pädagogische Funktion (4), indem Politikvermittlung als Bestandteil eines umfassenden politischen Bildungs- bzw. Sozialisationsprozesses verstanden wird (vgl. Sarcinelli 1987, 30ff.). Nach mehr als einem Jahrzehnt ist nunmehr auf eine differenzierte Forschungsdebatte (vgl. Sarcinelli 1998a) in Sachen Politikvermittlung zurückzublicken, wie überhaupt politische Kommunikation als ein sozialwissenschaftliches Forschungs- und politisch-praktisches Handlungsfeld eine zunehmende Professionalisierung erfährt (vgl. Schulz 1997; Jarren, Saxer und Sarcinelli 1998). Der Wahl- und Wahlkampfforschung kommt diesbezüglich eine gewisse Vorreiterrolle zu.

3 Wahlkämpfe als Demonstrationsfelder für einen Systemwandel?

Schon vor vielen Jahren war vorgeschlagen worden, zwischen „Wahl-(parteien)kommunikation", „Wahl-(interessenverbands)kommunikation", „Wahl-(initiativen)kommunikation", „Wahl-(medien)kommunikation" und „Wahl-(souverän)kommunikation" zu unterscheiden. Wolfgang Langenbucher (1983) hat mit diesem Vorschlag schon früh deutlich machen können, dass Politikvermittlung gerade auch im Wahlenkontext ein außerordentlich komplexes Feld von Kommunikationsprozessen umfasst. Die Frage, ob es sich dabei um einen Normal- oder Sonderfall handelt, lässt sich nicht einfach mit „ja" oder „nein" beantworten.

Politikvermittlung im Kontext von Wahlen ist – und bleibt wohl auch im Falle der Ausweitung von Partizipationsrechten – ein konstitutioneller „Sonderfall" insofern, als die demokratische Wahl normativ nach wie vor als herausgehobener Akt der Legitimationsbeschaffung gilt. Allgemeine Wahlen stellen die einzige Beteiligungsform dar, in der das Prinzip der gleichen Teilnahme aller („one man one vote") verwirklicht wird. Ein möglicher „Normalfall" ist Politikvermittlung in Wahlzeiten insofern, als Wahlkampfphasen gemeinhin als Testphasen gelten, die der Erprobung von Zielen, Strategien und Instrumentarien der politischen Kommunikation dienen, die später zu Bestandteilen des politischen Alltagsbetriebes werden können. Jeder Wahlwettbewerb ist ein Professionalitätstest in Sachen Politikvermittlungskompetenz der beteiligten Akteure und Institutionen. Zunehmend stellt sich allerdings die Frage, inwieweit sich Wahlkämpfe als eine eigenständige Phase politischer Kommunikation noch klar von wahlfreien Phasen im politischen Prozess unterscheiden lassen. Die in der Politik verbreitete Redewendung, der Wahlkampf beginne am Tag nach der Wahl, bringt dies durchaus zutreffend zum Ausdruck: Der politische Konkurrenzkampf, der Wettbewerb um Aufmerksamkeit ist in der Mediengesellschaft ein politisches Alltagsphänomen, ein politisches Obligo. Die Vielzahl von Wahlen auf der kommunalen und Landesebene – zumal in Bundesstaaten wie beispielsweise Deutschland oder Österreich – machen es überdies zunehmend schwerer, überhaupt noch wahlkampffreie Zeiten zu identifizieren. Allerdings lässt sich in Wahlkampagnen vielfach studieren, was einmal zur politisch-kommunikativen „Normalausstattung" wird. Wahlkampagnen sind Testphasen und Anwendungsfälle für eine zunehmend professionelle Politikvermittlung. Das lässt sich an den inzwischen üblich gewordenen Praktiken des politisch-medialen Aufmerksamkeitsmanagements, der medienadressierten politischen Expressivität und Ästhetisierung, den medialen Personalisierungsstrategien wie überhaupt an der inzwischen hoch entwickelten Inszenierungspraxis exemplifizieren.

Man kann die Bedeutung medialer Politikvermittlung für den Politikbetrieb im allgemeinen und für Wahlkämpfe im besonderen, ja für das demokratische System insgesamt gar nicht hoch genug einschätzen. Wahlkämpfe als hoch professionelle und kostspielige Medienshows sind nicht kurze Ausnahmezustände, um dann zur „Normalität" des politischen Alltagsgeschäfts zurückzukehren. An der medienadressierten Wahlkampfführung lässt sich vielmehr eine Veränderung im Grundsätzlichen beobachten, eine politische Gewichtsverschiebung. Wenn das Wort nicht so abgegriffen wäre, müsste man von einer schleichenden „Systemveränderung" sprechen. Denn in langfristiger Betrachtung gesehen befinden wir uns auf dem Weg von einer parlamentarisch-repräsentativen Demokratie hin zu einer medial-präsentativen Demokratie. Institutionelle Politik verliert an Gewicht, zugleich kommt dem Medialen, der Politikvermittlung, der „Darstellung" von Politik, wachsende Bedeutung zu. Gemeint ist damit nicht etwa die plakative Behauptung, dass Politik zu einer „Sparte der Unterhaltungsindustrie" (Gunter Hofmann) verkommt. Das greift zu kurz. Gemeint ist vielmehr, dass sich ein schleichender Systemwandel vollzieht, den man eher als eine „Transformation des Politischen" (Meyer 1994), als eine allmähliche Veränderung der Legitimitätsgrundlagen des demokratischen Systems (vgl. Sarcinelli

1998c) bezeichnen könnte und den Kepplinger (1998) in kritischer Auseinandersetzung mit der Langfristwirkung der Politikberichterstattung als „Demontage der Politik“ bezeichnet.

Das Politische selbst orientiert sich zunehmend an der Logik der Medien und des Medialen. Auch wenn die politische Entscheidungslogik in der Medienlogik nicht völlig aufgeht und es nach wie vor medienresistente Kernbereiche im politischen Entscheidungssystem gibt (von Beyme und Weßler 1998; Kaase 1998, 35f.), so findet doch eine Mediatisierung des Politischen statt. Politik, politisches Handeln, politische Prozesse werden gleichsam medieninfiziert.

4 Wahlkampf und Politikvermittlung unter veränderten kommunikativen Rahmenbedingungen

Für diese Entwicklung gibt es tiefer liegende Ursachen, die in der politischen Kultur moderner Gesellschaften, in den Veränderungen der Medienlandschaft und in der Politik selbst zu suchen sind (vgl. mit weiteren Verweisen Sarcinelli 1998b, 277ff).

Veränderungen in der politischen Kultur: Parteien wie auch andere gesellschaftliche Großorganisationen und kollektive Sinnproduzenten klagen ihr Leid über Mitgliederschwund, Rückgang der Organisations- sprich Parteiidentifikation, Schrumpfung des Stammwählerpotentials, zunehmende Vergleichgültigung und Organisationsfrust. Die Bereitschaft, sich in politischen Großorganisationen zu engagieren, gar dauerhaft an eine Partei zu binden, schwindet. Selbstverständlich dazuzugehören – zu einer Partei oder Gewerkschaft, zu einem bestimmten Verein, zu einer Kirche – und sich dort zu engagieren, weil man aus einem bestimmten Elternhaus, einem bestimmten Sozialmilieu kommt, das gibt es noch, reicht aber als Bindungsmotiv immer weniger aus.

Menschen entscheiden sich zunehmend „rational“, wie Sozialwissenschaftler missverständlich sagen. Gemeint ist damit nicht unbedingt, sie entscheiden sich vernünftig. Gemeint ist vielmehr, dass kurzfristige Kosten-Nutzen-Kalküle als Motive für politisches Verhalten generell und für Wahlverhalten speziell eine größere Rolle spielen. Auch die Politik steht demnach zunehmend unter dem „Was-hab-ich-davon-Vorbehalt“. Dieser politische Mentalitätswandel hat viel mit dem gesteigerten Bildungsgrad, mit Veränderungen in der Sozialstruktur, mit einer zunehmenden Individualisierung, aber auch mit dem umfangreicheren Informations- und Medienangebot zu tun. Jedenfalls ist unstrittig: Die politische Kultur moderner Gesellschaften verändert sich. Man könnte es so zusammenfassen: Es gibt ein gesteigertes Mitredenwollen ohne unbedingt dazugehören zu müssen. Mit stabilen Überzeugungen, unhinterfragten politischen Loyalitäten und Sympathieabonnenten kann Politik heute weniger denn je rechnen. Damit steht aber Politik unter gesteigertem Politikvermittlungsdruck, wird Politikvermittlung, wird die Darstellung, Begründung und Rechtfertigung von Politik zum integralen Bestandteil des politischen Alltagsgeschäfts.

Veränderungen der Medienlandschaft: Massenmedien, dies wurde bereits angedeutet, sind in modernen Gesellschaften nicht nur Spiegel der Gesellschaft, also „Medien", die abbilden, was ist. Für Gesellschaft und Politik sind sie selbst ein dynamischer Faktor. Es sei einmal dahingestellt, ob man in den Medien inzwischen auch eigenständige politische Akteure sehen muss. Jedenfalls sind Medien und ist das Mediale ein gesellschaftliches „Totalphänomen" (Saxer 1998) von nahezu beliebiger Funktionalität. Die Veränderungen der modernen Medienlandschaft ergeben sich dabei einmal aus der quantitativen Ausweitung, der Vervielfachung der „Kanal"-Kapazitäten. Zum anderen aus der damit zusammenhängenden Kommerzialisierung. Bei schärfer werdender Konkurrenz richten sich Medien nach dem Markt, orientieren sich also zunehmend am Publikumsgeschmack und entsprechender Mediennachfrage, ausgedrückt in Einschaltquoten und Verkaufszahlen. Damit stehen Public Service-Funktionen, d.h. der Auftrag der Medien, politische Öffentlichkeit erst herzustellen, unter dem wachsenden Druck von Unterhaltungsnachfrage.

Für die Politik hat diese Entwicklung zur Folge, dass der Medienzugang für alle möglichen „Anbieter" erleichtert wird, während es tendenziell schwerer wird, von einer Massenöffentlichkeit gelesen, gehört oder gesehen und vor allem auch ernst genommen zu werden. Politische Akteure können nicht mehr in gleicher Weise, wie dies zu Zeiten eines relativ überschaubaren Mediensystems der Fall war, ihren medialen Exklusivitätsbonus ausspielen. Es kommt hinzu, dass Parteien kaum mehr über nennenswerte eigene Medien, geschweige denn Massenmedien, verfügen und insoweit ebenso wie das Publikum auf die allgemein zugänglichen Massenmedien angewiesen sind. „Going public", die besondere Verhaltensmaxime in Wahlkampfzeiten, wird also zum politischen Überlebensprinzip in der Mediengesellschaft.

Veränderungen im Staats- und Institutionensystem selbst: In modernen Demokratien stellt Politik längst nicht mehr eine Art hierarchische Spitze der Gesellschaft oder ihr Steuerungszentrum dar. Im parteienstaatlich überlagerten Politikgeflecht zumal von Bundesstaaten ist der politische Souveränitätsverlust mit Händen zu greifen. Mit der Zunahme der Binnenkomplexität des Staates, nationaler wie internationaler Vernetzung und Politikverflechtung, vor allem aber auch mit der Liberalisierung und Demokratisierung der Gesellschaft haben sich die institutionellen Bedingungen des Regierens entscheidend verändert. Im

Zuge der Modernisierung der Staatsorganisation entsteht, was Staatswissenschaftler inzwischen als „eine neue Architektur von Staatlichkeit" (Grande 1996, 328f) bezeichnen. Was im massenmedialen Bild von Politik kaum präsent ist: Staat, politische Institutionen und Akteure müssen auch nach innen kommunikationsfähig sein. Hier, in der „Politikvermittlung nach innen" „postparlamentarischer Demokratien" (Benz 1998), geht es meist nicht um die lauten Töne, den spektakulären Medienauftritt, sondern um Kooperation, Verhandlung, Konsenssuche (vgl. Scharpf 1991; Czada und Schmidt 1993).

Die Medien vermitteln demgegenüber ein hyperdynamisches Bild von Politik, den Eindruck eines permanenten streitigen Wettbewerbs. Die Realität, ob innerhalb des Parlaments, im Verhältnis von Bund und Ländern, auf der EU-Ebene oder auf der internationalen Bühne ist viel mehr, als dem Medienpublikum gegenwärtig ist, durch verhandlungsdemokratische Prozesse, durch unspektakuläres Kleinklein gekennzeichnet. In dem Maße aber, wie nun die Politikvermittlung im Wahlkampf zum stilbildenden Modus der Politikvermittlung über die engere Wahlkampfphase hinaus wird, steht Politikvermittlung in der Gefahr, an Organisations- und Handlungswirklichkeit der modernen Staatsorganisation vorbei ein mehr oder weniger falsches Bild von Politik zu vermitteln.

5 Politikvermittlung als kommunikative Bringschuld nicht nur im Wahlkampf: einige Gesetzmäßigkeiten

Man macht es sich zu einfach, mit bildungsbürgerlicher Attitüde und den Finger auf die Medien zeigend diese gesamte Entwicklung als politisches Verfallsphänomen abzuqualifizieren. Auch erscheint es zumindest missverständlich, Wahlkämpfe als „Bestandteil des Arkanbereichs von Politik" (Jarren und Bode 1996, 65) zu bezeichnen. Dies mag zutreffen auf die politisch-strategische Konzeptualisierung von Wahlkampf, nicht aber auf das Wahlkampfgeschehen selbst. Wahlen sind zwar konstitutionelle Sonderereignisse. Sie sind auch Phasen besonderer kommunikativer Verdichtung. Sie sind aber keine politisch-kommunikativen Ausnahmesituationen, allenfalls Vorboten und Trainingsfeld für den politisch-kommunikativen Normalfall, für den sich folgende Gesetzmäßigkeiten nennen lassen:

- In der Demokratie hat Politik eine kommunikative Bringschuld einzulösen. Politik bedarf der öffentlichen Darstellung, Begründung und Rechtfertigung, braucht also die Legitimation durch Kommunikation. Volkssouveränität und freie Kommunikation bedingen einander. Demokratische Politik und Medien stehen deshalb in einem wechselseitigen Abhängigkeitsverhältnis.

- Politik ist nicht zum „Nennwert“ zu haben. Auch wenn immer wieder ein gegenteiliger Eindruck zu erwecken versucht wird: Politik „pur“ gibt es nicht. Die „Darstellung“, die Politikvermittlung, politische Inszenierung, auch symbolische Politik waren schon immer und sind in der Mediengesellschaft verstärkt Bestandteil der Politik selbst. Dass Publizität eine demokratische Errungenschaft ist, kann allerdings politisch substanzlose Schaumschlägerei nicht rechtfertigen.
- Medienpräsenz ist nicht die einzige, aber eine unerlässliche Machtprämie in der Mediengesellschaft. Was nicht in den Medien ist, ist nicht wirklich, zumindest kann man sich darüber keine Meinung bilden und abstimmen. Die Fähigkeit zur politischen Kommunikation, zur Herstellung von Öffentlichkeit ist deshalb zu einer zentralen Aufgabe der Politik selbst geworden.
- Mit der Allgegenwart des Medialen verändert sich auch die Politik selbst, verändert sich der „Charakter“ der politischen Klasse. Traditionelle Kompetenzmerkmale reichen nicht mehr. Medienkompetenz wird wichtig, wenn man Karriere machen will. Gefragt ist der Typ des medienversierten Präsentanten gegenüber dem politischen Repräsentanten – nicht nur, aber immer öfter.
- Der moderne Medienbetrieb mit seiner Tendenz zur z.T. schon weltweit allpräsenten Life-Politics (CNN-Faktor) führt zu einer ungeheuren Dynamisierung des politischen Prozesses, mehr aber noch zu einer Dynamisierung der Potitikvermittlung und des Politikbildes mit der unverkennbaren Gefahr zunehmender Enttäuschungsproduktion und medienadressierter „Als-ob-Politik“.
- Zwischen der „Herstellung“ von Politik im politischen Entscheidungsbereich und der „Darstellung“ von Politik in der massenmedialen Politikvermittlung geht die Schere immer weiter auseinander. Denn die „Aufmerksamkeitsregeln“ der Medien decken sich nicht unbedingt mit den „Entscheidungsregeln“ von Politik. Die Langsamkeit der „Legitimation durch Verfahren“ (Niklas Luhmann) als ein für Rechtsstaatlichkeit und Demokratie unverzichtbares Prinzip hat demgegenüber keinen Mediencharme. Allerdings lassen sich damit auf Dauer politische Handlungsblockaden nicht rechtfertigen.
- Zwar haben neue Medien bisher fast nie alte Medien verdrängt. Gleichwohl ist das Fernsehen zum „Leitmedium“ der Politikdarstellung ebenso wie der Politikwahrnehmung geworden. Und weil sich mit dem Fernsehen auch die Lese- wie überhaupt die Wahrnehmungsgewohnheiten ändern, wird Politik im „Fernsehformat“ nicht nur für politische Akteure sondern zunehmend auch für Medienmacher „stilbildend“, gibt es Entwicklungen im Zeitungsmarkt, die man als Trend zum gedruckten Fernsehen bezeichnen könnte.
- Die Nutzung der Medien erfolgt hoch selektiv. Für die meisten Menschen steht Politik nicht im Zentrum des Interesses und der privaten Alltagsorgani-

sation. Das erweiterte Medienangebot führt deshalb auch nicht zu einem automatischen Chancenausgleich in politischem Interesse und Informationsnutzung. Stattdessen verschärft sich der Kampf um Aufmerksamkeit, wird der Wettbewerb um die publikumswirksamsten „Politik-Events" härter.

- Neben der Überschätzung des Publikums gibt es auch eine Unterschätzung. Wo die Massenmedien und insbesondere das Fernsehen im Generalverdacht stehen, Politikverdrossenheit zu produzieren, wird von allzu platten Wirkungsmodellen ausgegangen. Die Ausweitung des Medienmarktes und der Bedeutungsgewinn des Mediensystems insgesamt haben zu einem Reichweiten- und Autoritätsverlust einzelner Medien geführt.
- Es sei einmal dahingestellt, ob die Macht der Medien tatsächlich zugenommen hat. Unstrittig ist sicherlich, dass das Mediale an Bedeutung gewinnt. Langfristig angelegte politische Vertrauensarbeit, Gremien- und Institutionenpolitik verlieren an Gewicht gegenüber einem zunehmend professionellen, medienzentrierten Aufmerksamkeits- und Akzeptanzmanagement.

Wahlkämpfe machen dabei im Grunde das Politikvermittlungs-Dilemma demokratischer Parteien und ihrer Akteure in (post)modernen demokratischen Mediengesellschaften deutlich: Sie sehen sich mehr oder weniger gezwungen, „Lärm" zu machen, also ihre mediale *Thematisierungskompetenz* ständig unter Beweis zu stellen ohne sich in der zunehmend unübersichtlichen Medienlandschaft auch einer entsprechenden *Thematisierungsresonanz* sicher sein zu können. Für den kritischen Medienkunden namens Bürger sollte dabei ebenso wie für die Wahlkampfakteure klar sein: Politische Leistungsfähigkeit und demokratische Glaubwürdigkeit werden auf Dauer nicht an der Lautstärke des Medienlärms gemessen, sondern daran, ob Konzepte und Personen überzeugen; nicht nur daran, dass Problemlösungsfähigkeit medial demonstriert, sondern auch politische Probleme real gelöst werden; nicht nur daran, dass sich Spitzenakteure treffend ins Szene setzen, sondern auch daran, dass diese sich politisch durchsetzen können.

6 Einige Analysedefizite und forschungspolitische Konsequenzen

Welche Forschungsdefizite lassen sich benennen, und welche forschungspraktischen Konsequenzen sind zu ziehen?

Mit der Konzentration auf kleinteiligste Problemstellungen und Mikroanalysen suggeriert die sozialwissenschaftliche Forschung nicht selten „Bewegung" ohne weitergehende Befunde dazu, was sich tatsächlich in Kommunikation und Politik verändert.

Die Untersuchung der Kontinuität und *Prozesshaftigkeit* öffentlicher Kommunikation ist unterentwickelt. Dringend geboten sind systematische (und ggf. international vergleichend angelegte) *Längsschnittsstudien,* die den „Strukturwandel von Öffentlichkeit" am Beispiel von Wahlkämpfen dokumentieren können.

Auch wenn Mediatisierung von Politik über den Kontext von Wahlen hinaus eine Art universales Phänomen darstellt, so führt doch die unkritische Übertragung amerikanischer Befunde und die mangelnde Berücksichtigung des spezifischen *politischkulturellen Kontextes* europäischer Systeme und insbesondere der Parteiensysteme und ihrer Entwicklung in der Mediengesellschaft zu Fehleinschätzungen.

Wahlkampfforschung braucht – zumal in politikwissenschaftlicher Perspektive – die Verbindung von *mikro- und makroanalytischen* Forschungen. Erst in einer solchen Verbindung kann es auch gelingen, befriedigende Antworten auf die *Frage nach den politischen Wirkungen* von Politikvermittlung auf das demokratische System zu erhalten.

Mit der Konzentration auf die mediengerecht servierte *Darstellungspolitik* wird systematisch die Frage vernachlässigt, welche Konsequenzen sich daraus für die *Binnenstrukturen* im politischen Willensbildungs- und Entscheidungssystem ergeben. Politikvermittlung sollte demnach nicht nur als *Output* wahrgenommen, sondern auch mit Blick auf seine *Input-Bedingungen* und -Folgen analysiert werden.

Nicht zuletzt verdient Politikvermittlung im Kontext von Wahlen noch unter einem bisher vernachlässigten Aspekt ein größeres Forschungsinteresse, dem Gesichtspunkt der *Metakommunikation,* also der Kommunikation über die Kommunikation. Denn es scheint so, dass der Wettbewerb um das medien- und wählerwirksamste Politikmarketing, der Wahlkampfstil, die Politikvermittlung selbst zum Thema der Politikvermittlung wird.

Literatur

Benz, Arthur. 1998. Postparlamentarische Demokratie? Demokratische Legitimation im kooperativen Staat. In *Demokratie – eine Kultur des Westens?* hg. von Michael Greven, 201-222. Opladen: Leske und Budrich.

Beyme, Klaus von, und Hartmut Weßler. 1998. Politische Kommunikation als Entscheidungskommunikation. In *Politische Kommunikation in der demokratischen Gesellschaft: Ein Handbuch mit Lexikonteil,* hg. von Otfried Jarren, Ulrich Sarcinelli und Ulrich Saxer, 312-323. Opladen, Wiesbaden: Westdeutscher Verlag.

Czada, Roland, und Manfred G. Schmidt, Hg. 1993. *Verhandlungsdemokratie, Interessenvermittlung, Regierbarkeit: Festschrift für Gerhard Lehmbruch.* Opladen: Westdeutscher Verlag.

Grande, Edgar. 1996. Politische Steuerung und Selbstregelung korporativer Akteure. In *Gesellschaftliche Selbstregelung und politische Steuerung*, hg. von Renate Mayntz und Fritz W. Scharpf. Frankfurt am Main, New York: Campus.

Jarren, Otfried, und Markus Bode. 1996. Ereignis- und Medienmanagement politischer Parteien: Kommunikationsstrategien im „Superwahljahr" 1994. In *Politik überzeugend vermitteln: Wahlkampfstrategien in Deutschland und den USA*, hg. von der Bertelsmann Stiftung, 65-114. Gütersloh: Bertelsmann.

Jarren Otfried, Ulrich Sarcinelli und Ulrich Saxer, Hg. 1998. *Politische Kommunikation in der demokratischen Gesellschaft: Ein Handbuch mit Lexikonteil.* Opladen, Wiesbaden: Westdeutscher Verlag.

Kaase, Max. 1998. Demokratisches System und die Mediatisierung von Politik. In *Politikvermittlung und Demokratie in der Mediengesellschaft: Beiträge zur politischen Kommunikationskultur*, hg. von Ulrich Sarcinelli, 24-51. Wiesbaden, Opladen: Westdeutscher Verlag.

Kepplinger, Hans Mathias. 1998. *Die Demontage der Politik in der Informationsgesellschaft.* Freiburg, München: Alber.

Langenbucher, Wolfgang R. 1983. Wahlkampf – ein unbeliebtes, notwendiges Übel? In *Massenmedien und Wahlen*, hg. von Winfried Schulz und Klaus Schönbach, 114-128. München: Piper.

Meng, Richard. 1997. *Nach dem Ende der Parteien: Politik in der Mediengesellschaft.* Marburg: Schüren.

Meyer, Thomas. 1994. *Die Transformation des Politischen.* Frankfurt am Main: Suhrkamp.

Oberreuter, Heinrich, Hg. 1996. *Parteiensystem am Wendepunkt? Wahlen in der Fernsehdemokratie.* München, Landsberg: Olzog.

Radunski, Peter. 1996. Politisches Kommunikationsmanagement: Die Amerikanisierung der Wahlkämpfe. In *Politik überzeugend vermitteln: Wahlkampfstrategien in Deutschland und den USA*, hg. von der Bertelsmann Stiftung, 33-52. Gütersloh: Bertelsmann Stiftung.

Sarcinelli, Ulrich, Hg. 1987. *Politikvermittlung: Beiträge zur politischen Kommunikationskultur.* Bonn: Bundeszentrale für politische Bildung, und Opladen, Wiesbaden: Westdeutscher Verlag.

Sarcinelli, Ulrich, Hg. 1998a. *Politikvermittlung und Demokratie in der Mediengesellschaft: Beiträge zur politischen Kommunikationskultur.* Opladen, Wiesbaden: Westdeutscher Verlag.

Sarcinelli, Ulrich. 1998b. Parteien und Politikvermittlung: Von der Parteien- zur Mediendemokratie? In *Politikvermittlung und Demokratie in der Mediengesellschaft*, hg. von Ulrich Sarcinelli, 273-296. Opladen, Wiesbaden: Westdeutscher Verlag.

Sarcinelli, Ulrich. 1998c. Repräsentation oder Diskurs? Zu Legitimität und Legitimitätswandel durch politische Kommunikation. *Zeitschrift für Politikwissenschaft* 8, 547-567.

Saxer, Ulrich. 1998. System, Systemwandel und politische Kommunikation. In *Politische Kommunikation in der demokratischen Gesellschaft: Ein Handbuch mit Lexikonteil*, hg. von Otfried Jarren, Ulrich Sarcinelli und Ulrich Saxer, 21-64. Opladen, Wiesbaden: Westdeutscher Verlag.

Scharpf, Fritz W. 1991. Die Handlungsfähigkeit des Staates am Ende des zwanzigsten Jahrhunderts. *Politische Vierteljahresschrift* 32: 621-634.

Schulz, Winfried. 1997. *Politische Kommunikation. Theoretische Ansätze und Ergebnisse empirischer Forschung.* Opladen, Wiesbaden: Westdeutscher Verlag.

Massenmedien als Wahlkommunikatoren in längerfristiger Perspektive: Ein Forschungsüberblick

Ulrich Saxer

Ein dermaßen vielschichtiges Thema, das von zahlreichen Autoren (vgl. u.a. Jarren, Sarcinelli und Saxer 1998; Jarren, Schatz und Weßler 1996; Schulz 1997), aber bedauerlicherweise wenig in längerfristiger Perspektive angegangen worden ist, erheischt in erster Linie eine – soweit möglich – klare Dimensionierung. Wie oft im Bereich der politischen Kommunikation handelt es sich ja auch hier um einen ungenügend definierten Sachbereich. Dieser soll im Folgenden jeweils in Gestalt von Thesen, als sogenannte advance organizers, vorgängig aufgeschlüsselt und diese dann weiter konkretisiert werden.

Dementsprechend gliedert sich dieser Artikel in 6 Thesen, die im Anschluss jeweils expliziert werden. Und zwar wird eingangs ein einfaches Konzept von Wahlkommunikation mit einer ebenso summarischen Skizze der ihr geltenden Forschung konfrontiert. Daraus werden in der 2. These theoretische und methodische Implikationen längerfristiger Analysen abgeleitet, vornehmlich in problematisierendem Duktus und auch wieder stark simplifizierend. Dem schließt sich in der 3. These eine knappe Würdigung der demokratischen Mediengesellschaft als Rahmen von Wahlkommunikation an. These 4 zielt auf deren Hauptakteure und These 5 zieht ein gewisses Fazit über die spezifische längerfristige Rolle der Massenmedien im Wahlgeschehen, während die 6. und letzte These abschließend noch einige Forschungsdesiderata anmeldet.

1. These: Wahlen und Wahlkommunikationsforschung

Wahlen in (Massen-)Demokratien sind ohne Medienkommunikation nicht mehr realisierbar. Als hyperkomplexe Systeme, denen allgemein verbindliche Entscheidungen zu generieren obliegt, involvieren sie immer mehr Akteursgruppen und Subsysteme auch jenseits des politischen Systems. In die Phasen des politischen Prozesses, und so auch der Wahlen, greifen die Massenmedien effekt-

voller bei der Artikulation und Definition von Problemen ein als in diejenigen der Implementation und Evaluation politischer Entscheidungen. Dies hängt vor allem damit zusammen, dass ihr Einfluss primär auf der Symbolebene spielt. Als dramatisch verdichtetes, symbolintensives Geschehen sind Wahlkämpfe sowohl für die aktuell-universellen Medien attraktiv, als kurzfristiger Prozess aber auch für die Wissenschaft, die „auf die schnelle Erzeugung novitätshaltiger Ergebnisse abstellt" (Kaase 1998, 105).

In der Wahlkommunikationsforschung kumulieren denn auch seit längerem die Möglichkeiten und Probleme der Kommunikationswissenschaft. Noch immer mangelt es an Longitudinalstudien und an ausreichend komplexen Untersuchungsdesigns, und auch die internationalen Vergleichsstudien sind spärlich (Klingemann und Voltmer 1998, 404). Die Politikwissenschaft, vollends, leistet nach wie vor nur einen bescheidenen Beitrag an die Erhellung der politischen Kommunikation. Dafür werden die theoretischen Ansätze in der Wahlkommunikationsforschung fortlaufend weiter differenziert, und der Einsatz verschiedener Methoden ist die Regel geworden.

Erklärungsbedürftig ist an dieser – wohl nicht unbestrittenen – These in erster Linie *das geringe Interesse der Politologen an Wahlkommunikation.* Dies mag namentlich damit zusammenhängen, dass unter ihnen der Zweifel an der realen politischen Entscheidungsmacht von Kommunikation verbreitet ist. Kommunikation gilt wohl als notwendige, nicht aber als hinreichende Voraussetzung substantiellen politischen Geschehens, aber auch die vielfach widersprüchlichen Ergebnisse der die Wahlkommunikationsforschung fundierenden Medienwirkungsforschung zerstreuen solche Skepsis nicht unbedingt. So ist in der Politologie und auch in der Soziologie, trotz einzelner vielversprechender Ansätze (Schenk und Döbler 1998) die Analyse politischer Kommunikation überhaupt „nach wie vor randständig" (Kaase und Schulz 1989, 9).

Nun besteht ja der Beitrag der Massenmedien an den politischen Prozess „gerade nicht darin, politische Entscheidungen zu treffen oder herbeizuführen. Die durch sie vermittelte politische Kommunikation ist vom Zwang zur Entscheidung entlastet; erst dadurch entwickeln Medien ihr spezifisches Leistungsvermögen." (von Beyme und Weßler 1998, 312). Umgekehrt nimmt namentlich unter dem Eindruck von immer mehr *symbolischer Politik* auf Kosten der Herstellungsmacht von Politik (Sarcinelli 1987) die Ambivalenz der sozialwissenschaftlichen Einschätzung des Medieneinflusses auf den Verlauf der Wahlkommunikation zu, wird doch symbolische Politik als „Simulierung von Handlungskompetenz" abgewertet.

Immerhin ist auch in diesem Forschungsfeld nicht zu übersehen, dass manche Konzepte, zumal Annahmen über Medienwirkungen differenziert worden sind, und auch das Methodeninstrumentarium, der Komplexheit des Untersuchungsgegenstandes entsprechend, reicher wird. Bestimmte Grundprobleme bei der Erschließung dieses Analysenbereichs sind aber nach wie vor offenkundig.

2. These: Hauptprobleme der Wahlkommunikationsforschung

Angesichts der These vom permanenten Wahlkampf in modernen Demokratien ist die weitgehende Vernachlässigung von Langzeitstudien durch den Forschungsbetrieb in keiner Weise gerechtfertigt. Freilich sind diesbezüglich natürlich auch bei dieser Thematik die altbekannten Schwierigkeiten längerfristiger Analysen zu meistern, nämlich umfassende Veränderungen des Untersuchungsgegenstands während der Beobachtungsperiode und der wissenschaftsinterne Wandel von relevanten Paradigmen und Methoden (Langenbucher und Saxer 1989, 490).

Besonders unerlässlich erscheint auch die zuverlässigere Aufarbeitung der Disziplingeschichte, so etwa der tatsächlichen Aussagen der Erie-County-Studie von 1944 (Schulz 1997, 176ff.). Allzu ungleichgewichtig werden auch die Leistungen der verschiedenen Medien in Wahlkämpfen untersucht: Die Fixierung auf das Fernsehen ist unübersehbar, wo doch der größere Beitrag der Printmedien an die Verbreitung strukturierten politischen Wissens seit längerem als Ergebnis der Wissenskluftforschung (Bonfadelli 1994) bekannt ist und noch vermehrte Analysen verdiente. Dafür wird das reale Erklärungsvermögen von bekannten Ansätzen wie der Theorie der Nachrichtenfaktoren, des Agenda-setting-, des Priming Konzepts oder der These von der Schweigespirale immer gründlicher erkundet und werden überzogene Interpretationen derselben zurückgenommen. In welchem Maß statt zuverlässiger längerfristiger Analysen immer noch tradierte Common-sense-Wissenschaft das Feld beherrscht, hat indes 1997 die Longitudinalstudie von Thomas Bruns und Frank Marcinkowski überzeugend nachgewiesen (Bruns und Marcinkowski 1997, 287ff.)

In dieser 2. These scheint das leider häufige Bild *ungenügender Komplexität der forschungsleitenden Modelle* zur sachgerechten Reduktion der Überkomplexität des Gegenstandes auf. So wird vielfach noch nach Kausalität gefragt, wo doch mehr und mehr Reziprozitätsprozesse das politische Geschehen charakterisieren (Schulz 1997, 154ff. und 197ff.). Die „Flüchtigkeit, Relationalität und Unvermeidbarkeit von Kommunikation" (Merten 1978, 10) erschweren es eben, auch den Gestaltungsbeitrag von Kommunikation als Forschungsgegenstand festzumachen und ihr ursächlich Effekte zuzuschreiben.

Umso zukunftsweisender sind die angesprochenen *Differenzierungen forschungsleitender Perspektiven.* So bekundet der erst verabsolutierte, dann beinahe totgesagte Agenda-setting-Ansatz (Brosius 1994) dank der differenzierteren Behandlung der von ihm implizierten Zeitproblematik unter dem Leitkonzept „Priming“ neue, auch für das Wahlgeschehen erklärungsmächtige Vitalität, gelang es doch, in experimentellen Studien von Iyengar und Kinder (1987) „einen engen *Zusammenhang zwischen der Wahrnehmung der politischen Agenda und Meinungsbildungsprozessen*“ (Klingemann und Voltmer 1998, 401) nachzuweisen. Die vielfach bestrittenen Verstärker- bzw. two-step-flow Thesen der Erie-County-Studie wiederum erfahren durch systematische Netzwerkanalysen (Schenk 1995) eine gewisse spätere Ehrenrettung dank dieser Modifikation.

Der *State-of-the-art der Forschung* zum Zusammenhang von Wahlen und Politikvermittlung ist also, dies sei noch einmal betont, keineswegs nur defizitär, weil auch besonders bemerkenswerte Erkenntnisse zur Medienlogik, der Wahlkämpfe zunehmend unterstehen oder sich unterziehen (vgl. Jarren, Sarcinelli und Saxer 1998), eröffnet worden sind. Und der unter dem Gesichtspunkt des systemtheoretischen „Law of requisite variety“ (Ashby 1968) beanstandeten zu geringen Eigenkomplexität vieler Basismodelle der Forschung soll in der nachfolgenden These dadurch etwas gegengesteuert werden, dass die Makrodimension, innerhalb derer Wahlkommunikation angesiedelt ist, zumindest summarisch mitberücksichtigt wird.

3. These: Die demokratische Mediengesellschaft als Rahmen von Wahlkommunikation

Der kaum bestrittene Wandel moderner Demokratien zu Mediengesellschaften hat große strukturelle Konsequenzen. Diese können durch die folgenden Stichworte beschrieben werden: hohe Eigenrationalität der Medien, Entkoppelung der Mediensysteme von tradierten institutionellen Bindungen und entsprechende Labilisierung überkommener Vorstellungen von Politik bzw. habitueller politischer Loyalitäten; vermehrte Intermedialität im Gefolge zusätzlicher Mediengenerationen und, daraus resultierend, Verstärkung des darstellerischen Moments von Politik im Vergleich zu Politikherstellung, d.h. von symbolischem Handeln im Vergleich zur institutionellen Primärleistung von Politik, dem Generieren allgemeinverbindlicher Entscheidungen.

Von den einzelnen Stichworten dieser These bedürfen einige einer weiteren Präzisierung:

- Die immer ausgeprägtere *Eigenrationalität der Medien* erweist sich namentlich in ihrer steigenden Eigenmacht und dem schwindenden Erfolg ihrer zielgerechten imperativen rechtlichen Steuerung. Juristische Regulative auf nationaler Ebene auch von Wahlkommunikation greifen immer weniger (Schneider 1998, 423). Allein schon durch die allgemeine Etablierung der Praxis der Hochrechnung von Wahlresultaten unter dem Aktualitätsdiktat des Fernsehens hat Medienzeit politische Erwartungszeit aus den Angeln gehoben und verkürzt auf diese Weise natürlich die Zeitspanne für eine sachgerechte Evaluation des Wahlverdikts durch die politischen Repräsentanten am Bildschirm. Das unmittelbare öffentliche Resultat dieses Aktualitätszwangs sind immer gleiche stereotype Kommentierungen des Wahlgeschehens durch Sieger und Geschlagene, Statements, die symbolisch den Eindruck suggerieren, auch bei Wahlen bleibe der politische Prozess im Grunde überraschungslos langweilig. Dazu passt auch, dass gewöhnlich nur eine kurze publizistische Nachlese auch für angebliche Jahrhundertentscheide in den Massenmedien stattfindet (Saxer und Tschopp 1995, 171). Medienlogik, so kann wohl verallgemeinert werden, setzt sich zunehmend gegen politische Strukturierungsprinzipien durch. Der radikale Bedeutungsschwund parteieigener bzw. -naher Medien im Verlaufe der letzten Jahrzehnte veranschaulicht besonders krass die Schrumpfung des Kontrollvermögens des institutionalisierten politischen Systems über die Medienkommunikation in Mediengesellschaften.
- Die vermehrte und für diese so charakteristische *Intermedialität* im Gefolge von immer noch neueren Kommunikationsmitteln hat eben auch die Wahlkommunikation revolutioniert, als sie weiter und weiter, bis hin zum politischen Telebanking, technisiert wird. Nicht nur wird auf diese Weise Politik – wie Wirtschaft und Kultur desgleichen – in immer wieder andere Formen von Medienrealität umgewandelt, sondern es kursieren auch bereits Vorstellungen von der Entwicklung professioneller Technoparteien in politischen Milieus, die herkömmliche Mitgliederparteien obsolet machen, organisationszentrierte Parteikommunikation endgültig durch medien- bzw. elektronikzentrierte substituieren sollen. Die Frage der Finanzierbarkeit entsprechender Kampagnen stellt sich freilich schon bald, ganz abgesehen von der Renitenz etablierter Parteienorganisationen gegen ihre Entmachtung durch kommunikationstechnische Apparate. (Wiesendahl 1998, 446ff.) Es sollte eben auch bei der längerfristigen Analyse von Wahlkommunikation trotz des Eindrucks scheinbar unbegrenzter neuer medialer Möglichkeiten nicht das konservative Moment in der Politik, das auf Akteursebene vor al-

lem von der Wählerschaft verkörpert wird, vernachlässigt werden (Hoffmann-Lange 1998, 454).

- Gerade bei Wahlen und zumal bei Abstimmungen scheint sich überdies zunehmend ein Trend zur *„Instant"-Demokratie* zu etablieren (vgl. den Beitrag von Claude Longchamp in diesem Band), d.h. die Television setzt nicht nur Themen, sondern kreiert maßgeblich auch Stimmungen („social climate setting"). Weitere Merkmale dieses Demokratie-Typs sind nach Fritz Plasser, dass sich mit den rasch wechselnden Stimmungszyklen bzw. Themen übertriebene Erwartungen verbinden, die bei Nichterfüllung abrupt in Desillusionierung über den politischen Betrieb überhaupt umschlagen. Es scheint freilich wenig hilfreich, angesichts solcher Entwicklungen gleich „gestörte Kommunikationsverhältnisse" zu beschwören (Friedrich-Ebert-Stiftung 1995), da damit lediglich ein tradiertes Ideal von politischer Rationalität verabsolutiert wird. Welches sind schon die Instanzen, die „Störungen" als Abweichungen von Soll-Werten in differenzierten Gesellschaften verbindlich zu qualifizieren vermöchten? Über solche Störungen herrscht in solchen Gesellschaften, die sich in immer weitere, zunehmend selbstregulierte Teilsysteme ausdifferenzieren, immer weniger Einverständnis. Wie dem auch sei: Jedenfalls labilisieren sich das Bild von Politik und der Verpflichtungsgehalt politischer Bindungen namentlich auch unter dem Eindruck universellen Infotainments als Medien-Präsentationsmodus. Die Majoretten sind bekanntlich seit längerem der schönste Teil des Wahlspektakels, obwohl in den Fernseh-Nachrichten sich ein Kern harter politischer Information gehalten hat (Bruns und Marcinkowski 1997, 291f.). Von der Forschung zur politischen Kommunikation wäre denn auch vielmehr gefordert, ohne ideologische Voreingenommenheiten zu erkennen, ob und was für ein historisch anderer Typ *politischer Rationalität* das neuere politische Geschehen bestimmt. Noch 1999 folgert z.B. Wolfram Peiser aus seiner Kohortenanalyse des Datensatzes der Langzeitstudie „Massenkommunikation (1970-1974)" anscheinend befriedigt: „Mit der Anschaffung eines Fernsehgerätes erhöhten sich Anfang der 70er Jahre das durchschnittliche Interesse und die durchschnittliche Häufigkeit politischer Unterhaltungen in den betreffenden Kohorten der Bevölkerung deutlich, dauerhaft und statistisch signifikant." (Peiser 1999, 70) Aber dass Politik von Heavyviewern überwiegend als Kasparle-Theater wahrgenommen wird, hat Gerhard Schmidtchen schon 21 Jahre früher unter dem Titel „Irrational durch Information" festgestellt (Schmidtchen 1977) und damit auf die besonders problematischen politischen Sozialisationsleistungen der szenischen Medien hingewiesen.

- *Symbolische Politik* als professionalisierte öffentliche Darstellungstechnik schließlich, im permanenten mediengesellschaftlichen Wahlkampf politische Alltagsroutine, hat ihrerseits als Kommunikationsstrategie bereits auf Handlungssysteme jenseits von Politik übergegriffen und ist wichtiger Teil der allgemeinen Öffentlichkeitsarbeit geworden. Umgekehrt verstärken PR für Politik im System Politik den dortigen Trend zur Praktizierung von Symbolpolitik noch mehr, indem sie auch noch PR-Know-how einbringen. (Saxer 1993).

Mit Selbstverständlichkeit sind damit auch bereits die Akteurskategorien von Wahlkommunikation ins Blickfeld gerückt, deren Analyse sich die bisherige Forschung ja besonders oft zugewandt hat. Auch die Resultate dieser Aktivitäts- und Rollenuntersuchungen sind von verwirrender Vielfalt und auch Widersprüchlichkeit. Als weiteres Hauptproblem dieses Forschungszweiges ist mithin, im Zuge der fortschreitenden Differenzierung, die prekäre Generalisierbarkeit der Befunde zu registrieren.

4. These: Akteure der Wahlkommunikation

Der mediengesellschaftlichen Entwicklung entsprechend agieren die traditionellen Hauptinteraktionspartner in Wahlkämpfen, nämlich die Parteien, ihre Kandidaten, die Medien und zumindest Teile der Wählerschaft, selber zunehmend als Kommunikationsmanager. Sie bedienen sich aber nicht bloß neuester Medientechniken, sondern ziehen auch vermehrt professionelle Kommunikationsexperten, von Herstellern von Wahlanzeigen bis zu Kampagnenspezialisten, als Wahlhelfer heran (Holtz-Bacha 1993). Dem Evolutionsprinzip moderner Gesellschaften gemäß, entwickeln so auch Wahlkämpfe fortlaufend zusätzliche Subsysteme, und zugleich wird so die Wahlkommunikation weiter professionalisiert. Vor allem Politiker und Medienmitarbeiter haben dabei dank wechselseitiger Beobachtung gelernt, die Reaktionen der anderen Gruppen und ihr Verhalten für ihre Zwecke einzukalkulieren, und die Demoskopie hilft ihnen auch, die Stimmungen und Wünsche der Wählerschaft zu erkennen (Gellner 1996).

Trotzdem wird namentlich das Gewicht der Öffentlichkeitsarbeiter von den offiziellen Trägern politischer Rollen, getreu überkommenen Vorstellungen von politischer und publizistischer Autonomie, vielfach dementiert (Jarren, Altmeppen und Schulz 1993, 152). Dabei bringen es unzählige Forschungsbefunde an den Tag, dass die Interaktionen im Wahlgeschehen mit Kommunikationsspezialisten immer dichter werden und die Kandidaten von deren Techniken des

Imagebuildings längst abhängen. Das spannungsreiche Verhältnis von Medien- und Politikrepräsentanten, die auf verschiedenen Bühnen, nämlich antagonistisch vor dem Volk und symbiotisch im Arkanbereich agieren (Saxer 1995), beeinträchtigt jedenfalls die Transparenz der politischen Prozesse und mag an der – freilich auch nicht unbestrittenen – Politikverdrossenheit mitschuldig sein. Das intermediäre System in Gestalt der politischen Parteien, Verbände, Organisationen der Neuen Sozialen Bewegungen, Vereine und natürlich der Massenmedien, das zwischen den Interessen von Staat und Gesellschaft vermitteln soll, schließt sich ja immer unerbittlicher und auch undurchschaubarer zusammen (Jarren 1998, 71ff.). Dass dabei das Mediensystem in wachsendem Maß politische Stars nobilitiert (Kepplinger 1997), ist ein weiterer unmissverständlicher Hinweis darauf, wie sehr Politik(berichterstattung) und Medienunterhaltung in demokratischen Mediengesellschaften eins geworden sind.

Das Verhalten des wenig organisierten und darum schwer fassbaren Akteurs Wählerschaft = Medienpublikum in der Wahlkommunikation wird dabei besonders kontrovers beurteilt. Insbesondere wird die wahlentscheidende Rolle des Fernsehens, auch im Gefolge der Dualisierung von Rundfunksystemen, von der Forschung sowohl weiterhin postuliert als auch in Frage gestellt. So wird in Österreich ein Wandel des politischen Systems aus einer institutionell verankerten Parteien- zu einer, vom Fernsehen dominierten, tagesaktuellen Mediendemokratie konstatiert (Langenbucher 1995), während von deutscher Seite, unter dem Eindruck der Segmentierung des Fernsehpublikums überhaupt, Zweifel an die Integrierbarkeit desselben in den politischen Prozess geäußert werden (Kaase 1989). Wenn aber vermehrt Privatisierung der Einstellungen und Verhaltensweisen um sich greift, ist die Forschung erst recht aufgerufen, die privaten Beziehungskontexte der Bevölkerung zu erhellen. Dabei wird, wohl in einer veränderten historischen Konstellation, die wie ehedem entscheidende Bedeutung der interpersonalen Kommunikation für den Verlauf von Wahlen und Abstimmungen erkennbar werden, die scientific community also frühere Positionen zu re-analysieren haben.

Einzelne Punkte dieser unvermeidlicherweise besonders komplexen These müssen nun wiederum noch etwas weiter exemplifiziert werden. Im Vordergrund steht der Befund, dass sich längerfristig unter den Akteurskategorien *Verschiebungen* ergeben haben, sowohl hinsichtlich ihrer Mentalität als auch ihres Verhaltens. Allerdings differieren die verschiedenen Forscher besonders bei der Einschätzung des wahlentscheidenden Einflusses der verschiedenen Akteursgruppen. Hingegen sind sie sich im Urteil über fundamentale Veränderungen der Kandidatenkür und -präsentation im Gefolge der Mechanismen der Medienlogik, die diejenigen des politischen Systems stärkstens interpenetrieren, weitgehend einig: Mehr und mehr wird die Person die Botschaft (Schulz 1997, 191), das Parteiprogramm als überpersönlich verbindliche Kollektivdirektive in den Hintergrund gedrängt. Damit kommen natürlich ganz andere Kandidatenqualifikationen als vormals zum Tragen, wie vor allem die Fähigkeit zur Demonstration symbolischer Politik oder persönlich einnehmenden Redens (statt zur Durchsetzung allgemeinverbindlicher Entscheidungen). An diese Entwicklung tragen im übrigen neben der branchenmäßigen Verbindlichkeit der Nachrichtenfaktoren als Selektions- und Präsentationskriterien auch spezifische berufskulturelle Bedingungen der Journalisten bei, die das überkomplexe und im Grunde abstrakte politische Geschehen als Ausdruck von Persönlichkeit und damit über den Rekurs auf Populärpsychologie zu begreifen und dem Publikum verständlich zu machen suchen.

Die Möglichkeiten, politische Beteiligung mit publizistischen Mitteln zu wecken, sind aber bekanntlich beschränkt, da interesse- und bildungsabhängig. Umso bemerkenswerter ist daher, dass die generelle Attribuierung großer Medien- und speziell Fernsehmacht durch die politische Klasse Parteienwahlkämpfe zu Fernsehwahlkämpfen hat mutieren lassen. Die Koorientierung der verschiedenen Akteursgruppen schließt eben *„falsches Bewusstsein"*, situationswidrige Ausprägungen ihres Selbst- und Fremdverständnisses, keineswegs aus. So tröstet man sich im Medienpublikum mit der Annahme, der Nachbar sei mediengläubiger als man selber („third-person-effect"), über die eigene Anfälligkeit für Medienbotschaften hinweg, eine Vermutung, die offenbar die meisten Politiker über ihre (potentiellen) Wähler teilen. Andererseits halten die Journalisten am Selbstbild journalistischer Unabhängigkeit fest, wiewohl sie mit vielen Repräsentanten der Politik die erwähnten symbiotischen Beziehungen pflegen (Saxer 1992) und, wie jene, von den Zulieferungen der verachteten Öffentlichkeitsarbeiter längst abhängig geworden sind (Altmeppen und Löffelholz 1998, 419).

Solche sozialpsychologischen Selbsttäuschungen und sachwidrigen Heterostereotypisierungen sind in doppelter Hinsicht fatal: für erfolgreiches eigenes politisches Handeln und für das wissenschaftliche Erkennen, wenn es solche Selbst- und Fremddeutungen als sachgerecht akzeptiert und nicht als gruppenspezifische Wirklichkeitskonstruktion durchschaut. So hat z.B. neben anderen eine schweizerische Untersuchung ergeben (Saxer und Tschopp 1995), dass gegen die überwältigende Zustimmung des schweizerischen Mediensystems und des helvetischen Politikestablishments zu einem Beitritt der Confoederatio zum Europäischen Wirtschaftsraum dieser vom Souverän deshalb abgelehnt wurde, weil offenbar Journalisten- bzw. Politikermeinung und Volksmentalität zu weit auseinanderklafften und so ein letztlich abstimmungsentscheidendes und in *interpersonaler Kommunikation* sich selber bestätigendes Misstrauen der Mehrheit der Stimmbürger gegen diese Vorlage nicht überwunden werden konnte.

Dass die Parteien vermehrt die direkte Kommunikation mit den Wählern und nicht bloß die Medien als politische Kontaktkanäle suchen (Klingemann und Voltmer 1998, 402), hat mithin auch wissenschaftlich einiges für sich, und die Wissenschaft ihrerseits täte gut daran, ihr seit einiger Zeit verengtes, d.h. auf das Medienpersonal fixiertes Kommunikationskonzept (wieder) zu erweitern. Der Mediendiskurs wurde ja im oben genannten Fall (Saxer und Tschopp 1995), wie auch anderswo, größtenteils von Gebildeteren und Städtern bestritten, die politisch letztlich ausschlaggebende Stimmung in den Rand- und Gebirgszonen bzw. bei den weniger Privilegierten, nämlich diffuse Angst vor dieser in ihren Konsequenzen schwer einschätzbaren Neuerung, dabei aber verfehlt. Dass Medienrealität zunehmend den Charakter eines sich selbst reduzierenden Systems annimmt und dabei Gefahr läuft, die Funktionalität eines effizienten politischen Informationssystems einzubüßen, sollte die mit ihr befasste Wissenschaft, aufgrund eines sachgerechten, d.h. wirklich alle relevanten Akteurkategorien umfassenden Konzepts von politischer Öffentlichkeit durchschauen und nicht noch legitimieren (Saxer 1997a, 51f.)

Was sich nun vor diesem Hintergrund als der spezifische Beitrag der Massenmedien an die Wahlkommunikation aufgrund der bisherigen Forschung bilanzieren lässt, sucht die 5. These zu formulieren, ehe im Anschluss daran noch einmal diesbezügliche Forschungsdesiderate zu benennen sein werden.

5. These: Die spezifische längerfristige Rolle der Massenmedien im Wahlgeschehen: Fazit

Die wachsende Zahl involvierter Akteurskategorien mit unterschiedlichen Perzeptionen und Interessen hat in den letzten Jahrzehnten das Handlungssystem Wahlkommunikation (Klingemann und Voltmer 1998, 397) labilisiert. Trotz zusätzlicher Beobachtungsinstrumente sinkt die Kalkulierbarkeit und Steuerbarkeit politischer Märkte, wird deren Überkomplexität doch dadurch noch vergrößert. Die ständig steigende gegenseitige Beobachtung der Wahlkampfakteure hat ja zugleich immer raschere Reaktionen auf die perzipierten Strategien der je andern zur Folge und lässt vor allem unter dem rasenden Innovationsverschleiß des Mediensystems solche kaum mehr prognostizieren.

Unterschiedliche Wandlungsdispositionen und -modalitäten der involvierten Akteurskategorien sind denn auch nicht zu übersehen, wenn sich auch diese wieder ändern. So ist der medientechnische Wandel spektakulärer als der in-

haltliche, dass mithin Medienwahlkämpfe immer wieder alten Wein in neuen Schläuchen bieten. Dass die Wählerschaft als Medienpublikum immer selbstverständlicher ihre Rezeptionspräferenzen auch in und von der Wahlkommunikation befriedigt haben will, dynamisiert diese in erster Linie in Richtung vermehrter Individualisierung, aber nicht einer konsensfähigen und einigermaßen konkreten politischen Rationalität. Die Politiker erscheinen in dieser Konstellation als das vergleichsweise beharrende Element, da sie, zwar mit neuen Kommunikationstechniken, stets auf das gleiche Ziel des Machterwerbs bzw. der Machtsicherung bedacht sein und politische Innovationen möglichst bald in bislang einigermaßen erfolgreich praktizierte Routinen einpassen müssen (von Beyme und Weßler 1998, 321).

Überkommene Konzeptionen der Beziehungen zwischen Medien und Politik wie etwa Dependenz- vs. Instrumentalisierungsthese (Schulz 1997, 24 ff.) verlieren unter diesen neuen Bedingungen an Aussagekraft. Einesteils hat sich das besagte intermediäre System in relativer Autonomie gegenüber bisherigen institutionellen Bindungen ausdifferenziert, andernteils entwickeln sich zwischen den Massenmedien und den anderen Akteuren des politischen Prozesses vermehrt variable Konstellationen von Antagonismus und Symbiose, von Interdependenz und Interpenetration, die es wissenschaftlich unerlässlich machen, die Medienrolle darin ständig erneut zu spezifizieren. Die Evolution der modernen Demokratien und ihrer Kommunikationssysteme lässt also immer raschere Veränderungen in und der Wahlkommunikation und des Beitrags der Massenmedien an diese gewärtigen, komplexere Öffentlichkeitskonzepte als die bisherigen (Saxer 1997b, 79ff.) könnten diesem Wandel eher gerecht werden und zugleich einen Bezugsrahmen etablieren, der längerfristige Perspektiven in die Zukunft zu eröffnen vermöchte.

Bislang liegt ja allein schon die kommunikationshistorisch zentrale Frage einer retrospektiven und prospektiven Periodisierung von Wahlkommunikation weitgehend im Argen; dafür sind in erster Linie disparitäre Wandlungsgeschwindigkeiten der involvierten Handlungssysteme verantwortlich. Beispielsweise verändern sich die Kommunikationstechnologien gewöhnlich rascher als die Nachrichtenfaktoren, die in Wahlkämpfen dominieren, ziehen aber deren Wandel nach sich. Was wiederum Politiker bezüglich verschiedener Regelungsbereiche propagieren, hat sich in den jüngsten Wahlkämpfen im Gefolge der schwindenden Verbindlichkeit von Parteiprogrammen stark angeglichen. In Zukunft dürfte es aber wieder zu vermehrten persönlichen Profilierungsbemühungen und damit zur Betonung von wirklichen oder fiktiven positionellen Unterschieden im Zuge der Personalisierung der Wahlkämpfe kommen. Das Phasenschema zum Verhältnis von Parteien und Massenmedien im 20. Jahrhundert, das Klaus von Beyme und Hartmut Weßler (1998, 313) entwickelt haben, überzeugt zwar durch einen ganzheitlichen historischen Blick auf die komplexen Beziehungen zweier Hauptakteurskategorien, aber eben ohne spezifischen Bezug zu Wahlkämpfen oder auch zur Zukunft. Auf der Mikroebene der Formate schließlich zeigen sich wiederum widersprüchliche Entwicklungen: Zum einen setzt sich in der zur politischen Rechten tendierenden Presse die entsprechende redaktionelle Linie in kommentierenden Beiträgen durch (Voltmer 1997, 173), zum andern werden solche gern an Außenstehende delegiert, die publizistische Autonomie, die Fernsehsender im Wahlkampf auszeichnet (Schulz, Berens und Zeh 1998, 58), also zum Teil, aus welchen Gründen immer, preisgegeben (Saxer 1996, 532ff.).

Es ist kein Zufall, dass diese Bilanzierung der spezifischen längerfristigen Rolle der Massenmedien im Wahlgeschehen in der fünften These mit *widersprüchlichen und schwer generalisierbaren Befunden* endet. Weil die Mikro-, Meso- und Makroebene in dieses involviert sind und das Handlungssystem Wahlkommunikation zudem ständig expandiert, sind günstigenfalls nur auf einzelnen Dimensionen dieser komplexen Prozesse längerfristige Tendenzen auszumachen oder auch nicht. Der Mangel an überzeugenden Periodisierungstypologien dieser historischen Entwicklungen hat zur Folge, dass – auch in diesem Beitrag – vornehmlich „Immer-Mehrismus"-Aussagen zur Charakterisierung historischer Trends formuliert werden (Marcinkowski 1996, 211). Normative Urteile über „richtige" oder „falsche" Politikvermittlung können von der empirischen Sozialwissenschaft nur in Relation zu vorgegebenen, namentlich institutionellen, Zwecksetzungen gefällt werden (Marcinkowski 1996, 209). Wiewohl der Stand der Wahlkommunikationsforschung gemäß These 2 durchaus nicht nur negativ gesehen werden darf, fallen doch bei der langfristigen bzw. historischen Aufarbeitung dieser Thematik große Defizite auf. These 6 nennt abschließend einige Forschungsdesiderata.

6. These: Die spezifische Rolle der Massenmedien im Wahlgeschehen: Forschungsdesiderata

Die primären forschungspolitischen Imperative bezüglich dieser Thematik lassen sich vergleichsweise einfach zusammenfassen. Die in These 2 als Fortschritt anerkannte Differenzierung von Ansätzen der Wirkungsforschung, also die Bearbeitung des Mikrolevels, ist selbstverständlich weiterzuführen. Zugleich aber sollte versucht werden, für die nicht minder den Gegenstand bestimmende Meso- und Makroebene entideologisierte, übergreifende, holistische Konzepte und Ansätze zu entwickeln. Der Fragmentarisierung des Forschungsfeldes und den verkürzten Perspektiven von dessen Analysen kann nur auf diese Weise langfristig begegnet werden.

Solche Konzepte müssen sich freilich konsequent an Theorien des gesellschaftlichen und medialen Wandels orientieren, um so die Theorieferne vieler medienhistorischer Darstellungen zu überwinden. Nur auf diese Weise wird sich der Periodisierungsbedarf dieser Forschungsrichtung als Ausdruck ihrer Generalisierungsproblematik allmählich einlösen lassen. Theoriegeleitete Langfristanalysen müssen mithin auch dieses Feld strukturieren.

Eine übergreifende theoretische Perspektive, die sich hier empfiehlt, ist die institutionelle (Saxer und Ganz-Blättler 1998). Wahlkämpfe sind institutionelle Prozesse, Massenmedien sind Institutionen und selbst die journalistischen Darstellungsformen (Genres) sind institutionalisiert und damit erprobte Antworten auf unterschiedliche Kommunikationssituationen. Institutionen sind ja dauernde Regelungsmuster, die sich auf wichtige Bedürfnisse beziehen; entsprechend rechnen sie zum Ordnungsgefüge der Gesellschaft, zu ihren Strukturen und basieren auf bestimmten Sinndeutungen: sie begründen korrespondierende Erwartungen und Verhaltensweisen und verfügen vielfach über ein materielles Substrat. Der längerfristige Wandel der Wahlkommunikation lässt sich mithin zeitlich und räumlich vergleichend als Ausdruck institutioneller Dynamik begreifen. Wahlkampf als Institution kann als ständig sich de- und re-institutionalisierendes System verstanden werden, Medienkommunikation desgleichen und ebenso beider Interpenetration. Vieldiskutierte Fragen wie diejenige nach den Konsequenzen der Dualisierung des Rundfunksystems im Wahlkampfkontext gewinnen unter diesem Gesichtswinkel konkreteres und ihre Antworten fundierteres Profil. Die hier angesprochene Perspektive muss freilich erst entwickelt werden.

Literatur

Altmeppen, Klaus-Dieter, und Martin Löffelholz. 1998. Journalismus. In *Politische Kommunikation in der demokratischen Gesellschaft: Ein Handbuch mit Lexikonteil*, hg. von Otfried Jarren, Ulrich Sarcinelli und Ulrich Saxer, 414-421. Opladen, Wiesbaden: Westdeutscher Verlag.

Ashby, Ross W. 1968. Variety, constraint and the law of requisite variety. In *Modern systems research for the behavioral scientist*, hg. von Walter Buckley, 129-136. Chicago: Aldine.

Beyme, Klaus von, und Hartmut Weßler. 1998. Politische Kommunikation als Entscheidungskommunikation. In *Politische Kommunikation in der demokratischen Gesellschaft: Ein Handbuch mit Lexikonteil*, hg. von Otfried Jarren, Ulrich Sarcinelli und Ulrich Saxer, 312-323. Opladen, Wiesbaden: Westdeutscher Verlag.

Bonfadelli, Heinz. 1994. *Die Wissenskluft-Perspektive: Massenmedien und gesellschaftliche Information*. Konstanz: Universitätsverlag.

Brosius, Hans-Bernd. 1994. Agenda-Setting nach einem Vierteljahrhundert Forschung: Methodischer und theoretischer Stillstand? *Publizistik* 39: 269-288.

Bruns, Thomas, und Frank Marcinkowski. 1997. *Politische Information im Fernsehen: Eine Längsschnittstudie*. Opladen: Leske + Budrich.

Friedrich-Ebert-Stiftung, Hg. 1995. *Gestörte Kommunikationsverhältnisse? Medienpraxis und Medienethik – die Zukunft einer schwierigen Beziehung. VIII. Streitforum am 18. November 1994 in der Friedrich-Ebert-Stiftung, Bonn.* Bonn: Friedrich-Ebert-Stiftung.

Gellner, Winand. 1996. Demoskopie, Politik, Medien. Anmerkungen zu einem problematischen Verhältnis. In *Medien und politischer Prozess: Politische Öffentlichkeit und massenmediale Politikvermittlung im Wandel,* hg. von Otfried Jarren, Heribert Schatz und Hartmut Weßler, 169-184. Opladen: Westdeutscher Verlag.

Hoffmann-Lange, Ursula, und Thomas König. 1998. Politische Eliten. In *Politische Kommunikation in der demokratischen Gesellschaft: Ein Handbuch mit Lexikonteil*, hg. von Otfried Jarren, Ulrich Sarcinelli und Ulrich Saxer, 450-455. Opladen, Wiesbaden: Westdeutscher Verlag.

Holtz-Bacha, Christina, und Linda Lee Kaid, Hg. 1993. *Die Massenmedien im Wahlkampf: Untersuchung aus dem Wahljahr 1990.* Opladen: Westdeutscher Verlag.

Iyengar, Shanto, und Donald R. Kinder. 1987. *News that matters: agenda-setting and priming in a television age*. Chicago: University of Chicago Press.

Jarren, Otfried und Herbert Schatz und Hartmut Weßler, Hg. 1996. *Medien und politischer Prozess: Politische Öffentlichkeit und massenmediale Politikvermittlung im Wandel.* Opladen: Westdeutscher Verlag.

Jarren, Otfried, Klaus-Dieter Altmeppen und Wolfgang Schulz. 1993. Parteiinterne Medien und innerparteiliche Entscheidungsprozesse: Die Nachfolge Genschers und die Kür Engholms zum SPD-Kanzlerkandidaten. In *Beziehungsspiele: Medien und Politik in der öffentlichen Diskussion,* hg. von Wolfgang Donsbach, Otfried Jarren, Hans Mathias Kepplinger, Barbara Pfetsch, 111-157. Gütersloh: Bertelsmann Stiftung.

Jarren, Otfried. 1998. Politische Kommunikation in der modernen Gesellschaft (Skript zur Vorlesung im Sommersemester 1998) Zürich: Institut für Publizistikwissenschaft und Medienforschung der Universität Zürich.

Jarren, Otfried, Ulrich Sarcinelli und Ulrich Saxer, Hg. 1998. *Politische Kommunikation in der demokratischen Gesellschaft: Ein Handbuch mit Lexikonteil.* Opladen, Wiesbaden: Westdeutscher Verlag.

Kaase, Max. 1998. Politische Kommunikation – Politikwissenschaftliche Perspektiven. In *Politische Kommunikation in der demokratischen Gesellschaft: Ein Handbuch mit Lexikonteil*, hg. von Otfried Jarren, Ulrich Sarcinelli und Ulrich Saxer, 97-113. Olpaden: Wiesbaden: Westdeutscher Verlag.

Kaase, Max, und Winfried Schulz. 1989. Perspektiven der Kommunikationsforschung. In *Massenkommunikation: Theorien, Methoden, Befunde,* hg. von Max Kaase und Winfried Schulz, 9-27. Kölner Zeitschrift für Soziologie und Sozialpsychologie, Sonderheft 30. Opladen: Westdeutscher Verlag.

Kepplinger, Hans Mathias. 1997. Politiker als Stars. In *Der Star: Geschichte – Rezeption – Bedeutung,* hg. von Werner Faulstich und Helmut Korte, 176-194. München: Fink.

Klingemann, HansDieter und Katrin Voltmer. 1998. Politische Kommunikation als Wahlkampfkommunikation. In *Politische Kommunikation in der demokratischen Gesellschaft: Ein Handbuch mit Lexikonteil*, hg. von Otfried Jarren, Ulrich Sarcinelli und Ulrich Saxer, 396-405. Opladen, Wiesbaden: Westdeutscher Verlag.

Langenbucher, Wolfgang R., und Ulrich Saxer. 1989. Kommunikationsverhalten und Medien: Lesen in der modernen Gesellschaft. *Media Perspektiven* 8: 490-505.

Langenbucher, Wolfgang R. 1995. Massenmedien und Agenda Setting in der Politik: Erfahrungen aus Österreich. In *Das öffentliche Theater: Politik und Medien in der Demokratie,* hg. von Klaus Armingeon und Roger Blum, 95-109. Bern, Stuttgart, Wien: Haupt.

Marcinkowski, Frank. 1996. Politikvermittlung durch das Fernsehen: Politiktheoretische und konzeptionelle Grundlagen der empirischen Forschung. In *Medien und politischer Prozess: Politische Öffentlichkeit und massenmediale Politikvermittlung im Wandel,* hg. von Otfried Jarren, Heribert Schatz und Hartmut Weßler, 201-212. Opladen: Westdeutscher Verlag.

Merten, Klaus. 1978. Von den Schwierigkeiten der Kommunikationsforschung. In *Bertelsmann Briefe*, Nr. 95: 915.

Peiser, Wolfram. 1999. Zum Einfluss des Fernsehens auf das politische Interesse der Bevölkerung in der Bundesrepublik Deutschland. In *Massenmedien und Zeitgeschichte,* hg. von Jürgen Wilke, 64-72. Konstanz: UVK Medien.

Sarcinelli, Ulrich. 1987. *Symbolische Politik: Zur Bedeutung symbolischen Handelns in der Wahlkampfkommunikation der Bundesrepublik Deutschland.* Opladen: Westdeutscher Verlag.

Saxer, Ulrich. 1992. *„Bericht aus dem Bundeshaus": Eine Befragung von Bundeshausjournalisten und Parlamentariern in der Schweiz.* Zürich: Seminar für Publizistikwissenschaft.

Saxer, Ulrich. 1993. Public Relations und Symbolpolitik. In *Image und PR: Kann Image Gegenstand einer Public Relations-Wissenschaft sein?,* hg. von Wolfgang Armbrecht, Horst Avenarius und Ulf Zabel, 165-187. Opladen: Westdeutscher Verlag

Saxer, Ulrich. 1995. Politische Elite und Medienelite. Das schweizerische Bundeshaus als Beispiel. In *Das öffentliche Theater: Politik und Medien in der Demokratie,* hg. von Klaus Armingeon und Roger Blum, 131-150. Bern, Stuttgart, Wien: Haupt.

Saxer, Ulrich, und Cosima Tschopp. 1995. *Politik und Medienrealität: Die schweizerische Presse zur Abstimmung über den EWR.* Zürich: Seminar für Publizistikwissenschaft.

Saxer, Ulrich. 1996. Zur Rationalität von Politik: Medien und Public Relations. Schlussfolgerungen aus einer schweizerischen Fallstudie. *Rundfunk und Fernsehen* 44: 531-538.

Saxer, Ulrich. 1997a. Kommunikationsforschung und Kommunikatoren: Konstitutionsprobleme einer publizistikwissenschaftlichen Teildisziplin. In *Aktuelle Entstehung von Öffentlichkeit: Akteure – Strukturen – Veränderungen,* hg. von Günter Bentele und Michael Haller 39-54. Konstanz: UVK Medien.

Saxer, Ulrich. 1997b. PR-Kampagnen, Medienöffentlichkeit und politischer Entscheidungsprozess: Eine Fallstudie zur schweizerischen Abstimmung über den EWR. In *PR-Kampagnen: Über die Inszenierung von Öffentlichkeit,* hg. von Ulrike Röttger, 73-98. Opladen: Westdeutscher Verlag.

Saxer, Ulrich, und Ursula Ganz-Blättler. 1998. *Schweizer Fernsehen: Werden und Wandel einer Institution.* Zürich: Institut für Publizistikwissenschaft und Medienforschung.

Schenk, Michael. 1995. *Soziale Netzwerke und Massenmedien: Untersuchungen zum Einfluss der persönlichen Kommunikation.* Tübingen: Mohr.

Schenk, Michael, und Thomas Döbler. 1998. Politische Kommunikation – Soziologische Perspektiven. In *Politische Kommunikation in der demokratischen Gesellschaft: Ein Handbuch mit Lexikonteil,* hg. von Otfried Jarren, Ulrich Sarcinelli und Ulrich Saxer, 138-153. Opladen, Wiesbaden: Westdeutscher Verlag.

Schmidtchen, Gerhard. 1977. Irrational durch Information: Paradoxe Folgen politischer Massenkommunikation. In *Information,* hg. von Helga Reimann und Horst Reimann, 51-67. München: Goldmann.

Schneider, Beate. 1998. Mediensystem. In *Politische Kommunikation in der demokratischen Gesellschaft: Ein Handbuch mit Lexikonteil,* hg. von Otfried Jarren, Ulrich Sarcinelli und Ulrich Saxer, 422-430. Opladen, Wiesbaden: Westdeutscher Verlag.

Schulz, Winfried. 1997. *Politische Kommunikation: Theoretische Ansätze und Ergebnisse empirischer Forschung*. Opladen, Wiesbaden: Westdeutscher Verlag.

Schulz, Winfried, Harald Berens und Reimar Zeh. 1998. Das Fernsehen als Instrument und Akteur im Wahlkampf. Analyse der Berichterstattung von ARD, ZDF, RTL und SAT.1 über die Spitzenkandidaten bei der Bundestagswahl 1994. *Rundfunk und Fernsehen* 46: 58-79.

Voltmer, Katrin. 1997. Medien und Parteien im Wahlkampf: Die ideologischen Präferenzen der meinungsführenden Tageszeitungen im Bundestagswahlkampf 1990. *Rundfunk und Fernsehen* 45: 173-193.

Wiesendahl, Elmar. 1998. Parteikommunikation. In *Politische Kommunikation in der demokratischen Gesellschaft: Ein Handbuch mit Lexikonteil*, hg. von Otfried Jarren, Ulrich Sarcinelli und Ulrich Saxer, 442-449. Opladen, Wiesbaden: Westdeutscher Verlag.

Politikvermittlung
in der Wahlkommunikation

„Amerikanisierung" der Wahlkommunikation in Westeuropa: Diskussions- und Forschungsstand

Fritz Plasser

Professionelle Beobachter (west)europäischer Wahlkämpfe und deren massenmedialer Vermittlung konstatieren seit den achtziger Jahren einen universellen Prozess der „Amerikanisierung", wobei der Bedeutungsgehalt dieses Konzeptes höchst unterschiedlich definiert wird. Das Konzept „Amerikanisierung" hat mittlerweile auch in die politik- und kommunikationswissenschaftliche Literatur Eingang gefunden, wenngleich die empirische Beweisführung vielfach durch eine erstaunliche *Überzeichnung* gekennzeichnet ist. Reichen Beobachtungen, dass auch in Westeuropa Wahlkämpfe primär im Fernsehen ausgetragen werden, die Spitzenkandidaten im Mittelpunkt des Wahlkampfgeschehens stehen und konsequenterweise die Wahlkampfberichterstattung stark personenbezogen ist, aus, um von einer „Amerikanisierung" der europäischen Wahlkommunikation zu sprechen? Ist die fortgeschrittene Professionalisierung der Wahlkampfplanung unter Heranziehung externer Kommunikations- und Werbeexperten hinreichend, um daraus eine „Amerikanisierung" abzuleiten? Rechtfertigen narrative Dramaturgie der Medienberichterstattung und die Tendenz der Journalisten, den Wahlkampf als sportives Ereignis zu definieren und über die Sieges- bzw. Erfolgschancen einzelner Parteien zu spekulieren, Warnungen vor einer „Amerikanisierung" der Wahlkampfberichterstattung? Offensichtlich handelt es sich bei den angeführten Indikatoren für eine „Amerikanisierung" der europäischen Wahlkommunikation um *singuläre* Beobachtungen, die bestenfalls die anhaltende Modernisierung und Professionalisierung der politischen Kommunikationsakteure widerspiegeln, aber keine Belege für einen *gerichteten Konvergenz- und Diffusionsprozess* darstellen, den das Konzept „Amerikanisierung" unter sozialwissenschaftlichen Vorzeichen behauptet.

Die angesprochenen Überzeichnungen mancher Beobachter resultieren dabei primär aus nur punktueller Vertrautheit mit der US-amerikanischen Wahlkampfpraxis. Bestenfalls sporadische Kurzaufenthalte in den USA, selektive Rezeption der amerikanischen Fachliteratur und ein latenter Kulturpessimismus verleiten eben dazu, prozessuale Ähnlichkeiten zwischen europäischer und amerikanischer Kommunikationspraxis als Beweise für einen Traditionsbruch heranzuziehen, der aus modernisierungstheoretischer Perspektive auch dann in Westeuropa stattgefunden hätte, wenn das Kontaktnetzwerk zwischen den strategischen Handlungseliten in Westeuropa und den USA ungleich lockerer und weitmaschiger geknüpft wäre. Der vorliegende Beitrag setzt sich in verknappter Form mit der sozialwissenschaftlichen Relevanz der Konzeptes „Amerikanisierung“ auseinander. Folgende Fragen werden dabei angesprochen:

1. Was bedeutet das Konzept „Amerikanisierung“?
2. Mit welchen Indikatoren kann man eine „Amerikanisierung“ der Wahlkommunikation – so diese überhaupt stattfindet – empirisch belegen?
3. Welche Forschungsfragen müssen beantwortet werden, um die komplexe Dynamik der Wahlkommunikation präziser modellieren zu können?

1 Was bedeutet „Amerikanisierung?“

Die Relevanz des Konzeptes „Amerikanisierung“ ist in der politisch-kommunikationswissenschaftlichen Forschung Gegenstand kontroverser Diskussionen. Vereinfacht kann zwischen zwei konträren Sichtweisen unterschieden werden. Aus *diffusionstheoretischer* Sicht handelt es sich bei der „Amerikanisierung“ der Wahlkommunikation um einen gerichteten (einseitigen) Konvergenzprozess. Zentrale Parameter der Handlungslogik politischer Kommunikationsakteure in Westeuropa nähern sich aus dieser Sicht der kommunikativen Prozesslogik in den USA an. Das Ergebnis ist eine gerichtete (einseitige) Konvergenz zwischen US-amerikanischer und europäischer Wahlkommunikation, bei der unabhängig von institutionellen Restriktionen der politischen Wettbewerbssituation europäische Kommunikationsakteure zentrale Axiome und strategische Parameter der Handlungslogik US-amerikanischer Akteure übernehmen. Beispiele für eine einseitige Übernahme amerikanischer Handlungslogiken politischer Kommunikation wären u.a. die Orientierung der politischen Kommunikationsplanung an der Logik des Politischen Marketing (Bowler und Farrell 1992; Butler und Ranney 1992; Farrell 1996; Scammell 1997; Dombrowski 1997) bzw. die Übernahme US-amerikanischer Formate der politischen Berichterstattung (Meckel 1997; Schütte 1998) und der ihnen zugrunde liegenden Nachrichtenwerte (Graber 1997; Semetko 1997).

Anders argumentieren die Vertreter einer *modernisierungstheoretischen* Position. Für sie ist die „Amerikanisierung“ der Wahlkommunikation Konsequenz eines anhaltenden Strukturwandels in den Subsystemen Politik, Gesellschaft und Mediensystem. Die damit verbundene Labilisierung, Individualisierung, Fragmentierung und Technologisierung traditioneller politischer Öffentlichkeit führt bei den Akteuren der politischen Kommunikation zu einer verstärkten Spezialisierung und Professionalisierung, die eben in der fortgeschrittensten medienzentrierten Demokratie – den USA – deutlich ausgeprägter ist als in Westeuropa. Ähnlichkeiten in der Praxis der Wahlkommunikation wie exzessive Personalisierung, politisches Starsystem, strategisches Themenmanagement, die Schaffung von Pseudoereignissen, massenmediale Eindruckslenkung (*impression management*) und zunehmende Negativität der Kampagnen wie der Wahlkampfberichterstattung stellen aus dieser Sicht *endogene* Wandlungsfolgen dar.

Dass manche dieser Konsequenzen in ihrer praktischen Ausformung Anleihen an die ungleich professionalisiertere Wettbewerbslogik in den USA nehmen, wird daher durchaus eingeräumt, die charakteristischen Komponenten der politischen Kommunikation in Westeuropa blieben aber im Kern erhalten. „Amerikanisierung“ steht so als Synonym für Modernisierung und Professionalisierung. Was zwischen den USA und Westeuropa stattfindet, ist demnach ein Prozess der *ungerichteten* Konvergenz, der im Ergebnis zu einer Annäherung der politischen Kommunikationslogik in medienzentrierten Demokratien führt (Åsard 1997; Blumler 1990; Irwin 1997; Kavanagh 1996; Negrine und Papathanasopoulos 1996; Swanson und Mancini 1996; Semetko 1991; Wring 1997; Norris 1997; Mann und Hamm 1998; Neveu 1998).

Aus modernisierungstheoretischer Perspektive lässt sich „Amerikanisierung“ aber auch als Übergang zu einer „postmodernen“ Logik politischer Kommunikation in medienzentrierten Demokratien beschreiben. Eckpunkte dieser „postmodernen“ politischen Kommunikationslogik sind dabei:

- die Zentralität der Massenmedien im politischen Prozess bzw. „the center of the new political system appars to be the media“ (McLeod et al. 1994)
- ein medienzentriertes Verständnis von Politik als „competitive struggle to influence and control popular perceptions of key political events through the major mass media“ (Blumler 1990, 103)
- der Übergang von *labor intensive* zu kapitalintensiven Formen politischer Kommunikation (Farrell 1996) wie TV-Werbung und professioneller Image- und Medienberatung
- professionelles Themen- und Ereignismanagement und Versuche, Tonalität und Kontexte der massenmedialen Berichterstattung zu kontrollieren (spin *control*)

- Dominanzkonflikte zwischen politischen und redaktionellen Eliten „with the former seeing themselves as engaged in competitive struggle, not only with their political opponents but also with the press itself, over which version of political reality will reach the public and increased uneasiness among journalists about their own role in political communication, given their vulnerability to news management" (Gurevitch und Blumler 1990, 323)
- Fragmentierung der massenmedialen Öffentlichkeit durch die anhaltende Ausweitung des Umfangs des Channel-Repertoires und immer geringerer Überschneidung der Teilöffentlichkeiten (Schulz 1997, 99)
- der Übergang von einer traditionellen Parteienlogik zu einer flüchtigen Medienlogik, der die Labilisierung der institutionellen Strukturen des politischen Wettbewerbs verstärkt und die gesellschaftlichen Integrationskosten in medienzentrierten Demokratien erhöht (Blumler 1997).

	Premodern	*Modern*	*Postmodern*
Campaign Organization	Local and decentralized	Nationally coordinated	Nationally coordinated but decentralized operations
Preparations	Short-term and ad-hoc campaign	Long campaign	Permanent campaign
Central Coordination	Party leaders	Central headquarters, more specialist consultants and party officials	More outside consultants, pollsters and specialist campaign departments
Feedback	Local canvassing	Opinion polls	Opinion polls, focus groups, Internet web sites
Media	National and local press, local handbills, posters and pamphlets, radio leadership speeches	Television broadcasting through major territorial channels	Television narrow-casting through fragmented channels, targeted mail, targeted ads
Campaign Events	Local public meetings, limited whistle-stop leadership tours	Media management, daily press conferences, themed photo ops, TV ads	Extension of media management to "routine" politics, leadership speeches, policy launches, etc.
Costs	Low budget and local costs	Higher costs for producing television ads	Higher costs for consultants, research, and television ads

Tabelle 1: „Postmoderne" Politische Kommunikation. Quelle: Norris (1997, 3)

2 Die USA als Prototyp einer „media-centered democracy"

Der Versuch, die sozialwissenschaftliche Relevanz des Konzeptes „Amerikanisierung" auszuloten, setzt zunächst Vertrautheit mit der Praxis der Wahlkommunikation in den USA voraus, die nicht ausschließlich durch selektive Lektüre der Fachliteratur entstehen kann, sondern intensive Befassung mit den institutionellen Besonderheiten des politischen Wettbewerbs in den USA erfordert. Zu Recht gelten die USA als Prototyp einer medienzentrierten Demokratie (Filzmaier und Plasser 1997, 269-332) wie als exemplarisches Textbuchbeispiel der Konsequenzen der *„Tele-Communications-Revolution"*, die mit den Stichworten *Hyperdemocracy, Cyberdemocracy* und *Digital Democracy* nur angedeutet werden können (Corrado und Firestone 1996; Kleinsteuber 1996). Die USA sind auch das Land, in dem *media driven campaigning* und Regierungsarbeit als permanenter Wahlkampf ebenso eindrucksvoll studiert werden können, wie Professionalität der *media consultants* und *spin doctors,* aber auch die schonungslose Härte attackierender Angriffswahlkämpfe (*negative campaigning*) und eine Spirale der Negativität im politischen Kommunikationsprozess (Althaus 1998; Denton 1998; Friedenberg 1997; Iyengar und Reeves 1997; Shea 1996; Thurber und Nelson 1995; Graber, McQuail und Norris 1998; Graber 1997, 1998; Perloff 1998). Konsequenzen der politischen Wettbewerbslogik in den USA, die von den Maximen des politischen Marketing und des professionellen Kommunikationsmanagement gesteuert wird, sind für die strategischen Handlungseliten:

- exzessive Orientierung an den Selektions- und Aufmerksamkeitsregeln der massenmedialen Teilöffentlichkeiten (*going public, prime time leadership*)
- Regieren als permanente Kampagne (*permanent campaign*) zur Mobilisierung von Unterstützungsbereitschaft und Akzeptanz politischer Programme
- verschwimmende Grenzen zwischen *„policy making"* und *„news making"* bzw. „Entscheidungspolitik" und „Darstellungspolitik" (Sarcinelli 1998)
- exzessive Orientierung an immer rascher wechselnden Nachrichtenlagen (*news cycles*)
- professionelle Auftrittsplanung, Inszenierung kameragerechter Ereignisse (*pseudo events, visuals*) und Bemühen um eine mediengerechte Selbstdarstellung (*impression management*)
- angebotsorientierte, offensive Kommunikationspolitik mit einer täglichen Serie von Hunderten Medien-Briefings, Presseerklärungen und Hintergrundgesprächen (*background briefings*)

- Versuche, durch professionelles Themenmanagement (*news management*) und *spin control* (Kurtz 1998) die massenmediale Themenlage (*media agenda*) und deren kontextuelle Rahmung (*issue framing*) zu kontrollieren.

Für die *political consultants* bedeutet diese Wettbewerbslogik:

- Angriffe auf die persönliche Integrität der politischen Gegner (*going negative*)
- erhöhte Bereitschaft zum Einsatz negativ-attackierender Kampagnebotschaften (von den 170.000 in den 75 größten Medienmärkten im Präsidentschaftswahlkampf 1996 ausgestrahlten TV-Spots waren 67 Prozent negativ!)
- gnadenloses *„opposition research"*, d.h. den Versuch, Charakterdefizite und persönliche Angriffspunkte bei den Konkurrenten zu ermitteln und aufzudecken
- die Maxime, als Wahlkämpfer in jeder Situation so zu handeln, als ob man ein politischer Fernsehjournalist wäre.

Konsequenzen dieser Entwicklung sind erstens ein drohender Autonomieverlust der Journalisten wie zweitens ein an Härte und Schärfe gewinnender Kampf zwischen politischen Eliten und Journalisten: Wer definiert und deutet die aktuellen Problemlagen und Ereignisse? Dabei haben sich die Massenmedien für eine Strategie des *„fighting back"* – des Zurückschlagens – entschieden (Blumler 1997). Diese Strategie bedeutet:

- drastische Verknappung des Anteils der Wahlkampfberichterstattung
- Dominanz des „interpretativen" Journalismus (*„politics as strategic game"*) und der sportiven Dramatisierung des Wahlkampfes (ein Drittel der Wahlkampfberichterstattung 1996 bestand aus *„horse race journalism"*)
- steigende Negativität der Berichterstattung – 70 Prozent der kommentierenden Wahlkampfberichterstattung waren in Tonalität und Bewertung negativ (Graber 1998)
- Boulevardisierung der politischen Berichterstattung *(„tabloidization")*
- *„Keyhole-journalism"*, d.h. Journalisten als *„character cops"* (Charakterpolizei)
- *„Attack Journalism"* bzw. eine elektronische Gerüchtebörse im Internet (z.B. Drudge-Report und Clinton/Lewinsky-Affäre).

Für die Wähler schließlich bedeutet diese Wettbewerbslogik:

- *„Media Clutter"*, d.h. kommunikative Übersättigung und Desorientierung.
- drastischer Rückgang der Einschaltquoten bei politischen Nachrichten- bzw. Magazinsendungen

- Anstieg des politischen Zynismus und negativer Einstellungen gegenüber politischen Eliten und Institutionen, wobei die Politikverdrossenheit tendenziell bereits zur „Medienverdrossenheit“ wurde.

3 Indikatoren einer „Amerikanisierung“ der europäischen Wahlkommunikation

Die aus Platzgründen nur kursorische Skizze einiger zentraler *features* der politischen Kommunikationspraxis in den USA verdeutlicht die inhaltliche Komplexität des mit dem Konzept „Amerikanisierung“ umschriebenen Phänomens. Im nachstehenden Tableau (Tabelle 2) werden die charakteristischen Komponenten einer „Amerikanisierung“ der politischen Kommunikation nach sechs Akteurs- bzw. Handlungsfeldern unterteilt zusammengefasst. Akteure und Handlungsfelder des Beziehungsdreiecks Kandidaten/Parteien – Massenmedien – Wähler stehen dabei in einem wechselseitigen Abhängigkeitsverhältnis. „Alle

Kampagnen	*politische Öffentlichkeitsarbeit*	*Medienberichterstattung und Medienformate*
Medien- bzw. TV-Wahlkämpfe Personalisierung Professionalisierung *(source professionalization)* Angriffswahlkampf *(negative campaigning)* Ereignismanagement *(event marketing)* Political Marketing Cyber Campaigning	*news management* *agenda building* *public engineering* *spin control* *issue framing*	Negativität *horse race* *De-Thematisierung* *Infotainment* strategische Kommentierung Boulevardisierung *(tabloidization)* *sound bite-journalism* *market driven journalism*
Politiker	*Wähler*	*Redakteure*
Exzessive TV-Orientierung *(going public)* Regieren als permanente Kampagne Eindrucksmanagement *(impression management)* Darstellungspolitik vor Entscheidungspolitik	politische Verdrossenheit und öffentlicher Zynismus emotionalisierte, flüchtige Stimmungsdemokratie“ fragmentierte *Channel Repertoires* *voter as consumers*	konfrontativer Negativismus Sensationalismus von überprüften *„safe stories“* zu spekulativen *„high risk stories“* strategisch-interpretative Kommentierung *(game-centered coverage)*

Tabelle 2: „Amerikanisierung“ der politischen Kommunikation

drei Akteure des Systems der Wahlkampfkommunikation haben in den letzten Jahren *strukturelle Veränderungen* durchlaufen, von denen angenommen werden kann, dass sie das Kommunikationsverhalten der jeweils anderen Akteure beeinflussen" (Klingemann und Voltmer 1998, 403). Veränderungen in der Handlungslogik einer der beteiligten Akteursgruppen haben daher voraussichtlich Adaptionen und Modifikationen der Handlungslogik der anderen Akteursgruppen zur Folge. Verändern sich die Kommunikationsstrategien der politischen Eliten (z.B. durch *source professionalization* in Form einer angebotsorientierten, strategischen Kommunikationsplanung), ändern sich auch die Selektions- und Aufmerksamkeitsregeln des journalistischen Beobachtungssystems und als Konsequenz die Politikbilder und das Politikverständnis der Rezipienten und Wähler. „The election process should therefore be studied as a whole system in dynamic equilibrium, in which parties propose and voters dispose in sequential interaction." (Norris 1997, 20)

Die bislang vorliegenden spärlichen internationalen Vergleichsstudien liefern eine Fülle überzeugender Evidenzen für die fortschreitende Professionalisierung, Personalisierung und Mediatisierung demokratischer Politikvermittlung in Westeuropa (Swanson und Mancini 1996; Farrell 1996). Für Deutschland sind es u.a. Arbeiten von Pfetsch und Schmitt-Beck (1994), Jarren und Bode (1996), Radunski (1996), Schönbach (1996), Kepplinger (1998), Holtz-Bacha und Kaid (1996) sowie Donsbach (1996), die Indikatoren für eine tendenzielle „Amerikanisierung" der Handlungslogik strategischer Kommunikationsakteure nachweisen (Falter 1998). In Österreich haben Plasser, Sommer und Scheucher (1996) den Vormarsch der Medienlogik im Zeitverlauf nachgewiesen. Ähnliche Tendenzen kann Longchamp (in diesem Band) für die Schweiz dokumentieren. Vor dem Hintergrund der Unterhauswahlen 1997 in Großbritannien und der professionellen Kommunikationsstrategie von Tony Blair's New Labour wird auch im Vereinigten Königreich intensiv über eine „Clintonization" der politischen Kommunikationspraxis diskutiert (Norris 1998; Semetko, Scammell und Goddard 1997; Scammell und Harrop 1997; Harison 1997; Blumler, Kavanagh und Nossiter 1996), wobei nach Beobachtung von Blumler (1997, 395) „the gap between the communication systems in Britain and the United States has been steadily narrowing". Ähnlich die Diskussionslage in Frankreich (Kaid und Gerstle 1991; Neveu 1998) und Italien (Mazzoleni 1996), wobei hier mit Blick auf die Parlamentswahlen 1994 die „Berlusconisierung" der politischen Kommunikationspraxis im Vordergrund steht.

Mit Blick auf Formate und *videostyles* politischer Fernsehwerbung haben Kaid und Holtz-Bacha (1995) sowie Kaid (1997) vergleichende Untersuchungen vorgelegt, wobei die TV-Werbung in Westeuropa nur punktuell mit Format, *videostyles* und Botschaften der politischen TV-Werbung in den USA deckungsgleich ist (Kaid 1998; Johnson-Cartee und Copeland 1997b; West 1997). Offensichtlich stellen die institutionellen Besonderheiten des (west)europäischen politischen Wettbewerbes der tendenziellen „Amerikanisierung" noch immer erhebliche Barrieren gegenüber. Tatsächlich erweist sich die politische Wettbewerbssituation in den USA als exzeptioneller Sonderfall.

Vergleicht man die institutionellen Rahmenbedingungen der Wahlkommunikation in sechzehn europäischen Ländern mit dem institutionellen Kontext in den USA (Tabelle 3), zeigen sich nur punktuelle Übereinstimmungen zwischen einzelnen europäischen Ländern und der Wettbewerbssituation in den USA (Plasser, Scheucher und Senft 1999). Stehen die USA für ein „candidate-centered, money and media driven, professionalized and highly individualized model of campaigning", überwiegt in der Mehrzahl der europäischen Demokratien das traditionelle Modell des parteienzentrierten, organisationsorientierten, primär von parteiinternen Stabsmitarbeitern geplanten, staatlich finanzierten Wahlkampfes ohne die Möglichkeit, Werbezeit für politische TV-Spots in den öffentlich-rechtlichen Fernsehanstalten zu kaufen. Der bedeutsamste Unterschied zwischen kandidatenzentrierten, kapitalintensiven Wahlkämpfen und einer partei- und organisationszentrierten Wahlkampfführung besteht darin, dass bei kandidatenzentrierten Wahlkämpfen „there is much more scope for individual candidates to employ their own specialists to fight election campaigns; by contrast, in a party centred system, such as much of Western Europe, it is more likely that the political parties will have their own campaign professionals as fulltime employees" (Farrell 1998, 174). Orientiert man sich an den angeführten Kriterien, dann stellt sich die politische Wettbewerbssituation in Europa, was die institutionellen Rahmenbedingungen betrifft, im Vergleich zu den USA gänzlich unterschiedlich dar.

Ein relatives Mehrheitswahlsystem wie in den USA findet sich nur in Großbritannien. Die maximale Dauer einer Legislaturperiode in der ersten Parlamentskammer beträgt nur in den USA zwei Jahre, im Durchschnitt der europäischen Demokratien vier Jahre. Ein gänzlich privat organisiertes TV-System (mit Ausnahme des öffentlich geförderten PBS) gibt es ebenfalls nur in den USA, während in der Mehrzahl der europäischen TV-Systeme öffentlich-rechtliche TV-Anstalten neben privaten TV-Stationen senden. Unbeschränkte Möglichkeiten zum Kauf politischer Werbezeiten im TV existieren nur in den USA. In Westeuropa gibt es hingegen eine Vielzahl gesetzlicher Zugangsbeschränkungen bzw. ist der Verkauf politischer TV-Werbezeiten öffentlich-rechtlichen Anstalten gesetzlich untersagt (Kaid und Holtz-Bacha 1995; Kaid 1997). Blickt man auf die institutionellen Rahmenbedingungen, dann sind einer

	Wahlsystem für die erste Parlamentskammer[1]	*Maximale Dauer einer Legislaturperiode in der ersten Parlamentskammer*	*Eigentumsstruktur der TV-Anstalten*[2]
Finnland	PR- Mixed	4	Öffentlich+ Privat
Norwegen	PR	4	Öffentlich + Privat
Schweden	PR	3	Öffentlich + Privat
Dänemark	PR	4	Öffentlich
Belgien	PR	4	Öffentlich + Privat
Niederlande	PR	4	Öffentlich + Privat
Frankreich	Majority-Plurality	5	Öffentlich + Privat
Großbritannien	FPTP	5	Öffentlich + Privat
Irland	STV-PR	5	Öffentlich
Deutschland	PR-Mixed	4	Öffentlich + Privat
Österreich	PR-Mixed	4	Öffentlich
Schweiz	PR-Mixed	4	Öffentlich + Privat
Italien	FPTP (3/4) + PR	5	Öffentlich + Privat
Spanien	PR	4	Öffentlich + Privat
Portugal	PR	4	Öffentlich + Privat
Griechenland	PR	4	Öffentlich + Privat
USA	FPTP	2	Privat

Tabelle 3: Institutionelle Rahmenbedingungen für Politische Marketing-Aktivitäten in Westeuropa und den USA

Quellen: LeDuc, Niemi und Norris 1996; Swanson und Mancini 1996; Bowler und Farrell 1992; Butler und Ranney 1992; Kaid und Holtz-Bacha 1995.

1 Wahlsystem für die erste Parlamentskammer: PR = Verhältniswahlrecht; FPTP = first-past-the-post = relative Mehrheitswahl in Einer-Wahlkreisen; Kombination von Mehrheits- bzw. Kandidatendirektwahl und Verhältniswahlrecht; absolutes Mehrheitswahlrecht mit der Möglichkeit einer Stichwahl; STV = single transferable votesystem = Kandidatenpräferenzstimmensystem.

2 Eigentumsstruktur der TV-Anstalten: nur öffentlich-rechtliches Fernsehen.

Bezahlte politische TV-Werbung	*Staatliche Wahlkampffinanzierung*		*Verbot der Veröffentlichung von Wahlprognosen*[4]	*Mittelpunkt von Parlamentswahlkämpfen*	*US-Berater involviert in Parlamentswahlkämpfen*
	Kostenlose TV-Werbezeit für Kandidaten und Parteien[3]	*Staatliche Wahlkampffinanzierung*			
Ja (nicht im öffentl. Rundfunk)	Ja	Ja	Nein	Partei + Kandidaten	Ja
Nein	Ja	Ja	Nein	Partei	Nein
Nein	Ja	Ja	Nein	Partei	Ja
Nein	Ja	Nein	Nein	Partei	Ja
Nein	Ja	Nein	Nein	Partei	Nein
Ja (nicht im öffentl. Rundfunk)	Ja	Ja	Nein	Partei	Nein
Nein	Nein	minimal	Ja	Partei + Kandidaten	Ja
Nein	Ja	Nein	Nein	Partei + Kandidaten	Ja
Nein	Ja	Nein	Nein	Partei + Kandidaten	Nein
Ja (nicht im öffentl. Rundfunk)	Ja	Ja	Nein	Partei	Ja
Nein	Ja	Ja	Nein	Partei	Ja
Nein	Ja	Nein	Ja	Partei	Ja
Ja (nicht im öffentl. Rundfunk)	Ja	Ja	Ja	Partei + Kandidaten	Ja
Nein	Ja	Ja	Ja	Partei	Nein
Nein	Ja	Ja	Ja	Partei	Nein
Ja (nicht im öffentl. Rundfunk)	Ja	Ja	Nein	Partei	Nein
Ja	Nein	Nein	Nein	Kandidaten	Ja

3 Kostenlose Werbezeit für politische Parteien: In den meisten westeuropäischen Demokratien werden den Parteien bzw. Kandidaten bei Parlamentswahlen freie Zeitkontingente im öffentlich-rechtlichen TV zur Verfügung gestellt bzw. steht den Parteien freie Sendezeit für eine bestimmte Anzahl von TV-Spots in Abhängigkeit von ihrer jeweiligen Mandatsstärke zur Verfügung. Dabei handelt es sich um eine Form der indirekten öffentlichen Wahlkampffinanzierung.

4 Verbot der Veröffentlichung von Wahlprognosen: Frankreich: 7 Tage vor einer Parlaments- bzw. Präsidentenwahl (da Stichwahlen an aufeinanderfolgenden Sonntagen stattfinden, defacto 14 Tage); Italien: 28 Tage vor Parlamentswahlen, Regionalwahlen, Kommunalwahlen und Volksabstimmungen); Portugal: 7 Tage vor der Parlamentswahl; Spanien: 5 Tage vor einer Wahl; Schweiz: 7 Tage vor Nationalratswahlen, aber nicht vor Volksabstimmungen.

„Amerikanisierung“ des politischen Wettbewerbs in Europa enge Grenzen gesetzt (Plasser, Scheucher und Senft 1999), wobei sensible Beobachter die Abwehrkraft institutioneller Strukturen und Wettbewerbsrestriktionen gegenüber der transatlantischen Kommunikationslogik mittelfristig in Zweifel ziehen. „In the last analysis, however, all there system conditions of political communication serve as little more than brakes – the force of some of which may be gradually weakening – on the accelerating power of the modern publicity process“ (Blumler 1990, 111).

4 „Amerikanisierung“ als elitengesteuerter Diffusionsprozess

Die politische Kommunikationspraxis in den USA gilt unter europäischen Experten als „the cutting edge of electioneering innovation“ (Blumler, Kavanagh und Nositer 1996, 59) und es ist daher keine Übertreibung, die USA als internationales *„role model of campaigning“* (Scammell 1997, 4) zu bezeichnen. Die transnationale Diffusion US-amerikanischer Kampagne- und Marketingtechniken wird durch die Internationalisierung des *campaign consulting business* begünstigt (Farrell 1998) und erfolgt in Form eines komplexen „international network of connections through which knowledge about new campaign practices and their uses is disseminated constantly across national borders by independent consultants for economic reasons, by ideologically kindred political parties for political reasons, and by the mass media to aspiring political candidates and interested members of the public worldwide“ (Swanson und Mancini 1996, 250). Die Diffusion US-amerikanischer Kampagne- und Marketingtechniken ist aber kein linearer Prozess, der zu einer uniformen Standardisierung der westeuropäischen Wahlkampfpraxis führt. Das verbreitetste Modell der Übernahme ausgewählter Innovationen und Techniken US-amerikanischer Wahlkämpfe dürfte das *„shopping model“* sein. Bestimmte Techniken und organisatorische Routinen der professionellen Wahlkampfpraxis in den USA werden importiert, mit Blick auf den nationalen Kontext des politischen Wettbewerbs modifiziert und implementiert (Plasser, Scheucher und Senft 1999).

Für den politischen Wettbewerb in westeuropäischen Demokratien vermutlich folgenreicher ist hingegen das *„adaption model“*. Hier übernehmen die europäischen Beobachter tendenziell die strategischen Axiome US-amerikanischer Berater und Wahlkampfexperten, die als zukunftsweisender angesehen werden als das traditionelle europäische Kampagneverständnis. Geringschätzung des konventionellen Organisationswahlkampfes und programmatisch-ideologischer Kontinuität, hingegen Fixierung auf das Kandidaten-Image, strategische Produktentwicklung, Zielgruppen-Marketing, *news-management, spin control, permanent campaigning* und *negative advertising* stehen für die Übernahme US-amerikanischer Axiome politischer Wahlkommunikation. Beschleunigt das *„shopping model“* den Übergang vom *„amateur-campaigning“* zum *„capital intensive campaigning“* (Farrell 1996), steht das *„adoption model“* für einen Bruch mit der europäischen Tradition des parteizentrierten Wahlkampfstils bzw. den definitiven Übergang von einer „Parteienlogik“ zu einer „Medienlogik“ (Blumler 1997).

Die Untersuchung der Rolle professioneller Politikberater bei der Diffusion kommunikationsstrategischer Innovationen im nationalen (Thurber 1998) und transnationalen Kontext (Farrell 1998) ist erst in jüngster Zeit als novitätsträchtiges Forschungsfeld erkannt worden. Selbst in den USA ist das Wissen um das professionelle Selbstverständnis der *political consultants* mehr als beschränkt (Althaus 1998). Inwieweit westeuropäische Politikberater und Parteimanager die USA als *„role model“* für die Planung von Kommunikations- und Wahlkampfstrategien betrachten, wurde bis vor kurzem nicht untersucht. Im Rahmen eines vom Autor mit Kollegen durchgeführten „European Consultant Survey“ (Plasser, Scheucher und Senft 1999) wurden 1998 fünfzig führende Politikberater und Parteimanager aus elf westeuropäischen Ländern über ihr professionelles Selbstverständnis und ihre professionellen Standards befragt. Dabei zeichneten sich zwei Gruppen ab, die sich durch professionelle Nähe bzw. Distanz zur US-amerikanischen Wahlkampfpraxis unterschieden. Rund 40 Prozent der befragten Politikmanager konnten als *US-Connected* klassifiziert werden. Die Angehörigen dieser Gruppe zeichnen sich durch eine überdurchschnittliche Nähe und Vertrautheit mit der Praxis des politischen Wettbewerbs in den USA aus und bezeichneten die regelmäßige Beobachtung von US-Wahlkämpfen als auch die Kenntnis der neuesten US-amerikanischen Fachliteratur als unverzichtbare professionelle Standards. Die zweite Gruppe wurde als *Unconnected* bezeichnet, da ihre Angehörigen ihr professionelles Selbstverständnis primär am europäischen Handlungskontext orientierten. Die Daten des „European Consultant Surveys“ gestatteten somit die vorsichtigen Schlussfolgerungen, dass 1. die Gruppe der *US-Connected* bereits den Schritt vom *„shopping model“* zum *„adaption model“* vollzogen hat und 2. dass der Prozess, den wir unter „Amerikanisierung“ subsumieren, offensichtlich als elitengesteuerter Diffusionsprozess abläuft. Um die zweite Schlussfolgerung auch empirisch überprüfen zu können und tiefere Einblicke in elitengesteuerte Diffusionsprozesse zu erhalten, wurden in einem zweiten Schritt auch führende *political consultants* in den USA befragt („American Consultants Survey“). Bislang liegen aus der ersten Befragungswelle rund 30 Interviews mit Angehörigen dieser neuen strategischen Machtelite vor, die unsere Annahme eines elitengesteuerten Diffusionsprozesses zu bestätigen scheinen. In der nachstehenden Tabelle (Tabelle 4) werden die Ergebnisse auf die Frage nach dem persönlichen Verständnis des Konzeptes „Political Marketing" berichtet. Dabei fällt auf, dass die Gruppe der westeuropäischen *US-Connected* tatsächlich eine mittlere Position zwischen den „Europäern" *(Unconnected)* und den „Amerikanern" (*US-Consultants*) einnehmen und sich tendenziell unverkennbar dem weitgehend kampagneorientierten Verständnis von Politischem Marketing der *US-Consultants* annähern.

In Prozent	*Definition kommt der persönlichen Marketingpraxis sehr nahe*		
	US-Consultants N = 30	*US-Connected N = 20*	*Unconnected N = 30*
A) Langfristige Kommunikation zum Aufbau von Kompetenz und Wählervertrauen.	26	48	58
B) Anleitung zur strategischen Planung und Umsetzung von Kampagnen.	63	53	40
C) Technik zur Definition und Ansprache strategischer Zielgruppen.	63	45	25
D) Management-Technik für die politische Kommunikation.	67	40	40

Tabelle 4: Unterschiede in der Definition des Konzeptes „Politisches Marketing". Quelle: European Consultants Survey (1998) und American Consultants Survey (1998)

Die ersten Zwischenergebnisse dieses vergleichenden Projektes sprechen für die eingangs formulierte These, dass hinter dem Phänomen „Amerikanisierung" der europäischen Wahlkommunikation auch *von strategischen Handlungseliten gesteuerte Diffusions- und Innovationsprozesse* stehen. Damit wird die Erklärungskraft des modernisierungstheoretischen Ansatzes keineswegs verringert, sondern um handlungstheoretische Faktoren erweitert, die u.a. auch Erklärungen anbieten könnten, warum in einzelnen Politik- und Mediensystemen gleichzeitig unterschiedliche Professionalisierungsgrade der Handlungseliten auftreten (Wiesendahl 1998) und welche Konsequenzen sich aus solchen strategischen Ungleichgewichten für die Dynamik des politischen Wettbewerbs innerhalb eines Systems ergeben können. Um solche Fragen ansatzweise beantworten zu können, benötigt man hochkomplexe, international vergleichende Forschungsdesigns in Form von Querschnitt- und Längsschnittuntersuchungen, „that would more adequately handle the direction of causality and estimate rates of change in various systems and subscale systems" (Blumler, McLeod und Rosengren 1992, 9). Das Konzept „Amerikanisierung" könnte somit eine thematische Klammer für internationale Projektkooperationen zwischen Politik- und Kommunikationswissenschaftlern sein, die sich für die Zukunft der Politikvermittlung in medienzentrierten Demokratien interessieren.

Literatur

Althaus, Marco. 1998. *Wahlkampf als Beruf: Die Professionalisierung der Political Consultants in den USA*. Frankfurt am Main, Bern et al.: Lang.

Åsard, Erik. 1997. Not so „Americanized" after all? A comparison of political campaign ads in Sweden and the United States. Paper delivered at the International Conference „Images of Politics", October 23-25, 1997, Amsterdam.

Blondel, Jean, Richard Sennott und Palle Svensson. 1997. Representation and voter participation. *European Journal of Political Research* 32, Nr. 3.

Blumler, Jay G. 1990. Elections, the media and the modern publicity process. In *Public communication: the new imperatives*, hg. von Marjorie Ferguson. London, Newbury Park: Sage.

Blumler, Jay G. 1997. Origins of the crisis of communication for citizenship. *Political Communication* 14, Nr. 4.

Blumler, Jay G., Dennis Kavanagh und T. J. Nossiter. 1996. Modern communications versus traditional politics in Britain: unstable marriage of convenience. In *Politics, media, and modern democracy: an international study of innovations in electoral campaigning and their consequences*, hg. von David L. Swanson und Paolo Mancini. Westport, Conn., et al.: Praeger.

Blumler, Jay G., Jack M. McLeod und Karl Erik Rosengren. 1992. An introduction to comparative communication research. In *Comparatively speaking: communication and culture across space and time*, hg. von Jay G. Blumler, Jack M. McLeod und Karl Erik Rosengren. Newbury Park, London: Sage.

Bowler, Shaun, und David M. Farrell, Hg. 1992. *Electoral strategies and political marketing*. London, New York: St. Martin's Press.

Butler, David, und Austin Ranney, Hg. 1992. *Electioneering: a comparative study of continuity and change*. Oxford: Clarendon Press.

Cook, Timothy E. 1998. *Governing with the news: the news media as a political institution*. Chicago: University of Chicago Press.

Corrado, Anthony und Charles M. Firestone, Hg. 1996. *Election in cyberspace: toward a new era in American politics*. Washington, D.C.: Aspen Institute.

Denton, Robert E., Hg. 1998. *The 1996 Presidential campaign: a communication perspective*. Westport, Conn., et al.: Praeger.

Dombrowski, Ines. 1997. *Politisches Marketing in den Massenmedien*. Wiesbaden: Deutscher Universitätsverlag.

Donsbach, Wolfgang. 1995. Medien und Politik: Ein internationaler Vergleich. In *Das öffentliche Theater. Politik und Medien in der Demokratie*, hg. von Klaus Armingeon und Robert Blum. Bern, Wien: Haupt.

Donsbach, Wolfgang. 1996. Wie Massenmedien Wahlen beeinflussen: Der Medientenor im Bundestagswahlkampf 1994. In *Parteiensystem am Wendepunkt? Wahlen in der Fernsehdemokratie*, hg. von Heinrich Oberreuter. München: Olzog.

Falter, Jürgen. 1998. Alle Macht dem Spin Doctor: Die Amerikanisierung der Wahlkämpfe ist auch in Deutschland fortgeschritten. *Frankfurter Allgemeine Zeitung* Nr. 97, 27. April 1998.

Farrell, David M. 1996. Campaign Strategies and Tactics. In *Comparing democracies: elections and voting in global perspective*, hg. von Lawrence LeDuc, Richard G. Niemi und Pippa Norris. Thousand Oaks, London, New Delhi: Sage.

Farrell, David M. 1998. Political consultancy overseas: the internationalization of campaign consultancy. *Political Science & Politics* 31, Nr. 2.

Filzmaier, Peter, und Fritz Plasser. 1997. Massenmedien und politischer Wettbewerb. In *Die amerikanische Demokratie*, hg. von Peter Filzmaier und Fritz Plasser. Wien: Manz.

Friedenberg, Robert V. 1997. *Communication consultants in political campaigns: ballot box warriors.* Westport, Conn. et al.: Praeger.

Graber, Doris A., Hg. 1997. *Mass media and American politics.* Washington, D.C.: CQ Press.

Graber, Doris A. 1998. Whither televised election news? Lessons from the 1996 campaign. *The Harvard International Journal of Press/Politics* 3, Nr. 2.

Graber, Doris, Denis McQuail und Pippa Norris, Hg. 1998. *The politics of news: the news of politics.* Washington D.C.: Congressional Quarterly Books.

Gurevitch, Michael, und Jay G. Blumler. 1990. Comparative research: the extending frontier. In *New directions in political communication: a ressource book*, hg. von David L. Swanson und Dan Nimmo. Newbury Park, London: Sage.

Harrison, Martin. 1997. Politics on the air. In *The British general election of 1997*, hg. von David Butler und Dennis Kavanagh. Basingstoke et al.: Macmillan.

Holtz-Bacha, Christine, und Lynda Lee Kaid, Hg. 1996. Wahlen und Wahlkampf in den Medien. Opladen: Westdeutscher Verlag.

Irwin, Galen A. 1997. Americanization: infiltration or imitation? Paper delivered at the International Conference „Images of Politics", October 23-25, Amsterdam.

Iyengar, Shanto, und Richard Reeves, Hg. 1997. *Do the media govern? Politicians, voters, and reporters in America.* Thousand Oaks, London, New Delhi: Sage.

Jarren, Otfried, und Markus Bode. 1996. Ereignis- und Medienmanagement politischer Parteien. Kommunikationsstrategien im Superwahljahr 1994. In *Politik überzeugend vermitteln. Wahlkampfstrategien in Deutschland und den USA, hg. von der* Bertelsmann Stiftung. Gütersloh: Bertelsmann Stiftung.

Jarren, Otfried, Ulrich Sarcinelli und Ulrich Saxer, Hg. 1998. *Politische Kommunikation in der demokratischen Gesellschaft.* Opladen: Westdeutscher Verlag.

Jarren, Otfried, Heribert Schatz und Hartmut Weßler. 1996. *Medien und politischer Prozess: Politische Öffentlichkeit und massenmediale Politikvermittlung im Wandel.* Opladen: Westdeutscher Verlag.

Johnson-Cartee, Karen S., und Gary A. Copeland. 1997a. *Inside political campaigns: theory and practice.* Westport, Conn., et al.: Praeger.

Johnson-Cartee, Karen S., und Gary A. Copeland. 1997b. *Manipulation of the American voter: political campaign commercials.* Westport, Conn., et al.: Praeger.

Kaid, Lynda Lee. 1997. Political television advertising: a comparative perspective on styles and effects. Paper delivered at the International Conference „Images of Politics", October 23-25, Amsterdam.

Kaid, Lynda Lee. 1998. Videostyle and the effects of the 1996 presidential campaign advertising. In *The 1996 presidential campaign: a communication perspective*, hg. von Robert E. Denton. Westport, Conn., et al.: Praeger.

Kaid, Lynda Lee, Jacques Gerstlé und Keith R. Sanders, Hg. 1991. *Mediated politics in two cultures: Presidential campaigning in the United States and France*. New York: Praeger.

Kaid, Lynda Lee, und Christina Holtz-Bacha, Hg. 1995. *Political advertising in Western democracies*. Thousand Oaks, London, New Delhi: Sage.

Kavanagh, Dennis. 1996. New campaign communications: consequences for British political parties. *The Harvard International Journal of Press/Politics* 1, Nr. 3.

Kepplinger, Hans-Mathias. 1998. *Die Demontage der Politik in der Informationsgesellschaft*. Freiburg, München: Alber.

Kleinsteuber, Hans J., Hg. 1996. *Der „Information Superhighway“: Amerikanische Visionen und Erfahrungen*. Opladen: Westdeutscher Verlag.

Klingemann, Hans-Dieter, und Karin Voltmer. 1998. Politische Kommunikation als Wahlkampfkommunikation. In *Politische Kommunikation in der demokratischen Gesellschaft*, hg. von Otfried Jarren, Ulrich Sarcinelli und Ulrich Saxer. Opladen: Westdeutscher Verlag.

Kurtz, Howard. 1998. *Spin Cycle: Inside the Clinton propaganda machine*. New York: Free Press.

LeDuc, Lawrence, Richard G. Niemi und Pippa Norris, Hg. 1996. *Comparing democracies: elections and voting in a global perspective*. Thousand Oaks, London, New Delhi: Sage.

Mair, Peter, Wolfgang C. Müller und Fritz Plasser, Hg. 1999. *Party responses to the erosion of voter loyalities in Western Europe*. London (forthcoming).

Mann, Thomas E., und Ingrid Hamm, Hg. 1998. *Political communication in the information society: the findings of a German-American workshop*. Gütersloh: Bertelsmann Foundation Publications.

Mazzoleni, Gianpetro. 1996. Patterns and effects of recent changes in electoral campaigning in Italy. In *Politics, media and modern democracy: an international study of innovations in electoral campaigning and their consequences*, hg. von David L. Swanson und Paolo Mancini. Westport, Conn., et al.: Praeger.

McLeod, Jack et al. 1994. The expanding boundaries of political communication effects. In *Perspectives on media effects*, hg. von Jennings K. Bryant und Dolf Zillman. Hillsdale, N.J.: Erlbaum.

Meckel, Miriam. 1997. Zur Entwicklung des Format-Fernsehens in Deutschland. *Rundfunk und Fernsehen* 46, Nr. 4.

Negrine, Ralph, und Sylianos Papathanasopoulos. 1996. The „Americanisation“ of political communication: a critique. *The Harvard international Journal of Press/Politics* 1, Nr. 2.

Neveu, Erik. 1998. Media and politics in French political science. *European Journal of Political Research* 26, Nr. 4.

Norris, Pippa. 1997. The rise of postmodern political communication? In *Politics and the press: the news media and their influences, hg. von* Pippa Norris. Boulder: Rienner.

Norris, Pippa, Hg. 1997. *Elections and voting behaviour*. Aldershot: Ashgate.

Norris, Pippa. 1998. The battle for the campaign agenda. In *New Labour triumphs: Britain at the polls*, hg. von Anthony King et al. Chatham, N.J.: Chatham House Publications.

Perloff, Richard M. 1998. *Political communication: politics, press, and public in America*. Mahaw, N.J.: Erlbaum.

Pfetsch, Barbara. 1997. Zur Beobachtung und Beeinflussung öffentlicher Meinung in der Mediendemokratie: Baustein einer politikwissenschaftlichen Kommunikationsforschung. In *Politik und Demokratie in der Informationsgesellschaft*, hg. von Karl Rohe. Baden-Baden: Nomos.

Pfetsch, Barbara. 1998. Government news management. In *The politics of news: the news of politics*, hg. von Doris A. Graber, Dennis McQuail und Pippa Norris. Washington, D.C.: Congressional Quarterly Books.

Pfetsch, Barbara, und Rüdiger Schmitt-Beck. 1994. Amerikanisierung von Wahlkämpfen? In *Politik und Medien*, hg. von Michael Jäckel und Peter Winterhoff-Spurk. Berlin: Vistas.

Plasser, Fritz. 1993. Tele-Politik, Tele-Image und die Transformation demokratischer Führung. *Österreichische Zeitschrift für Politikwissenschaft* 22, Nr. 4.

Plasser, Fritz, Christian Scheucher und Christian Senft. 1999. Is there a European style of political marketing? In *The handbook of political marketing*, hg. von Bruce I. Newman. Thousand Oaks, London, New Delhi: Sage.

Plasser, Fritz, Franz Sommer und Christian Scheucher. 1996. Medienlogik: Themenmanagement und Politikvermittlung im Wahlkampf. In *Wahlkampf und Wählerentscheidung: Analysen zur Nationalratswahl 1995*, hg. von Fritz Plasser, Peter A. Ulram und Günther Ogris. Wien: Signum.

Radunski, Peter. 1996. Politisches Kommunikationsmanagement. Die Amerikanisierung der Wahlkämpfe. In *Politik überzeugend vermitteln. Wahlkampfstrategien in Deutschland und den USA*, hg. von der Bertelsmann Stiftung. Gütersloh: Bertelsmann Stiftung.

Rupp, Hans Karl, und Wolfgang Hecher, Hg. 1997. *Auf dem Weg zur Telekratie? Perspektiven der Mediengesellschaft.* Konstanz: UVK Medien.

Sarcinelli, Ulrich, Hg. 1998. *Politikvermittlung und Demokratie in der Mediengesellschaft: Beiträge zur politischen Kommunikationskultur.* Bonn: Bundeszentrale für politische Bildung.

Saxer, Ulrich. 1998. System, Systemwandel und politische Kommunikation. In *Politische Kommunikation in der demokratischen Gesellschaft*, hg. von Otfried Jarren, Ulrich Sarcinelli und Ulrich Saxer. Opladen: Westdeutscher Verlag.

Scammell, Margaret. 1997. The wisdom of the war room: U.S. campaigning and Americanization. The Joan Shorenstein Centre, Research Paper R-17.

Scammell, Margaret, und Martin Harrop. 1997. The press. In *The British general election of 1997*, hg. von David Butler und Dennis Kavanagh. Basingstoke et al.: Macmillan.

Schmitt-Beck, Rüdiger, und Barbara Pfetsch. 1994. Politische Akteure und die Medien der Massenkommunikation: Zur Generierung von Öffentlichkeit in Wahlkämpfen. In *Öffentlichkeit, öffentliche Meinung, soziale Bewegungen*, hg. von Friedhelm Neidhardt. Opladen: Westdeutscher Verlag.

Schönbach, Klaus. 1996. The „Americanization" of German election campaigns: any impact on the voters? In *Politics, media, and modern democracy: An international study of innovations in electoral campaigning and their consequences*, hg. von David L. Swanson und Paolo Mancini. Westport, Conn., et al.: Praeger.

Schulz, Winfried. 1997. *Politische Kommunikation: Theoretische Ansätze und Ergebnisse politischer Forschung.* Opladen: Westdeutscher Verlag.

Schütte, Georg. 1998. Die USA, Europa und der Markt: Kontexte der Entwicklung von Fernsehinformationssendungen. In *Die Amerikanisierung des Medienalltags*, hg. von Harald Wenzel. Frankfurt am Main, New York: Campus.

Semetko, Holli. 1997. Cultures apart? Political news in cross-national comparative perspective, Paper delivered at the International Conference „Images of Politics", October 23-25, Amsterdam.

Semetko, Holli A., Jay G. Blumler, Michael Gurevitch und David H. Weaver. 1991. *The formation of campaign agendas: a comparative analysis of party and media roles in recent American and British elections.* Hillsdale, N.J., et al.: Erlbaum.

Semetko, Holli, Margaret Scammell und Peter Goddard. 1997. Television. In *Britain votes 1997*, hg. von Pippa Norris und Neil T.Gavin. Oxford: Oxford University Press.

Semetko, Holli A., und Klaus Schönbach. 1994. *Germany's „unity election“: voters and the media.* Cresskill N.J.: Hampton Press.

Shea, Daniel M. 1996. *Campaign craft: The strategies, tactics, and art of political campaigns.* Westport, Conn., et al.: Praeger.

Swanson, David L., und Paolo Mancini, Hg. 1996. *Politics, media, and modern democracy: an international study of innovations in electoral campaigning and their consequences.* Westport, Conn., et al.: Praeger.

Thurber, James A. 1998. The study of campaign consultants: a subfield in search of theory. *Political Science & Politics* 31, Nr. 2.

Thurber, James A., und Candice Nelson, Hg. 1995. *Campaigns and elections American style.* Boulder: Westview Press.

Wenzel, Harald, Hg. 1998. *Die Amerikanisierung des Medienalltags.* Frankfurt am Main, New York: Campus.

West, Darrell M. 1997. Air wars: Television advertising in election campaigns 1952-1996. Washington, D.C.: Congressional Quarterly Books.

Wiesendahl, Elmar. 1998. Parteienkommunikation. In *Politische Kommunikation in der demokratischen Gesellschaft*, hg. von Otfried Jarren, Ulrich Sarcinelli und Ulrich Saxer. Opladen: Westdeutscher Verlag.

Wring, Dominic. 1997. Americanization: Journalistic rhetoric or political reality? Paper delivered at the International Conference „Images of Politics“, October 23-25, Amsterdam.

„Gnadenlos professionell“: Journalisten und die aktuelle Medienberichterstattung in Bundestagswahlkämpfen 1976-1998

Klaus Schönbach und Holli A. Semetko

Immer noch ist die Legende weit verbreitet, dass Journalisten in Wahlkämpfen ihre Lieblinge unterstützen. Das seien im Zweifelsfall immer die Politiker der Linken. Zumindest für die aktuellen Formen der Medienberichterstattung jedoch galt und gilt in Deutschland offenbar ein „Sichtbarkeitsbonus“ der Regierung. Dabei kommt es auf deren Couleur nicht an. Der Grund dafür ist: Politische Berichterstattung im Wahlkampf wird im Stil des „business as usual“ betrieben, d.h. die üblichen professionellen Nachrichtenfaktoren wie Prominenz, Einfluss und Dynamik gelten unvermindert auch in Wahlkämpfen. Deshalb kommt die jeweilige Opposition – im Unterschied zu der in den angelsächsischen Ländern – in der heißen Phase des Wahlkampfs nicht ähnlich ausführlich zu Wort wie die Regierung. Anhand der Bundestagswahlkämpfe des vergangenen Vierteljahrhunderts lässt sich zeigen: Die Opposition kann sich in der aktuellen Berichterstattung nur dann etwas stärker profilieren, wenn sie wichtige Nachrichtenfaktoren – z.B. die Chance eines Wahlsiegs – zu bieten in der Lage ist. Auch in den durch die Medien vermittelten Bewertungen von Parteien und Politikern lässt sich kein systematischer Bonus für „linke“ Politik finden.

1

Wen begünstigen deutsche Journalisten in ihrer politischen Berichterstattung? Und zwar besonders, „wenn es gilt“ – nämlich kurz vor Bundestagswahlen? Immer die „Linksparteien“, also die SPD, die Grünen und die FDP, letztere aber natürlich nur in sozialliberalen Koalitionen – diese Antwort wird seit den siebziger Jahren massiv durch ein Forschungsprogramm an der Universität Mainz propagiert (vgl. z.B. Noelle-Neumann 1979; Donsbach 1987 und den Überblick in Schönbach, Stürzebecher und Schneider 1994). Vor allem im Gefolge der sogenannten „Kamerawinkel“-Studie (Kepplinger 1980) ist die verschworene

Gemeinschaft von Journalisten mit linker Politik geradezu Volksgut geworden. Jene Untersuchung hatte politische Magazine und Wahlsondersendungen von ARD und ZDF daraufhin überprüft, ob sie vor der Bundestagswahl 1976 ausgewogen berichteten. Das taten sie auch: Regierung und Opposition waren verblüffend balanciert, nur der CDU-Kandidat Helmut Kohl schien ein wenig ungünstiger abgebildet worden zu sein als der Kanzler Helmut Schmidt – u.a. durch die eine oder andere merkwürdige Kameraperspektive.

Udo Michael Krüger (1978) konnte die These, die CDU/CSU-Opposition sei 1976 von den Medien benachteiligt worden, besser beweisen – zumindest auf den ersten Blick. In seiner Auswertung der *Frankfurter Allgemeinen Zeitung,* der *Welt,* der *Süddeutschen Zeitung* und der *Frankfurter Rundschau* hatte sich in der Tat ein deutliches Übergewicht der SPD/FDP-Koalition gefunden: In den drei Monaten vor dem Wahltag kam sie in allen vier Zeitungen fast doppelt so häufig vor (in insgesamt 57% aller Erwähnungen von Parteien) als die CDU/CSU-Opposition (34%).

Solche groben Ungleichgewichte sollten uns in der Tat irritieren – zum einen, weil Journalisten in einer Demokratie die Opposition und ihre Standpunkte nicht verschweigen dürfen, schon gar nicht im Wahlkampf. Zum anderen, weil es Hinweise darauf gibt, dass öffentliche Sichtbarkeit der Opposition nicht nur eine Sache journalistischer Fairness ist. Sie sorgt auch für durchaus handfeste Vorteile in der Wählerschaft. Für 1990 z.B. konnten wir zeigen: Helmut Kohl wurde im Verlauf des Wahlkampfs zusehends besser bewertet von denen, die Fernsehnachrichten gesehen hatten, in denen er häufiger vorgekommen war. Umgekehrt gewann ein Oppositionsführer in den Augen des Publikums nicht an Kompetenz und folglich nicht an Sympathie, wenn man – wie im Falle von Oskar Lafontaine 1990 – kaum etwas von ihm hörte oder sah. „Was macht denn eigentlich der Lafontaine? Gibt's den noch?" – solche Fragen konnten sich einem schon aufdrängen (s.u. Tabelle 1; vgl. zu solchen sogenannten „mere exposure"-Effekten schon Zajonc 1968; Krugman und Hartley, 1970; Harrison, 1977). Der britische Medienkritiker Paul Rock (1973) scheint durchaus recht zu haben: Er vertritt die These, allein die Wiederkehr der immer gleichen Akteure in den Nachrichten, „news as eternal recurrence", flöße Vertrauen zu ihnen ein.

Doch zurück zu dem Vorwurf, Journalisten in Deutschland begünstigten die politische Linke. 1976 hatten sie das – zumindest nach der Studie von Krüger – offenbar ja auch getan: SPD und FDP waren in den vier Qualitätszeitungen jedenfalls wesentlich sichtbarer gewesen als CDU und CSU. Damit hörte die vermeintliche Kumpanei aber auch schon auf, denn der damalige Bundeskanzler Schmidt (SPD) schien davon nicht profitiert zu haben. Er wurde in der *Frankfurter Allgemeinen,* der *Welt,* aber auch in der *Süddeutschen Zeitung* und der

Frankfurter Rundschau jeweils klar seltener erwähnt (in insgesamt 16% aller Politikernennungen) als sein Herausforderer Kohl (CDU) (25 Prozent). Plausiblerweise allerdings hilft Sichtbarkeit den Politikern nur dann, wenn sie nicht Fehler, Versäumnisse und Schlamperei bloßstellt. Genau dies widerfuhr jedoch der SPD/FDP-Regierung im Wahlkampf 1976. Bei den *Bewertungen* von Parteien und Politikern in den vier Zeitungen kam die SPD am schlechtesten weg. Auch Helmut Schmidt wurde deutlich kritischer behandelt als Helmut Kohl (Krüger, 1978).

Vier Jahre später, im Wahlkampf 1980, gab es den „Sichtbarkeitsbonus" der Regierungsparteien wieder. Mit seiner Analyse von „Tagesschau" und „heute" konnte Hans-Jürgen Weiss (1982) zeigen, dass diese beiden Nachrichtensendungen im Monat vor der Wahl der SPD/FDP-Koalition ein wenig mehr *Zeit* widmeten als der CDU/CSU-Opposition. Vor allem aber kam die Koalition in einem Viertel (24%) aller Meldungen der „Tagesschau" vor, die Opposition aber nur in 15 Prozent. Auch „heute" im ZDF erwähnte die Regierung deutlich häufiger (in 27% aller Meldungen) als die Opposition (19%). Das gleiche Übergewicht der sozialliberalen Koalition fand Weiss übrigens auch auf den Titelseiten überregionaler Abonnementzeitungen, die er zum Vergleich heranzog. Etwa ein Fünftel aller Erwähnungen von Politikern und Parteien in den Fernsehnachrichten war im weitesten Sinne kritisch gewesen. Ähnlich wie vier Jahre zuvor war die Regierung davon etwas häufiger betroffen als die Opposition (in beiden Sendungen etwa im Verhältnis 3:2). Nochmals sieben Jahre später, im Wahlkampf 1987, ist allerdings auch der *Sichtbarkeitsbonus* der SPD in der aktuellen Berichterstattung verschwunden. Kurt Koszyk und Jürgen Prause (1990) hatten fünf Regionalzeitungen des Ruhrgebiets in zwei künstlichen Wochen für die drei Monate vor der Wahl analysiert. In den Beiträgen des Politik- und Wirtschaftsteils war bei allen Blättern ein Übergewicht von Politikern der CDU/CSU aufgetreten.

Eine erste, vorläufige, Erklärung drängt sich auf: Die größere Sichtbarkeit der SPD in den Wahlkämpfen 1976 und 1980 war kein „Linksbonus", sie war nicht eine Folge der politischen Haltung von Nachrichtenjournalisten. Die SPD kam vielmehr allein deshalb in ihren Genuss, weil sie regierte. Darum mussten die deutschen Journalisten nach dem Regierungswechsel 1982 gar nicht ihr Mäntelchen in den Wind hängen und sich von strammen „Linken" in verschämte Konservative verwandeln. Statt dessen konnte nun die CDU/CSU den ihr gleichsam rechtmäßig zustehenden Bonus verbuchen – den *Regierungsbonus* nämlich.

Zudem galt auch 1987: Wie zuvor gab es in der *Bewertung* der beiden Spitzenkandidaten keineswegs eine systematische Präferenz für die Linke, sondern Einflüsse höchst unterschiedlicher redaktioneller Linien: Helmut Kohl schnitt in der *Westfalenpost* und den *Ruhr-Nachrichten* besser ab, Johannes Rau (sein SPD-Herausforderer) in der *NRZ (Neue Ruhr Zeitung / Neue Rhein Zeitung)*, in der *Westfälischen Rundschau* und in der *Westdeutschen Allgemeinen (WAZ)*.

Auch in der aktuellen Berichterstattung vor den nächsten beiden Bundestagswahlen – 1990 und 1994 – waren die CDU/CSU/FDP-Koalition und ihre Politiker deutlich sichtbarer als die Opposition. In unserer eigenen Untersuchung (gefördert vom Presse- und Informationsamt der Bundesregierung) hatten wir die „Tagesschau“ (ARD), „heute“ (ZDF), „aktuell“ (RTL plus) und „Blick“ (SAT.1) jeweils in den letzten sieben Wochen vor den beiden Wahltagen untersucht. Allein Helmut Kohl kam 1990 in jeder dieser Sendungen in etwa dreimal so vielen politischen Meldungen vor (insgesamt 21%) als Oskar Lafontaine (6%) (vgl. Semetko und Schönbach 1994, 41 ff.; Schönbach und Semetko 1996, und – mit ganz ähnlichen Befunden – Kepplinger, Brosius und Dahlem 1994, 48). 1994 hatte sich der Abstand zwischen dem Kanzler und seinem Herausforderer aus der SPD immerhin halbiert – vornehmlich deshalb, weil Rudolf Scharping im Vergleich zu Oskar Lafontaine an Sichtbarkeit gewonnen hatte. Der Kanzler war nämlich ähnlich häufig in den Nachrichten vertreten wie 1990. In der Summe allerdings fand sich für die Regierungskoalition das gleiche Übergewicht über die Oppositionsparteien SPD und Bündnis 90/Grüne wie zuvor – und zwar in jeder einzelnen der untersuchten Nachrichtensendungen (vgl. Tabelle 1).

Mit seiner Auswertung des sogenannten „Medien-Tenors“ bestätigt Wolfgang Donsbach (1997) diesen Befund: Auch er findet für die drei Monate vor der Wahl 1994 einen klaren Vorsprung Helmut Kohls vor Rudolf Scharping in einer ganzen Reihe tagesaktueller Medien und Fernsehsendungen, aber auch in Wochenblättern und in den Nachrichtenmagazinen des Fernsehens.

Der Regierungsbonus in der Nachrichtengebung war allerdings 1990 und 1994 im wesentlichen nur der übliche Sichtbarkeitsbonus; er drückte sich nicht in einer positiveren Schilderung von Politikern der Regierungsparteien aus. Überhaupt waren explizit positive oder negative Urteile in den Fernsehnachrichten 1990 ziemlich selten: Nur vier Prozent aller Politikerauftritte, der Erwähnungen von politischen Organisationen und Gruppen waren jeweils mit einer Bewertung versehen – in etwa zwei Dritteln dieser wenigen Fälle übrigens in Form von *Tadel*, der von Politikern über ihre Kolleginnen und Kollegen geäußert wurde (Schönbach und Semetko 1994, 330). Die insgesamt wenigen Werturteile lassen jedoch den Kanzler und seine Koalition überhaupt nicht in schlechterem Licht erscheinen als die „linke“ Opposition und ihre Politiker. Laut einer Umfrage im Wahlkampf 1990 hatte die Bevölkerung sogar den Ein druck, dass Lafontaine in den Fernsehnachrichten erheblich schlechter weggekommen sei als Kohl (Kepplinger, Brosius und Dahlem 1994, 82 ff.). 1994 be-

Politiker / Partei	*1990* *15. 10. – 01.12.* *Fernsehnachrichten ARD, ZDF, RTL plus, SAT.1* *%*	*1994* *29.08. – 15.10.* *Fernsehnachrichten ARD, ZDF, RTL, SAT.1* *%*	*1998* *10.08. – 26.09.* *Fernsehnachrichten ARD, ZDF, RTL, SAT.1* *%*
Helmut Kohl	21	18	37
andere CDU/CSU-Politiker	49	46	62
alle FDP-Politiker	22	24	31
Oskar Lafontaine / Rudolf Scharping / Gerhard Schröder	6	12	26
andere SPD-Politiker	40	40	46
alle Grüne/Bündnis 90-Politiker	11	10	27
N	929	627	524

Tabelle 1: Politiker und Parteien in der politischen Berichterstattung
(Anteil der Beiträge an allen politischen Meldungen, in denen die Partei bzw. einer ihrer Politiker wenigstens einer der zehn zuerst erwähnten politischen Akteure war)

richteten die Nachrichten etwas häufiger über Meinungsäußerungen: Wenn ein Politiker oder eine Partei vorkamen, wurden sie in jedem achten Fall (12%) auch mal gelobt oder kritisiert. Der Anteil negativer Urteile war dabei gewachsen – auf mehr als vier Fünftel (81%). Wieder allerdings waren alle politischen Lager und die beiden Spitzenkandidaten davon etwa gleichermaßen betroffen.

Ein Linksbonus ist also in der aktuellen Berichterstattung des Fernsehens für beide Wahlen weit und breit nicht zu erkennen – die SPD und die Grünen kommen weitaus seltener vor als die Regierung. Ihre geringere Sichtbarkeit wird auch nicht durch eine wohlwollendere, weniger kritische Darstellung aufgefangen – wie sie beispielsweise 1976 der damaligen CDU/CSU-Opposition zugute kam. Im „Medien-Tenor“ findet Donsbach (1997) für die 1994er Wahl sogar: Die regierende CDU/CSU schnitt in wertenden Äusserungen insgesamt am positivsten ab. Müssen wir also die populäre Argumentationsrichtung drehen? Es sieht ja nun so aus, als werde „die Linke“ in keiner Weise von der aktuellen Berichterstattung begünstigt. Zum einen ist sie überhaupt nur dann sichtbarer als „die Rechte“, wenn sie regiert. Zum anderen kommt sie im Tenor der Berichterstattung weder als Opposition noch als Regierung besser weg als die CDU und ihre Koalitionäre.

2

1998 bot eine Überraschung. Wir hatten unsere Untersuchungen für 1990 und 1994 mit Unterstützung der Universität Amsterdam wiederholen können und fanden zunächst: Wie zu erwarten, war in keiner der drei Bundestagswahlen seit 1990 ein Kanzlerkandidat der Opposition in so vielen Beiträgen der Fernsehnachrichten vorgekommen wie Gerhard Schröder – und zwar praktisch unterschiedslos in allen vier Hauptnachrichtensendungen. Ihm war es gelungen, die Sichtbarkeitsquote seines Vorgängerkandidaten noch einmal zu verdoppeln: Scharping hatte schon in zwölf Prozent aller politischen Beiträge eine Rolle gespielt, Lafontaine vier Jahre zuvor nur in sechs Prozent. Und Schröder war nun sogar in 26 Prozent der politischen Meldungen präsent.

Zugleich allerdings war auch der amtierende Kanzler nie zuvor in allen Nachrichten so sichtbar gewesen, mitsamt seiner Partei und anderen ihrer Politiker. Kohl war 1990 wie 1994 in etwa einem Fünftel aller politischen Meldungen (21 bzw. 18%) aufgetaucht, 1998 aber in mehr als einem Drittel (37%). Trotz einer deutlich verbesserten Sichtbarkeit der Opposition hatte sich damit ihr Rückstand zur Regierung insgesamt sogar wieder vergrößert.

Allerdings: Es war Gerhard Schröder gelungen, den Amtsinhaber auf *einem* Feld zu schlagen – in der durchschnittlichen Länge seiner Statements und der von Zitaten seiner Aussagen. Schröder war zwar seltener zu Wort gekommen als Helmut Kohl, dann aber im Durchschnitt ganze 30 Sekunden lang, Helmut Kohl nur 19 Sekunden. Die Verhältnisse hatten sich damit umgekehrt. Die Wiedergabe von Kohl-Zitaten wurde seit 1990 nämlich immer kürzer – von 30 Sekunden über 23 im Wahlkampf 1994 auf 19 im Jahr 1998. Lafontaine als Kanzlerkandidat hingegen redete im Durchschnitt nur 17 Sekunden lang selbst oder wurde zitiert, Scharping 19 Sekunden, Schröder allerdings eine halbe Minute.

Der Anteil bewertender Äußerungen über Politiker und Parteien schließlich hatte 1998 in den Fernsehnachrichten wiederum leicht zugenommen, von zuerst vier über zwölf Prozent auf 16 Prozent. Ähnlich negativ wie 1994 war der Tenor dieser Bewertungen – fast vier Fünftel (78%) davon waren kritisch. Wieder waren alle politischen Protagonisten davon praktisch gleichmäßig betroffen – kein Bonus für die Regierung, aber eben auch keiner für die Opposition.

3

Wie also ging die aktuelle politische Berichterstattung im Wahlkampf mit Opposition und Regierung im vergangenen Vierteljahrhundert um? Wie wir jetzt wissen, ergibt sich nicht das oft kolportierte holzschnittartige, sondern ein differenziertes Bild. Zunächst einmal ist die These von den unbeirrt „linke“ Parteien und Politiker unterstützenden Journalisten falsch. Die Behauptung, deutsche Journalisten seien „linke Gesinnungstäter“, kann das deutliche Übergewicht ausgerechnet einer *konservativen* Regierung in der aktuellen Berichterstattung schwerlich erklären. Ein Übergewicht, das ja zudem noch nicht einmal dadurch ausgeglichen wird, dass die „linke“ Opposition dann wenigstens mehr Lob erführe als die Regierung. Wer jetzt dennoch bei seinem Ideologieverdacht bleiben will, muss dann schon die Journalisten für so grenzenlos opportunistisch halten, dass sie im Verlauf von nur vier Jahren genauso konservativ werden, wie sie vorher links waren.

Eine systematische Beobachtung und eine Reihe von Interviews in der „heute“-Redaktion während des Wahlkampfs 1990 legen eine andere Erklärung nahe, nämlich dass es sich hier um einen Bonus handelt, der gerade nicht durch die politische Neigung der Journalisten zustandekommt. Die Nachrichtenauswahl im ZDF – aber sicher nicht nur dort – war klar mit strikt professionellen Nachrichtenfaktoren zu begründen (vgl. Semetko und Schönbach 1994, 59 ff.). Am wichtigsten waren dabei offenbar die politische Macht der Akteure und die vermutete Tragweite eines Ereignisses. Das hieß, dass in den Nachrichten Politik im Wahlkampf genauso behandelt wurde wie in Nichtwahlkampfzeiten. Das bedeutet jedoch einen strukturellen Nachteil für *jede* Opposition. Denn sie hat in Wahlkämpfen, wie wir von unseren Auskunftspersonen erfuhren, ja lediglich „Propaganda“ zu bieten und von daher nur wenig Nachrichtenwert. Im Unterschied zur Regierung, die auch während des Wahlkampfs weiterregiert, „handelt“ eine Opposition ja nicht – sie redet nur.

Für diese Erklärung journalistischen Verhaltens spricht ein weiteres Resultat unserer Untersuchungen aus den 90er Jahren: Die Oppositionsparteien hatten es in ganz bestimmten Nachrichtenbeiträgen leichter – nämlich in solchen, die die Wahl zumindest erwähnten und damit eine Verbindung des geschilderten Ereignisses zum Wahlkampf herstellten. Offenbar erscheint es im Kontext speziell dieser Wahlberichterstattung im engeren Sinne legitim, den Regierungsbonus außer Kraft zu setzen: Alle Wahlkämpfer – ob von Regierung oder Opposition – erhielten hier grundsätzlich ihre Chance. Wenn eine Meldung ausdrücklich die Wahl betraf, konnte z.B. auch eine Pressemitteilung der Opposition zur Nachricht werden. Das heißt, in diesen Beiträgen verkürzte sich der Abstand zwischen der Sichtbarkeit Kohls und der seiner Herausforderer, zwischen den Regierungs- und den Oppositionsparteien.

1994 drehten sich in diesem Teil der Berichterstattung die Gewichte von SPD und CDU/CSU sogar um – ein weiterer Hinweis auf die Professionalität von Journalisten? Denn die Wahl 1994 war auf jeden Fall deutlich spannender als die von 1990. Das Rennen um die Macht galt bis zum Schluß als offen, und es ging in der Tat recht knapp aus. Was sicher schon einmal erklärt, warum es 1994 mehr Berichte gab, in denen die Wahl zumindest erwähnt wurde (26 statt 11% aller politischen Beiträge). Damit kam auch die Opposition häufiger zu Wort Man konnte ja nicht wissen, ob sie nach der Wahl nicht vielleicht doch regieren würde. Damit waren ihre Äußerungen, 1990 von ihrem Nachrichtenwert her noch als bloße „Propaganda" definierbar, zumindest hin und wieder in den Rang potentieller Regierungserklärungen gerückt (vgl. Tabelle 2).

Die Wahlberichterstattung 1998 allerdings folgt einer solchen Erklärung nur zum Teil: Sicher, da ein Regierungswechsel nunmehr wirklich greifbar schien, die Wahl aufregend war wie nie zuvor, war der Anteil der politischen Nachrichten, die explizit eine Verbindung zu diesem Ereignis herstellten, geradezu dramatisch auf über die Hälfte angewachsen (53%). Und Gerhard Schröder, andere SPD-Politiker, die SPD als Partei und Bündnis 90/Grüne traten in der Tat hier noch einmal häufiger auf als in der politischen Berichterstattung insgesamt – aber eben auch Helmut Kohl und die ihn tragenden Parteien. Damit kam es in diesem Teil der Berichterstattung nicht zu einer wirklichen Gewichtsverschiebung zwischen Regierung und Opposition.

4

Also alles bestens? Deutsche Journalisten sind professionell und pflegen sich in der Auswahl ihrer Nachrichten einfach nicht um politische Richtungen zu kümmern. Abträgliche Informationen betreffen in ihrer Berichterstattung linke wie rechte Politiker gleichermaßen. Dass die Regierung, der Kanzler und die ihn tragenden Parteien so viel häufiger als die Opposition darin auftreten – daran ist weder ein Links-, noch eigentlich ein Regierungsbonus schuld, sondern im Grunde ein ganz banaler Nachrichtenwertbonus. Dabei kann die Opposition eben nicht mithalten. Wenn sie nicht schon früh die Chance eines Wahlsieges als wichtigen Nachrichtenfaktor glaubwürdig anzubieten hat, wird sie auch im Wahlkampf selbst nicht so recht sichtbar.

Wo kämen wir auch hin, wenn jede Äußerung eines Oppositionspolitikers gleich gesendet werden müsste? Wir kämen dorthin, wo amerikanische und britische Nachrichtenjournalisten schon lange sind. Sie handeln in Wahlkämpfen nämlich offenbar ganz unprofessionell: Die Opposition kommt bei ihnen genauso häufig und so lange zu Wort wie die Regierung – und sei es mit den jämmerlichsten Pseudo-Ereignissen (vgl. Schönbach und Semetko 1996; Semetko, Diez-Nicolas, Schönbach, Scammell und Nossiter 1994; Semetko, Scammell und

Politiker / Partei	1990 15.10. -01.12. Fernsehnachrichten ARD, ZDF, RTL plus, SAT.1 %	1994 29.08. – 15.10. Fernsehnachrichten ARD, ZDF, RTL, SAT.1 %	1998 10.08. – 26.09. Fernsehnachrichten ARD, ZDF, RTL, SAT.1 %
Helmut Kohl	40	32	55
andere CDU/CSU-Politiker	56	51	69
alle FDP-Politiker	24	41	36
Oskar Lafontaine / Rudolf Scharping / Gerhard Schröder	21	37	43
andere SPD-Politiker	43	64	64
alle Grüne/Bündnis 90-Politiker	24	27	38
N	101	176	275

Tabelle 2: Politiker und Parteien in der Wahlberichterstattung
(Anteil der Beiträge an allen politischen Meldungen, in denen die Partei bzw. einer ihrer Politiker wenigstens einer der zehn zuerst erwähnten politischen Akteure war und die die Bundestagswahl zumindest erwähnten)

Nossiter 1994). In den alten Demokratien Großbritannien und USA nämlich finden wir vor Wahlen einen eigentümlichen journalistischen Comment. Er sorgt dafür, dass die Opposition in den Medien gleichzieht – allerdings nur für eine ganz begrenzte Zeit, in der „heißen“ Phase des Wahlkampfs. Die zugrundeliegende Idee ist offenbar: Wann sonst als im Wahlkampf sollen auch die Uninteressierten in der Bevölkerung die Opposition, ihre Repräsentanten und ihre Pläne wenigstens in groben Zügen kennenlernen? Und wo sonst, wenn nicht in den Hauptnachrichtensendungen der „prime time“ – und nicht nur in den Wahlsondersendungen des späten Abends?

Vielleicht täuschen wir uns also, wenn wir von der unbeirrten, der „gnadenlosen“ Professionalität der deutschen Nachrichtenjournalisten sprechen. Echte Professionalität bedeutet ja nicht das sture Festhalten an eingeschliffenen Handwerksroutinen. Sie schließt auch Flexibilität mit ein, das Wissen darüber, wann Regeln außer Kraft gesetzt und dafür andere angewendet werden müssen. Was spräche dagegen, in den – sagen wir mal – vier Wochen vor dem Wahltag dafür zu sorgen, dass nicht nur Staatsakte, die in der Tat nur die Regierung bieten kann, zu Nachrichten werden? Warum sollten es dann nicht einmal auch Presseerklärungen der Opposition sein dürfen?

Literatur

Donsbach, Wolfgang. 1987. Journalismusforschung in der Bundesrepublik: Offene Fragen trotz „Forschungsboom". In *Zwischenbilanz der Journalistenausbildung,* hg. von Jürgen Wilke, 105-142. München: Ölschläger.

Donsbach, Wolfgang. 1997. Media thrust in the German Bundestag election 1994: news values and professional norms in political communication. *Political Communication* 14: 149-170.

Harrison, Albert A. 1977. Mere exposure. In *Advances in experimental social psychology,* hg. von Leonard Berkowitz, Bd. 10, 39-83. New York: Academic Press.

Kepplinger, Hans Mathias. 1980. Optische Kommentierung in der Berichterstattung über den Wahlkampf 1976. In *Politikfeld-Analysen 1979,* hg. von Thomas Ellwein, 163-179. Opladen: Westdeutscher Verlag.

Kepplinger, Hans Mathias, Hans-Bernd Brosius und Stefan Dahlem. 1994. *Wie das Fernsehen Wahlen beeinflusst: Theoretische Modelle und empirische Analyse.* München: Reinhard Fischer.

Koszyk, Kurt, und Jürgen Prause. 1990. Regionalzeitungen aus dem Ruhrgebiet im Bundestagswahlkampf 1986/87: Eine Themen- und Tendenzanalyse. In *Wahlen und Wähler: Analysen aus Anlass der Bundestagswahl 1987,* hg. von Max Kaase und Hans-Dieter Klingemann, 619-646. Opladen: Westdeutscher Verlag.

Krüger, Uwe Michael. 1978. Publizistisch bedeutsame Tageszeitungen im Bundestagswahlkampf 1976. *Publizistik* 23: 32-57.

Krugman, Herbert E., und E. L. Hartley. 1970. Passive learning from television. In *Public Opinion Quarterly* 34, 184-190.

Noelle-Neumann, Elisabeth. 1979. Die Entfremdung: Brief an die Zeitschrift „Journalist". In *Angepasste Aussenseiter: Was Journalisten denken und wie sie arbeiten*, hg. von Hans Mathias Kepplinger, 260-280. Freiburg, München: Alber.

Rock, Paul. 1973. News as eternal recurrence. In *The manufacture of news: social problems, deviance, and the mass media,* hg. von Stanley Cohen und Jock Young, 73-84. London: Constable.

Schönbach, Klaus, Dieter Stürzebecher und Beate Schneider. 1994. Oberlehrer und Missionare? Das Selbstverständnis deutscher Journalisten. In *Öffentlichkeit, öffentliche Meinung, soziale Bewegungen*, hg. von Friedhelm Neidhardt, 139-161. Opladen: Westdeutscher Verlag.

Schönbach, Klaus, und Holli A. Semetko. 1996. Wahlkommunikation, Journalisten und Wähler: Fünf Thesen zum Bundestagswahlkampf 1990. Mit einem internationalen Vergleich und einem ersten Blick auf 1994. In *Parteiensystem am Wendepunkt? Wahlen in der Fernsehdemokratie*, hg. von Heinrich Oberreuter, 153-164. München: Olzog.

Semetko, Holli A., Juan Diez-Nicolas, Klaus Schönbach, Margaret Scammell und Thomas J. Nossiter. 1994. *August-Elections and the media in cross-national perspective.* Paper, XXIth World Congress of the International Political Science Association.

Semetko, Holli A., Margaret Scammell und Thomas J. Nossiter. 1994. The media's coverage of the campaign. In *Labour's last chance? The 1992 election and beyond*, hg. von Anthony Heath, Roger Jowell und John Curtice, 25-42. Aldershot: Dartmouth Publishers.

Semetko, Holli A., und Klaus Schönbach. 1994. *Germany's „unity election": voters and the media.* Creskill, N.J.: Hampton Press.

Weiß, Hans-Jürgen. 1982. Die Wahlkampfberichterstattung und -kommentierung von Fernsehen und Tagespresse zum Bundestagswahlkampf 1980. *Media Perspektiven* 4: 263-275.

Zajonc, Robert B. 1968. Attitudinal effects on mere exposure. *Journal of Personality and Social Psychology / Monograph Supplement* 9 (2): 1-27.

Kanzler-Kandidaten in der Wahlkampfberichterstattung 1949-1998: Skizze eines Forschungsprojekts

Jürgen Wilke

1 Vorbemerkungen

Wahlkämpfe sind schon seit Jahrzehnten bevorzugter Gegenstand kommunikationswissenschaftlicher Untersuchungen. Dies erklärt sich aus dem Umstand, dass bei Wahlen in Demokratien über das weitere Schicksal des politischen Systems entschieden wird. Von ihnen hängt es ab (wenn auch nicht ausschließlich), zu welchen Veränderungen es im politischen, wirtschaftlichen und gesellschaftlichen Leben eines Landes kommt. Und in diesem Zusammenhang interessiert aus nahe liegenden Gründen, welche Rolle (Massen-)Kommunikation in Wahlkämpfen und für das Zustandekommen der Wahlergebnisse spielt.

Nachdem kommunikationswissenschaftliche Untersuchungen hierzu in den Vereinigten Staaten in den vierziger Jahren aufkamen (Lazarsfeld, Berelson und Gaudet 1944; Berelson, Lazarsfeld und McPhee 1954), sind solche auch in der Bundesrepublik Deutschland seit den sechziger Jahren regelmäßig durchgeführt worden. Zumindest zu jeder Bundestagswahl entstanden seitdem in aller Regel neben politikwissenschaftlichen auch kommunikationswissenschaftliche Studien (vgl. u.a. Krüger 1978; Schönbach und Wildenmann 1978; Kepplinger 1982; Buß und Ehlers 1982; Noelle-Neumann 1974; Koszyk und Prause 1990; Schönbach und Semetko 1992; Semetko und Schönbach 1994; Schulz und Kindelmann 1993; Kindelmann 1994; Kepplinger, Brosius und Dahlem 1994).

Trotz dieser Forschungstradition, von der man inzwischen sprechen kann, gibt es bisher aber kaum Untersuchungen, die längerfristig den Veränderungen in der Wahlkampfberichterstattung nachgehen. Die vorliegenden Studien konzentrieren sich zumeist auf eine einzige Wahl, stellen aber kaum systematische Vergleiche an oder sind um Trendbeschreibungen bemüht. Mehrere Bundestagswahlen in die Analyse einzubeziehen, das geschieht bisher nur in Ausnahmefällen (Klingemann und Taylor 1978; Norpoth und Baker 1983; Hönemann und Moors 1994). Einen Sonderfall stellen einstweilen noch die Untersuchungen zum Wandel von Wahlwerbespots im Fernsehen dar (Holtz-Bacha, Lessinger und Hettesheimer 1998).[1]

Dem hier angezeigten Defizit soll ein Forschungsprojekt abhelfen, dessen Anlage ich im folgenden skizzieren möchte. Die Kennzeichnung als Skizze ist sehr wörtlich gemeint. Denn dieses Forschungsprojekt war zum Zeitpunkt des Workshops, dessen Beiträge im vorliegenden Band publiziert werden, erst in Angriff genommen; und auch zum Zeitpunkt, da die schriftliche Fassung dieser Skizze abgeschlossen wird, ist die Datenerhebung noch im Gange. Es können hier also noch keine Ergebnisse mitgeteilt, Ausgangspunkt und Anlage dieses Projekts aber als Beitrag zum Thema des Workshops umrissen werden.[2]

2 Ausgangspunkt und Zielsetzung

Obschon mich das zuvor konstatierte Defizit bereits seit längerem als solches beschäftigt, ja als Forschungsthema gereizt hat, ist der Gedanke, sich ihm dezidiert zuzuwenden, von einem äußeren Anstoß ausgelöst worden. Angeregt ist das Forschungsprojekt nämlich durch Befunde, die Thomas E. Patterson in seinem Buch *Out of Order* (1993) für die Vereinigten Staaten vorgelegt hat. Seine im Titel zugespitzte These besagt, dass das Verfahren der amerikanischen Präsidentschaftswahlen, insbesondere die Kandidaten-Rekrutierung in den sogenannten Primaries, in Unordnung geraten ist, und zwar durch die zunehmende Abhängigkeit von den Medien. Negative, ja dysfunktionale Folgen ergäben sich, weil die journalistischen Nachrichtenwerte nicht den Bedürfnissen der Nation und des politischen Systems entsprächen.

Illustriert und gestützt wird die zentrale These durch eine Reihe empirisch nachweisbarer Trends. Es sind, wenn ich recht sehe (und zusammenfasse), im wesentlichen neun:

1. Von den sechziger bis Anfang der neunziger Jahre hat die Wahlkampfberichterstattung in den USA einen stark negativen Tenor angenommen. Das Verhältnis „guter" und „schlechter" Nachrichten hat sich zugunsten der letzteren verschoben, die Kritik an den Kandidaten und ihrer Vertrauenswürdigkeit ist gewachsen. Ausgelöst wurde diese Entwicklung durch die Erfahrungen der Watergate-Affäre und des Vietnam-Krieges. Patterson spricht gerade-

1 Vgl. dazu auch den Beitrag von Christina Holtz-Bacha und Eva-Maria Lessinger in diesem Band.

2 An der Ausarbeitung von Untersuchungsanlage und Kategorienschema sowie an der Durchführung der Untersuchung sind Stefan Wagner und Carsten Reinemann beteiligt.

zu von einem „antipolitics bias“ (1993, 19 u. 115) und einer Koinzidenz zwischen dem Gipfel in der Unzufriedenheit der amerikanischen Bevölkerung mit den Bewerbern um die Präsidentschaft und dem Höhepunkt der negativen Berichterstattung.

2. Die „Organisation“ der Wahlkampfberichterstattung hat sich grundlegend verschoben. Sie orientiert sich heute an einem „game schema“ bzw. an einer Vorstellung von Politik als „strategic game“ (Patterson 1993, 56). Dabei wird unter „schema“ die kognitive Struktur verstanden, mittels der Informationen verarbeitet werden. Früher sei, so Patterson, eine Orientierung am „policy schema“ üblich gewesen, d.h. die Medien seien ein Forum für die Ideen und Programme der Kandidaten gewesen. Heute handelten die Nachrichten dagegen viel mehr vom Wahlkampf als einem „horse race“.
3. Es hat eine Entauthentisierung der Wahlkampfberichterstattung stattgefunden. Eigene Aussagen der Kandidaten haben in ihr abgenommen, d.h. diese besitzen geringere Chancen, selbst mit eigenen Worten – sozusagen im „O-Ton“ – zu Wort zu kommen. Dagegen hat die „journalistische Verpackung“ sich ausgebreitet, ja überhand genommen, so dass immer mehr die Journalisten es sind, die über und für die Kandidaten sprechen.
4. Die Art der Wahlkampfberichterstattung hat sich dadurch verändert, dass stärker Image-Faktoren (der Kandidaten) betont werden. Anstelle von Inhalten gewinnen Auftreten und Erscheinung in der Präsentation an Gewicht. Dies hängt allerdings mit den Kampagnen selbst zusammen, die stärker als früher auf die Image-Bildung abgestellt werden.
5. Zugenommen hat überhaupt die interpretative Berichterstattung. Sie legt mehr Wert auf das „warum“ als das „was“ eines Geschehens. Dadurch erhöht sich zugleich der Einfluss der Reporter und Journalisten auf die Wahlkampfberichte. Früher, so Patterson (1993, 79) seien die Journalisten „stille Skeptiker“ gewesen, heute seien sie „lautstarke Zyniker“.
6. Die festgestellten Veränderungen sind vor allem als Auswirkungen des (kommerziellen) Fernsehens zu erklären. Das „game“-Schema beherrscht die Darstellung des Wahlkampfs vor allem in diesem Medium, hat von da aber auf die Presse übergegriffen. Ähnliches gilt für den interpretierenden Nachrichtenstil.
7. Was außerdem stark zugenommen hat, sind „poll stories“, d.h. Nachrichten über Umfrageergebnisse, also über den Stand der Beliebtheit der Kandidaten, die Wahlpräferenzen der Bevölkerung und über Prognosen zum voraussichtlichen Wahlausgang. Dabei handelt es sich jedoch im Grunde um künstliche, um Pseudo-Nachrichten, die lediglich das „game“ in Gang halten.

8. Ein Vordringen „geringschätziger“ Berichterstattung und Kommentierung („disdaining news“, „disdaining comments“) wird an der forcierten Neigung der Journalisten abgelesen, sich von den Versuchen der Kandidaten zu distanzieren, ihre Ideen über die Presse zu verbreiten. Insbesondere Positionsänderungen der Kandidaten stoßen auf journalistisches Misstrauen.
9. Durch die Änderung der Wahlkampfberichterstattung, indem das „game schema“ an die Stelle des „policy schemas“ getreten ist, hat sich auch die Haltung der Rezipienten verändert. Durch die Berichterstattung über politische Inhalte („issues“) und Positionen („positions“) wird der Leser eher zum Beteiligten, fühlt sich betroffen und einbezogen („involvement“). Beim „game schema“ bleibt der Leser dagegen in der Rolle des Zuschauers, („spectator“), reagiert eher passiv, wenn nicht sogar resignativ (Patterson 1993, 89).

Generell folgt Patterson einer Wirkungshypothese: Die festgestellten Veränderungen („Verzerrungen“) wären weniger bedeutsam, wenn sie konsequenzlos blieben (1993, 130). Davon kann aber keine Rede sein. Es muss vielmehr unterstellt werden, dass die Wähler ihre Entscheidung auf der Grundlage ihrer Wahrnehmung von den Kandidaten treffen, die ihrerseits im wesentlichen durch die Medien geprägt ist.

Patterson belegt die festgestellten Trends mit empirischen Daten, die z.T. aus anderen Studien, z.T. aus eigenen, punktuellen Inhaltsanalysen (z.B. der Frontseite der *New York Times* oder der Nachrichtenmagazine *Time* und *Newsweek*) stammen. Und er diskutiert die Ergebnisse ganz im Kontext des politischen Systems der Vereinigten Staaten. Den amerikanischen Fall nennt er (1993, 77) indessen einzigartig („unique“), worin er sich durch eine vergleichende Studie amerikanischer und britischer Wahlkampfberichterstattung bestätigt sieht (Semetko, Blumler, Gurevitch und Weaver 1991). „In other democracies,“ so schließt Patterson daraus, „the press is the secondary voice in election news“ (1993, 77).

Im strengen Sinne fehlt jedoch der Beweis, ob und inwieweit die von ihm beschriebenen Trends der Wahlkampfberichterstattung in den USA wirklich einzigartig sind. Dies müsste erst noch durch komparative Untersuchungen geprüft werden. Und selbst wenn Ausmaß und Konsequenzen dieser Trends anderswo nicht so weit gediehen sein sollten wie in den USA: Welche Entwicklungen – seien sie ähnlich oder auch anders geartet – lassen sich langfristig in der Wahlkampfberichterstattung anderer Länder beobachten?

Dieser Frage soll in dem hier skizzierten Forschungsprojekt für die Bundesrepublik Deutschland nachgegangen werden. Dabei beschränkt sich dessen Zielsetzung allerdings nicht darauf, Pattersons Feststellungen am deutschen Beispiel nachzuprüfen. Vielmehr umgreift diese Zielsetzung die generelle Frage nach Veränderungen der Wahlkampfberichterstattung in der Bundesrepublik Deutschland zwischen 1949, der ersten Bundestagswahl in dem nach dem Kriege entstandenen demokratischen Staat, und 1998, der vorläufig letzten Wahl. Im weiteren Sinne verfolgt diese Studie somit nicht nur ein kommunikationswissenschaftliches, sondern auch ein zeitgeschichtliches Interesse. Das Thema der Untersuchung, so wichtig ihr die internationale Perspektive ist, bleibt zurückbezogen auf die Geschichte der Bundesrepublik Deutschland, auf Veränderungen von Politik, Medien und Journalismus in einem Zeitraum von nahezu fünf Jahrzehnten.

3 Anlage und Operationalisierung

Die Anregung durch Pattersons Studie hat Folgen für die Anlage und die Operationalisierung des Forschungsprojekts, doch geht dieses auch wegen der weiteren Zielsetzung über diesen Rahmen hinaus. Aus der Anlehnung resultiert zunächst die Fokussierung auf die Berichterstattung über Kanzler-Kandidaten bei Bundestagswahlen. Dabei muss man sich selbstverständlich des Unterschieds zu amerikanischen Präsidentschaftswahlen bewusst sein. Dort hat man es mit einem Präsidialsystem zu tun, in dem notwendigerweise den Kandidaten für das Amt des Staatsoberhaupts eine herausragende Bedeutung zukommt. Dies führt in den USA in der Regel zu sehr stark personalisierten Wahlkämpfen, in welchen die jeweiligen Parteien nur eine Nebenrolle spielen. Bei den Bundestagswahlen in der Bundesrepublik Deutschland handelt es sich dagegen um Parlamentswahlen, bei denen über die Zusammensetzung des Bundestages entschieden wird. Die Spitzenkandidaten der konkurrierenden Parteien erfüllen gleichwohl ein gewisses Bedürfnis nach Personalisierung. Die beiden größten Parteien – seit 1949 CDU/CSU und SPD – haben mit ihren Spitzenkandidaten immer auch zugleich die Kandidaten für das Amt des Bundeskanzlers, des Regierungschefs, gestellt. Auch wenn dies keine offizielle Funktion im Wahlsystem darstellt und die kleineren Parteien sich dagegen zur Wehr setzen, indem sie z.B. Wahlkampfduelle der Kanzler-Kandidaten in den Medien ablehnen, lässt sich eine Zuspitzung des Wahlkampfes auf diese doch nicht vermeiden. Sie hat sich möglicherweise aber im Laufe der Wahlkämpfe über mehrere Jahrzehnte hinweg noch verstärkt. Jedenfalls spricht nichts dagegen, die Berichterstattung über Kanzler-Kandidaten in den Mittelpunkt einer Untersuchung zu rücken. Dies ist in mehreren Bundestagswahlen ja auch geschehen (vgl. z.B. Kepplinger, Brosius und Dahlem 1994;

Schulz und Kindelmann 1993; Kindelmann 1994; Schulz 1995; Kepplinger und Rettich 1996).

Im Unterschied zu Patterson, der Daten eher punktuell und von verschiedener Provenienz herangezogen hat, wird für die Bundesrepublik eine breit angelegte, systematische Inhaltsanalyse durchgeführt. Schaubild 1 zeigt deren Anlage im Überblick.

Untersuchungszeitraum	jeweils vier Wochen vor den Bundestagswahlen 1949-1998	
Untersuchungseinheiten	Frankfurter Allgemeine Zeitung, Frankfurter Rundschau, Süddeutsche Zeitung, Die Welt	
Analyseeinheiten (Auswahlverfahren: Zufallsstichprobe von 50%)	• Artikel, in denen zu Beginn ein Kanzlerkandidat erwähnt wird • Artikel, in denen zu Beginn die Wahl oder der Wahlkampf thematisiert werden • Bilder, die einen Kanzlerkandidaten zeigen	
Kategorien auf Beitragsebene	*Kategorien auf Aussagenebene*	*Kategorien auf Bildebene*
• Medium • Plazierung • Stilform • Umfang • Anlaß des Beitrags • Kandidatenbezug • Zentrales Thema • Kandidatenbezug • Intensität d. Kandidatenbezugs • Zitierung der Kandidaten • Tendenz d. Kandidatendarstellung	• Urheber der Aussage • Objekt der Aussage • Bezeichnung d. Kandidaten • Art der Aussage • Thematischer Kontext d. Aussage • Inhalt der Aussage: Persönlichkeit politische Fähigkeiten Auftreten / äußere Erscheinung Grundhaltungen Verhältnis zu anderen • Tendenz der Aussage	• Größe der Abbildung • Abgebildeter Kandidat • Proportion der Kandidatenabbildung • Gesichtsausdruck des Kandidaten • Tendenz der Kandidatenabbildung

Schaubild 1: Untersuchungsanlage und Kategoriensystem im Überblick

Dabei kommt es mir darauf an, alle bisherigen Bundestagswahlen in die Untersuchung einzubeziehen, von der ersten 1949 bis zur jüngsten 1998. Insgesamt waren dies 14 Wahlen (und damit 14 Messzeitpunkte): 1949, 1953, 1957, 1961, 1965, 1969, 1972, 1976, 1980, 1983, 1987, 1990, 1994, 1998. Durch die vollständige, bis in die Anfänge der Bundesrepublik Ende der vierziger Jahre zurückreichende Zeitreihe sollen Aussagen über alle Bundestagswahlkämpfe bzw. über den Ablauf von Entwicklungen möglich gemacht werden, lückenlos, ohne zu Interpolationen gezwungen zu sein. Dadurch lässt sich auch eher etwas über die Kontinuität oder Diskontinuität bestimmter Entwicklungen aussagen.

Die zeitliche Erstreckung der gesamten Untersuchung macht aus forschungsökonomischen Gründen Abstriche beim Untersuchungsmaterial unumgänglich. Dies gilt zunächst einmal hinsichtlich der untersuchten Medien. Einem inzwischen vielfach bewährten Modus folgend, soll die Berichterstattung über Kanzler-Kandidaten in vier Tageszeitungen untersucht werden, in der *Frankfurter Rundschau* (FR), der *Süddeutschen Zeitung* (SZ), der *Frankfurter Allgemeinen Zeitung* (FAZ) und in *Die Welt*. Allerdings muss im Jahre 1949 noch auf die FAZ verzichtet werden, da diese erst am 11. November dieses Jahres, drei Monate nach der ersten Bundestagswahl, zu erscheinen begann. Geeignet sind die vier genannten Zeitungen für Untersuchungen wie die hier skizzierte vor allem aus zwei Gründen: Es sind Qualitätszeitungen mit einem breiten Informationsangebot (und damit einem substantiell hinreichenden Untersuchungsmaterial). Darüber hinaus repräsentieren die vier Blätter das politische Spektrum von (nach der obigen Abfolge) „links" (FR), „gemäßigt links, linksliberal" (SZ), „gemäßigt rechts, rechtsliberal" (FAZ) und „rechts, konservativ" *(Die Welt)*. Dies ermöglicht es auch, die politische Dimension der Grundhaltung der Zeitungen als Variable in die Analyse miteinzubringen. Selbstverständlich stellt eine ausschließliche Presseanalyse bei dem genannten Thema eine Beschränkung dar. Insbesondere seit dem Aufkommen des Fernsehens dürfte diesem Medium eine zunehmende, schließlich überragende Bedeutung zugewachsen sein. Doch beim Fernsehen wäre es nicht möglich, alle Bundestagswahlen seit 1949 in gleicher Weise zu untersuchen, ganz abgesehen von enormen Problemen der Rekonstruktion und der praktischen Analyse des audio-visuellen Untersuchungsmaterials.

Zu einem weiteren Abstrich zwingt die Forschungsökonomie bei der Festlegung des jeweiligen Untersuchungszeitraums. Wie soll die Wahlkampfberichterstattung zeitlich eingegrenzt werden? Während der Endpunkt stets durch den Wahltermin selbst gesetzt ist, gibt es kein ähnlich eindeutiges Kriterium für den Beginn. Gewiss könnte interessant sein, bereits den Zeitpunkt, zu dem jeweils über die Kanzler-Kandidaturen entschieden wird, in eine solche Untersuchung einzubeziehen. Doch würde das unweigerlich zu einer nur schwer zu bearbeitenden Menge und Streuung des Untersuchungsmaterials führen. Andererseits spricht man in den letzten drei bis vier Wochen vor dem Wahltag gern von der „heißen" Phase des Wahlkampfs. Da sich in dieser die Wahlkampfberichte erfahrungsgemäß erst richtig häufen, sollen in dem hier skizzierten Projekt einschlägige Pressebeiträge aus den letzten vier Wochen vor dem Tag der Wahlentscheidung untersucht werden. Das mag im Blick auf den gesamten Wahlkampf ein spätes Datum sein, verspricht aber ein dem Umfang nach zulängliches inhaltlich fokussiertes, aber nicht überbordendes Material für die Untersuchung.

Im Rahmen der Inhaltsanalysen werden die interessierenden Merkmale durch die Bildung von Kategorien operationalisiert. Die Analyseeinheiten bilden die journalistischen Beiträge über Kanzler-Kandidaten, für die bestimmte „Aufgreifkriterien" vorgegeben sind. Im wesentlichen geht es selbstverständlich um Textbeiträge. Doch sollen auch Fotos und Nachrichtenbilder berücksichtigt werden. Die Möglichkeiten der Visualisierung in der Presse, zumal in den ausgewählten Organen, sind gewiss begrenzt. Doch wüsste man gern, ob sich auch hier im Verlauf von fünf Jahrzehnten etwas geändert hat.

Als Codiereinheiten gelten in der Inhaltsanalyse jene Elemente des Untersuchungsmaterials, die gemäß dem Kategorienschema verschlüsselt werden sollen. Wie bei anderen Inhaltsanalysen heute üblich, ist es im vorliegenden Fall notwendig, mehrere Ebenen der Verschlüsselung zu trennen: Auf der Beitrags-Ebene wird jeder Beitrag als ganzer verschlüsselt, auf der Aussagen-Ebene werden die einzelnen wertenden Aussagen des Beitrags verschlüsselt. Dadurch wird gewissermaßen die Mikrostruktur des Beitrags erschlossen. Wertende Aussagen werden durch Wechsel des Urhebers und/oder des Aussageobjekts und/oder der Bewertung voneinander abgegrenzt. Ändert sich eines dieser Elemente, hat man es mit einer neuen Aussage zu tun. Von den Bildern kann man überdies als einer dritten Analyse-Ebene sprechen.

Für jede dieser Ebenen sieht das Kategorienschema eine Reihe von Kategorien vor. Auf der Beitrags-Ebene sind dies zunächst formale Merkmale (Platzierung, Umfang, Urheber etc.), grundlegende inhaltliche (Kandidatenbezug, Anlass, zentrales Thema) sowie das Ausmaß der Zitierung der Kandidaten (Zitierungsgrad) und die Gesamttendenz der Bewertung. Auf der Aussagenebene wird zunächst erhoben, um wessen Aussage es sich handelt (Urheber) und auf wen sie sich bezieht (Kandidat). Ferner werden die Benennung (Anrede) des Kandidaten festgehalten und ermittelt, welcher Art die Aussage ist (Zitat, Aussage des Beitragsautors). Weiterhin wird der thematische Kontext der Aussage registriert, d.h. auf welchen politischen Zusammenhang sie Bezug nimmt. Im Kern werden dann die Inhalte der wertenden Aussagen über die Kanzler-Kandidaten erhoben, und zwar hinsichtlich ihrer Persönlichkeit, ihren politischen Fähigkeiten, ihrem Auftreten bzw. ihrer äußeren Erscheinung, ihrer Grundhaltung und ihres Verhältnisses zu anderen. Dadurch soll detailliert erfasst werden, wie die Kanzler-Kandidaten in der Wahlkampfberichterstattung der untersuchten Tageszeitungen für die Wahrnehmung durch die Leser dargestellt wurden. Dazu soll jede Aussage in ihrer Tendenz auch für sich genommen bewertet werden. Auf der Bild-Ebene geht es schließlich noch um die visuelle Komponente. Neben formalen (Größe, Gewichtung) und inhaltlichen Merkmalen (Anlass, Kandidat) soll auch hier die Gewichtung (des Kandidaten) und der Wertgehalt (des Bildes) eingestuft werden.

Die Anlage des Kategorienschemas der Inhaltsanalyse ist zum einen durch die Vorläufer-Studie von Patterson angeregt. Dies gilt z.B. für die Ermittlung des Ausmaßes, in dem die Kanzler-Kandidaten selbst zu Wort kommen bzw. in den Worten der Journalisten referiert werden (Zitierungsgrad). Und Patterson folgend soll festgestellt werden, inwieweit Themen und politische Inhalte oder die Persönlichkeit der Kandidaten (Image-Faktoren) Gegenstand der Wahlkampfberichterstattung waren. Zu den zusätzlichen, eher zeitgeschichtlich interessierenden Aspekten gehört die politische Thematik der Wahlkämpfe und die Bewertung der einzelnen Kandidaten.

Der eigentlichen Untersuchungslogik nach gewinnen alle diese Merkmale (Kategorien) ihre ganze Evidenz erst durch die Möglichkeit, Veränderungen im Zeitablauf beschreiben zu können. Zwar lässt sich die Wahlkampfberichterstattung über Kanzler-Kandidaten für jede Bundestagswahl zwischen 1949 und 1998 für sich genommen analysieren und ausweisen. Im Grunde erfüllt aber erst die Betrachtung in der Zeitreihe den gesuchten Erkenntniswert. Ihm dient zudem der internationale Vergleich, der durch den Rekurs auf die Studie von Patterson nahe gelegt wird.

Literatur

Berelson, Bernard R., Paul F. Lazarsfeld und William N. McPhee. 1954. *Voting: a study of opinion formation in a presidential campaign.* Chicago: University of Chicago Press.

Berger, Manfred, Wolfgang G. Gibowski, Dieter Roth und Wolfgang Schulte. 1983. Stabilität und Wechsel. Eine Analyse der Bundestagswahl 1980. In *Wahlen und politisches System: Analysen aus Anlass der Bundestagswahl 1980*, hg. von Max Kaase und Hans Dieter Klingemann, 12-57. Opladen: Westdeutscher Verlag.

Berger, Manfred, Wolfgang G. Gibowski, Dieter Roth und Wolfgang Schulte. 1986. Legitimierung des Regierungswechsels. Eine Analyse der Bundestagswahl 1983. In *Wahlen und politisches System: Analysen aus Anlass der Bundestagswahl 1983*, hg. von Max Kaase und Hans Dieter Klingemann, 251-288. Opladen: Westdeutscher Verlag.

Bethscheider, Monika. 1987. *Wahlkampfführung und politische Weltbilder: Eine systematische Analyse des Wahlkampfes der Bundestagsparteien in den Bundestagswahlkämpfen 1976 und 1980.* Frankfurt am Main u.a.: Lang.

Buß, Michael, und Renate Ehlers. 1982. Mediennutzung und politische Einstellung im Bundestagswahlkampf 1980. *Media Perspektiven*, Nr. 4: 237-275.

Forschungsgruppe Wahlen e. V. 1987. Sieg ohne Glanz: Eine Analyse der Bundestagswahl 1987. In *Wahlen und politisches System: Analysen aus Anlass der Bundestagswahl 1987*, hg. von Max Kaase und Hans Dieter Klingemann, 689-734. Opladen: Westdeutscher Verlag.

Forschungsgruppe Wahlen e. V. 1994. Gesamtdeutsche Bestätigung für die Bonner Regierungskoalition: Eine Analyse der Bundestagswahl 1990. In *Wahlen und Wähler: Analysen aus Anlass der Bundestagswahl 1990*, hg. von Hans-Dieter Klingemann und Max Kaase, 615-665. Opladen: Westdeutscher Verlag.

Gemmeren, Viktor van, Horst Pöttker und Andrea Schuler.1987. Fernsehnachrichten und Bundestagswahl 1980. Zur weiteren Klärung der Steuerungsthese. *Communications* 17, Nr. 3: 33-45.

Gibowski, Wolfgang G. 1990. Demokratischer (Neu-)Beginn der DDR: Dokumentation und Analyse der Wahl vom 18. März 1990. *Zeitschrift für Parlamentsfragen*, Nr. 1: 5-22.

Hagen, Lutz M., Reimar Zeh und Harald Behrens. 1998. Kanzler und Kontrahent: Berichterstattung über Spitzenkandidaten im Bundestagswahlkampf 1994. In *Fernsehnachrichten: Prozesse, Strukturen, Funktionen*, hg. von Klaus Kamps und Miriam Meckel, 225-237. Opladen, Wiesbaden: Westdeutscher Verlag.

Hönemann Stefan, und Markus Moors. 1994. Wer die Wahl hat ...: Bundestagswahlkämpfe seit 1957. Muster der politischen Auseinandersetzung. Marburg : Schüren.

Holtz-Bacha, Christina, Eva-Maria Lessinger und Merle Hettesheimer. 1998. Personalisierung als Strategie der Wahlwerbung. In *Die Veröffentlichung des Privaten – Die Privatisierung des Öffentlichen*, hg. von Kurt Imhof und Peter Schulz, 240-250. Opladen, Wiesbaden: Westdeutscher Verlag.

Jarren, Otfried, und Markus Bode. 1996. Ereignis- und Medienmanagement politischer Parteien. Kommunikationsstrategien im „Superwahljahr" 1994. In *Politik überzeugend vermitteln: Wahlkampfstrategien in Deutschland und den USA*, hg. von der Bertelsmann-Stiftung, 65-114. Gütersloh: Stiftung Bertelsmann.

Kepplinger, Hans Mathias. 1982. Visual bias in television campaign coverage. *Communication Research* 9: 432-446.

Kepplinger, Hans Mathias, Hans-Bernd Brosius und Stefan Dahlem. 1994. *Wie das Fernsehen Wahlen beeinflusst: Theoretische Modelle und empirische Analysen*. München: Reinhard Fischer.

Kepplinger, Hans Mathias, und Markus Rettich. 1996. Publizistische Schlagseiten: Kohl und Scharping in Presse und Fernsehen. In *Wahlen und Wahlkampf in den Medien: Untersuchungen aus dem Wahljahr 1994*, hg. von Christina Holtz-Bacha und Lynda Lee Kaid, 80-100. Opladen: Westdeutscher Verlag.

Kindelmann, Klaus. 1994. *Kanzler-Kandidaten in den Medien: Eine Analyse des Wahljahres 1990*. Opladen: Westdeutscher Verlag.

Klingemann, Hans Dieter, und Charles Lewis Taylor. 1978. Partisanship, candidates and issues: attitudinal components of the vote in West German Federal Elections. In *Elections & Parties*, hg. von Max Kaase und Klaus von Beyme, 97-133. London, Beverly Hills: Sage.

Koszyk, Kurt, und Jürgen Prause. 1990. Regionalzeitungen aus dem Ruhrgebiet im Bundestagswahlkampf 1986/87: Eine Themen- und Tendenzanalyse. In *Wahlen und Wähler: Analysen aus Anlass der Bundestagswahl 1987*, hg. von Max Kaase und Hans-Dieter Klingemann, 619-646. Opladen: Westdeutscher Verlag.

Krüger, Udo Michael. 1978. Publizistisch bedeutsame Tageszeitungen im Bundestagswahlkampf 1976. *Publizistik* 23: 32-57.

Lass, Jürgen. 1995. *Vorstellungsbilder über Kanzlerkandidaten: Zur Diskussion um die Personalisierung von Politik.* Wiesbaden: Deutscher Universitätsverlag.

Lazarsfeld, Paul F., Bernard R. Berelson und Hazel Gaudet. 1944. *The people's choice.* New York: Columbia University Press.

Müller, Michael Ludwig. 1961. Der gesinnungsmäßige Standort westdeutscher Tageszeitungen und die Bundestagswahl 1957: Ein Beitrag zur Erforschung des politischen Einflusses der Presse. Diss. Berlin.

Noelle-Neumann, Elisabeth. 1974. Wahlentscheidung in der Fernsehdemokratie. In *Auf der Suche nach dem mündigen Wähler*, hg. von Dieter Just und Lothar Romain, 161-205. Bonn: Bundeszentrale für politische Bildung.

Norpoth, Helmut, und Kendall I. Baker. 1983. Politiker unter sich am Bildschirm: Die Konfrontation von Personen und Sachthemen in den Fernsehdiskussionen 1972-1980. In *Wahlen und politisches System*, Max Kaase und Hans Dieter Klingemann, 600-621. Opladen: Westdeutscher Verlag.

Patterson, Thomas E. 1993. *Out of order.* New York: Knopf.

Schönbach, Klaus. 1992. Images der Kanzlerkandidaten im Wahlkampf 1990: Einflüsse von PR und politischer Werbung im Vergleich. In *Image und PR*, hg.von Wolfgang Armbrecht, Horst Avenarius und Ulf Zabel, 215-226. Opladen: Westdeutscher Verlag.

Schönbach, Klaus, und Holli A. Semetko. 1992. Agenda-setting, agenda-reinforcing or agenda-deflating? A study of the 1990 German national election. *Journalism Quarterly* 69: 837-846.

Schönbach, Klaus, und Holli A. Semetko. 1994. Medienberichterstattung und Parteienwerbung im Bundestagswahlkampf 1990. *Media Perspektiven*, Nr. 4: 328-340.

Schönbach, Klaus, und Rudolf Wildenmann. 1978. Election themes and the prestige newspapers. In *Germany at the polls: the Bundestag election of 1976*, hg. von Karl H. Cerny, 169-193. Washington D.C.: American Institute for Public Policy Research.

Schulz, Winfried. 1995. Politikinszenierung, Themenmanagement und Tele-Politik im Wahlkampf: Eine Untersuchung über die Fernsehresonanz der Kanzlerkandidaten bei der deutschen Vereinigungswahl 1990. In *Communication, culture, community: liber amicorum James Stappers*, hg. von Ed. Hollander, Coen van der Linden und Paul Ruten, 209-227. Houten: Bohn, Stafleu, Van Loghum.

Schulz, Winfried, Harald Behrens und Reimar Zeh. 1998. Das Fernsehen als Instrument und Akteur im Wahlkampf: Analyse der Berichterstattung von ARD, ZDF, RTL und SAT 1 über die Spitzenkandidaten bei der Bundestagswahl 1994. *Rundfunk und Fernsehen* 46: 58-79.

Schulz, Winfried, und Klaus Kindelmann. 1993. Die Entwicklung der Images von Kohl und Lafontaine im Wahlkampfjahr 1990: Ein Vergleich der Wählerurteile mit den Urteilen ausgewählter Leitmedien. In *Die Massenmedien im Wahlkampf: Untersuchungen aus dem Wahlkampfjahr 1990*, hg. von Christina Holtz-Bacha und Lynda Lee Kaid, 10-45. Opladen: Westdeutscher Verlag.

Semetko, Holli A., Jay G. Blumler, Michael Gurevitch und David H. Weaver. 1991. *The formation of campaign agendas: a comparative analysis of party and media roles in recent American and British elections.* Hillsdale N. J., London: Erlbaum.

Semetko, Holli A., und Klaus Schönbach. 1994. *Germany's „unity election": Voters and the media.* Cresskill N. J.: Hampton Press.

Voltmer, Katrin. 1997. Medien und Parteien im Wahlkampf: Die ideologischen Präferenzen der meinungsführenden Tageszeitungen im Bundestagswahlkampf 1990. *Rundfunk und Fernsehen* 45: 173-193.

Wahlen aus der Perspektive der Attributionstheorie: Forschungsergebnisse, Versuchspläne und Analyseperspektiven

Friedrich Försterling

1 Zusammenfassung

Die Analyse der Berichterstattung über politische Ereignisse und insbesondere über Wahlergebnisse stellt für Psychologen aus dem Bereich der Attributionsforschun ein interessantes Untersuchungsfeld dar, auf welchem zentrale Hypothesen der Theorien über das Zustandekommen und die Auswirkungen naiver kausaler Erklärungen überprüft werden können. Ich werde kurz einen Versuch skizzieren, Überlegungen aus dem Bereich der Attributionstheorien anhand von Analysen von Wahlberichterstattung zu überprüfen, und werde danach einige Bereiche attributionstheoretischer Forschung schildern, die sich aus meiner Sicht in ganz besonderer Weise anböten, in diesem Feld überprüft und angewandt zu werden. Besonderes Augenmerk wird der strategischen Kommunikation naiver Erklärungen durch selektives Berichten von Kovariationsinformation, dem Gebrauch des Abwertungs- und des Aufwertungsprinzips und der Benutzung unterschiedlicher interpersonaler Verben geschenkt. Abschließend wird erörtert, welche Einsichten solche attributionstheoretischen Analysen bezüglich der Beurteilung politischer (Wahl-)Berichterstattung erlauben (z.B. die Identifikation indirekter Indikatoren tendenziöser Berichterstattung).

2 Einführung

Wissen um die Ursachen von Ereignissen und Handlungsergebnissen ermöglicht es, gegenwärtiges Geschehen zu verstehen, Prognosen für die Zukunft zu treffen und somit unerwünschte Ereignisse zu vermeiden und erwünschte Verhaltenskonsequenzen herbeizuführen. Die Ursachen von Verhalten und Verhaltensresultaten sind daher auch wichtiger Gegenstand der alltäglichen Kommunikation: Wir erklären anderen Personen, wieso wir etwas getan haben, wir fragen, „warum“ etwas geschehen ist, oder wir geben eine Entschuldigung, indem wir auf unkontrollierbare Ursachen von z.B. einer Verspätung hinweisen. Auch in den Medien wird den Ursachen von Ereignissen oft mehr Zeit eingeräumt als den Ereignissen selbst. Eine Kommission berichtet über Nachforschungen über die Ursachen des Flugzeugabsturzes, wir fragen nach den tieferen Ursachen einer Sturmflut, und natürlich gehört es zur politischen Berichterstattung, am Ende eines Wahltages nicht nur die Wahlergebnisse selbst zu berichten, sondern auch über die Ursachen des Wahlerfolges der einen Partei und der Wahlniederlage der anderen Partei zu spekulieren und insbesondere Vertreter der einzelnen Parteien nach ihren Ursachenerklärungen zu befragen.

In der Psychologie beschäftigen sich die sogenannten Attributionstheorien mit solchen „alltäglichen" ursächlichen Erklärungen von Ereignissen. Sie gehen der Frage nach, welche vorauslaufenden Bedingungen zu unterschiedlichen Ursachenzuschreibungen (Attributionen) führen und welche Konsequenzen sie auf nachfolgendes Verhalten und Erleben haben. Ich werde im folgenden einige Befunde darstellen, die eine attributionale Analyse von Kommentaren zu Landtagswahlen erbracht hat (Försterling und Groeneveld 1983), um dann zu zeigen, welche weiteren attributionstheoretischen Annahmen anhand der Analyse von Politikvermittlung durch Massenmedien geprüft werden können und welche Erkenntnisse solche Analysen versprechen.

3 Eine empirische Studie

Da ursächliche Erklärungen der Gegenstand attributionstheoretischer Forschung sind und angenommen wird, dass solche naiven Erklärungen nachfolgendes Handeln und Erleben steuern, ist es für Forscher aus dem Bereich der Attributionspsychologie zunächst von besonderer Wichtigkeit zu untersuchen, inwieweit solche Attributionen im Alltag tatsächlich vorgenommen werden, und unter welchen Bedingungen solche Erklärungen in ganz besonderem Maße auftreten. Die meisten Studien im Bereich dieses psychologischen Forschungsfeldes sind jedoch zunächst im Rahmen von Laboruntersuchungen durchgeführt worden. Die Mehrzahl dieser Untersuchungen sind dadurch charakterisiert, dass Versuchspersonen ein bestimmtes Ereignis (z.B. Erfolg oder Misserfolg) induziert wurde, oder sie sich vorstellen mußten, ein solches Ereignis zu erleben. Danach wurden die Versuchsteilnehmer befragt, welches aus ihrer Sicht die Ursachen für den im Labor erlebten oder hypothetisch vorgestellten Erfolg oder Misserfolg waren.

Die Analyse der Berichterstattung über Wahlen bietet sich nun förmlich an, um zu untersuchen, ob und inwieweit Attributionen „spontan" vorgenommen werden.

Im Gegensatz zu den typischen Laborsituationen besitzen Wahlen eine besonders große persönliche Relevanz und eine gesellschaftliche Wichtigkeit, und man findet „frei geäußerte“ Kommentare über Wahlergebnisse in Presseberichten im Funk oder Fernsehen.

Försterling und Groeneveld (1983) analysierten Kommentare zu den niedersächsischen Landtagswahlen, die am 27. September 1981 stattfanden: Am 29. September 1981 wurden sämtliche in den niedersächsischen Lokalzeitungen erschienenen Artikel, die sich mit den Wahlergebnissen befassten, gesammelt (123 Artikel aus 23 Lokalzeitungen). Es zeigte sich, dass ursächliche Zuschreibungen in diesen Artikeln in der Tat einen breiten Raum einnahmen: In den 123 Artikeln wurden (von 2 unabhängigen Beurteilern) 302 attributionale Äußerungen entdeckt (2,6 ursächliche Erklärungen pro Artikel). Das heißt: die Analyse von Kommentaren zu Wahlergebnissen bestätigt die Grundannahme der Attributionstheorie, dass Ursachenerklärungen häufig und spontan vorgenommen werden. Darüber hinaus impliziert dieser Befund, dass ein (psychologischer) Schlüssel für das Verständnis von politischen Kommentaren in einer attributionalen Betrachtung liegen könnte: Denn ein wesentlicher Teil der einschlägigen Kommentare und Berichte beinhaltet Ursachenzuschreibungen. In der genannten Untersuchung (Försterling und Groeneveld 1983) haben wir nicht nur überprüft, ob Attributionen in den Kommentaren auftauchen, sondern auch, unter welchen Bedingungen sie besonders häufig sind. So fanden wir etwa, dass nach der Niederlage der SPD bei der von uns analysierten Wahl 198 Attributionen vorgenommen wurden, wohingegen der Erfolg der CDU lediglich 154 Attributionen nach sich zog. Dieser Befund repliziert Ergebnisse verschiedener laborexperimenteller Studien, die zeigten, dass Misserfolg mehr als Erfolg zu attributionaler Aktivität einlädt.

Die Analyse von Wahlberichterstattungen erlaubte darüber hinaus festzustellen, ob sich die Qualität der ursächlichen Erklärungen für Wahlerfolge oder Wahlniederlagen unterscheidet: wir erfassten, wie Politiker der SPD die eigene Niederlage und wie Vertreter der CDU ihren Wahlerfolg erklärten. Ferner wurde jede ursächliche Erklärung dahingehend kategorisiert, ob sie eine – aus der Sicht des jeweiligen Politikers – in der eigenen Partei gelegene Ursache für das Wahlergebnis verantwortlich machte, oder ob es sich um eine externale Ursache handelte. Unterschieden wurde zusätzlich, ob es sich bei der vorgetragenen Attribution um eine zeitlich eher stabile Ursache handelte, oder ob die Ursache als zeitlich veränderbar (variabel) eingestuft wurde, und ob die Ursache kontrollierbar oder unkontrollierbar war.

Die Analyse der Politikeräußerungen anhand dieser Kriterien ergab, dass Politiker der CDU ihre Wahlerfolge sehr viel mehr (in ca. 70% der Fälle) durch internale Ursachen erklärten als durch externale Attributionen (ca. 30% der Attributionen für den Wahlerfolg wurden als external klassifiziert). Dagegen erklärte die

Verliererpartei (die SPD) ihren Misserfolg ganz selten (in nur 10% der Fälle) durch internale Ursachen und zog stattdessen für das eigene negative Ergebnis externale Erklärungen (90%) heran. In ähnlicher Weise fanden wir, dass der Erfolg durch stabile und kontrollierbare Faktoren erklärt wurde, wohingegen für die Niederlage eher variable und unkontrollierbare Ursachen angeführt wurden.

Wie diese Unterschiede zwischen den „Erfolgs-" und „Misserfolgsattributionen" zu erklären sind, kann aus den von uns erhobenen Daten nicht abgelesen werden (z.B. wieso Erfolge eher internal und Misserfolge eher external erklärt werden). Sind die betreffenden Politiker von ihren eigenen Erklärungen selbst überzeugt, oder wollen Sie das jeweilige Wahlergebnis im „besten Licht" erscheinen lassen? Möglicherweise stehen den Verlierern und Gewinnern aber auch unterschiedliche Informationen zur Verfügung (s.u.).

4 Politische Berichterstattung und intergruppale Attribution

Eine besonders interessante gegenseitige Befruchtung von Attributionsforschung und Analysen von Politikvermittlung erscheint mir im Rahmen der Untersuchung des Phänomens der intergruppalen Attributionen möglich (vgl. zusammenfassend Hewstone und Klink 1993). In den einschlägigen Untersuchungen wird erfasst, wie Mitglieder verschiedener Gruppen das Verhalten bzw. die Verhaltensresultate ihrer eigenen und fremder sozialer Gruppen erklären. Es wird im Rahmen dieser Forschungsarbeiten häufig berichtet, dass Mitglieder einer Gruppe den Erfolg der eigenen Gruppe (oder eines Mitglieds) eher auf internale Ursachen zurückführen, wohingegen sie den Erfolg der anderen Gruppe (oder eines Mitglieds der anderen Gruppe) eher externalen Ursachen zurschreiben. Eine umgekehrte Attributionspräferenz zeigt sich dagegen bei der Nichterreichung eines Ziels: Misserfolg der eigenen Gruppe wird eher externalen und Misserfolg der anderen Gruppe eher internalen Faktoren zugeschrieben.

Auf die vorauslaufend berichtete Untersuchung von Försterling und Groeneveld (1983) bezogen impliziert der Befund der Forschung zu intergruppalen Attributionen, dass wir nicht nur die Ursachenzuschreibungen der Parteien für den eigenen Erfolg bzw. Misserfolg hätten erheben sollen, sondern auch die Ursachenerklärungen, die die Verliererpartei für das Gewinnen der anderen Partei verantwortlich machte sowie die ursächlichen Erklärungen der Gewinner für das Verlieren der Gegner. Die Analyse von Politikvermittlung hinsichtlich des Auftretens intergruppaler Attribution ist nicht beschränkt auf die Analyse von kommunizierten Ursachen hinsichtlich von Wahlerfolgen oder Wahlniederlagen, sondern sie kann ganz generell für positive und negative Ereignisse durchgeführt werden. Wir verlassen nun die Frage ob, wann und welche Attributionen für das Abschneiden der Parteien bei Wahlen von den Kontrahenten verantwortlich gemacht werden, und wenden uns der Frage zu, wie es zu Attributionen kommt. Dabei skizziere ich zunächst die allgemeinpsychologischen Mechanismen und schildere dann, inwieweit sich für die Analyse von Politikvermittlung in den Medien Ableitungen aus diesen Erkenntnissen ergeben.

5 Vorauslaufende Bedingungen von Attributionen: Kovariation

Attributionstheorien gehen davon aus (vgl. etwa Heider 1958; Kelley 1967), dass sich der wissenschaftliche Laie (der „Mann auf der Straße") im Alltag ganz ähnlicher Mechanismen wie experimentell arbeitende Wissenschaftler bedient, um zu einem Verständnis der Ursachen von Ereignissen zu gelangen. Kelley nimmt an, dass kausale Schlussfolgerungen wissenschaftlicher Laien treffend durch das Kovariationsprinzip beschrieben und vorhergesagt werden können. Dieses Prinzip besagt, dass ein Effekt derjenigen seiner möglichen Ursachen zugeschrieben wird, die vorhanden ist, wenn der Effekt vorhanden ist, und die nicht vorhanden ist, wenn der Effekt nicht vorhanden ist (Heider 1958, 152). Wenn man beispielsweise entscheiden möchte, ob ein bestimmtes Ereignis, etwa dass eine Person eine bestimmte Aufgabe erfolgreich gelöst hat, auf die Person, die Aufgabe oder auf besondere Umstände zurückzuführen ist, dann sollte der „naive Wissenschaftler" untersuchen, mit welcher dieser drei potentiellen Ursachen der Erfolg kovariiert. Tritt der Erfolg bei allen Personen, die sich mit dieser Aufgabe beschäftigen ein (besteht „hoher Konsensus") oder hat nur diese Person Erfolg („niedriger Konsensus")? Löst diese Person andere Aufgaben ebenfalls (liegt also „niedrige Distinktheit" vor) oder hat sie bei anderen Aufgaben Misserfolg („hohe Distinktheit" des gegenwärtigen Erfolges)? Und schließlich gibt eine Analyse der Kovariation mit dem Kausalfaktor „Zeit/Umstände" (d.h., hat die Person diese Aufgabe in der Vergangenheit auch schon gelöst [hohe Konsistenz] oder hat sie in der Vergangenheit Misserfolg bei der Aufgabe erzielt [niedrige Konsistenz]) Aufschluss darüber, ob das Ereignis auf stabile Ursachenfaktoren oder die fluktuierenden Umstände zurückzuführen ist.

Zahlreiche Forschungsarbeiten haben gezeigt (vgl. zusammenfassend Försterling 1989), dass wir einen Effekt (z.B. das Lösen einer Aufgabe) auf die Person zurückführen, wenn niedriger Konsensus (andere Personen haben die Aufgabe nicht gelöst), niedrige Distinktheit (die Person löst andere Aufgaben ebenfalls) und hohe Konsistenz (die Person hat diese Aufgabe in der Vergangenheit auch schon gelöst) vorliegt. Eine Attribution auf das Objekt, mit der die Person interagiert (hier: die Leichtigkeit der Aufgabe) findet dagegen statt, wenn der Konsensus (andere Personen lösen die Aufgabe ebenfalls), und die Distinktheit (die Person löst nur diese Aufgaben, und sonst kaum andere) hoch sind und hohe Konsistenz (diese Aufgabe hat er bereits in der Vergangenheit gelöst) vorliegt. Dagegen werden Attibutionen auf die besonderen Umstände vorgenommen, wenn niedriger Konsensus, hohe Distinktheit und niedrige Konsistenz vorliegt.

Es wäre überaus interessant, Äußerungen von Politikern daraufhin zu untersuchen, inwieweit sie (intuitiv) attributionsrelevante Kovariationsinformation thematisieren, um Erfolge oder Misserfolge oder positive und negative Ereignisse darzustellen (z.B., wie oben erwähnt, positive Ereignisse auf die eigene Gruppe bzw. Person zu attribuieren und negative Ereignisse external zu erklären). Lassen Sie uns einige der Möglichkeiten, die das Kovariationsprinzip hier böte, an einem „unpolitischen", aber sehr alltäglichen Beispiel illustrieren (vgl. Liebhart 1977): Stellen Sie sich vor, ein Schüler X schreibt eine „5" in einer Mathematikarbeit, und Sie erfahren die Noten von drei anderen Schülern: Diese Noten sind „1" Schüler A, „3" Schüler B, „2" Schüler C. Woran – würden Sie meinen – liegt es am ehesten, dass Schüler X eine „5" in Mathematik geschrieben hat? Eher an internen Faktoren – wie etwa seiner mangelnden Begabung für Mathematik – oder eher an besonderen externen Umständen? Nach dem Kovariationsprinzip sollte der Beurteiler aufgrund des „niedrigen Konsensus" der schlechten Schulnote (andere haben besser abgeschnitten) die Person des Schülers X (z.B. seine mangelnde Fähigkeit) für den Misserfolg verantwortlich machen.

Stellen Sie sich nun eine anderes Szenario vor: Schüler Y schreibt auch eine „5" in Mathematik und Sie erfahren, dass er in vorauslaufenden Arbeiten eine „1", eine „3" und eine „2" geschrieben hatte. Woran – würden Sie meinen – liegt es am ehesten, dass Schüler Y eine „5" in Mathematik geschrieben hat? Eher an internen Faktoren – wie etwa seiner mangelnden Begabung für Mathematik – oder eher an besonderen externen Umständen? Nach dem Kovariationsprinzip sollte der Beurteiler aufgrund der „hohen Distinktheit" der schlechten Schulnote (bei anderen Arbeiten hat der Schüler besser abgeschnitten) die äußeren Umstände (z.B. eine sehr schwierige Aufgabe oder „Pech") für den Misserfolg verantwortlich machen.

Interessant an diesem Gedankenexperiment erscheint mir, dass ein und dasselbe Ereignis (eine „5" in Mathematik) vor dem Hintergrund unterschiedlicher Bezugsnormen (einmal einer interindividuellen, konsensusbezogenen Norm und zum anderen einer intraindividuellen, konsistenz- bzw. distinktheitsbezogenen Norm) gänzlich unterschiedlich attribuiert wird.

Welche attributionalen Werkzeuge benutzen Politiker, um sich als besonders kompetent und den Gegner besonders schlecht dastehen zu lassen? Es wäre meines Erachtens ein interessantes Forschungsprojekt zu erkunden, inwieweit Politikberichterstattung intuitiv die von Kelley explizierten Kovariationsinformationen heranzieht, um solche Attributionen nahe zu legen. Ein unsystematischer Blick in einschlägige Pressenotizen zeigt: Wenn ein Politiker (z.B. ein Ministerpräsident) beispielsweise nahe legen wollte, ein negativer Sachverhalt (z.B. eine hohe Arbeitslosenquote in einem bestimmten Bundesland) sei auf die persönlichen Entscheidungen seines Amtskollegen zurückzuführen, dann könnte er darauf hinweisen, dass die Arbeitslosenquote in anderen Bundesländern niedriger sei; mit dieser Aussage würde er versuchen, die erwünschte kausale Schlussfolgerung durch Konsensusinformation nahe zu legen. Ein betroffener Ministerpräsident selbst wäre sicherlich eher interessiert, eine andere, ihn entlastende Ursache nahe zu legen und tut dies möglicherweise, indem er auf Konsistenzinformation zurückgreift: Er vergleicht die heutige (hohe) Arbeitslosenquote mit der vor einigen Jahren noch höheren Rate. Interessant an diesem hypothetischen Beispiel ist, dass beide Politiker (oder aber auch Journalisten) „richtige“ Informationen wiedergeben, die jedoch zu gänzlich unterschiedlichen kausalen Schlussfolgerungen Anlass geben. Es ist anzunehmen, dass direktes Äußern von selbstwertdienlichen Attributionen für positive und negative Ereignisse mitunter vom Adressaten der Kommunikation als unangemessen, unbescheiden oder gar prahlerisch empfunden wird (vgl. Försterling und Rudolph 1988). Beispielsweise hat im Jahre 1998 die Äußerung des Kanzlerkandidaten der SPD, Gerhard Schröder, der wirtschaftliche Aufschwung in der Bundesrepublik Deutschland sei auf seine Kanzlerkandidatur zurückzuführen, in zahlreichen Pressekommentaren zu sehr kritischen Äußerungen Anlass gegeben. Viel günstiger für Politiker könnte es dagegen sein, nicht die Attribution selbst, sondern die vorauslaufende Kovariationsinformation zu präsentieren. Dies hätte den Vorteil, dass der Adressat der Kommunikation selbst die kausale Schlussfolgerung zieht, und darüber hinaus haben Kovariationsinformationen sehr viel eher den Status von (unbestreitbaren) Fakten, wohingegen Attributionen den Status subjektiver Interpretationen einnehmen.

6 Vorauslaufende Bedingungen von Attributionen: Konfiguration

Eine weitere Möglichkeit, Ursachenzuschreibungen strategisch zu kommunizieren, zum Beispiel, um Erfolge als möglichst internal und Misserfolge als möglichst external verursacht erscheinen zu lassen, liegt in der Anwendung des Abwertungs- und des Aufwertungsprinzips: In vielen Bereichen unseres Lebens nehmen wir an, dass ein Ereignis (z.B. das Lösen einer Aufgabe) entweder durch eine Ursache A (z.B. hohe Anstrengung) oder eine Ursache B (z.B. Begabung) zustandekommt. Dabei stehen die Ursachen – in der naiven Psychologie – in einem kompensatorischen Verhältnis zueinander: Wird eine Ursache als besonders ausgeprägt angesehen (zum Beispiel, wenn eine Person besonders hohe Anstrengung investiert) kann das Defizit bezüglich einer anderen Ursache (z.B. geringe Begabung) ausgeglichen werden: Erfolg kann also zum Beispiel durch hohe Anstrengung und niedrige Begabung oder durch hohe Begabung und niedrige Anstrengung zustande kommen).

Kelley (1972) nimmt an (und zahlreiche nachfolgende Forschungsarbeiten haben dies bestätigt), dass in Situationen, in denen wir über das Auftreten eines Ereignisses (z.B. Erfolg) und das Vorliegen einer für dieses Ereignis zuträglichen Ursache informiert werden, die zweite potentielle Ursache für das Ereignis „abgewertet" wird. Stellen Sie sich etwa vor, Sie erfahren, dass Herr X eine (leichte) Aufgabe mit viel Anstrengung gelöst hat (das Ereignis und Ursache A liegen vor). Für wie wahrscheinlich würden Sie es erachten, dass Herr X hohe Begabung bezüglich der Aufgabe besitzt (d.h., dass die Ursache B ebenfalls vorliegt)? Stellen Sie sich dazu im Vergleich vor, Sie erfahren, dass Herr Y die gleiche Aufgabe ohne Anstrengung gelöst hat (das Ereignis liegt vor, nicht aber die Ursache A). Wie wahrscheinlich wäre es, dass Sie annehmen, dass Herr Y hohe Fähigkeiten besitzt? Kelley sagt vorher, dass Sie die Ursache B („hohe Fähigkeit") bei Herrn X „abwerten" würden, denn die hohe Anstrengung erklärt den Erfolg hinreichend. Wohingegen Sie bei Herrn Y, der sich nicht angestrengt hat, den Erfolg in ganz eindeutiger Weise auf die hohe Begabung zurückführen würden. Wie könnte nun das Abwertungsprinzip in der Berichterstattung über politische Ereignisse benutzt werden, etwa um einem Leser oder einer Leserin nahe zu legen, die Erfolge eines politischen Gegners seien auf externale Faktoren und die Misserfolge auf internale Attributionen zurückzuführen beziehungsweise, um die Erfolge der eigenen Partei oder Person auf internale und die Misserfolge auf externale Ursachen zu lenken?

Internale Ursachenzuschreibungen für ein positives Ergebnis eines Politikers könnten etwa dadurch minimiert werden, indem das Vorliegen alternativer (für das zu erklärende Ereignis förderliche) externaler Ursachen hervorgehoben wird. Auch würde ein Misserfolg besonders dann auf internale Faktoren zurückgeführt werden, wenn eine externale (erfolgs-)förderliche Ursache anwesend war. Man würde etwa den Erfolg einer Person kaum internalen Faktoren zuschreiben (z.B. Fähigkeit), wenn die Aufgabe sehr leicht ist (förderliche externale Ursache) und man würde Misserfolg in ganz besonderem Maße auf „mangelnde Begabung" zurückführen, wenn dieser Misserfolg bei einer sehr leichten Aufgabe auftritt.

Dagegen müsste der Politiker, der nahe legen möchte, ein Erfolg sei vorwiegend durch internale Faktoren und ein Misserfolg durch externale Ursachen zustandegekommen, auf Ursachenfaktoren hinweisen, die das Auftreten des Erfolges gehemmt haben: Wer Erfolg etwa durch hohe und Misserfolg nicht durch niedrige Fähigkeit erklärt haben möchte, müsste zum Beispiel auf die hohe Aufgabenschwierigkeit hinweisen.(In einem rezenten Artikel stellen Morris und Larrick [1995] interessante weitere Parameter vor, die das Abwerten einer Ursache beeinflussen).

In der Tat haben Försterling und Groeneveld (1983) in ihrer Untersuchung Versuche der attributionalen Kommunikation identifiziert, die als „geschicktes Heranziehen" des Abwertungsprinzips bzw. des Aufwertungsprinzips interpretiert werden können. Beispielsweise sagte ein Politiker (der CDU) „die CDU hat an Stimmen gewonnen, obwohl sich die Zahl der Konkurrenten erhöht hat". Man kann diese Aussage so deuten, dass der Sprecher eine für den Erfolg abträgliche Ursache („Erhöhung der Anzahl der Konkurrenten") erwähnt, um nahe zu legen, das positive Ergebnis sei in ganz besonders starker Weise internale Ursachen (der eigenen Partei bzw. Person) zuzuschreiben.

Es wäre meines Erachtens ein interessantes Unterfangen, festzustellen, inwieweit im Rahmen von politischer Berichterstattung im Zusammenhang mit Erfolgen und Misserfolgen der eigenen Partei oder der Partei oder Gruppe, mit der man sympathisiert, verstärkt erfolgshemmende externale Ursachen erwähnt werden. Spiegelbildlich sollte man erwarten, dass im Zusammenhang von Erfolgen und Misserfolgen der vom Schreiber oder Sprecher nicht favorisierten Partei vorwiegend externale erfolgsfördernde Ursachen auftreten.

7 Attribution und interpersonale Verben

Es ist anzunehmen (aber noch nicht erwiesen), dass die eben beschriebenen Determinanten von Ursachenzuschreibungen (das Kovariations- und das Ab- bzw. Aufwertungsprinzip) bewusst von Kommunikatoren eingesetzt werden: zum Beispiel, indem die ursachenzuschreibende Person gezielt bestimmte Informationen für die Ursachenzuschreibung heranzieht bzw. vorgibt oder auf ein Repertoire relativ abstrakter Regeln über das Zusammenspiel zwischen zwei Ursachen und ihren Wirkungen zurückgreift. Ein interessantes bis in die Gegenwart hinein aktives Forschungsgebiet hat sich mit einem bisweilen sowohl dem Kommunikator als auch dem Adressaten der Kommunikation ganz unbewussten Mechanismus der Attributionsbeeinflussung befasst:

In unserer sprachlichen Kommunikation werden komplexe zwischenmenschliche Handlungen und Zustände oft in sehr kurzen Sätzen wiedergegeben: Wir sagen oder schreiben „Martina mag Volker" oder „Andreas überrascht Fritz". Auf den ersten Blick beinhalten diese sprachlichen Beschreibungen keine über das Gesagte hinausgehenden Bewertungen oder Schlussfolgerungen. Ende der sechziger Jahre wurde jedoch entdeckt (vgl. z.B. Abelson und Kanouse 1966; zusammenfassend Försterling und Rudolph 1997), dass durch solche minimalen Sätze beschriebene Interaktionen systematisch Annahmen über deren Verursachung nahe legen: Zum Beispiel gibt der Satz „Martina mag Volker" Anlass zu dem Urteil, das Satzobjekt (Volker) sei für den Zustand verantwortlich, wohingegen der Satz „Andreas überrascht Fritz" zu Attributionen auf das Satzsubjekt (Andreas) führt.

Brown und Fish (1983) unterscheiden in ihrem klassischen Artikel Zustands- und Handlungsverben. Zustandsverben beschreiben in der Regel nicht beobachtbare Gefühle oder Erlebnisse, die sich innerhalb eines Individuums abspielen (z.B. mögen, lieben, überraschen). Handlungsverben beschreiben dagegen in der Regel beobachtbare und die Willkürmuskulatur involvierende Tätigkeiten (treten, tanzen, streicheln). Darüber hinaus führen Brown und Fish (1983) das Konzept der semantischen Rolle ein, um vorherzusagen, welche Verben zu Attributionen auf das Satzsubjekt und welche zu Ursachenzuschreibungen auf das Satzobjekt führen. Auf der Seite der Zustandsverben unterscheiden die Autoren die semantische Rolle des „Stimulus" und die des „Experiencers". Ein Stimulus ist diejenige Person in einem Satz, die Anlass zu einem Zustand gibt (z.B. A mag Stimulus), und der Experiencer ist die Person, in dem dieser Zustand entsteht (Experiencer mag B). Diese semantischen Rollen sind nicht an die grammatikalischen Rollen des Satzsubjekts oder Satzobjekts gebunden. So ist etwa in dem Satz „Emil mag Sabine" das Satzsubjekt (Emil) der Experiencer, d.h., diejenige Person die das „Mögen" erfährt (fühlt). In dem Satz „Sabine ärgert Emil" hingegen nimmt die Person, die den Zustand erfährt (der Experiener) die Position des Satzobjekts ein, und das Satzsubjekt die Rolle des Stimulus. Mithilfe des Konzepts semantischer Rollen unterteilen Brown und Fish (1983) Zustandsverben, die Interaktionen beschreiben, in denen der Zustand von dem Satzsubjekt erlebt und vom Satzobjekt ausgelöst wird (Experiencer-Stimulus-Verben; z.B. „A mag B" oder „A hasst B") von Verben, die vom Satzobjekt erlebte und vom Satzsubjekt ausgelöste Zustände beschreiben (Stimulus-Experiencer-Verben; z.B. „A beeindruckt B" oder „A überrascht B"). Sie sagen voraus, dass – unabhängig von der grammatikalischen Position – bei durch Zustandsverben beschriebenen Interaktionen Stimuli in höherem Maße als Experiencer für das Ereignis verantwortlich gemacht werden: der Satz „A mag B" sollte zu Attributionen auf das Satzobjekt, der Satz „A überrascht B" zu Attributionen auf das Satzsubjekt führen.

Bei den Handlungsverben führen Brown und Fish (1983) ebenfalls semantische Rollen ein, und zwar die des „Agents" (der eine Handlung ausführt) und die des „Patients" (auf den die Handlung gerichtet ist). In Sätzen mit Handlungsverben nimmt in aller Regel das Satzsubjekt die Rolle des Agents an, und das Satzobjekt die Rolle des Patients. Brown und Fish (1983) sagen voraus, dass bei durch Handlungsverben beschriebenen Sachverhalten der Agent (das Satzsubjekt) mehr als der Patient (das Satzobjekt) als Verursacher angesehen wird. Rudolph und Försterling

(1997) haben Reanalysen, und zwar an 16 publizierten Studien zum Verbkausalitätseffekt durchgeführt. Bei Stimulus-Experiencer-Verben gab es eine klare Präferenz für Attributionen auf das Satzsubjekt (M = 79%), bei Experiencer-Stimulus Verben kamen Zuschreibungen auf das Satzsubjekt dagegen selten vor (M = 25%), und bei der (nicht weiter differenzierten) Kategorie der Handlungsverben gab es keine klare Präferenz für Zuschreibungen auf das Subjekt bzw. das Objekt (M = 53%). Die Befunde belegen eindeutig, dass unterschiedliche Verben ganz unterschiedliche Ursachenzuschreibungen nahe legen, und zwar mit beachtlicher Effektstärke. Dieser Befund ist in verschiedenen Sprachen erzielt worden, und dieses Phänomen ist der Versuchsperson interessanterweise nicht bewusst. Das heißt, wenn man einer Person (minimale) Sätze mit verschiedenen interpersonalen Verben vorlegt, dann können sie nicht sagen, nach welcher Regel sie die Attributionen vornehmen – obwohl sie es hoch regelmäßig tun.

Ich denke, dass eine Analyse des Gebrauchs interpersonaler Verben in der politischen Berichterstattung von größtem Interesse sein sollte (einschlägige und möglicherweise vorbildhafte Untersuchungen bezüglich der Berichterstattung sportlicher Ereignisse sind bereits vorgelegt worden; vgl. Maass, Salvi, Arcuri, Semin 1989).

Eine Analyse des Gebrauchs von interpersonalen Verben könnte ebenfalls der in diesem Artikel aus verschiedenen Perspektiven beleuchteten Frage nachgehen, ob (und wie) in der Berichterstattung über politische Ereignisse versucht wird, eigenes positives Verhalten oder positive Verhaltensresultate auf internale Faktoren der eigenen Person oder Gruppe zurückzuführen, und ob (und wie) negative Ereignisse auf externale Ursachenfaktoren zurückgeführt werden. Sollte sich zeigen, dass der Gebrauch interpersonaler Verben ebenfalls diesem „selbstwertdienlichen" (intergruppalen) Trend folgt, wäre das von besonders großem theoretischen Interesse, denn es wäre ein Hinweis darauf, dass auch in der Regel nicht bewusst steuerbare Mechanismen im Dienste von Selbstdarstellungsabsichten operieren.

Um diese Fragestellung beispielhaft zu illustrieren, verlasse ich das enge Feld der Berichterstattung über Wahlen. In der politischen Berichterstattung sind interpersonale Ereignisse ganz unterschiedlicher Art von Interesse: Es wird zum Beispiel über Streitigkeiten zwischen zwei Politikern der gleichen Partei berichtet, und während ich dieses Manuskript verfasse (im Herbst 1998), werden (intime) interpersonale Ereignisse zwischen einem Präsidenten (Bill Clinton) und einer Praktikantin (Monika Lewinski) ganz ausführlich in nahezu allen Medien berichtet.

Forschungsarbeiten über den Verbkausalitätseffekt würden nahe legen, dass man ein negatives oder unerwünschtes interpersonales Ereignis (zum Beispiel der Präsident hat eine Affaire mit der Praktikantin oder der Fraktionsvorsitzende und der Spitzenpolitiker haben einen Streit) in sehr subtiler und für den Adressaten der Kommunikation nicht unmittelbar erkennbarer Weise als durch die andere im Konflikt involvierte Partei verursacht erscheinen lassen könnte. Ein Politiker, oder ein ihm zugetaner Berichterstatter, der das Ziel hätte, einen Konflikt (des Politikers) mit einer anderen Person durch die andere Person verursacht erscheinen zu lassen, müsste die negativ bewertete Interaktion vorwiegend durch Zustandsverben beschreiben in denen die eigene Person die semantische Rolle des Experiencers und die andere Person die Rolle des Stimulus einnimmt. Denn Zustandsverben legen in ganz besonderer Weise Verursachung durch den Stimulus nahe. Man würde also erwarten, dass ein negatives Ereignis von der Person durch Sätze mit Zustandsverben (Stimulus-Experiencer oder Experiencer-Stimulus-Verben) beschrieben wird, in denen die Person selbst die semantische Rolle des Experiencers ist und die „Konfliktpartei" die des Stimulus einnimmt (bei positiven Ereignissen müssten sich diese Rollen übrigens umdrehen).

Sollte diese Vorhersage zutreffen, würden wir erwarten, in den Darstellungen der Affäre des Präsidenten mit der Praktikantin, die von Seiten des Präsidenten vorgelegt werden, Sätze wie die folgenden zu finden: Mrs. Lewinski (Stimulus) hat mich (Experiencer) beeindruckt, ich (Experiencer) mochte Mrs. Lewinski (Stimulus), sie (Stimulus) hat mich (Experiencer) fasziniert. Dagegen sollten Berichterstatter oder „Ankläger", die die Verantwortung für die Affäre mehr bei dem Päsidenten ansiedeln wollen, Sätze benutzen, in denen der Präsident die Rolle des Stimulus und die Praktikantin die Rolle des Experiencers einnehmen. Zum Beispiel: Mrs. Lewinski (Experiencer) hat eine große Zuneigung für den Präsidenten (Stimulus) empfunden, er (Stimulus) hat sie (Experiencer) fasziniert.

Ein positives interpersonales Ereignis sollte der Politiker vergleichsweise in Termini von Zustandsverben erklären, in denen er selbst die Rolle des Stimulus und nicht des Experiencers einnimmt. Zum Beispiel „Herr X (Experiencer) hat sich über meinen (Stimulus) Anruf sehr gefreut, er war fasziniert von der (von mir) vorgetragenen Idee".

8 Zusammenfassung und: Was haben Analytiker von Wahlberichterstattung von einer attributionspsychlogischer Perspektive?

Vieles spricht dafür, dass ein Aspekt der politischen Selbstdarstellung darin liegt, positive Ereignisse durch innerhalb der eigenen Person, Gruppe oder Partei liegende Faktoren verursacht erscheinen zu lassen, die möglicherweise auch stabil und global sind. Dagegen werden negative Ereignisse vorwiegend durch außerhalb der eigenen Domäne liegende Ursachen erklärt. Das spiegelbildliche Ergebnis sollte sich bezüglich der ursächlichen Erklärung der Erfolge und Misserfolge „gegnerischer" politischer Parteien zeigen: Deren Erfolge sollten external und deren Misserfolge internal erklärt werden. Forschungen zu ursächlichen Erklärungen von Wahlergebnissen (Försterling und Groeneveld 1983) und zum Phänomen der intergruppalen Attribution (vgl. zusammenfassend Hewstone und Klink 1993) haben diese Tendenzen aufgedeckt.

Weitgehend unerforscht hingegen sind die Mechanismen, mithilfe derer solche eindrucksbildenden Attributionen kommuniziert werden. Es sollte – so die These dieses Papiers – aufschlussreich sein zu untersuchen, inwieweit Politikberichterstattung intuitiv die wissenschaftlich explizierten Mechanismen zum Zwecke der Eindruckssteuerung benutzt.

Ich habe vorgeschlagen, dass das selektive Berichten von Kovariationsinformation, die Heranziehung des Ab- bzw. Aufwertungsprinzips und ein systematischer Gebrauch bestimmter interpersonaler Verben strategische Hilfsmittel sein könnten, im Rahmen von Kommunikation die Attributionen anderer zu beeinflussen. Studien mit dem Ziel, den (strategischen) Gebrauch von Attributionsprinzipien (z.B. des Kovariationprinzips oder des Verbkausalitätseffektes) durch psychologische Laien zu ergründen, könnten eine interessanten Beitrag zur Attributionsforschung beisteuern und möglicherweise zu einer „Meta-Attributionstheorie" führen. Denn solche Studien würden der Frage nachgehen, welche Theorien psychologische Laien darüber besitzen, wie die Ursachenzuschreibungen anderer Menschen zustandekommen und wie sie verändert werden können. Die Attributionstheorien selbst beschäftigen sich lediglich damit, wie die Ursachenzuschreibungen von psychologischen Laien zustandekommen.

Darüber hinaus könnten meines Erachtens Analysen von politischer Berichterstattung im allgemeinen von einer attributionalen Perspektive profitieren. Ich habe auf einige Parameter politischer Berichterstattung hingewiesen, die als indirekte Indikatoren tendenziöser Berichterstattung herangezogen werden können. Zum Beispiel könnte untersucht werden, welche Ursachen Berichterstatter für positive und negative Ereignisse z.B. eines Politikers heranziehen und welche Kovariationsinformationen bezüglich des fokalen Ereignisses berichtet werden (z.B. Kovariationsinformationen, die mit internalen Attributionen von Erfolgen und externalen Ursachenzuschreibungen von Misserfolgen konsistent sind). Ermittelt werden könnte ebenfalls der strategische Gebrauch des Auf- und Abwertungsprinzips: werden z.B. bei negativen Ereignissen externe ereignisfördernde oder externe ereignishemmende Faktoten angeführt? Schließlich erlaubt die Analyse der interpersonalen Verben für positive und negative interpersonale Effekte zu ergründen, welche der an der Interaktion beteiligten Personen vom Autor oder Sprecher als besonders verantwortlich für das Ereignis angesehen wird.

Sollten all diese Indikatoren darauf hindeuten, dass der Berichterstatter positive Ergebnisse der fokalen Person internaler als andere Berichterstatter und negative Ergebnisse externaler als andere Berichterstatter darstellt, könnte dies ein Anzeichen für tendenziöse Berichterstattung sein oder in subtiler Weise die politische Gesinnung eines Autors signalisieren. Es bleibt schließlich noch zu erwähnen, dass die Kenntnis der hier aufgezeigten Mechanismen sowohl Berichterstattern helfen könnte, eine selbstkritische Perspektive gegenüber der eigenen Berichterstattung einzunehmen oder aber von Politikern benutzt – aber auch missbraucht – werden könnte, den Eindruck, den sie z.B. bei ihren Wählern hinterlassen, systematisch zu steuern.

Literatur

Abelson, Robert P., und David E. Kanouse. 1966. Subjective acceptance of verbal generalization. In *Cognitive consistency: motivational antecedents and behavioral consequencies*, hg. von Shel Feldman. New York: Acad. Press.

Brown, Roger, und Deborah Fish. 1983. The psychological causality implicit in language. *Cognition* 14: 237-273.

Försterling, Friedrich. 1989. Models of covariation and attribution: how do they relate to the analogy of analysis of variance? *Journal of Personality and Social Psychology* 57: 615-625.

Försterling, Friedrich, und Annette Groeneveld. 1983. Ursachenzuschreibungen für ein Wahlergebnis. *Zeitschrift für Sozialpsychologie* 14: 262-269.

Försterling, Friedrich, und Udo Rudolph. 1988. Situations, attributions and the evaluation of behavior. *Journal of Personality and Social Psychology* 54: 225-232.

Försterling, Friedrich, und Udo Rudolph. 1997. Implizite Verbkausalität: Befunde und theoretische Erklärungen. In *Tagungsband der Deutschen Gesellschaft für Psychologie*, hg. von Heinz Mandl, 70-78. Göttingen: Hogrefe.

Heider, Fritz. 1958. *The psychology of interpersonal relation*. New York: Wiley.

Hewstone, Miles, und Andreas Klink. 1993. Intergruppenattribution. In *Attributionstheorie*, hg. von Friedrich Försterling und Joachim Stiensmeier-Pelster, 73-104. Göttingen: Hogrefe.

Kelley, Harold H. 1967. Attribution theory in social psychology. In *Nebraska Symposium on_Motivation*, hg. von D. Levine, Bd. 15, 192-238. Lincoln: University of Nebraska Press.

Kelley, Harold H. 1972. *Causal schemata and the attribution process*. Morristown, N.J.: General Learning Press.

Liebhart, Ernst H. 1977. Fähigkeit und Anstrengung im Lehrerurteil: Der Einfluß inter- versus intraindividueller Perspektive. *Zeitschrift für Entwicklungspsychologie und Pädagogische Psychologie* 9: 94-102.

Maass, Anne, Daniela Salvi, Luciano Arcuri, und Gün Semin. 1989. Language use in intergroup context. *Journal of Personality and Social Psychology* 57: 981-993.

Morris, M. W., und R. P. Larrick 1995 When one cause casts doubt on another: a normative analysis of discounting and causl attribution. *Psychological Review* 102: 331-355.

Rudolph, Udo, und Friedrich Försterling. 1997. The psychological causality implicit in language: a review. *Psychological Bulletin* 121: 192-218.

„Nach der Wahl ist vor der Wahl“: Interpretationen als Gegenstand der Medienforschung

Hans-Jörg Stiehler

1 Wahlabend 18.00 Uhr: Die Problemstellung

Wenn die Wahllokale geschlossen werden, tritt ein Ritual in Gang: Die Rundfunksender vermelden die Wahlprognosen der verschiedenen Institute, die Hochrechnungen der Wahlergebnisse laufen an, und nach den ersten Trends beginnen die Interviews mit Politikern und Experten, die Schaltungen in die Parteizentralen, Analysen von Wählerwanderungen und möglichen Konsequenzen der Wahl. Später macht sich die „Bonner Runde“ aus Parteivorsitzenden oder Generalsekretären an die kontroverse Interpretation der Wahlergebnisse. Der Hauptteil dieser Mühen wird von den Zeitungen und Magazinen der nächsten Tage fortgesetzt, bis die Wochenblätter am Donnerstag bzw. am folgenden Montag die Analysen zu einem relativen Abschluss bringen, während die gewinnenden Politiker inzwischen am Aushandeln der neuen Regierungskonstellationen sind und die Verlierer unter ihnen beginnen, wie immer effektive und nützliche Konsequenzen aus den Wahlergebnissen zu ziehen.

Die folgende Problemskizze geht von der Überlegung aus, dass das Geschehen nach der Wahl bislang nur wenig erforscht ist. In seinem Überblick über Arbeiten zur politischen Kommunikation erwähnt Schulz (1997, 169ff.) dieses Thema nur am Rande, ebenso wie Holtz-Bacha in ihrer Tour durch Forschungen zur Wahlkommunikation (1996, 9ff.). Dabei handelt es sich um einen festen Bestandteil des Phänomens Wahl und Wahlkommunikation, und eine beschreibende Analyse kann ein interessantes Feld aufzeigen, das wichtige Ansätze der Medienforschung evoziert. Blumler (1983, 34) forderte unter möglichen Gegenständen von „post election-surveys“ neben Wahlbeteiligung bzw. -interesse und Mediennutzung auch die Interpretation der Wahlergebnisse, ohne dass dieser programmatischen Vorgabe eine umfangreichere empirische Forschung gefolgt wäre. Es ist auch von praktischer Bedeutung: „Nach der Wahl ist vor der Wahl“, um ein berühmtes Diktums abzuwandeln, und das Ende des einen Wahlkampfes kann den Beginn eines nächsten markieren, auch wenn das nicht immer so auffällig sein mag, wie es im „Superwahljahr" 1994 der Fall war.

Der Beitrag widmet sich drei Fragen: (a) Was geschieht eigentlich nach der Wahl? Hier wird vor allem untersucht, welchen „Sinn" Erklärungen nach der Wahl machen. (b) Welche Rolle spielen die Medien in diesem Prozess? Ausgangspunkt dafür ist die Überlegung, dass Ursachenzuschreibung in den Medien einen spezifischen Charakter aufweist, der auch Konsequenzen für die Anwendung attributionstheoretischer Ansätze in der Medienforschung hat. (c) Wie kann man sich empirisch der Nach-Wahlkommunikation und ihren Folgen zuwenden?

Kausale Erklärungen, wie sie im Alltag gegeben werden und zu dessen kognitiver Bewältigung sie beitragen, werden in den sozialpsychologischen Theorien der Attribution untersucht. „Ihr Ziel ist es, die Prinzipien der Zuschreibung von Ursachen für eigenes und fremdes Verhalten zu beschreiben." (Boehm 1994, 31; siehe auch Witte 1989, Hewstone und Fincham 1996) Dieser Beitrag unterstellt, dass auch Erklärungen des Wahlverhaltens als Attributionen betrachtet werden können und knüpft an den Aufsatz von Friedrich Försterling in diesem Band an.

2 Nach-Wahl-Phänomene: Versuch einer Beschreibung

Im Kern werden am Wahlabend und an den nachfolgenden Tagen zwei Dinge verhandelt: Erstens wird das nummerisch vorliegende Wahlergebnis definiert, d.h. in einen sozialen Tatbestand umgeformt. Es bestehe, so Missika und Bregman (1987, 290) „a need for a political interpretation of the vote", da seine Botschaft unklar und mehrdeutig sei. Während sich die Stimmen der Wähler addieren, addieren sich nicht die individuellen Bedeutungen, die mit der Stimmabgabe verbunden sind. Das meint, dass den Zahlen erst eine Bedeutung zugemessen wird, indem die Sieger und Verlierer definiert und mögliche Regierungskonstellationen selektiert werden. „Der Wähler hat gesprochen" – lautet eine beliebte Sentenz in den Kommentaren zur Wahlergebnis, und die Bedeutung seiner „Worte" will entschlüsselt sein. Nummerische Wahlergebnisse sind – selbst wenn die Verlust- und Gewinnrechnungen und die Verteilung der Mandate eine „klare Sprache" sprechen – nur auf den ersten Blick eindeutig: Sie lassen einerseits meist mehrere Regierungsbündnisse zu, auch wenn die potentiellen Partner sich vorher festgelegt haben sollten, nur bestimmte Koalitionen einzugehen und andere zu vermeiden. So kann es bei Wahlen mehrere Gewinner geben, es trotz deutlicher Stimmengewinne für einen von Partei X angestrebten Regierungswechsel oder für eine gewünschte parlamentarische Repräsentanz nicht reichen; auch müssen drastische Stimmenverluste von Partei Y nicht zu neuen Konstellationen führen. Die Ergebnisse werden andererseits im Kontext einer spätestens im Wahlkampf aufgebauten, sehr komplexen Ziel- und Erwartungsstruktur bewertet. Wer zum Gewinner oder Verlierer einer Wahl wird, ergibt sich daher nicht nur aus den „nackten Zahlen“ der Gewinn- und Verlustrechnungen, sondern auch aus dem Bezug zu den Zielen, die die Parteien verkündeten, und zu den Erwartungen, die sich bei allen Beteiligten – den verschiedenen Parteien, der Wahlforschung, den Medien und nicht zuletzt bei den Wählergruppen – außerordentlich differenziert entwickelt haben. So können aus nummerischen Siegern einer Wahl durchaus auch Verlierer werden, wenn beispielsweise die „Messlatte“ weitaus höher lag als beispielsweise nur stärkste Partei zu werden oder gerade noch ins Parlament zu gelangen. Man darf unterstellen, dass diese Ergebnisdefinition sich auf die Hauptfrage(n) der jeweiligen Wahl – Welche Parteien stellen die künftige Regierung? Wie setzt sich die Opposition zusammen? – und die wichtigsten Parteien konzentriert, während möglicherweise frappierende Ergebnisse kleinerer Parteien unterhalb der 5%-Hürde einer ausführlichen Betrachtung und Definition nicht wert sind.

Zweitens erfolgt – in vielfältigen Formen, oft auch nur implizit – eine Analyse des Wahlergebnisses. Diese besteht einerseits in wörtlich genommener „Zergliederung“ des Wahlverhaltens, beispielsweise nach Regionen (wie Stadt – Land, Ost – West), nach früheren Wahlergebnissen (wie früheren Hochburgen der einzelnen Parteien) oder nach Bevölkerungsgruppen. Basis dieser Analyse sind einmal die Wahlergebnisse aus gesondert zusammen gefassten Stimmbezirken.[1] Aber auch Ergebnisse aus den Untersuchungen der Wahlforschung am Tag und im Vorfeld der Wahlen werden herangezogen und publiziert. Andererseits – und das dürfte den Kern der Analyse darstellen – werden die Wahlergebnisse erklärt, indem sie auf Ursachen und Bedingungen zurückgeführt und also plausibel gemacht werden. Der erfolgreiche oder misslungene Wahlkampf, die Stimmung im Lande, die Kandidaten, die Parteiprogramme, das Verständnis oder Unverständnis der Wähler, die Wahlbeteiligung usw. usf. tauchen hier als erklärende Größen für Grundtendenzen und Auffälligkeiten der Wahlergebnisse auf. Wissenschaftstheoretisch gesehen haben diese Attributionen den Charakter von Hypothesen und Spekulationen, die geäußert werden müssen, weil die Wahl-

1 Das kann allerdings zur Vermischung von Kollektiv- und Individualhypothesen bzw. zu „ökologischen Fehlschlüssen“ führen (siehe Diekmann 1997, 116). Aus den Wahlergebnissen in Stimmbezirken mit über-/unterdurchschnittlicher Arbeitslosigkeit, protestantischer/katholischer Mehrheit, lässt sich nicht ableiten, wie die jeweils angesprochenen Gruppen tatsächlich gewählt haben – was oft allerdings wenigstens implizit geschieht.

ergebnisse nach raschen Erklärungen rufen, deren unvoreingenommene Prüfung am Wahlabend und in den Tagen danach aber einfach unmöglich ist.[2] Dieser Teil der Analyse kann mit Missika und Bregman in der Tat „Interpretationsschlacht“ genannt werden (1987, 290), da die unterschiedlichen Interessen, Perspektiven und Ergebnisse der Beteiligten zu Kontroversen auch über Ursachen des Wahlergebnisses führen können bzw. müssen, während der „neutrale Beobachter“ eher Ausnahme- denn Normalfall ist. Diese Kontroversen sind u.a. deshalb so wichtig, weil je nach ihrem Ausgang über politische Strategien, Parteiprogramme, Personal usw. entschieden wird. Das Aushandeln der Bedeutung der Wahlergebnisse beginnt allerdings schon vor der Bekanntgabe der ersten Hochrechnungen oder des amtlichen Endergebnisses. Durch die permanente Begleitung des Wahlkampfes durch die Meinungsforschung (siehe „Sonntagsfrage“) ist der Korridor, in dem die Parteien schließlich landen werden, meist schon recht eng umrissen – und zwar gleichermaßen in den Parteien bzw. ihren Führungsgremien und im Publikum bzw. dem Wahlvolk. Das mindert zwar den Überraschungswert der Wahlergebnisse, weil sie eben erwartbar werden. Indem aber aus Erwartungen Realitäten werden, bleibt die Erklärungsbedürftigkeit, insbesondere bei Niederlagen, erhalten.

Ein Charakteristikum des Ereignistyps „Wahlen“ – beispielsweise im Vergleich mit Sportergebnissen oder privaten Ereignissen – ist, dass wissenschaftliche und Alltagserklärungen auftreten und sich vermischen.[3] Grundlage dafür ist der Grad der „Verwissenschaftlichung“ (Bonß 1993) des Wahlgeschehens durch eine intensive Einbeziehung der Sozialwissenschaften, die – wie ein Blick beispielsweise auf Meinungsumfragen in Zeitungen, Zeitschriften und Fernsehprogramme verdeutlicht – auch in popularisierter Form die Medien und damit breite Publika einschließt. Die Vermischung mit Alltagserklärungen ergibt sich nun daraus, dass zum einen typische Situationen der Interpretation des Wahlergebnisses den Rückgriff auf wissenschaftliche Erklärungen nicht zulassen oder nicht erfordern. Die „Bonner Runde“, ein Stammtisch oder 30-Sekunden-Interviews bieten gemeinhin wenig Raum für gründliche und wissenschaftliche abgestützte Argumentationen (selbst wenn Wahlforscher sich äußern). Zum anderen sind die verschiedenen Akteure zu rationalen wissenschaftlichen Erklärungen unter-

2 Seriöse Publikationen zur Analyse des Wahlergebnisses erscheinen meist erst zwei bis vier Jahre später (siehe z.B. Klingemann und Kaase 1994).

3 Wissenschaftliche und Alltagserklärungen sollen hier nicht nach ihrem logischen Charakter und Status unterschieden werden, sondern nach ihrem „Ort“. Untersuchungen zur „Naiven Verhaltenstheorie“ haben auf strukturelle und funktionale Analogien zwischen beiden Typen von Erklärungen verwiesen (siehe Laucken 1972), die eine klare wissenschaftstheoretische Abgrenzung erschweren.

schiedlich disponiert – sei es, dass sie – wie die meisten Zuschauer beispielsweise – eher Laien sind, sei es, dass sie – etwa in der Funktion als Sprecher einer Partei mit hohen Stimmenverlusten – in Legitimationszwängen stehen, die eine rationale Erklärung verhindern können oder nicht angemessen erscheinen lassen.

Beide Vorgänge – Ergebnisdefinition und Analyse des Wahlergebnisses – werden nun von den verschiedenen Akteuren in unterschiedlichen Situationen vollzogen und können neben gemeinsamen auch spezifische Funktionen haben.

Mit *Situationen* ist hier der öffentliche, semiöffentliche und nichtöffentliche bzw. private Bereich gemeint, in denen die Wahlergebnisse definiert und analysiert werden. Fernsehauftritt, Sitzung des Parteivorstandes, Pressekonferenz, private Diskussion, Nachdenken im „stillen Kämmerlein" mögen hier charakteristische Varianten darstellen, die den Akteuren (s.u.) naturgemäß in unterschiedlichem Maße offen stehen oder nahegelegt werden. Die hier interessierende Situation ist die im „Scheinwerferlicht" der Medien, auf die noch gesondert eingegangen wird.

Nach *Akteuren* können die Parteien bzw. deren Sprecher und Vertreter, die Medien, die professionellen Wahlanalytiker und die Wähler mit unterschiedlichem Interpretationsbedarf und -aktivitäten sowie die Wahlleitung[4] betrachtet werden. Alle interessiert in gewisser Weise, was eigentlich geschehen ist und warum. Retrospektiv stehen mit dem Wahlergebnis zumindest die Politik von Regierung bzw. Opposition (und in mancher Hinsicht auch die gesellschaftliche Entwicklung) der letzten Jahre sowie die Wahlkampfaktivitäten auf dem Prüfstand, auch wenn dies durch die permanenten Umfragen bis zum Wahltag hin schon „vorbereitet" wird. Prospektiv verspricht das Wahlergebnis einen gewissen Rahmen für Politik und Sozialentwicklung der nächsten Jahre, wobei sich die Tragweite dieser Urteile je nach Wahlebene (Bund, Land, Kommunen) unterscheidet. Sowohl retrospektiver als auch prospektiver Natur sind dabei Aussagen über den Wähler, seine Stimmungen und Beweggründe, deren Stabilität und (Un-)Berechenbarkeit usw. Übergeordnet ist der Gedanke, dass erst diese „Bilanz" einen wichtigen Akt politischer Partizipation abschließt.

Das Interesse der Parteien bzw. einzelner Politiker und der mit den Wahlen befassten Sozialwissenschaften an den Wahlergebnissen und deren Interpretation ist evident. Für die erstgenannten handelt es sich um die Nagelprobe ihrer Legitimation, um den „Lohn" ihrer Arbeit in der vergangenen und um die Handlungsmöglichkeiten in der anstehenden Legislaturperiode. Für verschiedene

4 Diese ist insofern von Bedeutung, da sie das amtliche Ergebnis feststellt, während alle vorherigen Hochrechnungen den Status von Hypothesen haben. Allerdings ist sie hier nicht von Interesse, als sie am Aushandeln der sozialen Bedeutung des Wahlergebnisses nicht beteiligt ist.

Sozialwissenschaften sind Wahlen und Wahlkampf Gegenstand angewandter und Grundlagenforschung, darunter zum Einfluss der Medien. Wenn man sich aber mit den Funktionen der Massenmedien bei Definition und Interpretation von Wahlergebnissen beschäftigt, ist vor allem der Blick auf die Interessen des Publikums, die die Medien bedienen wollen, notwendig. Was sagen ihm die Wahlergebnisse und deren Interpretation? Hypothetisch kommen hier die folgenden Gratifikationen, die das Publikum bzw. Teile desselben aus der Analyse und Interpretation von Wahlergebnissen gewinnen können, in Betracht: Das Wahlergebnis und seine Analyse informieren (a) über politische Positionen und Partizipation, über Lebenslagen und Stimmungen in der direkten und weiteren Umwelt des Menschen, und können damit – einem sozialen Vergleich ähnelnd (siehe Festinger 1954) – sowohl der individuellen Einordnung in einem sozialen Gefüge als auch der Orientierung in ihm dienen. Sie stecken (b) wahrscheinliche Entwicklungen in Politik, Wirtschaft, Kultur usw. des eigenen Gemeinwesens ab und können damit zur Bildung individueller Erwartungshorizonte für einen nächsten Lebensabschnitt herangezogen werden. Wahlergebnis und Analyse informieren (c) die Wähler bzw. Nichtwähler gewissermaßen über sich selbst, zumindest, ob sie selbst zur Gewinner-/Verlierer-Seite gehören und ob ihre Erwartungen an das Wahlergebnis eingetroffen sind.[5] Nicht nur für Menschen mit Parteimitgliedschaft und/oder ausgeprägter Parteibindung (sowie mit Aktivitäten im Wahlkampf) kann dies Teil der eigenen Identität sein.[6] In den öffentlichen Nach-Wahl-Arenen operieren mit Unausweichlichkeit (d) die Vertreter der politischen Klasse, die zuvor in diversen politischen Funktionen agierten, von Plakaten blickten, in Fernsehspots auftraten usw. und um Stimmen warben. Neben dem Beziehungsaufbau nach dem Modus parasozialer Interaktionen (siehe Hippel 1992), die am Wahlabend weitergeführt werden können, ist hier ein auch aus dem Sport bekannter Aspekt von Bedeutung. Das Wahlergebnis produziert Sieger und Verlierer, die zu ihrem Abschneiden Stellung nehmen müssen und damit öffentlich Umgangsweisen mit eigenem Gewinn oder Scheitern, mit Sprung oder Absturz in (politischen) Karrieren zeigen. Erklärungen nach Wahlen können daher als soziale Modelle nicht nur für die politische Kultur, sondern auch für den Umgang mit dem persönlichem Schicksal rezipiert werden. Schließlich enthält (e) die Definition des Wahlergebnisse und seine Analyse

5 In der Theorie der Schweigespirale nimmt die Isolationsfurcht einen zentralen Platz ein (siehe Noelle-Neumann 1982). Am Wahlabend wird zur Gewissheit, ob man zur Mehrheit oder Minderheit gehört.

6 Im Sport mit seinen reichhaltigen Identifikationsprozessen gilt es als Motiv, aus der Identifikation mit dem Erfolgreichen Gratifikationen zu gewinnen. Sloan (1989) hat diesem Phänomen das Kürzel BIRG (basking in reflecting glory) verliehen.

Elemente des Sportlichen und die Zeit zwischen Schließung der Wahlergebnisse und konsolidierten Hochrechnungen ist so etwas wie der Finaldurchgang mit Schlusspfiff und anschließendem Fachkommentar.[7] Daher kann ihre Rezeption auch mit unterhaltenden Elementen verbunden sein (siehe Stollenwerk 1996, 17ff.).

3 Medien und Attribution

Die Rolle der Medien bei der Definition und Erklärung von Wahlergebnissen ist bis jetzt weitgehend nur implizit behandelt worden, indem Formen des Öffentlich-Machens von Wahlergebnissen und deren Interpretationen als selbstverständliche Leistung der Medien und als integraler Bestandteil des Ereignistyps „Wahlen“ betrachtet wurden. Nun soll die Spezifik der Medien im Attributionsprozess systematischer herausgearbeitet werden.

In Bezug auf Funktionen sind drei Unterscheidungen zu treffen: Zunächst schaffen die Medien insofern (a) Grundlagen für Attributionsprozesse, in dem sie die jeweiligen Ereignisse überhaupt zum Gegenstand machen. Einen Kern nahezu aller Attributionstheorien stellen Informationen über ein Ereignis dar, die mit anderen Informationen oder internen Messgrößen verglichen werden. Mediale Darstellung und Inszenierung von Wahlkämpfen und Wahlen sind am Aufbau solcher Informationslagen beteiligt. Das kann in direkter Form geschehen, indem die Wahlergebnisse mit den üblichen Gewinn- und Verlustrechnungen publiziert werden (Konsistenzinformationen) oder die Wahlergebnisse verschiedener Regionen verglichen werden (Konsensinformationen). Das geschieht aber auch in indirekter Form, indem Erwartungen zum Wahlergebnis insgesamt oder zum Abschneiden einzelner Kandidaten und Parteien aufgebaut werden (Distinktheitsinformationen).

Die Medien sind (b) Schauplätze von Ursachenzuschreibungen durch die genannten Akteure und daher „Arenen“ (Neidhardt 1994) für die konflikthaltige Aushandlung von Interpretationen des Wahlergebnisses. Diese Schauplätze werden vor allem durch die Sendungen von Fernsehen und Hörfunk am Wahlabend und eventuelle, dann stark analytisch orientierte Sondersendungen an den folgenden Tagen repräsentiert. Hier können die involvierten Repräsentanten und Experten als die dominierenden Sprecherrollen mit Interpretationsfunktion „live“ auftreten und ihre Erklärungsmuster anbieten (siehe Neidhardt 1994, 14).

7 Die ARD praktizierte nicht selten eine Verbindung der Wahlsendung mit der sonntäglichen „Sportschau“, wobei häufig auf diese Analogie verwiesen wurde.

Selbstverständlich sind auch die Tages- und Wochenpresse Arenen der Interpretation von Wahlergebnissen; allerdings ist hier die Auswahl von nichtredaktionellen „Interpreten“ erheblich in redaktionelle Selektionsprozesse eingebunden. Für den Wahlabend im Rundfunk haben sich in Deutschland durch die Arbeit der öffentlich-rechtlichen Anstalten feste Formate herausgebildet, was zu einer Ritualisierung der Wahlberichterstattung geführt hat. Formal sind die Formate durch einen Wechsel von Wahlergebnissen (Prognosen, Hochrechnungen, Analysen), Diskussionsrunden von Repräsentanten der Parteien im Wahlstudio, Schaltungen in die jeweiligen, z.T. nur für diesen „Fernsehabend“ vorhandenen „Parteizentralen“ bzw. Orten der Wahlparties, Nachrichten und gegebenenfalls unterhaltenden oder/und werbenden Unterbrechungen charakterisiert. Inhaltlich sind die Wahlabendsendungen weitgehend vom Prinzip der Ausgewogenheit bestimmt in dem Sinne, dass alle Parteien, die in den zu wählenden Körperschaften vertreten waren bzw. zukünftig vertreten sind, Chancen auf eigene Interpretationen des Wahlergebnisses erhalten, was auf die Nachwahlberichterstattung der Printmedien nicht zutreffen muss.

Die Medien nehmen (c) eigene Interpretationen und Erklärungen des Wahlergebnisses vor, womit der Sprechertyp Journalist bzw. Kommentator in den Blickpunkt gerät. Bevorzugte Orte sind zwar der Kommentar und das Interview, in denen entweder eigene Erklärungen abgegeben oder als Reaktionsmuster für Interviewpartner vorgegeben werden. Dennoch bieten auch andere Gattungen und Genres Raum für konstatierende und erklärende Attributionen. Der Bericht über das Wahlergebnis beinhaltet häufig Definitionen der Gewinner und Verlierer (konstatierende Attributionen) und – beispielsweise durch Zitate („Parteivorsitzender X führte das gute Abschneiden seiner Partei auf Y zurück“) – auch Ursachenzuschreibungen. Regelmäßig werden auch Interpretationen des Wahlergebnisses durch führende Wahlforscher („Analyse der Forschungsgruppe Wahlen“ etc.) publiziert bzw. in Kommentaren und Interviews thematisiert.

Diese knappe Analyse macht deutlich, dass sich zum einen hinter „den Medien“ mindestens drei sehr unterschiedliche Formen des Erklärens von Wahlergebnissen verbergen. Zum anderen kann dadurch, dass sich verschiedenste Akteure mit eigenständigen Interessen und Wahrnehmungen am Aushandeln der Bedeutung und der Ursachen der Wahlergebnisse beteiligen, eine eindeutige Erklärung ausbleiben – ganz abgesehen von der Vielgestaltigkeit des Wahlergebnisses selbst. Beides hat Konsequenzen für potentielle Medienwirkungen: Für das Publikum sind die Medien bei diesem besonderen Ereignis „Lieferanten“ einer Vielzahl sich widersprechender Erklärungsmuster, aus der es sich seine eigenen zusammenbauen kann. Das trifft umso mehr zu, als die Publika vorher selbst die entscheidenden Akteure des Tages waren (auch dann, wenn Teile nicht wählen waren) und folglich Erklärungen des Wahlergebnisses für diese Publika immer auch Aussagen über die eigene Person bzw. Gruppe darstellen.

Ebenso wichtig wie die Erscheinungsformen von Interpretationen bzw. Ursachenzuschreibungen in den Medien sind Spezifika, die sie von anderen Erklärern bzw. Arenen der Erklärung unterscheiden, beispielsweise vom diskutierenden Stammtisch oder von der individuellen privaten Reflexion über das Wahlergebnis. Zunächst ist daran zu erinnern, dass sich (a) feste Genres und Formate der Wahlberichterstattung dergestalt herausgebildet haben, dass also von einer Ritualisierung gesprochen werden kann. Teilweise wird diese Ritualisierung durch die Logik der Ereignisse – von der Veröffentlichung der ersten Hochrechnung bis zur Entscheidung über eine neue (alte) Regierung – erzwungen, teilweise ist sie Resultat der Medien- bzw. Genregeschichte. Was den Rundfunk betrifft, orientieren sich inzwischen auch die privaten Rundfunkanstalten an diesen Formaten, sofern die Wahlen für sie ein mehr oder minder abendfüllendes Thema darstellen.[8] Diese Genres und Formate stellen Rahmen für die verschiedenen Sprechertypen dar und limitieren Länge, Stil und Art von Interpretationen des Wahlergebnisses. Weiterhin ist (b) der Zwang zur Seriosität zu nennen. Damit ist vor allem gemeint, dass die in den Medien präsenten Akteure sich innerhalb der Regeln der jeweiligen Formate und der gängigen politischen Kultur bewegen müssen und – je nach Rolle im Feld – zumindest Sachkompetenz, aber auch Objektivität und Ausgewogenheit bei Interpretationen des Wahlergebnisses tunlichst zeigen sollten. Die von Neidhardt (1994, 13) erwähnte „begrenzte Verständnisfähigkeit des Publikums", auf die sich Öffentlichkeitsakteure einstellen müssen, sowie die an anderer Stelle genannte Vorliebe des Publikums „für deterministische Kausalmodelle" (1994, 19) stellen weitere Zwänge für die Auswahl von Erklärungsmustern dar. Diesen multiplen Kriterien entsprechen viele denkbare Erklärungsmuster mehr oder weniger gut, womit ihre Selektion auch unterschiedliche Wahrscheinlichkeit hat. Beispielsweise ist Wählerschelte (wie etwa der Verweis auf die „undankbaren Ostdeutschen") bei Niederlagen zwar ein denkbares und durch die Informationslage in manchen Fällen auch gestütztes Erklärungsmuster – es empfiehlt sich für Argumentationen in der Öffentlichkeit allerdings nur wenig. Schließlich limitieren sich (c) die Erklärungsmuster durch die Nachrichtenfaktoren, nach denen in den Medien die zu erklärenden Wahlergebnisse ausgewählt werden. Nachrichtenwerte wie Bedeutsamkeit bzw. kulturelle Nähe, Konflikt, Prominenz, Negativismus und Überraschung (Staab 1990)

8 Die Nachwahlberichterstattung der Printmedien rechnet mit dem Aktualitätsvorsprung des Rundfunks. Sie stützt sich in ihren Formaten zum einen im Report der Darstellung der Ereignisse in den anderen Medien. Zum anderen kultiviert sie analytische Formate.

können problemlos auch auf Wahlergebnisse angewendet werden. Eine eigene Studie (Stiehler und Marr 1996) konnte bei den Wahlen 1994, als im Juni zeitgleich zur Wahl zum europäischen Parlament in einigen Bundesländern Kommunalwahlen und in Leipzig auch die Wahl des Oberbürgermeisters stattfanden, zeigen, dass die überregionalen, regionalen und lokalen Medien den drei Wahlen unterschiedliche Beachtung zollten. Insbesondere das „framing“ der Europawahl als Test für die Bundestagswahl im Herbst diente als Selektionsmuster für die Thematisierung der verschiedenen Wahlen.

Alle drei Umstände oder Kriterien führen zusammen zu Besonderheiten der in medialen Kontexten getätigten Ursachenzuschreibungen in Umfang und Stil, die sie von Attributionen in Alltagssituationen unterscheiden. Aber erst diese Unterscheidung ist Voraussetzung, um zu untersuchen, ob das Publikum medial vermittelte oder produzierte Attributionen zur eigenen Deutung des Wahlergebnisses heranzieht. Würden Ursachenzuschreibungen des Publikums und der Medien (bzw. durch die Medien vermittelte) gleicher Natur sein und zudem den unter spezifischen Prämissen formulierten Voraussagen der Attributionsforschung in gleichsinniger Weise folgen, könnten Medienwirkungen in dieser Hinsicht logischerweise nicht studiert werden.

4 Probleme der Nutzung von Attributionstheorien in der empirischen Medienforschung

Bisher haben sich attributionstheoretische Ansätze im Bereich interpersonalen Verhaltens bewährt; vereinzelt wurden auch Ursachenzuschreibungen in darüber hinausgehenden Kontexten wie im Sport (siehe Biddle 1993, Möller 1994; Marr und Stiehler 1995) oder in der Justiz (siehe Boehm 1994) untersucht.[9] Eine Anwendung auf den Bereich politischer Entscheidungen und Kommunikation ist weitgehend Neuland, aber prinzipiell möglich (siehe Stiehler und Marr 1996). Die Grundkonstellation, dass Menschen Erklärungen für ein Ereignis suchen und ihnen dafür mehr oder minder umfangreiche Informationen zur Verfügung stehen, steht im Einklang mit den Ausgangspunkten attributionstheoretischer Modellbildung. Allerdings sind Besonderheiten auszumachen. Die erste Besonderheit liegt im Charakter des zu Erklärenden: Das Wahlergebnis ist eine Summe

9 Diese Gebiete sind für die Attributionsforschung vor allem deshalb von Interesse, da sie die Untersuchung sog. „spontaner Attributionen“ (Weiner 1985, 1994) zulassen. Darunter werden Attributionen verstanden, die unabhängig von (künstlichen) Untersuchungssituationen vorliegen. Allerdings wird häufig nicht reflektiert, dass Attributionen in diesen Bereichen eigenen Zwängen unterliegen, indem sie beispielsweise auf dem Prüfstand der Öffentlichkeit stehen.

individueller Aktionen, die zudem auf die verschiedenen Parteien aufgeteilt wird. Mit der Stimmabgabe entstehen zwar oft – imaginäre! – Akteursgruppen (die Nichtwähler, die Wähler der Parteien X, Y und Z usw.), die auch in den Medien wie eine Person behandelt werden. Aber wie weit diese Analogie trägt, ist nicht gewiss. Vor allem ist noch zu klären, ob die Wähler einer bestimmten Partei sich als jenes „Kollektiv" verstehen, das durch mediale Attributionen konstruiert wird. In der genannten eigenen Untersuchung wurde das Abschneiden der PDS bei den Europa- und Kommunalwahlen 1994 von den Wählern dieser Partei stärker den Eigenschaften der Partei zugeschrieben, sie stimmten mit den in den Medien dominierenden Attributionen (Protestwähler, schwierige Wirtschaftslage) weniger überein als Wähler, die anderen Parteien ihre Stimme gegeben hatten. Neben dem eigenen Wahlverhalten hatten die Involviertheit in das Wahlgeschehen, die Erwartung der Wahlergebnisse und die politische Kompetenz Einfluss auf die Attribution von Wahlergebnissen. Sie können als Steuergrößen selektiver Wahrnehmung und „Verwendung" medial vermittelter Erklärungsmuster angesehen werden. Die zweite Besonderheit liegt im öffentlichen Charakter von Ursachenzuschreibungen, der dazu führt, dass Menschen – fast unabhängig von ihrer aktuellen Funktion im Wahlgeschehen (Funktionär, Wähler, Journalist usw.) – nach Wahlen nicht nur vorliegende Informationen verarbeiten müssen, sondern sich zusätzlich mit einer Vielzahl anderer, teilweise übereinstimmender, teilweise diskrepanter Erklärungsmuster auseinander setzen können bzw. müssen. Zwar wird man einen – von Wahl zu Wahl differierenden – „mainstream" an Erklärungsmustern annehmen dürfen, Konsonanz über die verschiedenen Akteure hinweg ist nicht zu erwarten.[10] Auch dieses Problem kann durch unsere Studie von 1994, die einen thematisch eingeschränkten Zuschnitt hatte, illustriert werden: Die Erklärungsangebote für das Abschneiden der PDS waren damals sehr differenziert und konfligierend. Sie beinhalteten Interpretationsmuster, die von potentiellen Rezipienten nicht „neutral" und als eine konsistente Erklärung verarbeitet werden konnten.

Die bisherige Darstellung musste auf empirische Ergebnisse weitgehend verzichten. Das hat in erster Linie mit der Situation der Forschung zu tun. Das Nachwahlgeschehen wird – wie bereits einleitend erwähnt – nur ausnahmsweise empirisch erforscht. So hat Zeh (1992) seine Analyse der Wahlberichterstattung auch auf den Zeitraum nach der Wahl ausgedehnt und zeigen können, dass ein Großteil der Berichterstattung – von Qualitäts- und Regionalzeitungen in mehre-

10 Dafür kann bereits das aus dem Sport gut bekannte Phänomen der „selbstwertdienlichen" Attributionen (self serving bias) verantwortlich sein. Danach wird nach Erfolg häufiger intern, nach Misserfolg häufiger extern attributiert (siehe Bradley 1978, Biddle 1993).

ren europäischen Staaten – in diesem Zeitraum auf die Interpretation des Wahlergebnisses entfällt. Dabei handelt es sich nur zum Teil um Erklärungen im engeren Sinne, die Berichterstattung bzw. die verschiedenen Sprechertypen schauen dem Ereignis gemäß auch nach vorn – zur Regierungsbildung oder zur nächsten Wahl (Stiehler und Marr 1996). Das wird auch durch die Studie von Scherer et. al. (1996) zur Berichterstattung von Tageszeitungen nach der Bundestagswahl 1994 belegt, die neben dem Umfang und der Struktur ebenfalls die „Erklärungshaltigkeit" der Berichte analysierten. Zweifellos wird das Interesse der Medienforschung auch weiterhin auf das Geschehen bis zur Wahl, eingeschlossen die Frage nach der Rolle und dem Einfluss der Medien im Wahlkampf, zentriert bleiben. In dieser Situation scheint es vermessen, ein Forschungsprogramm für die „Tage danach" zu skizzieren. Empirische Untersuchungen könnten sich aber zunächst mit jenen Aspekten der Nachwahlberichterstattung beschäftigen, die einer detaillierten Beschreibung zugänglich sind. Zum einen handelt es sich um die Struktur dieser Berichterstattung in allen drei tagesaktuellen Medien. Zu prüfen ist hier die Vermutung, dass es stabile Formate und eine Ritualisierung der Berichterstattung sowie medienspezifische Schwerpunkte gibt. Auch die Rollen von diversen Sprechertypen bei der Interpretation des Wahlergebnisses sind eine Untersuchung wert, insbesondere unter dem Aspekt, ob im Vergleich mit den Zeiten vor der Wahl neue Sprechertypen hinzukommen. Zum zweiten geht es um die Themen der Interpretation. Missika und Bregmann (1987) vermuten, dass das „Framing" eines Wahlkampfes auch die Interpretation der Wahlergebnisse beeinflusst (z.B. Europawahl als Testwahl und Stimmungsbarometer). Welche Themen werden hier gesetzt, welche Themen ergeben sich aus dem Ergebnis der Wahl (beispielsweise durch Regierungsbildung)?[11] Zum dritten sollte die Spezifik von Erklärungsmustern stärker untersucht werden. Das betrifft zum einen die Frage, ob der Gegenstand „Wahlergebnis" spezielle kausale Schemata evoziert. Dabei ist vor allem von Interesse, ob öffentliche und private Akteure hier Unterschiede aufweisen, wie sich das Verhältnis von Konsonanz und Konflikt bei Erklärungsmustern von Wahlergebnissen gestaltet, und ob (bzw. wie) Erklärungsmuster politisch instrumentalisiert werden. Da die öffentlichen Arenen der Interpretation von Wahlergebnissen für detaillierte und umfangreiche Analysen nur wenig Raum bieten, wäre schließlich nach dem „theoretischen" Charakter von Erklärungsmustern, die von unter-

11 Aus den kürzlichen Landtagswahlen in Sachsen-Anhalt ergaben sich u.a. Diskussionen über die „Anfälligkeit" der Ostdeutschen für „extreme Parteien" und über die Rolle der PDS, nicht jedoch über die Stabilität einer im Parteiensystem der Bundesrepublik eher ungewöhnlichen Minderheitsregierung.

schiedlichen öffentlichen Akteuren bzw. Sprechertypen gegeben werden, zu fragen.[12]

Ein weiterer Gegenstand empirischer Untersuchungen könnten schließlich Beziehungen zwischen Attributionen in den Medien und in ihren Publika sein, wie wir sie verfolgt hatten. Wenigstens drei Gründe sprechen dafür, hier sehr differenzierte Wirkungsvorstellungen zu operationalisieren. Zum einen gebieten die inzwischen entwickelten differenzierten Modelle der Medienwirkungsforschung transaktionale Sichtweisen aufzunehmen, nach denen Medien und Publikum aktive und passive Größen im Wirkungsprozess darstellen (siehe Früh 1992). Das trifft auf den hier behandelten Gegenstand im besonderen Maße zu, weil die Medien und die in ihnen auftretenden Akteure am Wahlabend und danach im Kern das Handeln jener interpretieren, denen sie Erklärungen anbieten. Dem entspricht, dass sich die Wähler nach der Wahl in den Medien mit summierenden und auch pauschalisierenden Urteilen über ihr eigenes Handeln konfrontiert sehen und dabei – wie empirisch ansatzweise belegt – einen beträchtlichen „Eigensinn" entwickeln können, da sie ihre Beweggründe schließlich am besten kennen. Zweitens sind – wie erwähnt – die Funktionen der Medien bei der Interpretation des Wahlergebnisses vielfältig. Indem sie „Informationslagen" vermitteln, Arenen für konfligierende Interpretationen durch ein Vielzahl anderer Akteure bzw. Sprechertypen darstellen und selbst Interpretationen vornehmen, sind (mindestens) drei unterschiedliche Wirkungskonstellationen mit disparaten und inhaltlich inhomogenen Erklärungsangeboten gegeben. Diesen können auf Seiten des Publikums auch unterschiedliche Nutzungsstrategien entsprechen. Bislang liegen kaum Kenntnisse über die Anteilnahme des Publikums an medialer Darstellung und Interpretation von Wahlergebnissen vor, es ist – nicht zuletzt nach eigenen Ergebnissen begrenzter Aussagefähigkeit (Stiehler 1995) – zu erwarten, dass die kurze Information über die Wahlergebnisse gegenüber der Nutzung von Kommentaren und ausführlichen Analysen überwiegt.

Begibt man sich zur Untersuchung von Beziehungen zwischen Attributionen in den Medien und in ihren Publika in das Feld natürlicher Situationen und tatsächlicher Wahlen (eine Modellierung des Wahlabends im Labor scheint mir schwierig), so kommen drei zusätzliche Schwierigkeiten in das Blickfeld (siehe Stiehler und Marr 1996).

Erstens sind valide Messungen von (spontanen) Attributionen sowie der medialen und außermedialen Auseinandersetzungen mit dem Wahlergebnis schwer

---

12 Die Beobachtung der - relativ ausführlichen - Diskussion über das Scheitern der deutschen Nationalmannschaft bei der jüngsten Fußball-Weltmeisterschaft (wie auch bei der von 1994) zeigte, dass auch die sog. Experten innerhalb medialer Situationen kaum über Laientheorien (Furnham 1988) hinausgehen.

zu erreichen, da eine Erfassung in der Phase ihrer „Produktion“ kaum möglich ist. Eine nachträgliche Rekonstruktion muss mit dem „Zerfall“ aufgenommener Botschaften und der Integration mit neuen rechnen – je länger das Ereignis zurückliegt, umso stärker (Früh 1994). Bei der Vorgabe von Attributionen an Befragte macht sich außerdem – neben der unvermeidlichen Reaktivität – ein Zeitdruck eigener Art geltend. Erklärungsmuster, deren Vorhandensein und Ausprägung beim Publikum geprüft werden sollen, müssen mit dem Wahlergebnis und den medial vermittelten Erklärungsmustern abgestimmt werden, ohne dass solide Inhaltsanalysen, für die im Normalfall genügend Zeit zur Verfügung steht, vorliegen.

Zweitens liegt es im Charakter des Ereignisses „Wahltag“, dass nur „vorexperimentelle Designs“ (Diekmann 1997, 290ff.) realisiert werden können. Weder kann das Ereignis (als unabhängige Variable) manipuliert werden, noch können in befriedigendem Maße Experimentalgruppen (zur Messung der abhängigen Variablen) gebildet werden, ohne Befragte beispielsweise zu einem bestimmten Informationsverhalten zu drängen bzw. von diesem gar auszuschalten. Damit wird die Beweislogik unterminiert, Korrelationen zwischen Mediennutzung und bestimmten Attributionen sind nicht eindeutig interpretierbar.

Drittens steht und fällt die Nutzung attributionstheoretischer Ansätze – in allen genannten Fragestellungen mit einer befriedigenden Operationalisierung der theoretisch verhandelten Attributionsdimensionen (extern – intern bzw. Person – Reiz – Umstände). Vor allem gilt es Kategorien bzw. Itemsätze mit vergleichbarem Abstraktionsniveau zu finden, die tatsächlich nur als Ursachenzuschreibungen aktualisiert werden können. Das ist nicht nur deshalb kein Allgemeinplatz, weil es eine leidvolle Erfahrung aus der Forschung beschreibt. Es ist vor allem daran zu erinnern, dass die aus der Sozialpsychologie stammenden attributionstheoretischen Ansätze die Ursachenzuschreibung bei relativ einfachen Ereignissen im interpersonalen Kontext (z.B.: A macht B ein Kompliment) zum Gegenstand haben. Eine Übertragung dieser Ansätze auf komplexe Sachverhalte im gesellschaftlich-öffentlichen Raum bleibt eine Herausforderung.

Literatur

Biddle, Stuart. 1993. Attribution research and sport psychology. In *Handbook of research on sport psychology*, hg. von Robert N. Singer et. al. New York: Macmillan.

Blumler, Jay G., Hg. 1983. *Communication to voters: television in the first European parlamentary elections. An IIC project.* London, Beverly Hills, New Delhi: Sage

Boehm, Gisela. 1994. *Die kognitive Struktur kausaler Alltagserklärungen*. Diss. Berlin.

Bonß, Wolfgang. 1993. Theorientransfer oder Theorientransformation? Zur Praxis sozialwissenschaftlichen Wissens unter den Bedingungen einer verwissenschaftlichten Gesellschaft. In *Theorien öffentlicher Kommunikation: Problemfelder, Positionen, Perspektiven*, hg. von Günter Bentele und Manfred Rühl, 437-446. München: Ölschläger.

Bradley, Gifford Weary. 1978. Self-serving bias in the attribution research: a reexamination of the fact or fiction question. In *Journal of Personality and Social Psychology* 36: 56-71.

Diekmann, Andreas. 1997. *Empirische Sozialforschung: Grundlagen, Methoden, Anwendungen*. 3. Aufl. Reinbek bei Hamburg: Rowohlt.

Festinger, Leon. 1954. A theory of social comparison processes. *Human Relations* 7, Nr. 2: 117-140.

Früh, Werner. 1992. *Medienwirkungen: Das dynamisch-transaktionale Modell*. Opladen: Westdeutscher Verlag.

Früh, Werner. 1994. *Realitätsvermittlung durch Massenmedien: Die permanente Transformation der Wirklichkeit*. Opladen: Westdeutscher Verlag.

Furnham, Adrian 1988. *Lay theories: Everyday understanding of problems in the social sciences*. Oxford, New York: Pergamon Press.

Hewstone, Miles, und Frank Fincham. 1996. Attributionstheorie und -forschung: Grundlegende Fragen und Anwendungen. In *Sozialpsychologie: Eine Einführung*, hg. von Wolfgang Stroebe, Miles Hewstone und Geoffrey M. Stephenson, 177-218. 3. Aufl. Berlin, Heidelberg, New York: Springer.

Hippel, Clemens. 1992. Parasoziale Interaktion: Bericht und Bibliographie. *montage/av: Zeitschrift für Theorie & Geschichte audiovisueller Kommunikation* 1, Nr. 1: 135-50.

Holtz-Bacha, Christina. 1996. Massenmedien und Wahlen: Zum Stand der deutschen Forschung – Befunde und Desiderata. In *Wahlen und Wahlkampf in den Medien: Untersuchungen aus dem Wahljahr 1994*, hg. von Christina Holtz-Bacha, und Lynda Lee Kaid, 9-44. Opladen: Westdeutscher Verlag.

Klingemann, Hans-Dieter, und Max Kaase, Hg. 1994. *Wahlen und Wähler: Analysen aus Anlass zur Bundestagswahl 1990*. Opladen: Westdeutscher Verlag.

Laucken, Uwe. 1972. *Naive Verhaltenstheorie*. Stuttgart: Enke.

Marr, Mirko, und Hans-Jörg Stiehler. 1995. „Zwei Fehler sind gemacht worden, und deshalb sind wir nicht mehr im Wettbewerb“: Erklärungsmuster der Medien und des Publikums in der Kommentierung des Scheitern der deutschen Nationalmannschaft bei der Fußball-Weltmeisterschaft 1994. *Rundfunk und Fernsehen* 43: 330-349.

Missika, Jean-Louis, und Dorine Bregman. 1987. On framing the campaign: mass media roles in negotiating the meaning of the vote. *European Journal of Communication* 2: 289-309.

Möller, Jens. 1994. Attributionsforschung im Sport – ein Überblick (Teil 1 und 2). *Psychologie und Sport* 8: 82-93, 149-156.

Neidhardt, Friedhelm. 1994. Öffentlichkeit, öffentliche Meinung, soziale Bewegungen. In *Öffentlichkeit, öffentliche Meinung, soziale Bewegungen*, hg. von Friedhelm Neidhardt, 7-41. *Kölner Zeitschrift für Soziologie und Sozialpsychologie*, Sonderheft 34. Opladen: Westdeutscher Verlag.

Noelle-Neumann, Elisabeth 1982. *Die Schweigespirale, öffentliche Meinung – unsere soziale Haut*. Frankfurt am Main, Wien, Berlin: Ullstein.

Scherer, Helmut, Lutz M. Hagen, Martin Rieß und Theodor A. Zipfel. 1996. The Day After: Eine Analyse der Nachwahlberichterstattung zur Bundestagswahl 1994. In *Wahlen und Wahlkampf in den Medien. Untersuchungen aus dem Wahljahr 1994*, hg. von Christina Holtz-Bacha und Lynda Lee Kaid, 150-176. Opladen: Westdeutscher Verlag.

Schulz, Winfried. 1997. *Politische Kommunikation: Theoretische Ansätze und Ergebnisse empirischer Forschung*. Opladen: Westdeutscher Verlag.

Sloan, Lloyd Reynolds. 1989. The Motives of Sport Fans. In *Sports, games, and play: social and psychological viewpoints*, hg. von Jeffrey H. Goldstein, 175-240. 2. Aufl. Hillsdale, N.J.: Lawrence Erlbaum Associates.

Staab, Joachim Friedrich. 1990. *Nachrichtenwert-Theorie: Formale Struktur und empirischer Gehalt*. Freiburg, München: Alber.

Stiehler, Hans-Jörg. 1995. Erklärungsmuster in den Medien und beim Publikum: Eine Studie zu den Kommunalwahlen in Leipzig 1994. Bericht an die Deutsche Forschungsgemeinschaft. Leipzig (unveröffentlichtes Manuskript).

Stiehler, Hans-Jörg, und Mirko Marr. 1996. „Totgesagte leben länger“: Erklärungsmuster der Medien und des Publikums zum Abschneiden der PDS bei den Kommunalswahlen in Leipzig 1994. In *Wahlen und Wahlkampf in den Medien: Untersuchungen aus dem Wahljahr 1994*, hg. von Christina Holtz-Bacha, und Lynda Lee Kaid, 119-149. Opladen: Westdeutscher Verlag.

Stollenwerk, Hans J. 1996. *Sport-Zuschauer-Medien*. Aachen: Meyer & Meyer.

Weiner, Bernard. 1985. „Spontaneous“ causal thinking. *Psychological Bulletin* 97: 74-84.

Weiner, Bernard. 1994. *Motivationspsychologie*. 3. Aufl. Weinheim: Beltz.

Witte, Erich. 1989. *Sozialpsychologie: Ein Lehrbuch*. München: Psychologie Verlags-Union.

Zeh, Jürgen. 1992. *Parteien und Politiker in der Wahlberichterstattung europäischer Tageszeitungen*. Frankfurt am Main u.a.: Lang.

Sieger und Verlierer in der Nachwahlberichterstattung der Berliner Tagespresse 1928-1932

Gabriele Melischek und Josef Seethaler

Kaum hatte der Fernsehsender CBS im amerikanischen Präsidentschaftswahlkampf 1984 einen kritischen Report über Ronald Reagan ausgestrahlt, erhielt die Gestalterin des Beitrags, Lesley Stahl, einen Anruf, mit dem sie nicht gerechnet hatte. Am Telefon war ein hoher Beamter des Weißen Hauses, der sich für die Story bedankte. Auf die Frage der überraschten Reporterin, warum er sich für die „brutalste Geschichte", die sie je über Reagan gemacht habe, bedanke, soll er geantwortet haben: „Lesley, wenn Sie viereinhalb Minuten lang erstklassige Bilder von Ronald Reagan zeigen, hört keiner mehr Ihren Kommentar. Ist Ihnen nicht klar, dass die Bilder Ihren Bericht vollkommen in den Hintergrund gedrängt haben, weil sie zu dem, was Sie sagen, im Widerspruch stehen? [...] Für uns war das eine viereinhalbminütige kostenlose Werbung für eine zweite Amtszeit Ronald Reagans." (zit. nach Smith 1988, 452)

Bilder überlagern nicht nur als visuelle Botschaften sprachliche Äußerungen, im Sinne von *Images* als einer Form komplexitätsreduzierender Schemata prägen sie Kommunikation generell. Dementsprechend spielen auch in der Wahlkommunikation Images von Kandidaten und Parteien eine zentrale Rolle – sowohl im Wahlkampf (hier ist selbst vom *image voting* die Rede)[1] als auch im gesellschaftlichen Interpretationsprozess des Wahlergebnisses.[2] Der Stellenwert der Medien in diesem Prozess der Neudefinition der politischen Machtverteilung wurde erst in jüngster Zeit[3] sowohl durch den Umfang der Nachwahl-

---

1 Vgl. dazu Plasser und Ulram 1996; Kindelmann 1994; Schönbach 1993 (jeweils mit weiterführenden Literaturhinweisen). Wie Plasser et al. (1996, 87) für Österreich zeigen können, sinkt im Zeitraum von 1983 bis 1995 der Anteil der sich am Image der *Parteien* orientierenden Wähler (von 58 auf 43%), während jener der sich am Image der Spitzenkandidaten orientierenden Wähler (von 37 auf 52%) steigt. Zum Begriff des Images, das im Unterschied zum Stereotyp als eher veränderbar definiert ist, vgl. Merten 1999, 244ff.

2 Vgl. dazu Missika und Bregman (1987, 290).

3 Nach vereinzelten Studien, die ihren Untersuchungszeitraum über den Wahltag hinaus ausdehnten (beispielsweise Schönbach 1978; Schönbach und Eichhorn 1992; Zeh 1992; Saxer und Tschopp 1995), befasste sich in den letzten Jahren sowohl die kommunikationswissenschaft-

berichterstattung als auch durch das Publikumsinteresse eindrucksvoll belegt: so haben einerseits Scherer et al. (1996) für den Tageszeitungssektor nachgewiesen, dass zur Bundestagswahl 1994 an den beiden Tagen nach der Wahl mehr Artikel erschienen sind als in der gesamten Woche vor der Wahl,[4] andererseits konnten Feist und Liepelt für die Ergebnisberichterstattung über die Bundestagswahl 1983 im Fernsehen zeigen, dass ihr eine wesentlich höhere Aufmerksamkeit als der Wahlkampfberichterstattung zukommt. Da der Wahlkampf, bleibt er ohne dramatische (Medien-)Ereignisse, angesichts einer Vielzahl konkurrierender politischer Aktivitäten die üblichen Nutzungsmuster kaum ändern kann, resümieren sie: „Die Wahl selbst ist das Medienereignis, nicht der Wahlkampf." (Feist und Liepelt 1986, 159)

1 Zum Gesamtkonzept der Untersuchung

Die Wahl als „institutionalisierter, symbolisch hochdramatisierter Einschnitt in einen fortlaufenden Prozess politischer Meinungs- und Entscheidungsbildung" (Klingemann und Kaase 1986, 7) und die – von hochritualisierten Mustern gekennzeichnete – Nachwahlberichterstattung in ihrer Definitionsfunktion des politischen Kräfteverhältnisses bilden den Ausgangspunkt für die Entwicklung eines Analysedesigns zur Überprüfung des kommunikationswissenschaftlichen Aspekts der Vermutung Richard F. Hamiltons (1982), wonach ein „rechtes" Presseklima den Aufstieg der NSDAP begünstigt habe. Im Rahmen eines Forschungsschwerpunkts der Kommission für historische Pressedokumentation[5] wurde diese Frage in kommunikationswissenschaftlicher Perspektive dahingehend modifiziert, ob man in den letzten Jahren der Weimarer Republik von einem für den Aufstieg der NSDAP günstigen Presseklima sprechen kann (inwieweit es ihn tatsächlich *be*günstigt haben könnte, wäre nur unter zusätzlicher Anwendung eines wahlsoziologischen Instrumentariums zu überprüfen[6]). Die

---

liche (vgl. den Beitrag von Hans-Jörg Stiehler in diesem Band) als auch die sozialpsychologische Forschung (vgl. den Beitrag von Friedrich Försterling in diesem Band) verstärkt mit eigenständigen Analysen der Nachwahlberichterstattung.

4 Auch Jürgen Zeh (1992, 67) spricht in einer vergleichenden Untersuchung von deutschen, englischen und französischen Zeitungen (1987/88) von einer „Konzentration der Berichterstattung auf die Zeit kurz vor und nach dem Wahltag".

5 Die Autoren danken PD Dr. Detlef Lehnert für die gemeinsame Diskussion der Fragestellungen; zu den Ergebnissen einer qualitativ-texthermeneutischen Analyse der Wahlberichterstattung aus zeitgeschichtlich-politikwissenschaftlicher Perspektive vgl. Lehnert 1998.

6 Einen ersten einschlägigen Versuch stellt eine Studie von Torsten Schneider (1988) dar, die von einem moderaten, gegenüber anderen Faktoren (wie etwa der Konfession) eher zweitrangigen

drei zur Konkretisierung dieser Frage auf unterschiedlichen Ebenen formulierten Thesen beziehen sich in der hier vorgestellten noch deskriptiven Pilotstudie auf die Berichterstattung der Tagespresse der Metropole Berlin zu allen Wahlen vom ersten Antreten der NSDAP zur Reichstagswahl im Mai 1928 bis zu ihrem (in absoluten Zahlen) höchsten Stimmenanteil in Berlin bei der preußischen Landtagswahl im April 1932. Der Untersuchungszeitraum schließt also die Berliner Stadtverordnetenwahl im November 1929, bei der die Nationalsozialisten die 5%-Marke knapp überschritten hatten, und die Reichstagswahl im September 1930 mit ihrem landesweiten Durchbruch mit ein (Tabelle 1).

Wahl	*KPD*	*SPD*	*DDP*	*Z*	*DVP*	*DNVP*	*NSDAP*	*Sonst.*
20.05.1928: R	10.6	29.8	4.9	12.1	8.7	14.2	2.6	17.1
20.05.1928: B	24.6	32.9	7.7	3.3	6.4	17.7	1.6	5.8
17.11.1929: B	24.6	28.4	6.0	3.6	6.7	17.6	5.8	7.3
14.09.1930: R	13.1	24.5	3.8	11.8	4.5	7.0	18.3	17.0
14.09.1930: B	33.0	28.0	4.3	3.6	2.2	11.7	12.8	4.4
24.04.1932: P	12.8	21.2	1.5	15.3	1.5	6.9	36.3	4.5
24.04.1932: B	23.7	29.1	3.1	4.0	1.0	8.2	27.9	3.0

Tabelle 1: Ergebnisse der Reichstagswahlen 1928 und 1930, der Stadtverordnetenwahl 1929 und der Preußischen Landtagswahl 1932 – Stimmenanteile (in %) der Parteien; Ergebnisse auf Reichs- (R) bzw. Landesebene (L) und Ergebnisse für Berlin (B)

Es ist an dieser Stelle darauf zu verweisen, dass sich das (Print-)Mediensystem in der Weimarer Republik in einem Ausdifferenzierungsprozess befand. Durch technische, sozialstrukturelle und ökonomische Entwicklungen begünstigt, erfuhr dieser ins 19. Jahrhundert zurückreichende Prozess der Emanzipation von den politischen Institutionen als ursprünglichen Trägerorganisationen unter den demokratischen Bedingungen der 1918 etablierten republikanischen Staatsform eine qualitative Veränderung dahingehend, dass unter geringeren externen Sanktionsmechanismen das Wirkungspotential medieninterner Regeln steigt. Die In-

Einfluss der Presse auf das Wahlverhalten spricht. Zur Messung der Veränderungen in den redaktionellen Linien verwendet Schneider jedoch als alleinigen (!) Indikator die politischen Tendenzangaben eines einzigen (!) zeitgenössischen Zeitungskatalogs (des seit 1928 erschienenen *Jahrbuchs*, späteren *Handbuchs der deutschen Tagespresse*). Schon ein Vergleich mit anderen, zeitgleich erschienenen Katalogen hätte zumindest eine quellenkritische Einschätzung dieser Angaben erlaubt. Neben einigen Arbeiten, die den Aufstieg der NSDAP „im Spiegel" einzelner Zeitungen beschreiben (zuletzt Stadel 1997), konzentrieren sich die wenigen historischen Analysen vorrangig auf die liberale Publizistik (z.B. Eksteins 1975; Sösemann 1976, 1982).

klusion zunehmend breiterer sozialer Schichten in das Öffentlichkeitssystem führte schließlich im Bereich der Tagespresse in den 20er Jahren zu einer weitgehenden Marktsättigung, die ihrerseits eine Intensivierung des Wettbewerbs und damit eine stärkere zielgruppenorientierte Differenzierung zur Folge hatte (vgl. Melischek und Seethaler [in Druck]). Da jedoch keinerlei systematische Untersuchungen darüber vorliegen, wie weit der hier skizzierte Ausdifferenzierungsprozess am Ende der Weimarer Republik vorangeschritten war, welche Medienvertreter noch die Funktion von „Sprechern" der politischen Akteure inne hatten, welche von den politischen Institutionen schon weitgehend entkoppelt waren und ob man schließlich aufgrund dieser unterschiedlichen Positionen von Folgewirkungen auf die Thematisierungsleistung sprechen muss, erwies es sich als notwendig, das gesamte Spektrum der in Berlin erschienenen Tageszeitungen[7] in die Analyse einzubeziehen. Es umfasste zu dieser Zeit durchschnittlich 30 bis 35 (!) Zeitungen mit einer durchschnittlichen Gesamtauflage von 2,6 Millionen; die Struktur der von Politikwissenschaftlern als fragmentiert bezeichneten (Medien-)Öffentlichkeit (vgl. Lehnert und Megerle 1987; Falter 1992) war somit nicht unähnlich der heute gegebenen „Öffentlichkeit unter Viel-Kanal-Bedingungen" (Jarren und Krotz 1998).[8]

Während sich die ersten beiden der zur Überprüfung der Vermutung Hamiltons formulierten Thesen auf die Veränderung des politischen Kräfteverhältnisses innerhalb des Tagespressemarkts beziehen, einerseits gemessen an den (mit den entsprechenden Auflagenanteilen gewichteten, als Ausdruck der redaktionellen Linie interpretierten) Wahlempfehlungen der Zeitungen,[9] andererseits

---

7 Als Berliner Tageszeitung gelten Zeitungen mit mindestens 5 mal wöchentlichem Erscheinen und einem sich zumindest auf das Stadtgebiet erstreckenden Verbreitungsgebiet (deshalb wurden Bezirks- und Vorortezeitungen nicht, die 1930 erschienene, in München gedruckte Berliner Ausgabe des *Völkischen Beobachters* aber schon in die Untersuchung aufgenommen). Abendausgaben wurden nur dann, wenn sie auch als eigenständige Zeitung vertrieben worden sind, berücksichtigt (wie der *Abend).* Einige wenige Zeitungen, die zwar während des gesamten Untersuchungszeitraums erschienen sind, aber nicht zu allen Wahlterminen in Bibliotheksbeständen greifbar waren, wurden in die Analyse nicht einbezogen *(Deutschnationale Tagespost, Nationalpost, Die Neue Zeitung).* In Tabelle 2 sind alle Titel aufgelistet. Zu der von den Autoren erstellten Dokumentation der Berliner Tageszeitungen der Weimarer Republik vgl. Melischek und Seethaler 1995; sie ist auch online zugänglich: http://www.oeaw.ac.at/~pdok/hypress.

8 Zur heutigen Situation vgl. u.a. Jarren 1996.

9 Davon ausgehend, dass die Wahlempfehlung für eine Partei oder Parteienkombination, „which appears to reduce objectively the confusing arguments of the campaign to a single conclusion" (Robinson 1974, 588), als Indikator für die redaktionelle Linie gelten kann, lautet die erste These: *In den Krisenjahren der Weimarer Republik, jedenfalls nach 1929, steigen die Marktanteile der die NSDAP in ihre Wahlempfehlung mit einschließenden Zeitungen, während jene der die systemtragenden Parteien in ihrer Wahlempfehlung unterstützenden Zeitungen sinken.* Zur Bestätigung der These vgl. Melischek und Seethaler [in Druck].

Verlag		*Zeitung*	*Auflage 1928-1932*
Muttergesellschaft	*Tochtergesellschaft*		*Min. / Max.**
Deutsche Tageszeitung Druck und Verlag AG [Reichs-Landbund]		*Deutsche Tageszeitung*	25.000
	Deutscher Schriftenverlag GmbH	*Berliner Blatt*	25.000
		Der Reichsbote (bis 1928; ab 1929 Deutsch-Evangelischer Verlag GmbH mit gleicher Adresse)	6.000 – 7.000
	Berliner Zentraldruckerei GmbH	*Neue Preußische (Kreuz-) Zeitung*	7.000
IG mit der Görres-Haus GmbH, Köln [Zentrum]	Germania AG	*Germania*	39.000 – 43.000 (f)
Internationale Arbeiterhilfe IAH [Willi Münzenberg]	Kosmos Verlag GmbH	*Berlin am Morgen*	65.000 – 70.000 (f)
		Die Welt am Abend	174.000 – 220.000 (s-f)
Konzentrations AG [SPD]	Vorwärts-Verlag GmbH	*Der Abend*	69.000 – 90.000 (f)
		Vorwärts	64.000 – 82.000 (f)
Rudolf Mosse OHG		*Berliner Morgen-Zeitung*	20.000 – 45.000 (f)
		Berliner Tageblatt	121.000 – 150.000 (f)
		Berliner Volks-Zeitung	70.000 – 75.000 (s)
	Berliner Zeitungs-Verlag GmbH	*8 Uhr-Abendblatt*	80.000 – 95.000 (f)
August Scherl GmbH [Alfred Hugenberg]		*Berliner (illustrierte) Nachtausgabe*	120.000 – 221.000 (s)
		Berliner Lokal-Anzeiger	214.000 – 230.000 (f-s)
		Der Tag	71.000 – 83.000 (f)
	Neudeutsche Verlags- und Treuhandgesellschaft (ab 1930 Teil der VERA Verlagsanstalt GmbH)	*Deutsche Zeitung*	25.000 – 26.000
Ullstein AG		*Berliner Allgemeine Zeitung*	44.000 – 52.000 (f)
		Berliner Morgenpost	505.000 – 635.000 (s-f)
		B.Z. am Mittag	155.000 – 206.000 (f)
		Tempo (ab 1929)	140.000 – 112.000 (s-f)
		Vossische Zeitung	59.000 – 83.000 (s-f)
Der Angriff GmbH		*Der Angriff* (1932)	100.000
Berliner Börsen-Courier AG		*Berliner Börsen-Courier*	25.000
Berliner-Börsen-Zeitung Druckerei- und Verlags-GmbH		*Berliner Börsen-Zeitung*	43.000
„Der Deutsche" VerlagsGmbH		*Der Deutsche*	38.000 – 40.000
Deutscher Volksdienst Verlag GmbH (1928), Heinrich Lindner, Zeitungsdienst (1930); Volksdienst Presse GmbH (1932)		*Tägliche Rundschau* (1928, 1930, 1932)	4.000 – 30.000 (f-s)
Franz Eher Nachf. GmbH, München		*Völkischer Beobachter*, Berliner Ausgabe (1930)	110.000
Gesellschaft Deutsche Presse mbH		*Der Jungdeutsche*	25.000 – 28.000 (s)
Internationale Verlagsanstalt GmbH		*Der Funke* (1932)	6.000
Neue Berliner Zeitungs-GmbH Steinthal, Stern & Co.		*Neue Berliner Zeitung (12 Uhr Blatt)*	60.000 – 120.000 (s)
Norddeutsche Buchdruckerei und Verlagsanstalt AG		*Deutsche Allgemeine Zeitung*	58.000 – 63.000 (s)
Vereinigte Zeitungsverlage GmbH		*Die Rote Fahne*	65.000 – 100.000 (s)
Verlagsgesellschaft Deutscher Herold		*Das Deutsche Tageblatt* (1928)	20.000
Zeitungsverlag Dr. Paul Oestreich		*Der Berliner Mittag* (1928)	10.000

Tabelle 2: Die in die Untersuchung einbezogenen Berliner Tageszeitungen (vgl. Anm. 7), Verlage und Auflagenzahlen (* f/s = im Untersuchungszeitraum tendenziell fallend/steigend; Jahreszahlen nach den Zeitungstiteln beziehen sich auf die Untersuchungszeitpunkte)

gemessen an ihrem soziometrischen Status (als Maß für ihre Position als „Elitemedium“),[10] zielt die dritte, in diesem Beitrag ausführlicher diskutierte These auf die Wahrnehmung der NSDAP in der Nachwahlberichterstattung. Unter den Prämissen eines interdependenten Verhältnisses von politischem System und Mediensystem und der wahlsoziologisch fundierten Charakterisierung der NSDAP als „Volkspartei des Protests“ (Falter 1991, 364)[11], deren Wählerschaft sich 1930 dominierend aus dem Bereich der Deutschnationalen und 1932 verstärkt aus früheren Wählern der „politischen Mitte“ rekrutierte,[12] ist einerseits eine diesem zweistufigen Prozess zeitlich vorgelagerte NS-günstige Berichterstattung zuerst (also in Berlin zur Stadtverordnetenwahl 1929) in der deutschnationalen und danach (zur Reichstagswahl 1930) auch in der liberalen Presse zu erwarten, wobei andererseits angesichts der Größe des nationalsozialistischen Wählerpotentials vor allem auflagenstarke Zeitungen involviert sein müssen. Die dritte These lautet demnach:

---

10 Davon ausgehend, dass den Medien als „Sprechern“ der politischen Akteure – angesichts eines nur geringen Anteils zitierter Aussagen von Politikern – im Untersuchungszeitraum eine besondere Bedeutung zukommt, konnte auch die zweite These: *Das politische Spektrum der „Elitemedien“ (für die ein vom soziometrischen Status abhängiger Multiplikatoreffekt vorauszusetzen ist) verschiebt sich nach rechts* bestätigt werden. Zur Überprüfung wurden auf der Grundlage einer soziometrischen Analyse der in den „Pressestimmen“ nach der Wahl zitierten Zeitungen die meistzitierten Zeitungen als „Elitemedien“ identifiziert (zur Bedeutung dieser „Elite-“, „Meinungsfüher-“ oder „Prestigemedien“ vgl. Rössler 1997, 32f.). Während 1930 im Vergleich zu 1928 – allerdings mit Ausnahme des Einbruchs der Berliner Ausgabe des *Völkischen Beobachters* in eine der Spitzenpositionen! – die Spitzengruppe dieser Zeitungen weitgehend erhalten bleibt, kommt es 1932 – bei zunehmender Polarisierung – zu einem weiteren Rechtsruck: Da die liberalen Zeitungen in dieser Gruppe, *Berliner Tageblatt* und *Vossische Zeitung,* an Bedeutung verlieren, sind die verbleibenden zwei systemtragenden Zeitungen, der sozialdemokratische *Vorwärts* und das Zentrumsblatt *Germania,* die im gesamten Zeitraum die ersten beiden Positionen halten, bereits mit vier systemfeindlichen Blättern konfrontiert: der kommunistischen *Roten Fahne*, der *Deutschen Allgemeinen Zeitung,* die als Blatt der Großindustrie bereits zu den Nationalsozialisten umgeschwenkt ist, dem *Angriff* als der Berliner NS-Parteizeitung und dem *Berliner Lokal-Anzeiger*, der – nach dem Ausscheiden der mittlerweilen für nationale Splittergruppen stehenden Blätter – als einzige deutschnationale Zeitung seine Position halten bzw. sogar ausbauen kann (vgl. Anm. 55). Zum methodischen Verfahren und den detaillierten Ergebnissen vgl. Melischek und Seethaler 1999.

11 Winkler (1998, 390) konkretisiert den nicht unumstrittenen Begriff der „Volkspartei“ dahingehend, dass die NSDAP „schon 1930 [...] in höherem Maße ‚Volkspartei‘ [war] als irgendeine andere Partei der ersten deutschen Republik“.

12 Während sich die NS-Wählerschaft 1929, bei den ersten Wahlerfolgen auf Regional- und Kommunalebene, noch vorwiegend aus dem „harten Kern“ völkisch-nationaler Kreise rekrutiert hatte, wählte zur Reichstagswahl im September 1930 jeder dritte DNVP- und jeder vierte DDP-/DVP-Wähler der vorangegangenen Wahl im Mai 1928 die Nationalsozialisten, zur Reichstagswahl im Juli 1932 war dies – bei gleich bleibendem Zuzug aus den Reihen der Deutschnationalen – ebenfalls schon jeder dritte DDP-/DVP-Wähler (vgl. Falter 1991, 110ff.).

Die Wahrnehmung des Aufstiegs der NSDAP ist insbesondere bei auflagenstarken Zeitungen insofern besonders ausgeprägt, als sie ihm – gemessen am Gesamtwert aller Zeitungen[13] *– erhöhte Relevanz zuweisen. Aufgrund der Ergebnisse der Wahlforschung ist ein zweistufiger Prozess anzunehmen, wonach dies auf einer ersten Stufe 1929, beim ersten Wahlerfolg der NSDAP in Berlin, für national orientierte und auf einer zweiten Stufe, also bei sich ausweitender NS-Wählerschaft, auch für liberal orientierte Blätter gilt.*

2 Zur Analyse der Nachwahlberichterstattung

Es bedarf nicht erst einer *horserace*-Perspektive[14] und einer „Wettkampf"-Berichterstattung (der ein bedeutender Einfluss auf die vom Publikum wahrgenommene „Stärke" der Kandidaten, und zwar unabhängig von der eigenen Kandidatenpräferenz, zugeschrieben wird[15]), um Gewinner- und Verliererimages[16] als zentrale Faktoren der Wahlkampfkommunikation zu identifizieren (vgl. u.a. Graber 1980; Jamieson 1992; Cappella und Jamieson 1996). Vielmehr hatte schon George Gerbner im Rahmen des *Cultural Indicators*-Ansatzes die Wahrnehmung bzw. Zuschreibung von Erfolg und Misserfolg als eines der „common elements" des Mediendiskurses überhaupt bezeichnet (Gerbner 1985, 17) – in der Berichterstattung über das Wahlergebnis ist sie jedenfalls von maßgeblicher Bedeutung.[17] Erst jüngst hat Jamieson (1992, 165f.) darauf aufmerksam ge-

13 Hier folgen wir dem Ansatz der „strukturellen Objektivitätsanalyse" (Merten 1995, 239ff.; zur Umsetzung: Merten 1979), die den Maßstab für „Abweichungen" nicht aufgrund medienexterner Kriterien a priori postuliert, sondern aus der Analyse selbst gewinnt. Eine Variante dieser Vorgangsweise liegt darin, den Maßstab anhand der Berichterstattung einer Gruppe von „Elitemedien" zu ermitteln (vgl. dazu Schönbach 1977, 61ff., der ihre Auswahl durch eine Expertenbefragung absichert). Da jedoch die Gruppe der „Elitemedien" einerseits im Rahmen einer historischen Studie abermals nur inhaltsanalytisch definiert werden kann und andererseits ihre sich im Zeitablauf ändernde Zusammensetzung selbst Gegenstand einer der Thesen der Untersuchung ist, wurde die Grundgesamtheit aller Zeitungen als Bezugsgröße bevorzugt.

14 Vgl. den Beitrag von Jürgen Wilke in diesem Band. Die Gleichsetzung der Wahl mit einem sportlichen Ereignis scheint im übrigen nicht erst ein Phänomen der modernen Wahlberichterstattung zu sein: schon in der Weimarer Republik gibt es Zeitungen, die das Wahlergebnis in Schlagzeilen im Stil der Fußballberichterstattung präsentieren.

15 Vgl. Ansolabehere et al. 1991, 119ff.; Iyengar 1992, 130ff.; Semetko und Schönbach 1994, 29f.; Cappella und Jamieson 1996 (jeweils mit weiterführenden Literaturhinweisen).

16 Bortz und Braune (1980) haben für eine Langzeitstudie zum Imagewandel von Politikern aus der Sicht von Tageszeitungslesern „erfolgreich/erfolglos" als eine von 12 Image-Dimensionen operationalisiert.

17 „Sieg und Niederlage bei der Wahl [sind] zu einem erheblichen Anteil ein Konstrukt der medialen Interpretation des Wahlergebnisses." (Schulz 1997, 182)

macht, dass „both during ‚campaign‘ and in election post mortems“ dieselben Schemata die Berichterstattung beherrschen – mit „winning and losing as central concern“ (Cappella und Jamieson 1996, 74)

Mit der im Folgenden diskutierten Operationalisierung des Indikators „Sieger- und Verliererwahrnehmung“ für die Analyse der Nachwahlberichterstattung tragen wir neueren Entwicklungen der Kommunikationswissenschaft Rechnung, wonach sich der Agenda-Setting-Effekt nicht bloß darauf beschränkt, *worüber* das Medienpublikum denkt, sondern gerade durch das Sichtbarmachen von bestimmten selegierten Informationen auch beeinflusst, *was* es denkt[18]: „By making some information more easily *accessible,* news reports can influence voter opinions and evaluations *indirectly*.“ (Weaver 1996, 47)[19] Davon ausgehend, dass „what people think may not be as easily separable from what they think about“ (Lang und Lang 1981, 449) und Medienwirkungen daher unter einer „interaction perspective of cognitions and attitudes“ zu sehen sind (Weiß 1992, 379; ähnlich auch Rössler 1997, 20), weitete sich der Focus der Forschung zusehends auf den Inhalt der Kommunikation sowie die Kontexte seiner Produktion und Rezeption[20] aus. Die eingeschlagene Richtung, „[to] go beyond agendas“ hieß auch, „[to] consider the content of person's opinions and of news stories“ (Swanson 1988, 613). Die daraus resultierenden Anforderungen an die inhaltsanalytische Forschung führten zur Entwicklung differenzierterer Ansätze wie beispielsweise dem *Framing*-Konzept, die – bezogen auf die Kommunikatorebene (wie im Fall der vorliegenden Studie) – auf die Analyse der Thematisierungsleistung als Selektions- *und* Transformationsleistung der Massenmedien zielen[21] und für diese ähnliche Prozesse der Informationsverarbeitung geltend

18 Weaver (1996, 46) verweist darauf, dass Agenda-Setting-Wirkungen in Form von Einstellungsveränderungen schon in den 70er Jahren diskutiert worden sind. Vgl. auch die Überblicke zur Agenda-Setting Forschung u.a. von McCombs 1992; McCombs und Shaw 1993; Rogers, Dearing und Bregman 1993; Brettschneider 1994; Brosius 1994; Schenk 1995, 42ff.; Rössler 1997.

19 Wie Iyengar und Kinder (1987) zeigen konnten, beeinflusst die Wahlkampfberichterstattung in Fernsehnachrichten dadurch den Maßstab, den die Wähler bei der Beurteilung der Präsidentschaftskandidaten anlegen, indem sie bestimmt, aufgrund welcher Image-Dimensionen ein Kandidat wahrgenommen wird. Diesen Einfluss von Agenda-Setting auf die Kriterien der Bewertung von Politik und Politikern haben Iyengar et al. als *Priming*-Effekt bezeichnet. Er zeigte sich im Bereich der Leistungseinschätzung noch ausgeprägter als im Bereich der Persönlichkeitseinschätzung. Seine Definition basiert – anders als die ursprünglich theoretisch kaum fundierte Agenda-Setting Hypothese (zu späteren Versuchen vgl. Eichhorn 1995) – explizit auf einer kognitionspsychologischen Konzeption (vgl. Iyengar et al. 1982, 855f.; 1987, 63ff.; Kosicki 1993, 114ff.; einführend zur psychologischen Grundlegung: Abele und Gendolla 1998, 594f.).

20 Vgl. dazu grundsätzlich u.a. Reese 1991, Semetko et al. 1991 (Kontexte der Produktion) bzw. Merten 1994, 309ff. (Kontexte der Rezeption).

21 Das Begriffspaar „Selektion“ und „Transformation“ wird in Anlehnung an Klingemann und Voltmer (1998, 398) verwendet. Pfetsch und Voltmer (1994, 513) sprechen von „Selektions-“

machen, wie sie in der Rezeptionssituation ablaufen. Dabei ist die Verarbeitung von Information sowohl seitens des Kommunikators als auch seitens des Rezipienten in transaktionale Prozesse eingebunden gedacht, die Wirkung an *allen* Stellen des Kommunikationsprozesses auftreten lassen.[22]

2.1 Methodisches Verfahren

Die Konzeptualisierung des als Konstruktion sozialer Realität verstandenen Medienhandelns mit Hilfe von Kategorien, die die Dimensionen der Selektion und Transformation erfassen, kann also auf einer im Agenda-Setting-Ansatz angelegten Differenzierung aufbauen. McCombs und Shaw (1977, 12) betonten schon in den 70er Jahren, dass „agenda-setting as a concept is not limited to the correspondence between salience of topics for the media and the audience. We can also consider the saliency of various attributes of these objects (topics, issues, persons, or whatever) reported in the media."[23] Auf der Basis weiterführender Forschungen (vgl. Benton und Frazier 1976[24]) konkretisiert McCombs (1992, 820) diesen „alternative, more systematic approach" dahingehend, dass das auf die genannten „objects" bezogene „set of attributes" auf einer ersten Ebene „the specific problems, causes and proposed solutions" und auf einer

und „Interpretationsmustern", räumen aber ein, dass beide – auch die Selektionsleistung – Interpretation darstellen. In der Sozialpsychologie wird in Bezug auf die soziale Informationsverarbeitung zwischen Selektions- und Inferenzprozessen unterschieden (vgl. Abele und Gendolla 1998, 586ff.).

22 Das *Framing*-Konzept existiert in unterschiedlichen Ausformungen, abhängig von der Betonung einzelner Aspekte der (durchaus überschneidenden) soziologischen und psychologischen Grundlegungen. Im Hinblick auf die Massenkommunikationsforschung gilt grundsätzlich, dass „framing in all four locations [in the communication process: the communicator, the text, the receiver, and the culture] includes similar functions: selection and highlighting, and use of the highlighted elements to construct an argument about problems and their causation, evaluation, and/or solution." (Entman 1993, 52f.) *Frames* als kulturell bedingte, den Informationsverarbeitungsprozess steuernde kognitive Schemata können also sowohl im Kommunikator- und Rezipientenhandeln als auch als Charakteristika von Texten analysiert werden (vgl. Entman 1991, 7; Pan und Kosicki 1993, 56f.). Zum transaktionalen Ansatz im Besonderen vgl. Früh 1991; Schönbach 1992.

23 Die ursprüngliche *issue*-Orientierung der Agenda-Setting-Forschung wurde schon – nach einigen kleineren Studien (wie z.B. Cohen 1976) – in einer umfangreichen Untersuchung zum amerikanischen Präsidentschaftswahlkampf 1976 auf Kandidaten und ihre Images erweitert (vgl. Weaver et al. 1981).

24 Die von Benton und Frazier (1976, 264f.) entwickelten drei Ebenen des *information holding* beziehen sich 1. auf „awareness of the general issue", 2. auf „specific problems, causes, and proposed solutions to problems associated with the general issue" sowie 3. auf „pro-con rationales for proposals mentioned". Sie sind bei Eichhorn (1996, 20) nicht korrekt wiedergegeben.

zweiten Ebene „pro and con rationales" für die angebotenen Lösungsvorschläge umfasst. Ähnlich der ersten Ebene unterscheidet Hagen (1995, 73f.) im Rahmen einer strukturellen Qualitätsanalyse von Nachrichten zwischen externer Relevanz, die als Nachrichtenwert die Themenselektion strukturiert (vgl. Schulz 1990), und interner Relevanz, die sich auf die Bedeutsamkeit von Detailinformationen im Hinblick auf das jeweilige Thema bezieht. Diese Detailinformationen können als Detailereignis oder -zustand Bestandteil des umfassenderen Hauptereignisses[25] bzw. für das Ereignis als Ursache relevant sein oder als Folge die Relevanz des Ereignisses für andere Sachverhalte beeinflussen. Mit der Zuschreibung von Bedeutung (Evaluation), die notwendig die Betonung einzelner und die Vernachlässigung anderer thematischer Aspekte impliziert, sowie mit der Benennung von Ursachen und Folgen sind die zentralen Kategorien sozialer Kognitionen benannt (vgl. Abele 1985), die auch als maßgebliche Mechanismen zur Komplexitätsreduktion in der politischen Kommunikation gelten können (vgl. Iyengar 1989; 1991).[26]

Vor dem Hintergrund dieser Überlegungen bietet für die Erfassung der massenmedialen Sieger- und Verlierer-Wahrnehmung die Attributionsforschung[27], insbesondere das von Weiner (1986; 1995) im Rahmen seiner attributionalen Theorie der Motivation entwickelte Klassifikationssystem, einen geeigneten Analyserahmen.[28] Sie ermöglicht es, sowohl Ursachenzuschreibungen als auch – in einem durch Brickman et al. (1982) erweiterten Ansatz – Zuschreibungen von handlungsbezogener Verantwortlichkeit[29] auf die in der Berichterstattung gege-

---

25 Zum Verhältnis Thema – Ereignis vgl. Rössler 1997, 72ff.

26 Saxer und Tschopp (1995, 80ff.) unterscheiden ähnlich als „mediale Evaluierung von Politik" die mediale Bewertung im engeren Sinn, die mediale Begründung und die Zukunftsperspektiven in der Medienrealität.

27 Unter Attributionsforschung sind theoretische Ansätze und methodische Zugänge zu verstehen, die sich mit der Zuschreibung von Ursachen von Ereignissen und Handlungen beschäftigen (vgl. den Beitrag von Friedrich Försterling in diesem Band) und die von Einsichten Fritz Heiders (1958) entscheidend angeregt worden sind (vgl. Hewstone und Fincham 1996).

28 Im Sinne des „Framing"-Konzepts könnte der Indikator Sieger-/Verliererwahrnehmung auch als „Gewinn/Verlust-" oder „Erfolgs/Misserfolgs"-Frame entwickelt werden (als solches z.B. einer Analyse der Umweltberichterstattung zugrundegelegt von Davis 1995), das, entsprechend der oben (siehe Anm. 22) gegebenen funktionalen Definition – dazu beiträgt, „to select some aspects of a perceived reality and make them more salient in a communicating text, in such a way as to promote a particular problem definition, causal interpretation, moral evaluation and/or treatment recommandation for the item described" (Entman 1993, 52). „Moral evaluation" ist im vorliegenden Untersuchungsdesign auf allen drei Ebenen als Positiv-/Negativ-Bewertung einbezogen (vgl. Anm. 32).

29 Die Übersetzung des Terminus *treatment responsibility* (Brickman et al. 1982) als „handlungsbezogene Verantwortlichkeit" folgt dem Begriff *action-oriented* bei Wong und Weiner (1981, 651) sowie der von Iyengar (1992, 133) gewählten Bezeichnung.

bene Evaluation des Wahlergebnisses zu beziehen.[30] In dem auf entsprechend drei Ebenen ausgerichteten Untersuchungsdesign wird auf der Ebene der Evaluation danach gefragt, welche Aspekte des Wahlentscheids Gegenstand der Berichterstattung sind, also in welchem Ausmaß die Wahlergebnisse der einzelnen politische Akteure[31] von den Medien thematisiert werden (Aufmerksamkeit) und mit welcher Intensität ihnen Erfolg oder Misserfolg zugeschrieben wird (Valenz).[32] Wir folgen damit der Grundannahme der Agenda-Setting-Forschung, wonach die Sichtbarkeit als Gradmesser für die durch die Medien zugeschriebene Relevanz gelten kann[33] – „whether the agenda concerns issues, images, or candidates themselves. By making more salient certain issues, candidates, and characteristics of candidates, the media contribute greatly to the construction of a secondhand reality [...].“ (Weaver 1996, 39) Unter dieser Prämisse, deren Geltung in einem ersten Schritt anhand der Berichterstattung der Parteizeitungen erprobt werden soll, kann somit in Bezug auf die oben genannte dritte These der Untersuchung die erste Teilhypothese wie folgt formuliert werden:

$H_{3\text{-}1}$ *Im Vergleich zum Gesamtwert aller Zeitungen widmen die auflagenstarken Zeitungen (1929 die national orientierten, danach auch die liberal orientierten) dem als Sieg gewerteten Wahlergebnis der NSDAP[34] höhere Aufmerksamkeit.*[35]

---

30 Die in der Wahlberichterstattung über die Evaluation des Ergebnisses ermittelte Leistungsdefinition als Teil des massenmedialen Interpretationsprozesses hat als „subjektive Bewertung“ im Gegensatz zu „objektiven“ Parametern entscheidenderen Einfluss auf das Attributionsmuster, wie es Möller (1997, 105) für Verbalisierungen erlebnisbezogener Kognitionen nach Leistungsrückmeldungen in Prüfungssituationen nachweisen konnte.

31 Das Konzept lässt sich sowohl auf die Wahrnehmung von Parteien als auch von Personen anwenden, im Falle der vorliegenden Untersuchung steht jedoch die Frage nach der Wahrnehmung von Parteien im Vordergrund. Es wurde allerdings mit erhoben, inwieweit sich die den Parteien zugeordneten Aussagen auf bestimmte Repräsentanten der jeweiligen Partei beziehen, um einen ersten Aufschluss über den – bislang für die politische Berichterstattung in der Weimarer Republik noch nie systematisch untersuchten – Personalisierungsgrad zu erhalten. Eine Veröffentlichung dieser Ergebnisse ist in Vorbereitung.

32 Zusätzlich wurde erhoben, ob das als Erfolg oder Misserfolg evaluierte Wahlergebnis einer Partei positiv oder negativ bewertet ist. (Ähnlich unterscheidet Weiß (1986, 53) zwischen „Tendenz“ und „Bewertung“ eines Arguments.) Auch hinsichtlich der auf den anderen beiden Ebenen ermittelten Ursachen und Zuschreibungen handlungsbezogener Verantwortlichkeit wurde die Werthaltigkeit von Aussagen (positiv/negativ) kodiert.

33 Vgl. den Beitrag von Klaus Schönbach und Holli Semetko in diesem Band.

34 Gemessen am Mittelwert aller Zeitungen (mittels gerichteter Differenzpunkte; vgl. Voltmer 1997).

35 Chi^2- bzw. Binomialtest. Als Signifikanzniveau gilt $p = .05$ (hoch signifikant: $p = .01$; höchst signifikant: $p = .001$); als symptomatische Abweichung gilt $.05 < p \leq .20$ (vgl. Hager und Westermann 1983, 84; Lienert 1973, 164). Die Wahl mehrerer Niveaus zur Messung von Abweichungen ist deshalb notwendig, da einerseits statistische Signifikanz im engen Sinn bei kleine-

Auf der zweiten Ebene werden die Attributionen, d.h. die in den Medien gegebenen Ursachenzuschreibungen für das Wahlergebnis der jeweiligen Parteien analysiert und vor dem Hintergrund attributionstheoretischer Erkenntnisse diskutiert. Nach dem von Weiner entwickelten Klassifikationssystem für die Analyse von Erfolg und Misserfolg in Leistungssituationen sind die Ursachen für das Wahlergebnis einer Partei nach den Dimensionen Lokation, Stabilität und Kontrollierbarkeit klassifiziert.

Hinsichtlich der Lokationsdimension wird unterschieden, ob die Ursachen der Partei selbst, also internal, oder anderen Akteuren bzw. der politischen Situation, also external, zugeschrieben sind. Aufgrund selbstwerttheoretischer Grundannahmen wurde in der Attributionsforschung ein sog. *self-serving bias* formuliert und in einer Vielzahl von Studien überprüft.[36] Als „selbstwertdienlich“ wurde eine grundsätzliche Bereitschaft postuliert, das eigene Selbstgefühl zu schützen und/oder zu erhöhen, indem eigene Erfolge internal und eigene Misserfolge external attribuiert werden. Bezogen auf Stellungnahmen von Politikern nach der Wahl konnte ein solcher Effekt sowohl in der Studie von Groenefeld und Försterling (1983) als auch in der Analyse von Abele (1989) nachgewiesen werden.[37] Auch in der Untersuchung von Saxer und Tschopp (1995, 83) über die EWR-Abstimmung in der Schweiz wurde ein selbstwertdienliches Attributionsmuster für politische Funktionsträger (EWR Gegner als Sieger, EWR-Befürworter als Verlierer) festgestellt.

Bei den genannten Studien handelt es sich ausschließlich um Analysen von Politikerzitaten, journalistisches Attributionsverhalten wurde nicht berücksichtigt. Für den Bereich der Sportberichterstattung[38] konnte allerdings durch Ver-

ren Fallzahlen schwieriger zu beobachten ist und andererseits die verwendeten Tests eher konservativ messen, also eher für die Beibehaltung der Nullhypothese entscheiden (z.B. durch Berücksichtigung der Kontinuitätskorrektur). Zur Vorgangsweise vgl. auch Iyengar (1991, 148f.).

36 Diskussionen des Forschungsstands (Miller und Ross 1975; Bradley 1978; Zuckerman 1979) sind von der Kontroverse geprägt, ob selbstwertdienliche Verzerrungen kognitiv oder durch motivationale Faktoren erklärt werden können; auch ein Zusammenwirken von kognitiven und motivationalen Prozessen wird diskutiert (vgl. Krahé 1984; Stahlberg et al. 1998).

37 Nach den niedersächsischen Kommunalwahlen 1981 attribuierten CDU-Politiker ihren Erfolg signifikant häufiger internal, während SPD-Politiker ihren Misserfolg auf externale Faktoren zurückführten (Groenefeld und Försterling 1983, 267), nach der Bundestagswahl 1987 lag der Anteil internal-stabiler Attributionen seitens der Politiker von FDP und GRÜNEN als Siegerparteien signifikant höher als seitens der Politiker anderer Parteien (Abele 1989, 50)

38 So haben Lau und Russell (1980) in einer Analyse von Berichten über Baseball- und Footballspiele in Lokalzeitungen Attributionen erstmals inhaltsanalytisch erfasst (vgl. Weiner 1986, 24ff.) und damit weitere Untersuchungen „spontaner Attributionen in archivarischem Datenmaterial“ angeregt (Möller 1997, 29ff.), wobei Möller „spontan“ als „nicht-reaktiv“ *und* „unmittelbar nach einem Ereignis verbalisiert“ definiert.

gleich der Attributionsmuster von Sportlern, Trainern und Journalisten nachgewiesen werden, dass nicht nur eigene Handlungsergebnisse selbstwertdienlich kommentiert werden, sondern auch Erfolge und Misserfolge anderer Personen, „sofern sie persönliche Relevanz für einen Beobachter besitzen" (Stahlberg et al. 1985, 96). Aus seiner Zusammenfassung von Untersuchungen selbstwertdienlicher Attributionsmuster von Akteuren und Beobachtern zieht Möller (1994, 67) den Schluss, „dass der self-serving bias für beide Gruppen als nachgewiesen gelten kann. Für Beobachter ergibt sich eine etwas abgeschwächte Tendenz, derartige Attributionen vorzunehmen."

Nicht nur im Umgang mit eigenen Leistungsergebnissen sowie mit den Ergebnissen anderer sind *self-serving bias*-Effekte nachgewiesen worden, auch für Gruppenergebnisse wurden entsprechende Attributionsverzerrungen festgestellt. So fassen Hewstone und Klink (1994) in ihrem Überblick über den Forschungsstand zu Intergruppenattributionen zusammen, dass „mittlerweile eindeutig empirische Nachweise für eigengruppenstützende Ursachenzuschreibungen vor[liegen], wobei sich die entsprechenden Attributionsverzerrungen in der Regel nicht für alle, sondern lediglich für spezifische Dimensionen finden lassen" (81). Sie unterstreichen daher die Anwendung des Klassifikationssystems von Weiner, das durch Bereitstellung der relevanten Dimensionen „eine umfassende Analyse von Intergruppenattributionen in Leistungssituationen ermöglicht" (85).[39]

Neben der Lokation sind nach diesem Modell die Dimensionen Stabilität und Kontrollierbarkeit zu berücksichtigen. In attributionstheoretischer Perspektive ist für die Erwartung zukünftigen Erfolgs bzw. Misserfolgs entscheidend, ob man ihn auf zeitlich stabile oder instabile Faktoren zurückführt, wie beispielsweise die ideologische Position einer Partei, die Fähigkeit ihrer Repräsentanten (internal-stabil) oder ihre Agitation im Wahlkampf (internal-instabil). Auch external kann zwischen längerfristig andauernden Entwicklungen und zufälligen Faktoren unterschieden werden. Das daraus resultierende Vier-Felder-Schema ist von Weiner durch die Kontrollierbarkeitsdimension zu einem Acht-Felder-Schema erweitert worden. Als willentlich veränderbar bzw. nicht veränderbar (kontrollierbar/nicht kontrollierbar) können Ursachen schließlich im Hinblick auf die Zuschreibung von Verantwortlichkeit interpretiert werden.

Weiner (1994, 15) hat in späteren Arbeiten Kontrollierbarkeit als „fundamentale Dimension phänomenaler Kausalität identifiziert", bezieht sie aber ausschließlich auf die Ableitung persönlicher Verantwortlichkeit (vgl. Weiner

39 Vgl. auch Hewstone 1989, 164ff.

1995, 12). In der politikwissenschaftlichen Forschung hingegen wird Verantwortlichkeit auch external, d.h. entweder anderen politischen Akteuren oder gesellschaftlich-ökonomischen Bedingungen zugeschrieben (z.B. Lau und Sears 1981; Abramowitz et al. 1988).[40] Darüber hinaus erweiterten Brickman et al. (1982) den Ansatz der Verantwortlichkeitszuschreibung *(attribution of responsibility)* dahingehend, dass sie zwischen vergangenheitsbezogener Verantwortlichkeit für die Ursache *(causal responsibility)* und einer – im Rahmen dieses Untersuchungsdesigns auf der dritten Ebene gemessenen – zukunftsbezogenen Handlungsverantwortlichkeit *(treatment responsibility)* unterscheiden. Davon ausgehend, dass „causal and treatment responsibility" insofern als „key factors in the formation of public opinion" gelten können, als sie die entscheidenden Strategien bilden, „[to reduce] the complexity of political issues" (Iyengar 1991, 127f.), hat Iyengar (1989, 886f.; 1991, 52f.) in Anlehnung an Brickman et al. vier, nach der Lokationsdimension (internal/external) differenzierte Modelle für die Analyse politischer Kommunikation beschrieben, die für die vorliegende Fragestellung wie folgt interpretiert werden können:

- im „Selbstbestimmungsmodell" wird der jeweilige politische Akteur als (haupt-)verantwortlich sowohl für sein Wahlergebnis als auch für dessen politische Umsetzung gesehen, es wird ihm also ein Höchstmaß an Kontrolle zugeschrieben,
- im „kompensatorischen Modell" hat der politische Akteur die externalen Ursachen für sein Wahlergebnis durch eine eigenverantwortliche Umsetzung zu kompensieren,
- im „Vormundschaftsmodell" wird der politische Akteur für sein Wahlergebnis verantwortlich gesehen, allerdings seine Umsetzung external zugeschrieben, und
- im „gesellschaftlichen Modell" werden andere politische Akteure bzw. die Gesellschaft sowohl für das Wahlergebnis als auch für dessen Umsetzung verantwortlich gemacht.

Unter der Voraussetzung einer Überprüfung der im Sinne einer höheren Relevanzzuschreibung interpretierten eigengruppenstützenden Attributionsmuster anhand der Berichterstattung der Parteizeitungen können daher als weitere Teilhypothesen formuliert werden:

40 Zur Anwendung in kommunikationswissenschaftlichen Analysen vgl. z.B. Iyengar 1989, 1991; Weimann und Fishman 1988.

$H_{3\text{-}2}$ *Im Vergleich zum Gesamtwert aller Zeitungen attribuieren die auflagenstarken Zeitungen (1929 die national orientierten, danach auch die liberal orientierten) das Wahlergebnis der NSDAP in höherem Ausmaß internal,*[41]

$H_{3\text{-}3}$ *in höherem Ausmaß stabil und*[42]

$H_{3\text{-}4}$ *präferieren in der Zuschreibung von Verantwortlichkeit das „Selbstbestimmungsmodell".*[43]

Kodierung

Um den unterschiedlichen Produktionsweisen der Zeitungen im Untersuchungszeitraum Rechnung zu tragen, wurden sämtliche Ausgaben an den jeweils ersten beiden Erscheinungstagen der Zeitungen berücksichtigt.[44] Die Materialbasis bilden alle Beiträge, die einen Bezug zur Wahl aufweisen; ausgenommen sind lediglich Beiträge über das Wahlgeschehen im Rahmen der Lokalberichterstattung. Im Falle parallel durchgeführter Wahlen wurden auch auf diese Wahlen bezogene Beiträge (entsprechend gekennzeichnet) in die Kodierung einbezogen.

Sämtliche Beiträge wurden auf Artikel- und Aussagenebene kodiert. Da für eine Überprüfung der oben genannten Hypothesen die Ergebnisse der Aussagenanalyse entscheidend sind, beschränken sich die folgenden Hinweise auf die Kodierung der Aussagen. Als Voraussetzung für die Analyse wurden alle auf das Wahlergebnis von politischen Akteuren bezogenen Sätze in eine oder (bei unterschiedlichen Urhebern, Akteuren oder Komplementen) in mehrere standardisierte Aussagen, bestehend aus Subjekt (= dem politischen Akteur), Prädikat und Komplement transformiert,[45] die

41 Gemessen durch eine Indexzahl, gebildet aus z_{int} abzüglich z_{ext}, wobei z_{int} und z_{ext} = standardisierte Anteilswerte internaler und externaler Attributionen für die jeweilige Partei im Verhältnis zur Gesamtzahl der Attributionen pro Zeitung (Lokationsindex I^L). z ergibt sich nach der Formel

$$z_i = \frac{X_i - \bar{x}}{s}$$

Demnach steigt z bei höherem Anteilswert X_i, aber auch bei geringer Standardabweichung s (eine Abweichung bei größerer Konformität zeichnet sich also deutlicher ab). Zur Anwendung des Verfahrens vgl. Schönbach (1977, 118). Die so gewonnenen Indexwerte werden sowohl durch die Ergebnisse eines parallel durchgeführten Binomialtests bezogen auf die Verteilung internaler und externaler Attributionen für eine einzelne Partei als auch durch jene eines Vierfelder-Chi^2-Anpassungstests bezogen auf die Attributionen für alle Siegerparteien, jeweils im Vergleich Zeitung – Grundgesamtheit, weitgehend gestützt. Auf eine Darstellung dieser differenzierteren Ergebnisse muss im Rahmen dieses Beitrags aus Platzgründen verzichtet werden.

42 Vgl. Anm. 41; die entsprechende Indexzahl wird aus aus der Differenz der standardisierten Anteilswerte stabiler und instabiler Attributionen für die einzelne Partei im Verhältnis zur Gesamtzahl der Attributionen pro Zeitung gebildet (Stabilitätsindex I^S).

43 Binomialtest (zur Interpretation der Abweichungen vgl. Anm. 35).

44 Das sind je nach Produktionsweise die zwischen Montag abends und Dienstag abends bzw. zwischen Dienstag morgens und Mittwoch morgens erschienenen (2-4) Ausgaben. Damit ist eine weitgehende Vergleichbarkeit des redaktionellen Inhalts gewährleistet. In seltenen Fällen konnten bislang nicht alle Tageszeitausgaben eines Titels ermittelt werden.

45 Diese Umformung in eine standardisierte grammatische Struktur erfolgt in Anlehnung an das Modell Osgoods (1959). Vgl. dazu und zu den verwendeten Termini auch Mayntz et al. 1972.

dann kodiert wurden, wenn das Komplement eine evaluative, kausale oder handlungsbezogene Bedeutung hatte.[46] Sämtliche Angaben sind auf die Adresse der Aussage, bestehend aus Zeitungs-Identifikationsnummer, Datum, Ausgabe, Anfangsseite, Anfangsspalte und Absatz, bezogen. Innerhalb der Absätze sind die Aussagen durchgezählt. Ergänzend zu diesen Adressen, die eine Auswertung nach verschiedenen Aufmerksamkeitsmerkmalen ermöglichen, wurde kodiert, ob es sich um eine Aussage in einer Schlagzeile handelt.[47]

Zunächst ist festgehalten, auf welchen Akteur sich die Aussage bezieht und ob er als Teil einer Gruppe, deren Bezeichnung ebenfalls erhoben wurde, genannt ist. Synonyme sind der jeweiligen Partei zugeordnet. Für alle zitierten Aussagen ist der Urheber des Zitats und bei eindeutigen Hinweisen die Übereinstimmung mit der Position der Zeitung angegeben. Evaluative Aussagen wurden auf einer 7-stufigen Skala von –3 bis +3 kodiert[48] (Valenz); Attributionen wurden nach Lokation, Stabilität und Kontrollierbarkeit und handlungsbezogene Aussagen ausschließlich nach der Lokation klassifiziert. Bei externaler Zuordnung wurde ggf. der/die damit angesprochene(n) politische(n) Akteur(e) vermerkt. Schließlich wurde zusätzlich kodiert, ob das Komplement werthaltig ist (positiv/negativ) und ob es sich auf ein als überraschend bezeichnetes Ergebnis bezieht.

Die Kodierung erfolgte durch beide Autoren, wobei in jedem Jahr mehrere Stichproben im Ausmaß von insgesamt rund 40% der kodierten Aussagen doppelt kodiert wurden. Dabei wurde sowohl in der Transformation der Sätze in Aussagen als auch in der Klassifikation hohe Übereinstimmung erzielt (91 bzw. 94%). Strittige Fälle wurden diskutiert und einer gemeinsamen Lösung zugeführt.[49]

2.2 *Ergebnisse und Diskussion*

Da für eine Überprüfung der These Hamiltons die Frage nach dem Kommunikatorhandeln gestellt ist, kann sich die Diskussion der hier vorgestellten Analyseergebnisse auf die journalistischen Aussagen[50] über die nationalsozialistischen Wahlergebnisse im Verhältnis zu jenen über die Ergebnisse anderer (Sieger-)Parteien konzentrieren.[51] Um einerseits eine Vergleichbarkeit zwischen den

46 Bei eindeutig dekodierbaren Aussagen von Bildern (in dieser Zeit in der Regel von Karikaturen) wurden diese wie sprachliche Aussagen behandelt; der Anteil von Bildern an der Gesamtberichterstattung ist aber sehr gering.

47 Als weitere unabhängige Variablen gehen in die Analyse Verlag, Auflagenhöhe, vorrangige Vertriebsform und redaktionelle Linie (ermittelt anhand der Wahlempfehlungen) ein.

48 Die sieben Stufen der Sieger-Verliererwertung wurden wie folgt definiert: +3 im Sinne von Triumph/Erdrutschsieg, +2: Sieg/hoher Gewinn, +1: Gewinn, 0: Stagnation, -1: Verlust, -2: hoher Verlust/Niederlage, -3: vernichtende Niederlage/Katastrophe.

49 Hier ist anzumerken, dass die Kodierung historischen Textmaterials ein hohes Maß an Kenntnis der historischen Fakten und der historischen Bedeutung sprachlicher Begriffe erfordert, sodass sie nicht problemlos von externen Kodierern durchgeführt werden kann.

50 Der Anteil der hier unberücksichtigt gebliebenen zitierten Aussagen beträgt zwischen 20 und 24%, lediglich bei der Stadtverordnetenwahl liegt er mit etwas über 6% wesentlich tiefer. Allerdings folgt auch die Auswahl der zitierten Aussagen medienspezifischen Kriterien; sie werden lediglich in dieser ersten Darstellung der Untersuchungsergebnisse ausgeklammert. Weitgehend unberücksichtigt bleiben hier auch die Ergebnisse für Verliererparteien.

51 Als „Siegerparteien“ gelten jene, die in der Presse als Sieger wahrgenommen werden (zum Gesamtwert für die Valenz vgl. Schaubild 2): das sind – neben der NSDAP (1929: 1.32, 1930: 1.99,

durchschnittlich 30 Zeitungen zu gewährleisten und andererseits einem der Faktoren für einen höheren Beachtungsgrad (vgl. Rössler 1997, 84) von vornherein Rechnung zu tragen, wurde hier ausschließlich die Berichterstattung auf der ersten Seite[52] aller Ausgaben an den ersten beiden Erscheinungstagen nach der Wahl einschließlich des – in der Regel vom Chefredakteur oder vom Leiter des (innen-)politischen Ressorts gezeichneten – Hauptkommentars berücksichtigt, auch wenn dieser (in seltenen Fällen) auf den nachfolgenden Seiten platziert ist. Damit beziehen sich die in der Folge diskutierten Ergebnisse auf jeweils etwas mehr als 2000 journalistische Aussagen (aus rund 170 Artikeln) pro Wahl mit Ausnahme der Stadtverordnetenwahl, für die etwa ein Viertel weniger Aussagen (aus nur 70 Artikeln) vorliegen. Der jeweils größte Anteil (zwischen 60 und 74%) entfällt auf Aussagen zur Evaluation des Wahlergebnisses; im Vergleich zu den handlungsbezogenen Aussagen dominieren 1928 und 1929 die kausalen im Verhältnis von ca. 3:1, während 1930 der Anteil handlungsbezogener Aussagen zunimmt und 1932 jenen der kausalen übertrifft.

Zur Messung der Sieger- und Verliererwahrnehmung auf der Ebene der Evaluation wurden pro Zeitung für jeden genannten politischen Akteur sowohl die relative Häufigkeit der auf sein Wahlergebnis bezogenen evaluativen Aussagen (als Maß für die Aufmerksamkeit) als auch der auf einer 7-stufigen Skala berechnete Mittelwert dieser Aussagen (als Maß für die Valenz) bestimmt. Die als Bezugsgröße definierten Werte für das gesamte Sample sind in den Schaubildern 1 und 2 dargestellt. In Bezug auf die NSDAP rückt die ihr allgemein gewidmete Aufmerksamkeit schon 1929, als ihr Wahlergebnis gerade die 5%-Marke überschritten hatte, nahe an KPD und SPD heran, während sie in der Sieger-/Verliererwertung bereits als *der* Wahlsieger schlechthin wahrgenommen wird, in weitem Abstand gefolgt von der KPD, die prozentuell genau so viel dazu gewann, aber damit ihre Position im Stadtparlament auf fast 25% ausbauen konnte. Angesichts einer Verneunfachung ihres Stimmenanteils gegenüber der letzten Reichstagswahl kommt der NSDAP 1930 eine alle anderen Parteien überragende Aufmerksamkeit und Siegerwertung zu. 1932 sinkt (bei Verdopplung ihres Stimmenanteils!) die Siegerwertung, während der Grad der Aufmerksamkeit weiterhin, wenn auch nur geringfügig steigt – allerdings vergrößert sich auf beiden Dimensionen der Abstand zu allen anderen Parteien.

1932: 1.54) – die KPD (1928: 1.34, 1929: .67, 1930: 1.30), die SPD (1928: 1.41, 1929: .23) und das Zentrum (1930: .57, 1932: .53). Valenzwerte knapp über 0 (< .10) wurden nicht berücksichtigt. Freilich gehört es auch zur Strategie von Parteizeitungen, den Verlust ihrer Partei als Gewinn darzustellen (so im Fall der DNVP 1929-1932, des Zentrums 1929 und der SPD 1930).

52 Auf der ersten Seite begonnene Artikel sind vollständig einbezogen.

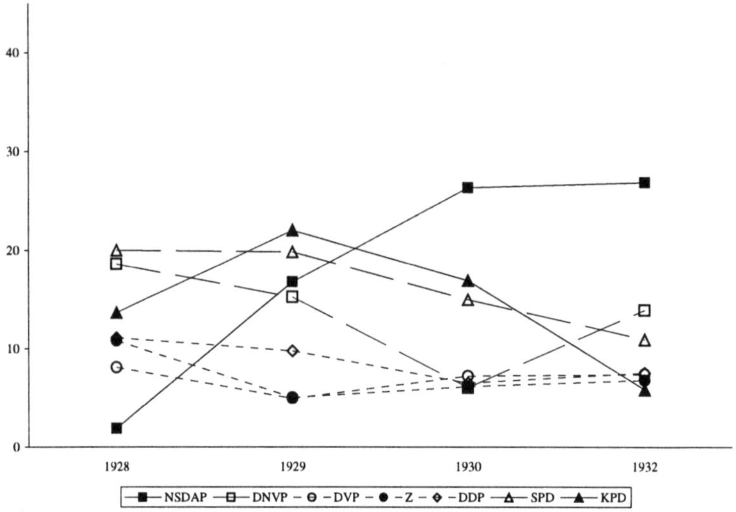

Schaubild 1: Aufmerksamkeit für das Wahlergebnis der wichtigsten Parteien (Gesamtwerte, in %)

Wie die Standardabweichungen der Zeitungswerte für die Aufmerksamkeit und die Valenz zeigen, sind die Variationsbreiten der beiden Merkmale zu den vier Wahlen sehr unterschiedlich (Aufmerksamkeit: $.04 < s < .15$; Valenz: $.24 < s < .84$). Die vergleichsweise hohen Werte der Standardabweichung für die Aufmerksamkeit für die NSDAP 1930 und 1932 (jeweils .11) sowie für die KPD 1929 (.15) und 1930 (.13) machen deutlich, dass es keine auch nur annähernd einheitliche Sichtbarkeit dieser Parteien als Wahlsieger in den Zeitungen gibt, während der Wahlerfolg der NSDAP 1929 einheitlicher wahrgenommen wird (.07) – überboten nur noch von einer noch einheitlicheren Sichtbarkeit des Wahlergebnisses des Zentrums 1930 (.04). Zu den umstrittensten Ergebnissen zählen, wie die Werte der Standardabweichung für die Valenz zeigen, jenes der KPD 1929 (.75) und der NSDAP 1932 (.72): in beiden Fällen sind dafür vor allem Effekte durch gemeinsame Nennung mit Parteien ausschlaggebend, die einen Stimmenverlust zu verzeichnen haben.[53] Besonders wenig umstritten ist die Siegerwertung der NSDAP 1929 und 1930 (.24 und .31).

53 Das Wahlergebnis der KPD wird 1929 durch gemeinsame Nennung mit der SPD (als „Rote" oder „Linke"), jenes der NSDAP 1932 durch gemeinsame Nennung mit der DNVP (als „nationale Opposition") abgewertet, während der jeweilige „Partner" in der Gruppe von dieser Strategie profitiert – die SPD 1929 sogar so sehr, dass sie im Gesamtwert als Gewinner wahrgenom-

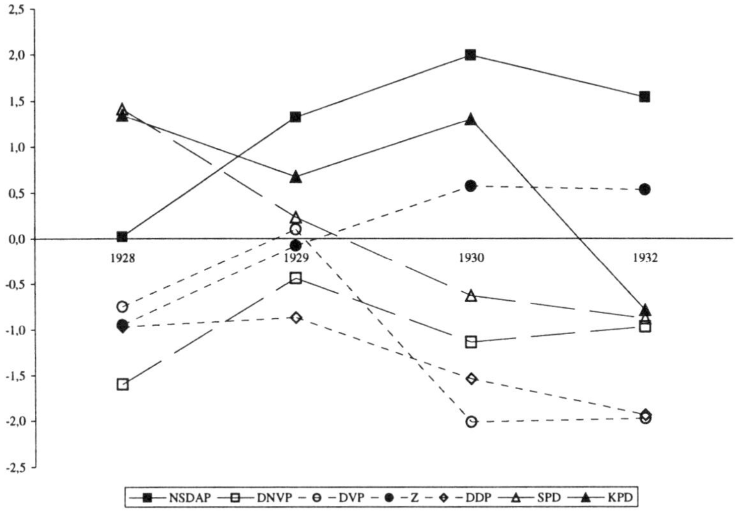

Schaubild 2: Wertung des Wahlergebnisses (Valenz) der wichtigsten Parteien (Gesamtwerte, -3/+3)

Die für die Interpretation im Sinne einer ausgeprägteren Relevanzzuschreibung angenommene signifikant höhere Aufmerksamkeit kann zu allen Wahlen für die den jeweiligen Siegerparteien zuzuordnenden Parteizeitungen ausnahmslos bestätigt werden: dies gilt für die kommunistische *Rote Fahne* 1928, 1929 und 1930 (jeweils $p < .001$), für den sozialdemokratischen *Vorwärts* und den *Abend* 1928 und 1929 ($p < .01$ bzw. .05); für das Zentrumsblatt *Germania* 1930 und 1932 sowie für den *Völkischen Beobachter* 1930 ($p < .05$) bzw. den *Angriff* 1932[54] ($p < .01$). Vor diesem Hintergrund zeigt sich für die NSDAP folgender Befund (vgl. Tabelle 3):

- Bereits 1929 wird der ohnehin schon überraschend hohe Gesamtwert für die Aufmerksamkeit trotz niedriger Standardabweichung von vier der sechs auflagenstärksten Berliner Tageszeitungen (neben zwei auflagenschwachen nationalen Blättern als einzigen Zeitungen!) symptomatisch überschritten.

men wird (jedoch mit einer Standardabweichung von .84)! Generell liegt der Anteil der Gruppennennungen bei durchschnittlich 24%, für die NSDAP sinkt er jedoch von 24% (1929) über 18% (1930) auf 15% (1932).

54 Da der 1927 gegründete *Angriff* zuerst als Montagszeitung, und bis Ende Oktober 1930 nur zweimal wöchentlich erschien, verfügte die NSDAP 1929 über keine parteieigene Berliner Tageszeitung. 1930 erschien vorübergehend eine Berliner Ausgabe des *Völkischen Beobachters*.

	1929				*1930*				*1932*			
	$N\,(N_{NS})$	χ^2/B	V_{NS}	$\Delta(+/-)$	$N\,(N_{NS})$	χ^2/B	V_{NS}	$\Delta(+/-)$	$N\,(N_{NS})$	χ^2/B	V_{NS}	$\Delta(+/-)$
Der Abend	60 (5)	3.08**	1.40	+6.2	56 (5)	8.68***	1.80	-9.4	22 (9)	2.20*	.33	-78.3
8 Uhr-Abendblatt	31 (5)	.01	1.40	+6.2	43 (14)	.89	1.57	-20.9	42 (13)	.35	.77	-50.0
Der Angriff									62 (25)	5.69***	2.68	+74.1
Berlin am Morgen	12 (2)	B	1.00	-24.1	36 (5)	2.84**	2.20	+10.8	25 (7)	.02	2.57	+67.1
B. Allg. Ztg.	52 (9)	.01	1.22	-7.3	43 (17)	3.92***	2.12	+6.6	19 (8)	2.24*	1.63	+5.6
B. Blatt	16 (3)	B	1.67	26.4	35 (12)	1.17	2.33	+17.5	43 (12)	.02	2.33	+51.6
B. Börsen-Courier	41 (5)	.62	1.20	-9.0	54 (12)	.45	2.25	+13.3	30 (13)	4.13***	2.31	+49.9
B. Börsen-Ztg.	59 (8)	.44	1.63	23.3	43 (12)	.06	2.25	+13.3	56 (13)	.38	2.31	+49.9
B. ill. Nachtausg.	16 (5)	B*	1.40	+6.2	22 (9)	2.44*	2.18	+9.8	25 (10)	2.19*	2.00	+29.9
B. Lokal-Anzeiger	19 (2)	.54	1.50	+13.8	83 (10)	8.64***	2.40	+20.8	37 (5)	3.37**	1.20	-22.0
B. Morgenpost	26 (7)	B*	1.29	-2.5	36 (14)	2.97**	2.14	+7.9	27 (12)	4.23***	1.67	+8.3
B. Morgen-Ztg.	35 (6)	.00	1.00	-24.1	49 (9)	1.57	1.56	-21.7	59 (14)	.30	.14	-90.7
B. Tageblatt	72 (14)	.36	.79	-40.4	56 (13)	.27	1.77	-10.9	122 (41)	2.80**	.10	-93.7
B. Volks-Ztg.	29 (4)	B	1.25	-5.2	14 (4)	B	1.75	-11.9	47 (9)	1.43	1.00	-35.0
B.Z. am Mittag	49 (13)	3.32**	1.38	+5.0	35 (14)	3.42**	2.14	+7.9	13 (5)	B	1.60	+4.0
Der Deutsche	18 (4)	B	1.50	+13.8	21 (3)	1.55	2.00	+0.7	69 (8)	8.21***	1.25	-18.8
Dte. Allg. Ztg.	32 (5)	.03	1.40	+6.2	43 (15)	1.66	2.33	+17.5	46 (13)	.04	2.08	+34.9
Dte. Tagesztg.	30 (7)	.92	1.29	-2.5	40 (13)	.81	1.54	-22.5	37 (8)	.52	.88	-43.1
Dte. Ztg.	36 (9)	1.73*	1.44	+9.6	36 (10)	.04	2.40	+20.8	61 (18)	.21	1.89	+22.7
Der Funke									21 (7)	.44	1.57	+2.1
Germania	57 (11)	.25	1.45	+10.3	58 (11)	1.59	1.45	-26.8	49 (13)	.00	.85	-45.0
Der Jungdte.	34 (4)	.62	1.00	-24.1	24 (4)	1.14	1.75	-11.9	102 (18)	4.43***	1.00	-35.0
Neue B. Ztg.	15 (4)	B	1.50	+13.8	26 (11)	3.46**	2.18	+9.8	6 (3)	B*	1.33	-13.4
N. Preuß. Kreuz-Ztg.	57 (15)	3.69**	1.53	+16.3	45 (17)	3.09**	1.71	-14.1	72 (15)	1.34	1.60	+4.0
Der Reichsbote	18 (2)	B	1.50	+13.8	18 (10)	7.99***	2.20	+10.8	43 (5)	5.09***	2.60	68.9
Rote Fahne	17 (2)	B	1.00	-24.1	65 (7)	8.04***	1.43	-28.1	25 (6)	.11	2.17	+40.8
Tägl. Rundschau					23 (5)	.24	1.80	-9.4	4 (2)	B	1.50	-2.5
Der Tag	92 (12)	.93	1.42	+7.5	37 (11)	.23	2.00	+0.7	27 (8)	.10	2.00	+29.9
Tempo	9 (3)	B*	1.67	+26.4	24 (10)	2.95**	2.00	+0.7	26 (12)	4.91***	1.42	+2.9
Völk. Beob.					68 (26)	5.05***	2.62	+31.7				
Vorwärts	76 (7)	3.13**	1.43	+8.4	68 (13)	1.79	1.85	-7.1	75 (22)	.23	.68	-55.7
Vossische Ztg.	51 (7)	.35	1.14	-13.3	27 (7)	.00	1.86	-6.5	39 (7)	1.58	1.14	-25.7
Welt am Abend	48 (6)	.64	.83	-36.8	56 (14)	.04	2.00	+0.7	34 (6)	1.48	2.50	+62.4

Tabelle 3: Wahrnehmung des Wahlergebnisses der NSDAP 1929-1932 in den Berliner Tageszeitungen – Aufmerksamkeit und Valenz (Gesamtwerte: vgl. Schaubild 1 und 2)

$N\,(N_{NS})$ Gesamtzahl der evalativen Aussagen (bzw. bezogen auf das Wahlergebnis der NSDAP)

χ^2/B Chi²-Anpassungstest (Zeitung vs. Grundgesamtheit) bzw. Binomialtest (B) bei erwarteten Häufigkeiten < 5; * p < .20, **p < .10, *** p < .05, *** p < .01 (fett: zugunsten NSDAP)

V_{NS} Werte für die Valenz des Wahlergebnisses der NSDAP (min./max. -3/+3)

$\Delta\,(+/-)$ Gerichtete Differenzpunkte zum Gesamtmittelwert der Valenz

Der Marktanteil dieser vier Massenblätter – der *Berliner Morgenpost,* der *B.Z. am Mittag* und des *Tempo* aus dem Ullstein-Verlag sowie der *Berliner Illustrierten Nachtausgabe* aus dem Hugenberg-Konzern – beträgt etwa 40%.

- Dieser Trend verstärkt sich 1930 und 1932 in mehreren Fällen im Hinblick auf das Niveau der Abweichung und gilt nun auch für die *Neue Berliner Zeitung* und die mit der *Berliner Morgenpost* redaktionell verbundene *Berliner Allgemeine Zeitung.*[55] (1930 widmen wiederum noch zwei auflagenschwache nationale Blätter dem NS-Wahlsieg höhere Aufmerksamkeit, 1932 gilt dies einerseits für den *Berliner Börsen-Courier,*[56] andererseits – bei niedriger Wertung des NS-Wahlergebnisses – auch für den *Abend* und das *Berliner Tageblatt,* die einen vermeintlichen Rückgang der nationalsozialistischen Bewegung ausführlich diskutieren).
- Anders als bei den beiden letztgenannten Zeitungen lässt sich bei den Massenzeitungen fast ausnahmslos[57] eine etwas über dem Gesamtwert liegende Siegerwertung feststellen; die überdurchschnittlich hohe Aufmerksamkeit für das Wahlergebnis der NSDAP geht also in der Regel mit einer höheren Valenz einher, und zwar unabhängig von deren jeweiliger Variationsbreite.
- Schließlich ist noch anzumerken, dass der Anteil der werthaltigen Aussagen auf der Ebene der Evaluation generell niedrig (8-11%) liegt.[58] Bei einem im Vergleich zu anderen Siegerparteien generell höheren Anteil werthaltiger Aussagen über die NS-Wahlerfolge (10-16%) liegt er in der Massenpresse unter dem Durchschnittswert (1930: 9% gegenüber 16%; sonst sogar nur 2%!), sodass durch den geringen Stellenwert werthaltiger Aussagen – trotz ihrer durchwegs negativen Tendenz – das übermächtige Sieger-Image wohl kaum relativiert werden konnte.

---

55 Der ebenfalls zur Gruppe der sechs auflagenstärksten Tageszeitungen gehörende *Berliner Lokal-Anzeiger* kann im Untersuchungszeitraum insofern nicht zum Typ der Massenblätter gezählt werden, als er Berichterstattungsmuster aufweist, die offenbar seiner Zugehörigkeit zur Gruppe der „Elitemedien" (vgl. Anm. 10) entprechen. Ende des 19. Jahrhunderts von August Scherl durchaus als Vertreter des Typs der modernen Massenpresse gegründet, sollte er unter Hugenberg insbesondere nach seiner Wahl zum Parteivorsitzenden der DNVP 1928 neben dem eher farblosen *Tag*, wie auch zeitgenössische Untersuchungen hervorheben, zum „Sprachrohr für die Interessen der Deutschnationalen Volkspartei" werden (Carlé 1931, 158f.).

56 Nach der Entlassung Emil Faktors als Chefredakteur vollzieht der *Berliner Börsen-Courier* einen Rechtsruck.

57 Die *Morgenpost* weicht lediglich 1929 vom erstaunlich hohen Gesamtwert geringfügig nach unten ab, ebenso die *Neue Berliner Zeitung (12 Uhr Blatt)* 1932.

58 Ähnlich stellten Semetko und Schönbach (1994, 53f.) für die Wahlkampfberichterstattung in der Presse zur Bundestagswahl 1990 fest, dass nur bis zu 7% der untersuchten Beiträge Bewertungen von politischen Akteure enthielten – hier allerdings mit Ausnahme der Massenzeitung *Bild* mit einem Anteil von 20%.

In Bezug auf die erste Teilhypothese ist somit festzuhalten, dass sie nur teilweise bestätigt werden konnte. Einerseits hat sich zwar gezeigt, dass vier bzw. ab 1930 fünf der sechs auflagenstärksten Berliner Tageszeitungen dem NS-Wahlergebnis – gemessen am Gesamtwert – höhere Aufmerksamkeit widmen und es (mit nur zwei Ausnahmen) auch stärker ausgeprägt als Sieg wahrnehmen, andererseits hat sich die aufgrund der Ergebnisse der Wahlforschung formulierte Annahme eines zweistufigen Prozesses, wonach dieses Berichterstattungsmuster zuerst, also 1929, die deutschnationalen und ab 1930 auch die liberal orientierten auflagenstarken Zeitungen kennzeichnen würde, nicht bestätigt: es gilt ab dem ersten NS-Wahlerfolg in Berlin 1929 über die redaktionellen Linien hinweg. Dieser Befund wird noch dadurch unterstrichen, dass im Hinblick auf Wahlerfolge der SPD (1928) oder der KPD (1929, 1930) keine vergleichbare Aufmerksamkeitszuwendung feststellbar ist.[59]

Bevor die Ergebnisse für die NSDAP auf kausaler Ebene diskutiert werden, sind einige generelle Beobachtungen zum Attributionsverhalten voranzustellen. In Bezug auf die Häufigkeit der Attributionen scheint es, dass bei gleichrangigen Wahlen (also bei den Reichstagswahlen 1928 und 1930) der kausalen Ebene nahezu gleiche Bedeutung zukommt, da der Wahlentscheid in vergleichbarem Ausmaß begründet wird. Bezogen auf die erste Seite und den Hauptkommentar wurden 1928 und 1930 durchschnittlich 18, 1929 und 1932 nur ca. 10 Attributionen pro Zeitung kodiert. 1928 entfällt der größte Anteil an Attributionen (25%) auf die verlierenden Deutschnationalen, wenn auch dicht gefolgt vom Anteil für den Sieger SPD (20%); 1930 beziehen sich knapp 50% auf den als Überraschung bezeichneten Sieg der NSDAP.

Scheint also einerseits die Wahl 1928 der Annahme der Attributionsforschung zu entsprechen, dass Misserfolg als auslösender Faktor kausaler Zuschreibungen wirksam ist, so könnte andererseits die hohe Zahl an Attributionen bezogen auf den Wahlsieg der NSDAP 1930 durch den stärker umstrittenen Faktor der Überraschung erklärt werden, denn Überraschung wird nicht nur in hohem Ausmaß (23 von 31 Zeitungen) thematisiert, auch der historischen Forschung zufolge war von der Höhe des Wahlsiegs – trotz der Erfolgsserie bei Landtagswahlen – selbst die nationalsozialistische Führung überrascht (Kolb, 1988, 120; jüngst Kershaw 1998, 422). Generell lässt sich hingegen für die vier hier untersuchten Wahlen ein Zusammenhang zwischen der Zahl der Attributio-

59 Dem SPD-Wahlerfolg 1928 widmen – außer der sozialdemokratischen Parteipresse – nur das bei Mosse erscheinende *8-Uhr-Abendblatt* und der *Berliner Börsen-Courier* signifikant oder zumindest symptomatisch höhere Aufmerksamkeit, den kommunistischen Erfolgen 1929 und 1930 – außer der kommunistischen Parteipresse – wieder nur das *8-Uhr-Abendblatt* und 1929 auch das *Tempo*.

nen für die einzelnen Akteure mit dem Aufmerksamkeitsgrad für ihr Wahlergebnis nachweisen (1928: Pearson's r = .95, 1929: r = .87, 1930: r = .88, 1932: r = .91), während in Bezug auf die Valenz kein einheitlicher Trend feststellbar ist (1928: r = .92, 1929: r = .61, 1930: r = .32, 1932: r = .09).[60]

Um den Hypothesen entsprechend selbstwertdienliche Attributionsmuster im Sinne höherer Relevanzzuschreibung überprüfen zu können, wurden zuerst die Ursachenzuschreibungen der Parteizeitungen verglichen. Im Durchschnitt werden Siegerparteien etwa im Verhältnis 2:3 vermehrt external attribuiert[61]. Dagegen attribuieren die Parteizeitungen einen Wahlerfolg der von ihnen repräsentierten Partei – im Chi^2-Test: hoch bis höchst signifikant – internal (1928 *Abend* und *Vorwärts;* 1928, 1929 und 1930 *Die Rote Fahne*; 1930 und 1932 die *Germania*; 1930 der *Völkische Beobachter* und 1932 *Der Angriff).* Es kann daher von der Geltung eines *self-serving bias* ausgegangen werden.

In Bezug auf die Wahlerfolge der Nationalsozialisten finden sich 1929 nur in einigen wenigen auflagenschwachen nationalen Zeitungen vorwiegend internale Attributionen, während 1930 auch die schon mehrfach genannten auflagenstarken Blätter wie die *Berliner Morgenpost* (mit der redaktionell verbundenen *Berliner Allgemeinen Zeitung),* die *Berliner illustrierte Nachtausgabe,* die *Neue Berliner Zeitung* und das *Tempo* – verglichen mit dem Gesamtwert von 2:3 – in höherem Ausmaß internal attribuieren (vgl. Tabelle 4).[62] Wie die steigenden Indexwerte zeigen, ist dieses Attributionsverhalten der Massenzeitungen 1932 – bei einem durchschnittlichen Verhältnis von fast 1:3! – noch deutlicher zu beobachten.[63] Die meisten deutschnationalen Blätter führen hingegen den mit ihrer erneuten Niederlage verbundenen NS-Wahlerfolg nunmehr eher auf externale Ursachen wie Fehler der Regierung oder ihre eigene Propaganda für eine Stärkung des „rechten Flügels" zurück. Vergleicht man die Ergebnisse für die NSDAP mit den Attributionen für die Wahlerfolge der KPD 1928, 1929 und 1930, so werden diese ausschließlich von den kommunistischen Zeitungen verstärkt internal attribuiert.

In Bezug auf die zweite Teilhypothese konnte somit das erwartete höhere Ausmaß internaler Ursachenzuschreibung für die Massenblättern 1930 und 1932 im Wesentlichen bestätigt werden. Nicht bestätigt werden konnte hingegen erneut

60 Hinsichtlich der von Möller (1997, 129f.) diskutierten widersprüchlichen Befunde auf die Frage nach den auslösenden Bedingungen spontaner Attributionen in archivarischem Datenmaterial lassen die Ergebnissen dieser Studie vermuten, dass für Massenmedien Bedingungen wie Überraschung oder Valenz nicht an sich gelten, sondern unter dem Gesichtspunkt der Wirksamkeit von Nachrichtenfaktoren untersucht werden sollten.

61 Verliererparteien werden zu allen untersuchten Wahlen durchschnittlich 1:2 internal attribuiert.

62 Keine Attributionen in der *Neuen Berliner Zeitung*, nur eine in der *B.Z. am Mittag*.

63 Keine Attributionen in *B.Z. am Mittag* und in der *Neuen Berliner Zeitung*.

	1929				*1930*				*1932*			
	N	$P_{int\,(NS)}$	$P_{ext\,(NS)}$	I^L	N	$P_{int\,(NS)}$	$P_{ext\,(NS)}$	I^L	N	$P_{int\,(NS)}$	$P_{ext\,(NS)}$	I^L
Der Abend	8	–	–	–	11	.18	.18	+.49	2	.00	1.00	-2.89
8 Uhr-Abendblatt	22	.05	.09	+.03	31	.10	.19	-.10	40	.08	.38	-.43
Der Angriff									13	.46	.00	+2.76
Berlin am Morgen	14	.07	.21	-.57	13	.23	.38	-.31	12	.17	.50	-.39
B. Allgem. Ztg.	16	.06	.19	-.48	15	.33	.20	+1.35	6	.50	.00	+2.95
B. Blatt	5	–	–	–	27	.41	.41	.67	4	–	–	–
B. Börsen-Courier	14	.00	.21	-1.35	41	.10	.24	-.38	4	.50	.50	+1.29
B. Börsen-Ztg.	17	.12	.06	+1.04	36	.22	.17	+.83	5	.20	.20	+.78
B. ill. Nachtausg.	–	–	–	–	13	.15	.15	+.47	4	.50	.00	+2.95
B. Lokal-Anzeiger	5	–	–	–	14	.00	.14	-.43	9	.00	.22	-.30
B. Morgenpost	14	.07	.14	-.06	18	.28	.22	+.88	6	.50	.00	+2.95
B. Morgen-Ztg.	8	.00	.38	-2.51	11	.27	.45	-.44	3	–	–	–
B. Tageblatt	10	–	–	–	28	.07	.61	-2.54	26	.08	.35	-.33
B. Volks-Ztg.	6	.00	.33	-2.21	13	.08	.38	-1.28	7	.00	.43	-.99
B.Z. am Mittag	2	–	–	–	1	–	–	–	2	–	–	–
Der Deutsche	6	.33	.17	+2.61	1	–	–	–	10	–	–	–
Dte. Allgem. Ztg.	16	–	–	–	25	.44	.44	+.70	7	.14	.29	+.21
Dte. Tagesztg.	5	–	–	–	17	.12	.35	-.85	10	.00	.30	-.56
Dte. Ztg.	7	.29	.29	+1.24	17	.41	.12	+2.29	17	.06	.18	+.15
Der Funke									12	.25	.50	+.03
Germania	14	.21	.07	+2.00	31	.13	.26	-.26	9	–	–	–
Der Jungdeutsche	3	–	–	–	2	–	–	–	6	–	–	–
Neue B. Ztg.	–	–	–	–	10	.50	.30	+1.84	–	–	–	–
N. Preuß. Kreuz-Ztg.	17	–	–	–	28	.04	.32	-1.19	2	.00	1.00	-2.89
Der Reichsbote	6	–	–	–	17	.29	.35	+.26	10	–	–	–
Rote Fahne	9	–	–	–	21	.00	.29	-1.22	28	.11	.36	-.21
Tägl. Rundschau					11	.00	.36	-1.65	12	.00	1.00	-2.89
Der Tag	27	.19	.04	+1.93	23	.30	.17	+1.31	19	.05	.26	-.17
Tempo	–	–	–	–	7	.43	.29	+1,47	3	.67	.00	3,79
Völk. Beobachter					25	.48	.16	+2.49				
Vorwärts	14	–	–	–	29	.21	.34	-.25	18	.11	.56	-.85
Vossische Ztg.	32	.03	.16	-.59	28	.11	.36	-.94	9	.00	.44	-1.04
Welt am Abend	16	.13	.38	-1.15	18	.17	.44	-1.05	4	.25	.50	+.03

Tabelle 4: Attributionen für das Wahlergebnis der NSDAP 1929-1932 in den Berliner Tageszeitungen

N Gesamtzahl der Attributionen

$P_{int\,(NS)}$ *bzw.* $P_{ext\,(NS)}$ Anteil der internalen/externalen Attributionen für das Wahlergebnis der NSDAP (nicht berücksichtigt: $N_{NS} = 1$)

I^L Lokationsindex (z_{int} abzüglich z_{ext} *wobei* z_{ext} und z_{int} = standardisierte Anteilswerte internaler und externaler Attributionen; „+"-Werte = verstärkt internal; zum Verfahren vgl. Anm. 41) Min./Max. 1929: -7.00/+11.05, 1930: -5.15/+3.38, 1932: -2.89/+5.47

der vermutete zweistufige Prozess, diesmal aber deshalb, weil 1929 in den Massenzeitungen kaum Ursachenzuschreibungen zu finden sind. Wiederum muss also eher von ähnlichen Berichterstattungsmustern der Massenpresse gesprochen werden: Einerseits verweist das vergleichsweise häufigere Ausblenden der Kausalebene darauf, dass sie ihren Lesern „unrelated events" (Iyengar 1991, 143) ohne viele Erklärungen bietet, andererseits misst sie bei offenbar erhöhtem Erklärungsbedarf den Umständen, also externalen Ursachen, zugunsten internaler Begründungen geringere Bedeutung bei.[64]

Auf der kausalen Ebene ist noch einmal die Bewertung anzusprechen. Im Gegensatz zum geringen Anteil werthaltiger Aussagen auf der Evaluationsebene sind durchschnittlich über 80% der internalen Attributionen wertbesetzt. Nach einem Vorschlag von Feather (1992) kann davon ausgegangen werden, dass Ergebnisse als weniger „verdient" wahrgenommen werden, wenn negativ bewertetes Verhalten zum Erfolg führt und umgekehrt.[65] Die Analyse zeigt, dass 1930 die gesamte nationale Presse mit Ausnahme der als „Elitemedien" identifizierten Parteiblätter der Deutschnationalen und der rechten Splitterparteien (*Berliner Lokal-Anzeiger, Deutsche Tageszeitung* und *Neue Preußische Zeitung*) den NS-Wahlerfolg ausnahmslos und in hoher Zahl positiv attribuieren, während die Blätter aller Konkurrenzparteien versuchen, ihn durch negative Attributionen zu relativieren. Für die Massenpresse gilt, dass die sparsamen (in einzelnen Zeitungen sogar widersprüchlich bewerteten) Attributionen eine vergleichsweise nur geringe Möglichkeit für eine eindeutige Positionierung bieten. 1932 wird sie schließlich in Bezug auf die NSDAP kaum mehr genützt (während die beiden Mosse-Blätter *8-Uhr-Abenblatt* und *Berliner Tageblatt* sowie die sozialdemokratische und kommunistische Presse weiterhin negativ attribuieren und der *Angriff* das erzielte Ergebnis positiv untermauert).

Auch die Analyse der Stabilitätsdimension trägt zu einer differenzierteren Beurteilung der auf der Lokationsdimension gewonnenen Ergebnisse bei. Insgesamt überwiegen 1929 instabile (annähernd 90%), 1930 und 1932 hingegen stabile Attributionen (jeweils fast 60%). Für die Parteizeitungen gilt, dass sie den

---

64 Dieses Attributionsverhalten gilt in Bezug auf alle Siegerparteien – lediglich mit Ausnahme der KPD, für die im Rahmen einer längerfristig angelegten Analyse zu klären wäre, ob die beobachtete konstant externale Attribuierung ihres Erfolgs mit möglichen Auswirkungen eines politischen Cleavages zusammenhängt, das die journalistischen Muster überlagert.

65 Nach Feather (1992) ist für die Beurteilung des Wahlergebnisses als verdient oder unverdient die Werthaltigkeit *kausaler Verantwortungszuschreibung* (internal-kontrollierbare Attribution) auf die Valenz des Ergebnisses (Erfolg bzw. Misserfolg) zu beziehen. Da der Anteil nicht kontrollierbarer internaler Attributionen in der Nachwahlberichterstattung in dieser Zeit außerordentlich gering ist (siehe unten), kann er hier vernachlässigt werden.

Wahlsieg ihrer Partei – im Chi^2-Test: hoch signifikant – stabil attribuieren.[66] Bezogen auf das Wahlergebnis der NSDAP zeigt sich, dass es 1930 – neben dem *Völkischen Beobachter* (I^S = +1.98) und der NS-nahen *Deutschen Zeitung* (I^S = +2.57) – von der auflagenstarken *Nachtausgabe* am stärksten abweichend stabil attribuiert wird (I^S = +1.52), während die liberalen Massenzeitungen (am schwächsten die *Morgenpost:* I^S = -.66) instabil abweichen (I^S < -3.00). 1932 entsteht ein uneinheitliches Bild: einerseits attribuiert die *Nachtausgabe* in noch höherem Ausmaß stabil (I^S = +2.11), obwohl die meisten deutschnationalen Blätter angesichts ihrer erneuten Niederlage ihr Attributionsverhalten von 1930 geändert haben und kurzfristige, die Erfolgserwartung reduzierende Ursachen herausstreichen; andererseits übertrifft das *Tempo* – gegenüber einem höheren instabilen Wert der *Morgenpost* (I^S = -1.92) – sogar das Ausmaß stabiler Attributionen in der *Nachtausgabe* (I^S = +2.77).[67] Wieder ist anzumerken, dass im Vergleich dazu der Wahlerfolg der KPD ausschließlich von den kommunistischen Blättern verstärkt stabil attribuiert wird.

Die dritte Teilhypothese kann also nur für das deutschnationale Massenblatt bestätigt werden. Die liberale Presse reduziert hingegen 1930 deutlich die Erfolgserwartung der NSDAP, indem sie deren Wahlergebnis häufiger als im – relativ ausgewogenen – Durchschnitt auf instabile Faktoren zurückführt.[68] 1932 kündigt sich möglicherweise eine Trendwende an.

Da die als dritte Ursachendimension gemessene Kontrollierbarkeit mit der Zuschreibung von politischer Verantwortung gleichgesetzt werden kann, überrascht nicht, dass in der Nachwahlberichterstattung überwiegend kontrollierbare Attributionen – nämlich 1929 fast 80%, 1930 und 1932 sogar ca. 90% – zu finden sind. Sie sollen gemäß den von Brickman et al. (1982) entwickelten und von Iyengar und Kinder (1987) für die politische Kommunikation adaptierten Modellen in Beziehung zu den Zuschreibungen von handlungsbezogener Verantwortlichkeit gesetzt werden. Für die kausale Ebene ist voranzustellen, dass die in Bezug auf die Lokationsdimension beschriebenen Trends erhalten bleiben bzw. leicht verstärkt werden. Hinsichtlich der Zuschreibung handlungsbezogener Verantwortlichkeit entfallen auf die NSDAP 1930 und 1932 rund 40% der Aussagen in dieser Kategorie (ein Wert, der auch 1928 für den Wahlsieger SPD gilt), der Anteil internaler Zuschreibungen sinkt jedoch im selben Zeitraum von fast 70% auf etwa 60%.

66 Mit Ausnahme der *Roten Fahne* 1929.

67 Keine Attributionen in der *Neuen Berliner Zeitung*, nur eine in *der B.Z. am Mittag*.

68 In Kombination mit der verstärkt internalen Orientierung sind das vor allem Ursachen, die sich auf die Wahlagitation der Nationalsozialisten beziehen, wobei freilich auffällt, dass der „fast ebenso hohe propagandistische Aufwand" der KPD (Ohr 1997, 239) nicht thematisiert wird.

Trägt man für die einzelnen Zeitungen die im Vergleich zur Grundgesamtheit ermittelten Wahrscheinlichkeitswerte[69] für internale kausale und handlungsbezogene Verantwortlichkeit in ein Koordinatensystem ein, so entsprechen die vier Quadranten den vier genannten Modellen. Wiederum ist voranzustellen, dass die Parteizeitungen die von ihnen repräsentierte Partei ausnahmslos dem Selbstbestimmungsmodell zuordnen. Für die NSDAP zeigt sich deutlich, dass ihr die meisten Massenblätter[70] sowohl 1930 (Schaubild 3) als auch 1932 (Schaubild 4) – gemäß diesem Modell, zu dem sich 1932 auch alle Zeitungen von Industrie und Wirtschaft bekennen – nicht nur kausal, sondern auch handlungsbezogen ein hohes Maß an internaler Verantwortlichkeit zuschreiben. Dem Selbstbestimmungsmodell gegenüberliegend, am Pol des gesellschaftlichen Modells, befinden sich sowohl die meisten anderen Parteizeitungen[71] (mit Ausnahme der deutschnationalen) als auch die Blätter des Mosse-Verlags und die *Vossische Zeitung*, die die anderen politischen Akteure bzw. die Gesellschaft als Ganzes sowohl für die Ursachen des NS-Wahlergebnisses als auch für die daraus zu ziehenden Konsequenzen verantwortlich machen. Die meisten deutschnationalen Zeitungen, die einerseits in ideologischer Nähe zum Nationalsozialismus stehen und andererseits die Konkurrenzpartei im selben Wählersegment vertreten, bevorzugen hingegen das „kompensatorische Modell", indem sie von den Nationalsozialisten erwarten, dass sie sich für die gewährte politische und agitatorische Unterstützung durch die Umsetzung ihres Wahlergebnisses in eine gemeinsamen Interessen dienende Politik erkenntlich zeigen.

Somit kann die vierte Teilhypothese für die Massenzeitungen, sofern sie überhaupt Stellung beziehen, bestätigt werden. Da zur Stadtverordnetenwahl 1929 handlungsbezogene Verantwortlichkeit kaum thematisiert wurde, konnte ein zweistufiger Prozess nicht überprüft werden. Davon ausgehend, dass die Zuschreibung von kausaler und handlungsbezogener Verantwortlichkeit als eine der zentralen Strategien zur Reduzierung der Komplexität politischen Geschehens gelten kann, kommt den durch die Berichterstattung vermittelten Modellen insofern besondere Bedeutung zu, als sie durch das jeweilige Verhältnis des

---

69 Die im Binomialtest ermittelte Überschreitungswahrscheinlichkeit P entspricht einem einseitigem Test, mit dem die Alternative geprüft wird, ob $\pi_1 > \pi$ mit π_1 als Anteil internaler Attributionen in der jeweiligen Zeitung und π als Anteil in der Grundgesamtheit; zur Interpretation der Abweichungen vgl. Anm. 35.

70 Jene Zeitungen, die keine Zuschreibungen von Verantwortlichkeit vornehmen, sind in den Legenden zu den Schaubildern 3 und 4 genannt.

71 Auffällig ist, dass parteinahe Massenblätter wie die Zeitungen aus dem kommunistischen Münzenberg-Konzern *Berlin am Morgen* und *Welt am Abend* oder auch der sozialdemokratische *Abend* nicht immer ähnlich deutliche Positionen einnehmen wie die „Elitemedien" der jeweiligen Parteien.

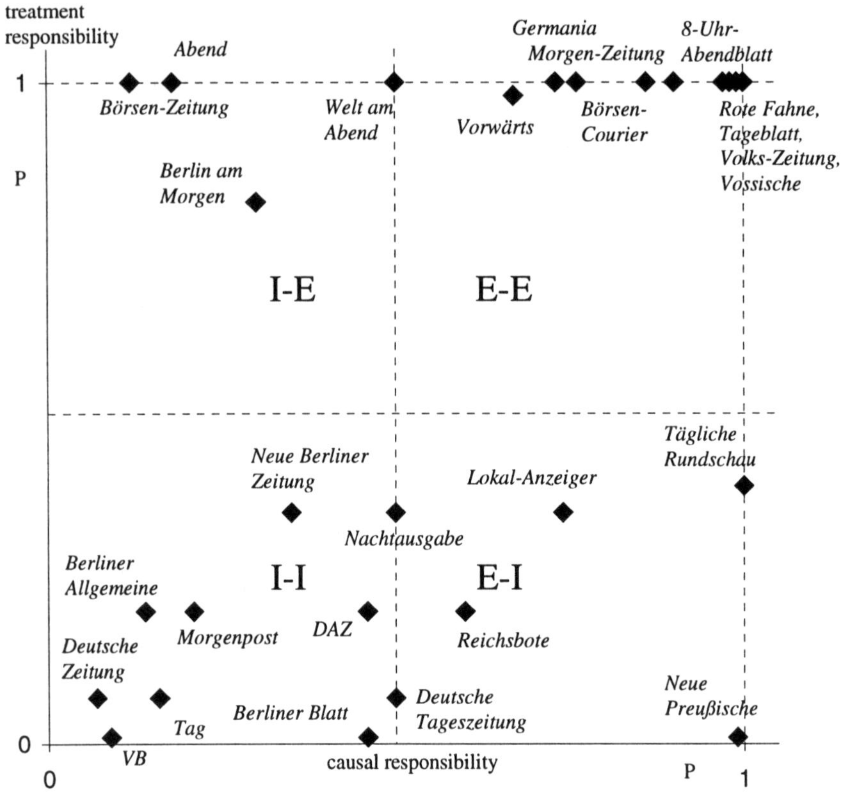

Schaubild 3: Zuschreibung von kausaler und handlungsbezogener Verantwortlichkeit 1930 (I = internal; E = external); Ergebnisse von Binomialtests (Vergleich Zeitung – Grundgesamtheit; P = Überschreitungswahrscheinlichkeit bei einseitigem Test)

Aussagen auf nur einer Ebene:	Nicht enthalten (N ≤ 1):
BZ am Mittag: Treatment P = 0,9	*Der Deutsche*
Der Jungdeutsche: Treatment P = 0,8	*Tempo*

politischen Akteurs zur Gesellschaft definiert sind. Während in drei der vier möglichen Modelle die anderen politischen Akteure bzw. die Gesellschaft einbezogen sind, betont das von der Massenpresse für den NS-Erfolg bevorzugte „Selbstbestimmungsmodell" die Verantwortlichkeit des einzelnen Akteurs, dem (nahezu) allein Handlungs- bzw. Lösungskompetenz zugestanden wird. „Moreover, in leading people to believe that they are responsible for all things, it may lead them to believe that all things are possible." (Brickman et al 1982, 371)

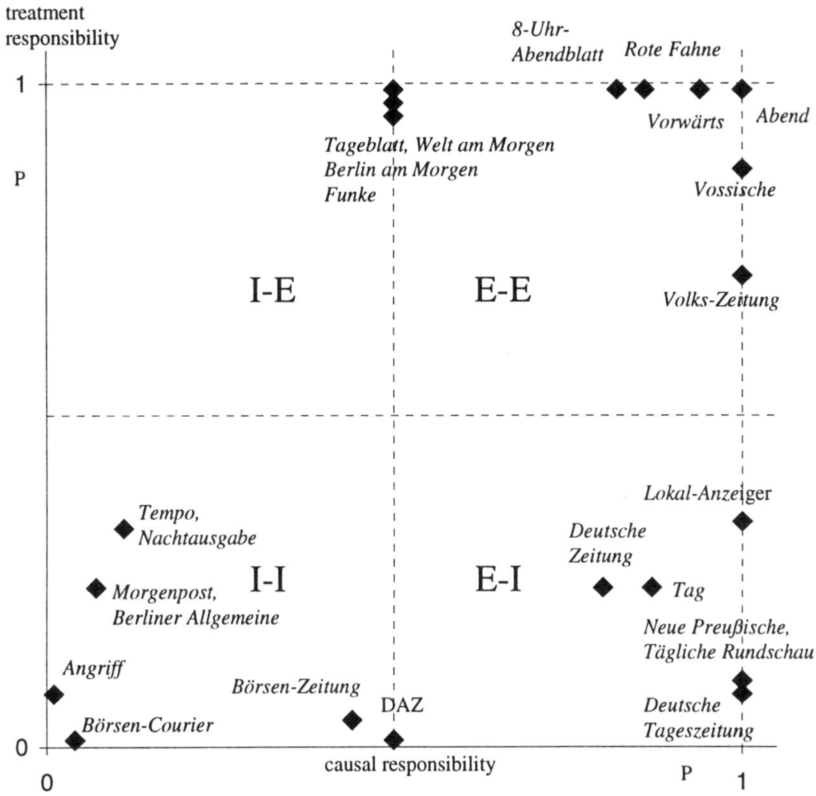

Schaubild 4: Zuschreibung von kausaler und handlungsbezogener Verantwortlichkeit 1932 (I = internal; E = external); Ergebnisse von Binomialtests (Vergleich Zeitung – Grundgesamtheit, P = Überschreitungswahrscheinlichkeit bei einseitigem Test)

Aussagen auf nur einer Ebene:	Nicht enthalten ($N \leq 1$):
Berliner Blatt: Kausal P = 0,3	*B.Z. am Mittag*
Morgen-Zeitung: Kausal P = 0,9	*Germania*
Der Deutsche: Kausal P = 0,4	*Neue Berliner Zeitung*
Der Jungdeutsche: Kausal P = 1	*Der Reichsbote*

Die Formulierung der Hypothesen zur Überprüfung der Vermutung Hamiltons, dass sich der NS-Aufstieg in einem für ihn günstigen Presseklima vollzog, war von wahlsoziologischen Untersuchungen ausgegangen, wonach sich die NSDAP-Wähler vorerst aus national orientierten und bei sich ausweitender Wählerzahl auch aus liberal orientierten Kreisen rekrutierten. Demgemäß wurde auch im Medienbereich ein zweistufiger, dem Wahlverhalten der jeweiligen Zielgruppen vorgelagerter Prozess angenommen, in dem aufgrund der hohen NS-Wählerzahlen vor allem auflagenstarke Zeitungen involviert sein mussten. Die Ergebnisse der vorliegenden Studie sprechen hingegen für eine *generell* in der Massenpresse zu beobachtende günstige (Nachwahl-)Berichterstattung für die NSDAP ab ihrem ersten Wahlerfolg 1929 im Sinne eines kontinuierlichen, längerfristigen (und längerfristig wirksamen?) Aufbaus eines Sieger-Images, dessen Sichtbarkeit nicht nur alle anderen Parteien in zunehmendem Maße überragt, sondern das auch mit einer ebenfalls zunehmenden internalen Zuschreibung kausaler und handlungsbezogener Verantwortlichkeit verbunden ist.[72] Dies kann als Indiz für die Wirksamkeit von für einen bestimmten Medientypus geltenden journalistischen Handlungsmustern gewertet werden. Allerdings hat sich zur Kennzeichnung dieses Medientypus das Kriterium der hohen Auflage allein als nicht ausreichend erwiesen.[73] Vielmehr dürfte eine mit der zunehmenden Entkoppelung von den politischen Institutionen bzw. der Positionierung am freien Markt verbundene stärkere Orientierung an Nachrichtenfaktoren und Darstellungsformaten als medienspezifischen Relevanzkriterien eine ausschlaggebende Rolle spielen. Dementsprechend modifizierte Hypothesen sollten daher einer auch geografisch und zeitlich umfassenderen Analyse zugrunde gelegt werden.

Literatur

Abele, Andrea. 1985. Thinking about thinking: causal, evaluative and finalistic cognitions about social situations. *European Journal of Social Psychology* 15: 315-332.

Abele, Andrea. 1989. Wir haben gewonnen: Zur Kommentierung von Ergebnissen der Bundestagswahl 1987 durch die betroffenen Politiker. *Zeitschrift für Sozialpsychologie* 20: 38-56.

Abele, Andrea. 1995. Soziale Kognitionen: Taxonomie, Auslösebedingungen, Funktionen. In *Soziale Kognition und empirische Ethikforschung: Beiträge des 9. Hamburger Symposions zur Methodologie der Sozialpsychologie*, hg. von Erich H. Witte, 11-26. Lengerich et al.: Pabst Science Publishers.

Abele, Andrea, und Guido H. E. Gendolla. 1998. Soziale Informationsverarbeitung. In *Psychologie: Eine Einführung. Grundlagen, Methoden, Perspektiven*, hg. von Jürgen Straub, Wilhelm Kempf und Hans Werbik, 579-603. München: dtv.

Abramowitz, Alan, I., David J. Lanoue und Subha Ramesh. 1988. Economic conditions, causal attributions, and political evaluations in 1984 presidential elections. *Journal of Politics* 50: 848-863.

72 Lediglich auf der Stabilitätsdimension konnte kein der Hypothese entsprechender Nachweis erbracht werden.

73 Vgl. Anm. 55 zum *Berliner Lokal-Anzeiger*.

Ansolabehere, Stephen, Roy Behr und Shanto Iyengar. 1991. Mass media and elections: an overview. *American Politics Quarterly* 19: 109-139.

Benton, Marc, und P. Jean Frazier. 1976. The agenda setting function of the mass media at three levels of „information holding". *Communication Research* 3: 261-274.

Bortz, Jürgen, und Paul Braune. 1980. Imagewandel von Politikern aus der Sicht der Leser zweier Tageszeitungen. *Publizistik* 25: 230-253.

Bradley, Gifford Weary. 1978. Self-serving biases in the attribution process: a reexamination of the fact or fiction question. *Journal of Personality and Social Psychology* 36: 56-71.

Brettschneider, Frank. 1994. Agenda-Setting: Forschungsstand und politische Konsequenzen. In *Politik und Medien: Analysen zur Entwicklung der politischen Kommunikation,* hg. von Michael Jäckel und Peter Winterhoff-Spurk. Berlin: Vistas.

Brickman, Philip, Vita Carulli Rabinowitz, Jurgis Karuza, Jr., Dan Coates, Ellen Cohn und Louise Kidder. 1982. Models of helping and coping. *American Psychologist* 37: 368-384.

Brosius, Hans-Bernd. 1994. Agenda-Setting nach einem Vierteljahrhundert Forschung: Methodischer und theoretischer Stillstand? *Publizistik* 39: 269-288.

Cappella, Joseph N., und Kathleen Hall Jamieson. 1996. News frames, political cynicism, and media cynicism. In *The media and politics,* hg. von Kathleen Hall Jamieson, 71-84. The Annals of the American Academy of Political and Social Science, 546. Thousand Oaks, London, New Delhi: Sage.

Carlé, Wilhelm. 1931. *Weltanschauung und Presse: Eine soziologische Untersuchung.* Leipzig: Hirschfeld.

Cohen, Akiba, A.1976. Radio vs. TV: the effect of the medium. *Journal of Communication,* 26, H. 2: 29-35.

Davis, Joel J. 1995. The effects of message framing on response to enviromental communications. *Journalism Quarterly* 72: 285-299.

Eichhorn, Wolfgang. 1996. Agenda-Setting-Prozesse: Eine theoretische Analyse individueller und gesellschaftlicher Themenstrukturierung. München: R. Fischer.

Eksteins, Modris. 1975. *The limits of reason: the German democratic press and the collapse of Weimar Democracy,* Glasgow et al.: Oxford University Press.

Entman, Robert M. 1991. Framing U.S. coverage of international news: Contrasts in narratives of the KAL and Iran air incidents. *Journal of Communication* 41, H. 4: 6-27.

Entman, Robert M. 1993. Framing: towards clarification of a fractured paradigm. *Journal of Communication* 43, H. 4: 51-58.

Falter, Jürgen. 1991. *Hitlers Wähler.* München: Beck.

Falter, Jürgen. 1992. The social bases of political cleavages in the Weimar Republic, 1919-1933. In *Elections, mass politics, and social changes in modern Germany: new perspectives,* hg. von Larry Eugene Jones und James Retallack, 371-397. Cambridge et al.: Cambridge University Press.

Feather, N.T. 1992. An attributional and value analysis of deservingness in success and failure situations. *British Journal of Social Psychology* 31: 125-145.

Feist, Ursula, und Klaus Liepelt. 1986. Vom Primat des Primären: Massenkommunikation im Wahlkampf. In *Wahlen und politischer Prozess: Analysen aus Anlass der Bundestagswahl 1983,* hg. von Hans-Dieter Klingemann und Max Kaase, 153-179. Opladen: Westdeutscher Verlag.

Früh, Werner. 1991. *Medienwirkungen: Das dynamisch-transaktionale Modell: Theorie und empirische Forschung.* Opladen: Westdeutscher Verlag.

Gerbner, George. 1985. Mass media discourse: message system analysis as a component of cultural indicators. In *Discourse and communication: new approaches to the analysis of mass media discourse and communication,* hg. von Teun A. van Dijk. Berlin, New York: de Gruyter.

Graber, Doris. 1980. *Mass media and American politics.* Washington, D.C : Congressional Quarterly Press.

Groeneveld, Anette, und Friedrich Försterling. 1983. Ursachenzuschreibungen für ein Wahlergebnis: Eine Überprüfung von Hypothesen der Attributionstheorie in einer Feldstudie anhand der niedersächsischen Kommunalwahlen 1981. *Zeitschrift für Sozialpsychologie* 14: 262-269.

Hagen, Lutz M. 1995. *Informationsqualität von Nachrichten: Messmethoden und ihre Anwendung auf die Dienste von Nachrichtenagenturen.* Opladen: Westdeutscher Verlag.

Hager, Willi, und Rainer Westermann. 1983. Planung und Auswertung von Experimenten. In *Hypothesenprüfung,* hg. von Jürgen Bredenkmap und Hubert Feger, 24-238. Enzyklopädie der Psychologie B. I. 5. Göttingen, Toronto, Zürich: Hogrefe.

Hamilton, Richard. 1982. *Who voted for Hitler?* Princeton: Princeton University Press.

Heider, Fritz. 1958. *The psychology of interpersonal relations.* New York: Wiley.

Hewstone, Miles. 1989. *Causal attribution: from cognitive processes to collective beliefs.* Oxford, U.K., Cambridge, MA: Basil Blackwell.

Hewstone, Miles, und Frank Fincham. 1996. Attributionstheorie und -forschung: Grundlegende Fragen und Anwendungen. In *Sozialpsychologie: Eine Einführung,* hg. von Wolfgang Stroebe, Miles Hewstone und Geoffrey M. Stephenson, 177-217. Berlin et al.: Springer.

Hewstone, Miles, und Andreas Klink. 1994. Intergruppenattribution. In *Attributionstheorie,* hg. von Friedrich Försterling und Joachim Stiensmeier-Pelster, 73-104. Göttingen et al.: Hogrefe.

Iyengar, Shanto. 1989. How citizens think about national issues: a matter of responsibility. *American Journal of Political Science* 33: 878-900.

Iyengar, Shanto. 1991. *Is anyone responsible? How television frames political issues.* Chicago, London: The University of Chicago Press.

Iyengar, Shanto. 1992. Wie Fernsehnachrichten die Wähler beeinflussen: Von der Themensetzung zur Herausbildung von Bewertungsmaßstäben. *In Öffentliche Meinung: Theorien, Methoden, Befunde,* hg. von Jürgen Wilke, 123-142. Freiburg, München: Alber.

Iyengar, Shanto, und Donald R. Kinder. 1987. *News that matters.* Chicago, London: The University of Chicago Press.

Iyengar, Shanto, Mark D. Peters und Donald R. Kinder. 1982. Experimental demonstrations of the „not-so-minimal" consequences of television news programs. *The American Political Science Review* 76: 848-858.

Jamieson, Kathleen Hall. 1992. *Dirty politics: deception, distraction, and democracy.* Oxford et al.: Oxford University Press.

Jarren, Otfried. Auf dem Weg in die „Mediengesellschaft"? Medien als Akteure und institutionalisierter Handlungskontext: Theoretische Anmerkungen zum Wandel des intermediären Systems. In *Politisches Raisonnement in der Informationsgesellschaft,* hg. von Kurt Imhof und Peter Schulz, 79-96. Reihe Mediensymposium Luzern, 2. Zürich: Seismo.

Jarren, Otfried, und Friedrich Krotz, Hg. 1998. *Öffentlichkeit unter Viel-Kanal-Bedingungen.* Baden-Baden: Nomos.

Kershaw, Ian. 1998. *Hitler: 1889-1936.* Stuttgart: Deutsche Verlags-Anstalt.

Kindelmann, Klaus. 1994. *Kanzlerkandidaten in den Medien: Eine Analyse des Wahljahres 1990.* Opladen: Westdeutscher Verlag.

Klingemann, Hans-Dieter, und Max Kaase, Hg. 1986. *Wahlen und politischer Prozess: Analysen aus Anlass der Bundestagswahl 1983.* Opladen: Westdeutscher Verlag.

Klingemann, Hans-Dieter, und Katrin Voltmer. 1998. Politische Kommunikation als Wahlkampfkommunikation. In *Politische Kommunikation in der demokratischen Gesellschaft: Ein Handbuch,* hg. von Otfried Jarren, Ulrich Sarcinelli und Ulrich Saxer. 1998: Westdeutscher Verlag.

Kolb, Eberhard. 1988. *Die Weimarer Republik* 2. Aufl. München: Oldenbourg.

Kosicki, Gerald M. 1993. Problems and opportunities in agenda-setting research. *Journal of Communication* 43, H. 2: 100-127.

Krahé, Barbara. 1984. Der „self-serving bias“ in der Attributionsforschung: Theoretische Grundlagen und empirische Befunde. *Psychologische Rundschau* 35: 79-97.

Lang, Gladys Engel, und Kurt Lang. 1981. Watergate: an exploration of the agenda-building process. In *Mass Communication Review Yearbook* 2, hg. von G. Cleveland Wilhoit und Harold DeBock, 447-468, Beverly Hills: Sage.

Lau, Richard R., und Dan Russell. 1980. Attributions in the sports pages. *Journal of Personality and Social Psychology.* 39, H. 1: 29-38.

Lau, Richard R., und David O. Sears. 1981. Cognitive links between economic grievances and political responses. *Political Behavior* 3: 279-302

Lehnert, Detlef. 1998. *Die „Erfolgsspirale“ der Ungleichzeitigkeit: Bewertungsmuster der NSDAP-Wahlergebnisse in der Berliner und Wiener Tagespresse.* Opladen: Westdeutscher Verlag.

Lehnert, Detlef, und Klaus Megerle. 1987. Identitäts- und Konsensprobleme einer fragmentierten Gesellschaft: Zur politischen Kultur der Weimarer Republik. In *Politische Kultur in Deutschland: Bilanz und Perspektiven der Forschung,* hg. von Dirk Berg-Schlossser und Jakob Schissler, 80-95. Politische Vierteljahresschrift, Sonderheft 18. Opladen: Westdeutscher Verlag.

Lienert, Gustav A. 1973. *Verteilungsfreie Methoden in der Biostatistik.* Bd. 1. Völlig neu bearb. Aufl. Meisenheim am Glan: Hain.

Mayntz, Renate, Kurt Holm und Peter Hübner. 1972. *Einführung in die Methoden der empirischen Soziologie.* 3. Aufl. Opladen: Westdeutscher Verlag.

McCombs, Maxwell E., und Donald L. Shaw. 1977. The agenda-setting function of the press. In: *The emergence of American political issues,* hg. von Donald L. Shaw und Maxwell E. McCombs, 1-18, St.Paul: West.

McCombs, Maxwell E., und Donald L. Shaw. 1993. The evolution of agenda-settting research: twenty-five years in the marketplace of ideas. *Journal of Communication* 43, H. 2: 58-67.

Melischek, Gabriele, und Josef Seethaler unter Mitarbeit von Christian Balluch und Karin Walzel. 1995. Berliner Tageszeitungen 1918-1933. *Relation: Medien – Gesellschaft – Geschichte* 2, H. 1: 69-109 und H. 2: 47-85.

Melischek, Gabriele, und Josef Seethaler. 1999. Zur soziometrischen Bestimmung von Elitemedien am Beispiel der Berliner Tageszeitungen 1928-1932. *Relation: Medien – Gesellschaft – Geschichte* 6, H. 1.

Melischek, Gabriele, und Josef Seethaler. [in Druck]. Die Berliner und Wiener Tagespresse von der Jahrhundertwende bis 1933: Medienökonomische und politische Aspekte. In *Die lange Geschichte der Kleinen Form: Beiträge zur Feuilletonforschung,* hg. von Kai Kauffmann und Erhard Schütz. Berlin: Weidler.

Merten, Klaus. 1979. Struktur der Berichterstattung der deutschen Tagespresse: Eine repräsentative Inhaltsanalyse der Tagespresse der Bundesrepublik Deutschland im Wahljahr 1976. Bielefeld.

Merten, Klaus. 1995. *Inhaltsanalyse: Einführung in Theorie, Methode und Praxis.* 2. verb. Aufl. Opladen: Westdeutscher Verlag.

Merten, Klaus. 1999. *Einführung in die Kommunikationswissenschaft.* Bd. 1/1: *Grundlagen der Kommunikationswissenschaft.* Münster et al.: Lit.

Miller, Dale T., und Michael Ross. 1975. Self-serving biases in the attribution of causality: fact or fiction? *Psychological Bulletin* 82: 213-225

Missika, Jean-Louis, und Dorine Bregman. 1987. On framing the campaign: mass media roles in negotiating the meaning of the vote. *European journal of communication,* 2: 289-309.

Möller, Jens. 1994. *Attributionen in Massenmedien: Zum Einfluss nationaler Gruppenzugehörigkeit, Gruppengröße und Geschlecht auf spontane Ursachenzuschreibungen.* Bonn: Holos.

Möller, Jens. 1997. *Auslösende Bedingungen leistungsbezogener Attributionen: Paradigma – Forschungsstand – empirische Studien.* Weinheim: Beltz – Psychologie VerlagsUnion.

Ohr, Dieter. 1997. *Nationalsozialistische Propaganda und Weimarer Wahlen: Empirische Analysen zur Wirkung von NSDAP-Versammlungen.* Opladen: Westdeutscher Verlag.

Osgood, Charles E. 1959. The representational model and relevant research methods. In *Trends in content analysis*, hg. von Ithiel de Sola Pool, 33-88. Urbana: University of Illinois Press.

Pan, Zhongdang, und Gerald M. Kosicki. 1993. Framing analysis: an approach to news discourse. *Political Communication* 10: 55-75.

Plasser, Fritz, und Peter A. Ulram. 1996. Kampagnendynamik: Strategischer und thematischer Kontext der Wählerentscheidung. In *Wahlkampf und Wählerentscheidung: Analysen zur Nationalratswahl 1995*, hg. von Fritz Plasser, Peter A. Ulram und Günther Ogris. Wien: Signum.

Reese, Stephen D. 1991. Setting the media's agenda: a power balance perspective. In *Communication Yearbook,* Bd. 14, hg. von James A Anderson, 309-340. Newbury Park, London, New Delhi: Sage.

Robinson, John P. 1974. The press as king-maker: what surveys from last five campaigns show. *Journalism Quarterly* 51: 587-594, 606.

Rogers, Everett, M., James W. Dearing und Dorine Bregman. 1993. The anatomy of agenda-setting research. *Journal of Communication* 43, H. 2: 68-84.

Saxer, Ulrich, und Cosima Tschopp. 1995. *Politik und Medienrealität: Die schweizerische Presse zur Abstimmung über den EWR.* Zürich: Seminar für Publizistikwissenschaft.

Schenk, Michael. 1995. *Soziale Netzwerke und Massenmedien: Untersuchungen zum Einfluss der persönlichen Kommunikation.* Tübingen: Mohr (Paul Siebeck).

Scherer, Helmut, Lutz M. Hagen, Martin Rieß und Theodor A. Zipfel. 1996. The Day After: Eine Analyse der Nachwahlberichterstattung zur Bundestagswahl 1994. In *Wahlen und Wahlkampf in den Medien: Untersuchungen aus dem Wahljahr 1994,* hg. von Christina Holtz-Bacha und Lynda Lee Kaid, 150-176. Opladen: Westdeutscher Verlag.

Schneider, Torsten. 1988. Das Massenmedium Tageszeitung am Ende der Weimarer Republik: Historisch-empirische Analysen zur politischen Ausrichtung, dem Leserkreis und dem eventuellen Einfluss dieses Mediums auf die Wahlerfolge der NSDAP 1928 und 1933. Dipl.-Arbeit. Freie Universität Berlin.

Schönbach, Klaus. 1977. *Trennung von Nachricht und Meinung: Empirische Untersuchung eines journalistischen Qualitätskriteriums.* Freiburg, München: Alber.

Schönbach, Klaus. 1992. Transaktionale Modelle der Medienwirkung: Stand der Forschung. In *Medienwirkungen: Einflüsse von Presse, Radio und Fernsehen auf Individuum und Gesellschaft: Untersuchungen im Schwerpunktprogramm „Publizistische Medienwirkungen"*, hg. von Winfried Schulz. Weinheim: VCH, Acta humaniora.

Schönbach, Klaus. 1993. Images der Kanzlerkandidaten im Wahlkampf 1990: Einflüsse von PR und politischer Werbung im Vergleich. In *Image und PR: Kann Image Gegenstand einer Public Relations-Wissenschaft sein?* hg. von Wolfgang Armbrecht, Horst Avenarius und Ulf Zabel. Opladen: Westdeutscher Verlag.

Schönbach, Klaus, und Wolfgang Eichhorn. 1992. *Medienwirkungen und ihre Ursachen: Wie wichtig sind Zeitungsberichte und Leserinteressen?* Konstanz: Universitätsverlag.

Schulz, Winfried. 1990. Die Konstruktion von Realität in den Nachrichtenmedien: Analyse der aktuellen Berichterstattung. 2. Aufl. Freiburg, München: Alber.

Schulz, Winfried. 1997. *Politische Kommunikation: Theoretische Ansätze und Ergebnisse empirischer Forschung zur Rolle der Massenmedien in der Politik.* Opladen: Westdeutscher Verlag.

Semetko, Holli, und Klaus Schönbach. 1994. *Germany's „unity election": voters and the media.* Cresskill, N.J.: Hampton Press.

Semetko, Holli, Jay Blumler, Michael Gurevich und David Weaver. 1991. *The formation of campaign agendas.* Hillsdale, N.J.: Erlbaum.

Smith, Hedrick. 1988. *Der Machtkampf in Amerika: Reagans Erbe. Washingtons neue Elite.* Reinbek bei Hamburg: Rowohlt.

Sösemann, Bernd. 1976. *Das Ende der Weimarer Republik in der Kritik der demokratischen Publizisten.* Berlin: Colloquium.

Sösemann, Bernd. 1982. Periode des Übergangs oder „Ende des Systems"? Liberale Publizistik im Weimar der Präsidialkabinette. In *Weimars Ende. Prognosen und Diagnosen in der deutschen Literatur und politischen Publizistik 1930-1933,* hg. von Thomas Koebner, 143-181. Frankfurt am Main: Suhrkamp.

Stadel, Florian. 1997. *Die letzten freien Reichstagswahlen 1930/32 im Spiegel der deutschen Presse.* Aachen: Shaker.

Stahlberg, Dagmar, Gabriele Osnabrügge und Dieter Frey. 1998. Die Theorie des Selbstwertschutzes und der Selbstwerterhöhung. In *Theorien der Sozialpsychologie,* Band III: *Motivations- und Informationsverarbeitungstheorien,* hg. von Dieter Frey und Martin Irle, 79-124, 2. Aufl. Bern et al.: Verlag Hans Huber.

Swanson, David L. 1988. Feeling the elephant: some observations on agenda-setting research. In *Communication Yearbook 11,* hg. von James A. Anderson , 603-619. Newbury Park, London, New Delhi: Sage.

Voltmer, Katrin. 1997. Medien und Parteien im Wahlkampf: Die ideologischen Präferenzen der meinungsführenden Tageszeitungen im Bundestagswahlkampf 1990. *Rundfunk und Fernsehen* 45, H. 2: 173-193.

Weaver, David H. 1996. What voters learn from media. In *The media and politics,* hg. von Kathleen Hall Jamieson, 34-47. The Annals of the American Academy of Political and Social Science, 546. Thousand Oaks, London, New Delhi: Sage.

Weaver, David, Doris Graber, Maxwell McCombs und Chaim Eyal. 1981. *Media agenda setting in a Presidental election: issues, images and interests.* New York: Praeger.

Weimann, Gabriel, und Gideon Fishman. 1988. Attribution of responsibility: sex-based bias in press reports on crime. *European Journal of Communication* 3: 415-430.

Weiner, Bernard. 1986. *An attributional theory of motivation and emotion.* New York et al.: Springer.

Weiner, Bernard. 1994. Sünde versus Krankheit: Die Entstehung einer Theorie wahrgenommener Verantwortlichkeit. In *Attributionstheorie,* hg. von Friedrich Försterling und Joachim Stiensmeier-Pelster, 1-25. Göttingen et al.: Hogrefe.

Weiner, Bernard. 1995. *Judgements of responsibility: a foundation for a theory of social conduct.* New York, London: The Guilford Press.

Weiß, Hans-Jürgen. 1986. Rundfunkinteressen und Pressejournalismus: Abschließende Analysen und Anmerkungen zu zwei inhaltsanalytischen Zeitungsstudien. *Media Perspektiven* 53-73.

Weiß, Hans-Jürgen. 1992. Public issues and argumentation structures: an approach to the study of the contents of media agenda-setting. In *Communication Yearbook 15*, hg. von James A. Anderson , 603-619. Newbury Park, London, New Delhi: Sage.

Winkler, Heinrich August. 1998. *Weimar 1918-1933: Die Geschichte der ersten deutschen Demokratie.* Durchgesehene Auflage. München: Beck.

Wong, Paul T. P., und Bernard Weiner. 1981. When people ask „why" questions, and the heuristics of attributional search. *Journal of Personality and Social Psychology* 40: 650-663.

Zeh, Jürgen. 1992. *Parteien und Politiker in der Wahlberichterstattung europäischer Tageszeitungen.* Frankfurt am Main et al.: Lang.

Zuckerman, Miron. 1979. Attribution of success and failure revisited, or: the motivational bias is alive and well in attribution theory. *Journal of Personality* 47: 245-287.

Politikvermittlung
und Politikresonanz

Publizistische Wahlempfehlungen und das Wahlverhalten der jüdischen Bevölkerung in den Reichstagswahlen 1932

Martin Liepach

Die Politik des Jahres 1932 wurde von Wahlen maßgeblich geprägt. Im März fand der erste Durchgang der Reichspräsidentenwahl statt, gefolgt von einem zweiten Wahlgang am 10. April, in dem sich Hindenburg gegen Hitler durchsetzte. Zwei Wochen danach folgten die Landtagswahlen in Preußen, Bayern, Württemberg, Anhalt und Hamburg, die in den jeweiligen Ländern den Nationalsozialisten beträchtliche Zugewinne brachten. Die Reichstagswahl Ende Juli fand in einer politisch aufgeheizten Atmosphäre statt. Nach der Wiederzulassung der SA hatte der Altonaer Blutsonntag (17. Juli) bürgerkriegsähnliche Auseinandersetzungen zur Folge; drei Tage später entzog die Regierung von Papen der preußischen Minderheitsregierung, bestehend aus den Parteien der Weimarer Koalition unter Ministerpräsident Braun, mit Hilfe des militärischen Ausnahmezustands staatsstreichartig die Macht. Aus Sicht der republikanischen Parteien ging es in der anstehenden Wahl um die Verhinderung des totalen nationalsozialistischen Wahlerfolgs und die Erhaltung der Republik. Als es im November erneut zu Reichstagswahlen kam, war der Stern Hitlers, nach Einschätzung vieler Zeitgenossen, bereits am Sinken. Die jüdische Minderheit, mit rund 500.000 Einwohnern rund 0,9 Prozent der Gesamtbevölkerung, verfolgte seit einigen Jahren die politischen Entwicklungen mit großer Besorgnis und wies mahnend auf die sich anbahnenden Verwerfungen innerhalb der politischen Landschaft hin.

Der fortschreitende Erosionsprozess im bürgerlichen Lager und insbesondere die nachlassende Prägekraft des Liberalismus im politischen Leben und der desolate Zustand der liberalen Parteien erfüllte die jüdischen Wähler mit Besorgnis. Die zunehmende Schwäche des republikanischen Lagers wurde als ernst zu nehmende Bedrohung empfunden. So konstatierte die *C.V.-Zeitung,* das auflagenstärkste Blatt innerhalb des jüdischen Spektrums, im April 1932, dass „große Teile des jüdischen Bürgertums heute immer mehr und mehr geistig und politisch heimatlos geworden sind.“[1]

1 *C.V.-Zeitung,* 11 Jg. Nr. 16 vom 8. April 1932, 134. Zur jüdischen Presse vgl. Diehl 1997, 18ff.

1 Publizistische Wahlempfehlungen in der jüdischen Presse

Vor der Wahl im Juli beschäftigte sich der ehemalige Reichsminister und Vorsitzende des Vereins zur Abwehr des Antisemitismus, Gothein, ausführlich mit den zur Wahl stehenden Parteien. Selbstachtung und Ehrgefühl würden auf jeden Fall die Wahl von KPD und NSDAP verbieten. Vorbehalte gab es auch gegen DVP, DNVP und die wirtschaftlichen Splitterparteien. Dabei ist eine Nuancierung gegenüber der DNVP zu beobachten. Mit dem Aufstieg des Nationalsozialismus war diese Partei nicht mehr die größte antisemitische Partei. Relativierend gegenüber früheren Aussagen im Israelitischen Familienblatt hieß es nun, dass von den Deutschnationalen „keine Abschaffung der verfassungsmäßigen Rechte der Juden zu befürchten“ sei.[2] Die Möglichkeit, den Deutschnationalen die Stimme zu geben, wurde nicht von vornherein ausgeschlossen, sondern die Überprüfung des jeweiligen Kandidaten wurde von Gothein zum Kriterium der Wählbarkeit der DNVP erhoben.

Es scheint so, als ob die Darlegungen Gotheins den Vorstellungen der Redaktion nicht angemessen genug waren. In einer Nachbemerkung zu seinem Aufsatz wurden zwar die Darlegungen Gotheins gewürdigt, jedoch formulierte die Redaktion ein eigenes Kriterium für die Wählbarkeit der einzelnen Parteien:[3]

> „Nur die Parteien haben ein Recht darauf, durch Stimmen aus unserem Lager unterstützt zu werden, die bedingungslos für die verfassungsmäßige Gleichberechtigung der deutschen Juden eintreten, die ohne politische Hintertürchen und parlamentarischen Kuhhandel dafür bürgen, dass nicht reaktionäre Bestrebungen die Emanzipation der deutschen Juden zunichte machen ...“

Die Sorge, dass bei der Wahl der Deutschen Staatspartei (DStp) abgegebene Stimmen verloren gehen könnten, hielt Gothein, selbst Mitglied, für unbegründet, da die DStp genügend sichere Wahlkreise besäße. Damit ging Gothein auf die Diskussion um die Chancen der Staatspartei bei der Reichstagswahl und um die Anzahl der maximal zu erringenden Mandate ein. Die politische Bedeutung der Partei hatte mittlerweile erheblich gelitten. Die Frage für den Wähler war, wo er seine Stimme sinnvoll einsetzen könne, ohne dass sie verloren ginge. Offen gab die *C.V.-Zeitung* im Juli 1932 zu, dass dies bei der Staatspartei „besonders schwierig“ sei. Noch frisch waren die Erinnerungen an die preußische Landtagswahl. Dort hatte sie eine vernichtende Niederlage erlebt. Sie hatte in dieser Wahl gut 332.000 Stimmen erhalten und damit nur noch zwei Sitze errungen; die Deutsche Volkspartei, mit gut 2.000 Stimmen weniger, erzielte sieben Sitze.

---

2 *Israelitisches Familienblatt*, 34. Jg., Nr. 30 vom 28. Juli 1932.

3 Ebd.

Ursache dieser Diskrepanz war die Eigentümlichkeit des geltenden Wahlrechts in der Weimarer Republik. Für die Reichstagswahlen sah das Reichswahlgesetz vor, dass in jedem der 35 Reichswahlkreise auf je 60.000 abgegebene Stimmen für eine Partei ein Abgeordnetensitz zugewiesen wurde. Verbleibende Reststimmen wurden an den Reichswahlausschuss überwiesen. Dieser zählte die Stimmen der gewöhnlich aus benachbarten Wahlkreisen (z.B. Baden und Württemberg) gebildeten Wahlkreisverbände zusammen. Auf je 60.000 in dieser Weise gewonnene Reststimmen entfiel wiederum ein weiterer Abgeordnetensitz, wobei die Sitze den Kreiswahlvorschlägen nach der Zahl ihrer Reststimmen zugeteilt wurden. Voraussetzung für die Zuteilung eines Abgeordnetensitzes war, dass in einem der Wahlkreise mindestens 30.000 Stimmen erreicht wurden. In einem dritten Schritt zählte der Reichswahlausschuss die in allen Wahlkreisen oder Wahlkreisverbänden verbliebenen Reststimmen zusammen und teilte jedem Reichswahlvorschlag auf je 60.000 Reststimmen einen Abgeordnetensitz zu. Ein verbleibender Rest von 30.000 Stimmen wurde vollen 60.000 gleichgerechnet. Dabei galt für dieses Verfahren die überaus bedeutsame Einschränkung, dass über die Reichsliste höchstens die gleiche Anzahl von Abgeordnetensitzen zugeteilt werden konnte, wie sie zuvor auf die Kreiswahlvorschläge entfallen waren (vgl. Falter et al. 1986, 286). Eine analoge Regelung mit 50.000 notwendigen Stimmen und einer anderen Wahlkreiseinteilung galt für die Erringung eines Mandats in den Landtagswahlen in Preußen. Das geltende Verfahren hatte im April 1932 den Effekt, dass numerisch gut 230.000 Staatsparteiwähler bei der preußischen Landtagswahl genauso gut hätten zu Hause bleiben können, da ihre Stimmen in der Verrechnung wertlos blieben. Die DVP hatte hingegen ihre Stimmen äußerst effektiv in Mandate umsetzen können.

Die aufgeworfenen wahltaktischen Überlegungen hinsichtlich der Deutschen Staatspartei brachten der Redaktion der *C.V.-Zeitung* eine ganze Reihe von Anfragen und Stellungnahmen ein. Statt hierbei Position zu beziehen, publizierte sie in zwei aufeinander folgenden Ausgaben entsprechende Leserbriefe. In sämtlichen Äußerungen wurde niemals erwogen, die Staatspartei als nicht mehr wählbar abzuqualifizieren. Durchweg ging es den Schreibern um die Maximierung jüdischer Wahlstimmen. Dabei drehten sich die Diskussionen vor allem um die notwendigen 60.000 Stimmen, die für die Erringung eines Mandats in einem der 35 Reichswahlkreise notwendig waren. So wurde von Lesern ein dezidiertes Wahlverhalten empfohlen: In den als sicher anzusehenden Wahlkreisen der DStp (Hamburg, Berlin und Württemberg) sollte der jüdische Wähler für diese Partei stimmen. Außerhalb der genannten Wahlkreise sollten das Zentrum oder die Sozialdemokraten gewählt werden.[4]

4 *C.V.-Zeitung*, 11. Jg., Nr. 30 vom 22. Juli 1932, 312ff.

In einem noch nie da gewesenen Ausmaß versuchte die *CV-Zeitung* ihre Leserschaft zum anstehenden Urnengang zu mobilisieren. In einer großformatigen Aufforderung hieß es bereits Anfang Juli: „Vor Antritten der Ferienreise Stimmschein besorgen und sofort eine Spende zur Reichstagswahl für den CV-Kampffonds!"[5] Eine Woche später wurde die kommende Wahl zur entscheidendsten Reichstagswahl erklärt. Weitere Anzeigen folgten. Innerhalb von nur drei Tagen veranstaltete der Landesverband Gross-Berlin zehn Versammlungen innerhalb Berlins. Der Werbeslogan der Staatspartei bezeugt die Besorgnisse, in welche Richtung sie die Abwanderung ihre Wähler befürchtete. In Abgrenzung zu Zentrum und Sozialdemokraten hieß es: „Wer die Freiheit schützen, aber Kulturreaktion oder Sozialismus nicht unterstützen will, kann nur Deutsche Staatspartei wählen."[6]

Das Zentrum betrieb in den jüdischen Zeitungen hingegen eine Wahlwerbung, die spezifisch auf den jüdischen Bevölkerungsteil zugeschnitten war. Explizit wurde herausgestellt, dass das Zentrum für die volle staatsbürgerliche Gleichberechtigung der Juden eintrete.[7] Eine eigens für das *Israelitische Familienblatt* abgefasste Erklärung des Parteivorsitzenden Kaas hatte die Stimmung grundlegend zugunsten des Zentrums geändert. Kaas dementierte beim Empfang der Redakteure die nach der Preußenwahl umlaufenden Gerüchte über eine Zusammenarbeit des Zentrums mit den Nationalsozialisten. Anfang Juli durfte der Zentrumspolitiker Alfred Etscheit auf der Titelseite erneut die Haltung des Zentrums zur Judenfrage darlegen und sich dabei auf die Stellungnahme von Kaas berufen.[8] Deutlich äußerte sich das *Israelitische Familienblatt* zehn Tage vor der Wahl:[9]

> „Das Zentrum kann mehr als die Staatspartei und die Sozialdemokratie als Beweis für seinen gefundenen politischen Instinkt für sich anführen, dass es schon zu Zeiten, als Nationalsozialismus nur und nichts weiter als Antisemitismus zu bedeuten schien, die wahren politischen Ziele der Nationalsozialisten und die demagogischen Kunstgriffe, sie zu erreichen, erkannt und sich gegen sie zur Wehr gesetzt hat."

Aus der bereits genannten Stellungnahme des Führers der Zentrumspartei, Prälat Kaas, gegenüber dem *Israelitischen Familienblatt* wurden die wichtigsten Passagen auch in der zionistischen *Jüdischen Rundschau* abgedruckt. Kommentierend fügte man hinzu, dass das Zentrum weit eher in der Lage sei, „in seiner Stellung zu den Juden affektfrei zu bleiben als andere auf dem Boden der Verfassung stehende Parteien, die befürchten, als ‚Juden-Schutztruppen' bezeichnet

5 *C.V.-Zeitung,* 11. Jg., Nr. 27 vom 1. Juli 1932, 275.

6 *C.V.-Zeitung,* 11. Jg., Nr. 30 vom 22. Juli 1932, 314.

7 Ebd., 318; *C.V.-Zeitung,* 11. Jg., Nr. 31 vom 29. Juli 1932, 329.

8 *Israelitisches Familienblatt,* 34. Jg., Nr. 27 vom 7. Juli 1932, 1.

9 *Israelitisches Familienblatt,* 34. Jg., Nr. 29 vom 21. Juli 1932, 1.

zu werden und angesichts der bis in die weitesten Kreise reichenden antijüdischen Stimmung an Anhang zu verlieren."[10]

Am Vorabend der Reichstagswahlen im Juli 1932 fand in Berlin eine Versammlung jüdischer Zentrumswähler statt. Die meisten Persönlichkeiten, die einen „Aufruf jüdischer Zentrumswähler" unterschrieben hatten, gehörten der dem Zionismus nahe stehenden „Jüdischen Volkspartei" an. Diese hatte sich in den Jüdischen Gemeindewahlen als Gegenpart zu den Liberalen etabliert. Die Jüdische Rundschau nahm die Veranstalter gegen die Kritik der Jüdisch-liberalen Zeitung in Schutz, die ein Flugblatt des „Ausschuss jüdischer Zentrumswähler" kritisiert und eine Komprimittierung der Jüdischen Gemeinschaft genannt hatte. Aber selbst die Jüdisch-liberale Zeitung sah in der Stimmabgabe für eine der großen republikanischen Parteien einen „Akt politischer Zweckmäßigkeit".[11] In der letzten Ausgabe vor der Wahl appellierte der Vorsitzende des Centralvereins auf der Titelseite eindringlich an die „Freunde":[12]

„Der 31. Juli ist ein Entscheidungstag! An ihm sollt Ihr sagen, ob Ihr ein freiheitliches Deutschland wollt, ob Ihr bereit seid, für die Zukunft Deutschlands und Eure Zukunft innerhalb des deutschen Vaterlandes einzustehen. Nichts ist Euch in den letzten Monaten, Wochen und Tagen erspart geblieben. Man verdächtigt Euch, in Synagogen Waffen zu verstecken und zwingt Euch, Eure Läden zu schliessen; man droht Euch Rache für Geschehnisse an, an denen Ihr unbeteiligt wart. Unseren Centralverein nennt man verleumderisch die Stelle, an der die Fäden der ‚roten Mordbanditen' zusammenlaufen. Wir aber antworten laut unseren Gegnern: Hände weg von unserer Ehre, Hände weg von unserer Gleichberechtigung! Seid stark, bleibt fest! Wählt am 31. eine der Parteien, die Euch ein Unterpfand für Freiheit und Gleichberechtigung in Deutschland ohne Terror und Bürgerkrieg geben!"

Für die Linksliberalen war der Ausgang der Reichstagswahl vom 31. Juli 1932 ähnlich enttäuschend wie der der Preußenwahl drei Monate zuvor. Die Staatspartei kehrte mit ganzen vier Abgeordneten (Dietrich, Heuss, Lemmer, Stolper) in das Parlament zurück. Während trotz des enormen Stimmenzuwachses für die Nationalsozialisten der Wahlausgang in der liberalen Presse als Erfolg für die Republik gewertet wurde, äußerte die *CV-Zeitung* verhaltene Skepsis. In ihrer ersten Reaktion titelte sie: „Nach der Wahl: Statt Burgfrieden – Gewalttaten und Blutvergießen" und kommentierte:[13]

„Der Nationalsozialismus hat einen großen Sieg errungen und eine große Niederlage erlitten; einen Sieg durch das ungeheure Anwachsen seiner Abgeordnetensitze, eine Niederlage durch die Unmöglichkeit, die Mehrheit der Stimmen des deutschen Volkes zu erringen – auf friedlichem, d.h. ‚heute legalem Wege' zum ‚Dritten Reich' zu gelangen."

10 *Jüdische Rundschau,* 37. Jg., Nr. 37 vom 10. Mai 1932, 177.

11 *Jüdisch-liberale Zeitung,* 12. Jg., Nr. 12 vom 29. Juli 1932.

12 Freunde! *C.V.-Zeitung,* 11. Jg., Nr. 31 vom 29. Juli 1932, 332.

13 *C.V.-Zeitung,* 11. Jg., Nr. 32 vom 5. August 1932, 334.

Eine ähnliche, öffentliche, wahltaktische Diskussion über die Stimmabgabe zugunsten der Staatspartei gab es im November nicht. Die politische Berichterstattung, bezüglich der republikanischen Parteien konzentrierte sich seit der Juliwahl auf die Haltung des Zentrums.

Neben der Diskussion um eine eventuelle Koalition zwischen Nationalsozialisten und Zentrum sorgte besonders eine Affäre um den Führer des Zentrums im preußischen Landtag, Lauscher, im *Israelitischen Familienblatt* für negative Schlagzeilen. Dieser hatte in einer Sitzung des Unterrichtsausschusses des preußischen Landtags von „einem Ueberwuchern des jüdischen Einflusses im früheren Rundfunk, das nicht in jeder Beziehung der speziellen Begabung der jüdischen Rasse entspreche“, gesprochen. Besorgt fragte sich das Israelitische Familienblatt, wohin das Zentrum gehe, oder, ob das Zentrum gar antisemitisch geworden sei.[14]

In der letzten Ausgabe vor der Wahl im November sah man den jüdischen Wähler nunmehr zwischen den Parteien. „Schwieriger als je“, gestaltete sich die Frage, wohin der jüdische Wähler sich wenden könne. Zwar wurde wieder zu allen Parteien direkt oder indirekt Stellung genommen, doch spitzte die Redaktion ihren Leitartikel auf die Frage zu, ob der jüdische Wähler noch Zentrum wählen könne. Ganz offen schrieb das Blatt, dass diese Partei, die bei der letzten Wahl zehntausende jüdischer Stimmen erhalten hätte, ihre jüdischen Wähler aber außerordentlich enttäuscht hätte. Die Entscheidung, ob es daher noch sinnvoll sei, wiederum das Zentrum zu wählen, wollte die Redaktion den Lesern nicht abnehmen. Zur Entscheidungs- und Diskussionshilfe druckte das Israelitische Familienblatt zwei kontroverse Beiträge zu diesem Thema ab. [15]

Die zionistische *Jüdische Rundschau* forderte erneut „Keine Stimme antisemitischen Parteien“ und rief zu Wahlteilnahme unter Beachtung des zionistischen Standpunkts auf. Der Aufruf nahm gleichfalls Bezug auf eine Stellungnahme der Sozialdemokraten zur Judenfrage, die, nach Einschätzung der *Jüdischen Rundschau,* im politischen Leben Deutschlands aufgrund antisemitischer Demagogie mittlerweile zu besondererer Bedeutung gelangt seien. In ihrer Verlautbarung, aus der der entscheidende Passus zitiert wurde, erklärten die Sozialdemokraten, dass sie weder philo- noch antisemitisch seien. Sie seien die Partei der Unterdrückten, gleich welcher Rasse oder welchem Bekenntnis sie angehörten.[16] Wohlwollend vermerkte die *Jüdische Rundschau,* dass die SPD sich auch durch den antisemitischen Terror nicht in ihrer Kandidatenliste habe beeinflus-

14 *Iraelitisches Familienblatt,* 34. Jg., Nr. 41 vom 13. Oktober 1932, 2; 34. Jg., Nr. 43 vom 27. Oktober 1932, 2.

15 *Israelitisches Familienblatt,* 34. Jg., Nr. 44 vom 4. November 1932, 1.

16 *Jüdische Rundschau,* 37. Jg., Nr. 88 vom 4. November 1932, 425.

sen lassen. Auf der Reichsliste habe die SPD an aussichtsreicher Stelle Juden aufgestellt, auch wenn diese nicht mehr der jüdischen Gemeinschaft angehörten; allein die Tatsache der Nominierung sei in Anbetracht der gegebenen Umstände erwähnenswert. Auch kolportierte das Blatt eine Mitteilung der sozialdemokratischen *Welt am Montag*, wonach der der Zentrumspartei angehörende Minister Stegerwald geäußert haben sollte, die Juden hätten bei der Juliwahl Zentrum gewählt, weil sie glaubten, ein gutes Geschäft machen zu können.[17]

Die *C.V.-Zeitung* vermerkte: „Das Gefühl der politischen Heimatlosigkeit, das den jüdischen Wähler seit Jahren in immer zunehmender Weise belastet hat, hat eine Zuspitzung erfahren, die es nicht erlaubt den Zwiespalt mit beruhigenden Worten abzutun oder gar zu leugnen zu wollen."[18] Sie berichtete von Dutzenden Briefen sowie von telefonischen und mündlichen Anfragen jüdischer Wähler, welche Partei zu wählen sei. In ihrer entsprechenden Stellungnahme verwies die *C.V.-Zeitung* lediglich auf die unbedingte Wahlpflicht.[19]

2 Gab es im Juli 1932 ein strategisches Wahlverhalten unter der jüdischen Wählerschaft?

Nicht nur in den jüdischen Zeitungen fand eine Diskussion um die Sinnhaftigkeit einer Stimmabgabe zugunsten der Staatspartei statt, sondern auch in den großen liberalen Tagesblättern widmete man sich diesem Thema. Die *Frankfurter Zeitung* billigte der Deutschen Staatspartei im Juli 1932 reelle Chancen auf Erringung eines Mandats im Wahlkreisverband Baden-Württemberg zu. Entsprechend deutlich fiel die Wahlempfehlung aus.[20] Ähnlich optimistisch über die Erfolgsaussichten in Baden und Württemberg äußerte sich der Staatsparteiler Peter Reinhold im *Berliner Tageblatt*.[21] Hessen-Darmstadt erwähnte man dagegen in keinem Beitrag als einen erfolgversprechenden Wahlkreis.

Die innerhalb des jüdischen Spektrums breiten Raum einnehmende Diskussion drängt die Frage nach der Umsetzung des empfohlenen Wahlverhaltens auf. Im folgenden sollen verschiedene Datensätze herangezogen werden, um die Frage eines strategischen Wahlverhaltens zu überprüfen.

17 Ebd.

18 *C.V.-Zeitung*, 11. Jg., Nr. 41 vom 7. Oktober 1932, 413.

19 *C.V.-Zeitung*, 11. Jg., Nr. 44 vom 28. Oktober 1932, 437.

20 *Frankfurter Zeitung*, Nr. 540-541 vom 22. Juli 1932, 3.

21 *Berliner Tageblatt*, Nr. 356 vom 29. Juli 1932, 1.

Für die Länder Baden und Hessen liegen Wahlergebnisse und konfessionelle sowie sozialstrukturelle Angaben für die Gemeindeebene vor. In einem bestimmten Querschnitt von Gemeinden ist es möglich, diese in zwei Gruppen aufzuteilen, wobei sie in ihren konfessionellen und sozialen Strukturen weitgehend übereinstimmen (vgl. Liepach 1996, 263ff). Einzig in ihren prozentualen Anteilen an jüdischer Bevölkerung unterscheiden sich die Gruppen signifikant. Während die eine Gruppe jeweils Orte ohne jüdische Bewohner enthält, beläuft sich in der Kontrastgruppe der durchschnittliche prozentuale Anteil an Juden in Hessen auf 5,3 Prozent, in Baden sogar auf 6,7 Prozent. Schaubild 1 kann man die Differenzen entnehmen, wenn man die Wahlergebnisse in den jeweiligen Gruppen miteinander vergleicht.

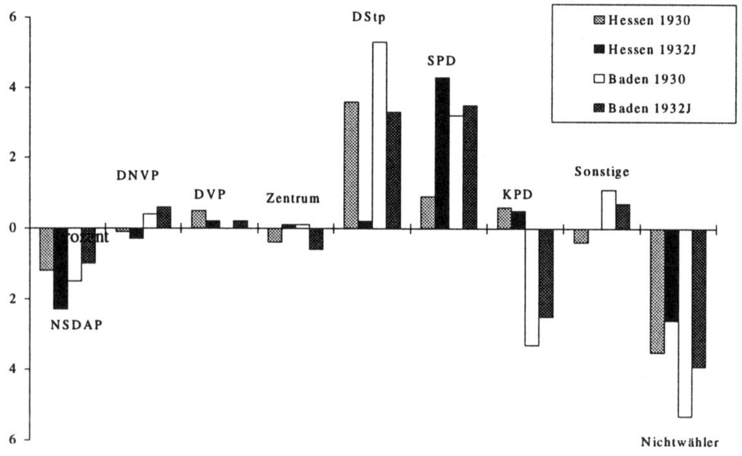

Schaubild 1: Ergebnisse im Vergleich von ländlichen Wahlgemeinden mit jüdischer bzw. ohne jüdische Bevölkerung in Hessen und in Baden (Differenz = Gruppe mit jüdischer Bevölkerung – Gruppe ohne jüdische Bevölkerung).

Für die meisten Parteien fallen die Abweichungen in einen zufallsbedingten Bereich. Auffällig ist, dass in Orten mit jüdischer Einwohnerschaft die Deutsche Staatspartei 1930 in Hessen 3,6 Prozentpunkte mehr erzielten kann. Dieser Vorteil schmilzt im Juli 1932 auf 0,2 Prozentpunkte zusammen. Zugleich nimmt die Differenz für die Sozialdemokraten deutlich zu. In der ersten Gruppe mit einem durchschnittlichen Anteil von 5,3 Prozent Juden können die Sozialdemokraten in der Reichstagswahl 1930 0,9 Prozentpunkte mehr, im Juli 1932 gar 4,3 Prozentpunkte mehr erreichen als in der Vergleichsgruppe ohne Juden.

Für Baden zeigt sich, dass auch dort die Liberalen in den Orten mit jüdischen Bewohnern deutlich besser abschneiden. Gegenüber der Gruppe ohne Juden konnte die Einheitsliste, bestehend aus Deutscher Staatspartei und Deutscher Volkspartei, 5,3 Prozentpunkte mehr erzielen. Dieser Vorsprung geht im Juli 1932 auf 3,3 Prozentpunkte zurück, ist aber nicht vergleichbar mit dem Einbruch der DStp in Hessen. Es scheint, dass zahlreiche jüdische Wähler der Staatsaprtei in Baden die Kraft zutrauten, die notwendige Stimmenzahl für ein Mandat zu erringen. Dabei passt es ins Bild, dass die Sozialdemokraten 1932 im Vergleich zu 1930 ihren Vorteil in Orten mit jüdischen Bewohnern kaum ausbauen konnten. In dieser Gruppe konnten sie jedoch bereits 1930 mit mehr als 3 Prozentpunkten deutlich besser abschneiden. Bemerkenswert ist auch, dass der jüdische Bevölkerungsanteil zu keiner Wahl, weder in Baden noch in Hessen, einen Einfluss auf das Ergebnis des Zentrums besitzt.

Betrachten wir zur weiteren Überprüfung der Hypothese zwei Großstädte: Hamburg und Frankfurt am Main. Dem Hamburger Reichswahlkreis wurden vor der Juliwahl 1932 im Wahlkreisverband mit Schleswig-Holstein gute Chancen eingeräumt, die notwendige Stimmenzahl für einen staatsparteilichen Abgeordnetensitz zu erringen. Hessen-Nassau, der Wahlkreis, in dem Frankfurt am Main lag, gehörte zu keinem Zeitpunkt zu den „empfohlenen" Wahlkreisen. Für beide Städte gibt es die Möglichkeit, die Wahlergebnisse nicht nur auf Stadtteil-, sondern auch auf Stimmbezirksebene, also der kleinsten Wahleinheit, zu betrachten. Damit wäre einer der wichtigen Prämissen der Historischen Wahlforschung Rechnung getragen, kleinstmögliche Erhebungseinheiten zu wählen. Dabei bietet es sich an, sich auf bestimmte Stadtteile zu konzentrieren. Für Frankfurt wurden die westliche und nordwestliche Außenstadt, für Hamburg Rotherbaum und Harvestehude gewählt. In beiden Städten waren es die Stadtteile mit dem höchsten Prozentsatz jüdischer Bevölkerung. In ihrer Sozialstruktur waren sich die beiden Stadtteile sehr ähnlich. Nach den Ergebnissen der Volkszählung 1925 sah die Konfessionsverteilung in den Stadtteilen wie in Tabelle 1 dargestellt aus.

	Juden %	*Protestanten* %	*Katholiken* %
Frankfurt am Main: Westliche und nordwestliche Außenstadt	22,7	50,4	24,2
Hamburg: Rotherbaum u. Harvestehude	15,6	60,7	5,1

Tabelle 1: Konfessionsverteilung in Frankfurter und Hamburger Stadtteilen 1925

Fast die Hälfte aller Juden Hamburgs wohnten in einem der beiden ausgewählten Stadtteile. Sowohl Rotherbaum als auch Harvestehude besaßen einen ausgesprochen niedrigen Arbeiteranteil (17,4 bzw. 11,4 Prozent der Erwerbstätigen). Nehmen wir die Anzahl der im häuslichen Dienst Beschäftigten als Indikator für Wohlstand, so liegen beide Stadtteile eindeutig an der Spitze. In Harvestehude waren sogar mehr als ein Viertel aller Erwerbstätigen in dieser Wirtschaftsabteilung beschäftigt.[22]

Ähnliche Aussagen kann man für die beiden Frankfurter Stadtteile treffen, auch wenn aus den Berufszählungen 1925 und 1933 keine Angaben über die Sozialstruktur vorliegen. Nach den Ergebnissen der Volkszählung 1939 besaßen sie den niedrigsten Arbeiteranteil unter allen Frankfurter Stadtteilen. Stadtökologische Forschungsergebnisse belegen zudem, dass selbst große Bevölkerungsveränderungen und -verschiebungen über einen langen Zeitraum hinweg kaum zu sozialstrukturellen Positionsveränderungen zwischen Stadtbezirken und Ortsteilen in Frankfurt führten (vgl. Weißhaupt und Hagemann o.J., 16). Die Annahme ähnlicher Sozialstrukturen für die Zeit der Weimarer Republik dürfte daher unproblematisch sein. Die westliche und die nordwestliche Außenstadt Frankfurts hatten 1931 den geringsten Prozentsatz an übervölkerten Kleinwohnungen. Mit den knappen Angaben ist bereits die Charakterisierung der Gegenden angedeutet, die Richard F. Hamilton als „best-off districts“ bezeichnet hat (vgl. Hamilton 1982, 118 und 200).

Die Hamburger Stadtteile Harvestehude und Rotherbaum sind Hochburgen der Linksliberalen. Die Deutsche Staatspartei verliert zwar über alle Wahljahre hinweg kontinuierlich, doch geben die Ergebnisse keinen Anlass, von einem totalen Zusammenbruch der Partei zu sprechen, denn mit 9,3 bzw. 8,2 Prozent in den Reichstagswahlen 1932 schneidet die Hamburger DStp im reichsweiten Vergleich überdurchschnittlich gut ab. Die Hamburger Parteiorganisation der Staatspartei wird zu Beginn der dreißiger Jahre zum nachahmenswerten Beispiel stilisiert, wie die Partei sich regenerieren könne (vgl. Langewiesche 1988, 278f.). In der sonst maroden Partei kann der Hamburger Landesverband seit der Niederlage bei der Reichstagswahl 1930 seine Mitgliederzahl verdoppeln. Gegenüber 1930 gewinnt die DStp bei der Bürgerschaftswahl im April 1932 2,8 Prozentpunkte der gültigen Stimmen hinzu.

Unter allen 35 Reichswahlkreisen erreicht die Deutsche Staatspartei in Hamburg mit 6,1 Prozent aller gültigen Stimmen im Juli 1932 mit Abstand das beste Ergebnis. Gustav Stolper (Wahlkreisverband Hamburg-Schleswig-Holstein) und Theodor Heuss (Wahlkreisverband Baden-Württemberg) sind in dieser Wahl die

22 Statistik des Hamburgischen Staates, Heft XXXIII., 78f.

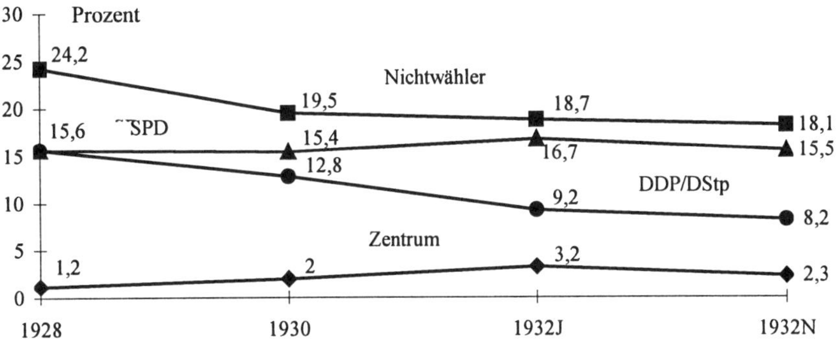

Schaubild 2: Anteilswerte in den Reichstagswahlen 1928 bis 1932 in Harvestehude und Rotherbaum (Hamburg)

einzigen in Wahlkreisverbänden gewählten Reichstagsabgeordneten der Deutschen Staatspartei. In der fraglichen Juliwahl 1932 können Sozialdemokraten und Zentrum in Harvestehude und Rotherbaum leichte Zugewinne verzeichnen. Der Nichtwähleranteil geht leicht zurück, und die Deutsche Staatspartei verliert zwar 3,6 Prozentpunkte, bezogen auf alle Wahlberechtigten, bricht aber nicht wie in Frankfurt vollkommen ein.

Die westliche und die nordwestliche Außenstadt Frankfurts sind bis 1930 gleichfalls liberale Hochburgen. Doch anders als in Hamburg kann man in Frankfurt wirklich von einem Zusammenbruch der Deutschen Staatspartei im Juli 1932 sprechen. Von gut 17 Prozentpunkten 1928 sackt die Partei auf einen einzigen Prozentpunkt ab. Auffällig ist dann aber ein Ansteigen im November 1932. Geradezu antizyklisch verläuft die Entwicklung des Nichtwähleranteils. Während es im Juli 1932 im reichsweiten Durchschnitt zu einem Anstieg der Wahlbeteiligung kommt, steigt in den beiden ausgesuchten Frankfurter Stadtteilen der Nichtwähleranteil. Im November erfolgt dann eine ganz und gar untypische Mobilisierung der Wahlberechtigten. Die Sozialdemokraten können über die Wahlen hinweg Zugewinne verzeichnen. Diese Entwicklung ist absolut gegenläufig zu den Ergebnissen für Gesamt-Frankfurt. Zwischen 1928 und November 1932 sinken die Sozialdemokraten stetig von 24,1 auf 18,6 Prozentpunkte ab. Parallel gewinnen die Kommunisten nicht aber hinzu.

Von großem Interesse ist der Verlauf der Kurve für das Zentrum. Gegenüber 1928 kann das Zentrum im Juli 1932 seinen Stimmenanteil fast verdreifachen. Schätzungen der Historischen Wahlforschung zufolge wurde das Zentrum in den letzten Reichstagswahlen der Weimarer Republik von gut 40 Prozent der Katholiken

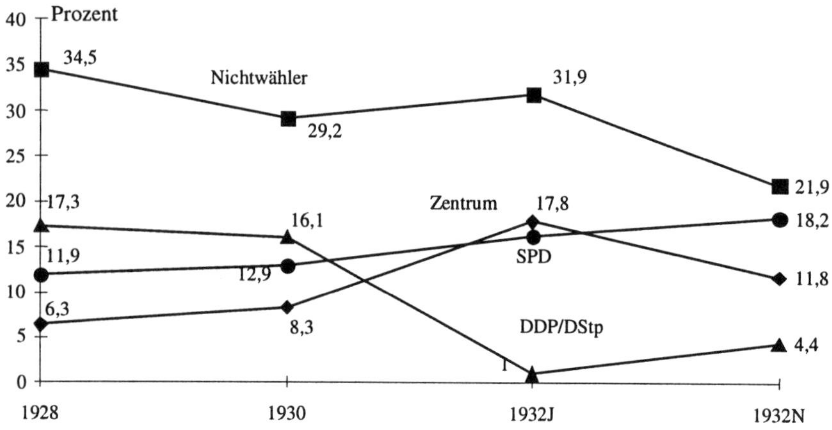

Schaubild 3: Anteilswerte in den Reichstagswahlen 1928 bis 1932 in der westlichen und der nordwestlichen Außenstadt (Frankfurt)

gewählt (vgl. Falter und Bömermann 1991, 298). Setzen wir die 24,2 Prozent Katholiken ins Verhältnis zu den 17,8 Prozent des Zentrums im Juli 1932, so ergibt sich eine erheblich höhere Ausschöpfungsquote. Die Vermutung liegt nahe, dass das Zentrum zahlreiche Stimmen aus der jüdischen Wählerschaft erhielt. Es gibt zumindest Hinweise, die eine derartige Hypothese stützen.

Das Frankfurter Zentrum wurde eher dem linken Flügel der Partei zugerechnet. Hier erschien die *Rhein-Mainische Volkszeitung* (RMV). Namen wie Walter Dirks, Friedrich Dessauer und Oswald von Nell-Breuning prägten die Politik des Zentrums und gaben der Partei einen intellektuellen Zuschnitt. Dessauer war zudem Mitglied im Verein zur Abwehr des Antisemitismus (vgl. Pulzer 1992, 243). In der Frankfurter Gemeindevertretung stand das Zentrum fest zur Zusammenarbeit mit den Sozialdemokraten und der DDP. Durch aktive Mitarbeit in den republikanischen Kampfverbänden trug das Frankfurter Zentrum zu einer bewußtseinsmäßigen Verbundenheit unter den Weimarer Koalitionsparteien bei. Innerhalb des Katholizismus nahm der Kreis um die Rhein-Mainische Volkszeitung zur „Judenfrage" eine Sonderstellung ein (vgl. Greive 1969, 135f.; Blankenberg 1981, 295ff). Für die RMV gab es keine „Judenfrage", sondern lediglich eine Frage nach den Ursachen des Antisemitismus (vgl. Lowitsch 1980, 125ff).

Die unterschiedlichen Entwicklungen in den Hamburger und Frankfurter Stadtteilen finden ihren Niederschlag in den bivariaten Gewinn- und Verlustkorrelationen der Parteien. Die Differenzvariablen werden aus der Differenz der

Anteilswerte aus den beiden Wahljahren gebildet. Bei der Interpretation der Koeffizienten ist zu beachten, wie die Entwicklung der zueinander ins Verhältnis gesetzten Parteien verläuft. Ob die jeweiligen Parteien gewonnen oder verloren haben, ist den Kurven auf den vorherigen Seiten zu entnehmen. Ein positiver Korrelationskoeffizient signalisiert parallele Entwicklungen, ein negativer gegenläufige Entwicklungen in den Stimmgewinnen und Verlusten. Die Koeffizienten geben Auskunft über die Stärke des korrelativen Zusammenhangs zwischen den Differenzvariablen, nicht aber über die Größe der Prozentpunktveränderungen.

	DStp 1932/1930 (Frankfurt)	*DStp J1932/1930 (Hamburg)*
SPD J1932/1930	-.32	-.57
Zentrum J1932/1930	-.93	-.16
Nichtwähler J1932/1930	-.19	-.19

Tabelle 2: Gewinn-Verlust-Korrelationen Reichstagswahlen Juli 1932/1930: Westliche und nordwestliche Außenstadt (Frankfurt), Harvestehude und Rotherbaum (Hamburg)
Frankfurt: N=19; Hamburg: N=38.

Für die Frankfurter Stadtteile ist der Zusammenhang zwischen den Verlusten der Staatspartei und den Gewinnen des Zentrums besonders stark ausgeprägt. Der Wert für die Sozialdemokraten ist in gleicher Weise, aber in deutlich abgeschwächter Form zu interpretieren. Je höher die Stimmenverluste der Staatspartei in den Stimmbezirken der beiden Frankfurter Stadtteile auszufallen tendieren, desto größer sind die Gewinne von Zentrum und Sozialdemokraten. Vergleichsweise gering nimmt sich dagegen die statistische Beziehung zwischen Zuwachs im Nichtwählerlager und den Verlusten der DStp aus.

In den Hamburger Stadtteilen besteht der stärkste korrelative Zusammenhang zwischen den Verlusten der Deutschen Staatspartei und den Gewinnen der Sozialdemokraten. Schwach ausgeprägt ist das Verhältnis zwischen den Verlusten der Linksliberalen und den Zugewinnen des Zentrums. Der Koeffizient für den Nichtwähleranteil ist wiederum negativ. Diesmal ist er anders als für die Frankfurter Stadtteile zu interpretieren, denn in Harvestehude und Rotherbaum verliert das Nichtwählerlager zwischen 1930 und Juli 1932. Das negative Vorzeichen signalisiert die gegenläufige Entwicklungen. Je mehr Wahlberechtigte zur Wahl gehen, desto niedriger tendieren die Verluste der Staatspartei.

Zwei weitere Werte, die auf die unterschiedliche Entwicklung in Hamburg und Frankfurt hindeuten, sind die Korrelationen zwischen den Ergebnissen der

Deutschen Staatspartei im September 1930 und im Juli 1932 auf Stimmbezirksebene. Während sich für Frankfurt ein Wert von .53 ergibt, beträgt dieser für Hamburg .90 (Frankfurt: N=323; Hamburg: N=344). Diese Werte sind so zu interpretieren, dass im Juli 1932 die Deutsche Staatspartei in den Hamburgern Stimmbezirken wieder am besten abschneidet, in denen sie bereits 1930 ihre besten Resultate erzielte, während in Frankfurt sich staatsparteiliche „Hochburgen" abbauen und die Ergebnisse der Stimmbezirke sich nivellieren.

Im Herbst 1932 hatte sich die politische Großwetterlage geändert. Ein entsprechendes strategisches Wahlverhalten wie noch im Juli desselben Jahres wurde den Lesern nicht mehr nahe gelegt. In dieses Bild fügt sich die entsprechende Stimmenentwicklung in den beiden Frankfurter Stadtteilen. Die Deutsche Staatspartei gewinnt wieder hinzu, während das Zentrum deutliche Verluste hinnehmen muss. Die nachfolgende Korrelationstabelle bestätigt einen Zusammenhang zwischen Zentrumsverlusten und staatsparteilichen Gewinnen.

	SPD J1932/N1932 (F/H)		*DStp J1932/N1932 (F/H)*		*Zx J1932/N1932 (F/H)*		*NW J1932/N1932 (F/H)*	
SPD J1932/N1932	1	1	.14	-.26	-.49	-.16	-.03	-.31
DStp J1932/N1932	.14	-.26	1	1	-.49	-.24	-.08	-.05
Zx J1932/N1932	-.49	-.16	-.49	-.24	1	1	.-38	.41
NW J1932/N1932	-.03	-.31	-.08	-.05	-.38	.41	1	1

Tabelle 3: Gewinn-Verlust-Korrelationen Reichstagswahlen Juli 1932/November 1932: Westliche und nordwestliche Außenstadt (Frankfurt), Harvestehude und Rotherbaum (Hamburg)
Frankfurt: N=19; Hamburg: N=38
Lesehilfe: Die 2., 4., 6. und 8. Spalte geben die Gewinn-und Verlustkorrelationen für die beiden Frankfurter Stadtteile an; die 3., 5., 7. und 9. Spalte beziehen sich auf die Hamburger Stadtteile.

In den Frankfurter Stimmbezirken fallen im November 1932 die Gewinne der Deutschen Staatspartei tendenziell umso höher aus, je deutlicher die Verluste des Zentrums sind. Mit -.49 ergibt sich in der Tabelle der höchste Wert für den Zusammenhang dieser beiden Parteien.

Der Vergleich zwischen den Ländern Baden und Hessen, bzw. den Städten Frankfurt und Hamburg, bietet den Vorteil, auf möglichst kleinster Aggregationsebene die Hypothese eines strategischen Wahlverhaltens unter der jüdischen Wählerschaft im Juli 1932 zu überprüfen. Wollen wir reichsweit diese Hypothese testen, können wir auf die „Kreisebene" zurückgreifen. Der Kreisdatensatz umfasst die Stadt- und Landkreise des Deutschen Reiches (vgl. Hänisch). Für die Reichstagswahlen 1930 und Juli 1932 liegen 1033 längsschnittliche stabile Kreiseinheiten vor. Diese können wir in zwei Gruppen unterteilen: Eine Gruppe enthält die Kreise, die in einem „empfohlenen" Reichswahlkreis lagen, die zweite Gruppe beinhaltet diejenigen Kreiseinheiten der Reichswahlkreise, für die keine explizite Wahlempfehlung zugunsten der Deutschen Staatspartei vorlag.

Für nachfolgende Reichswahlkreise lag in jüdischen Zeitungen oder der liberalen Tagespresse eine Wahlempfehlung für die Linksliberalen vor oder wurde dies zumindest in Leserbriefen diskutiert: Potsdam II, Württemberg, Baden und Hamburg.

% =	*„Empfohlene" Wahlkreise*	*„Nicht empfohlene" Wahlkreise*
DStp 1930	14	15
DStp 1932 I	23	7

Tabelle 4: Relativer Einfluss des jüdischen Bevölkerungsanteils auf den Prozentanteil der Deutschen Staatspartei. Standardisierter Regressionskoeffizient (x100)
„Empfohlene" Wahlkreise: N=121; „Nicht empfohlene" Wahlkreise: N=891; gewichtet nach Anzahl der Wahlberechtigten; Kontrollvariablen: Katholikenanteil, Anteil der in Land- und Forstwirtschaft Beschäftigten, Berufslosenanteil

Für die Wahl im September 1930 ist in beiden Gruppen der von der jüdischen Konfessionsvariablen ausgehende Effekt auf das Ergebnis der Deutschen Staatspartei fast gleich stark. Während jedoch in der Gruppe der „nicht empfohlenen" Wahlkreise der Einfluss des jüdischen Bevölkerungsanteils im Juli 1932 deutlich absinkt, nimmt er in der Gruppe der „empfohlenen Wahlkreise" hingegen zu.

Die Ergebnisse der reichsweiten Analyse stützen die These der Umsetzung eines strategischen Wahlverhaltens unter der jüdischen Bevölkerung. Sie offenbaren ein höchst rationales Wahlverhalten. Reduziert man nicht, wie es häufig geschieht, die wahlpolitische Mobilisierung auf die Sozialstruktur und die sich daraus ergebendende sozialökonomische Interessenlage der Wählerschaft, sondern sieht man es aus der Perspektive eines wesentlich umfassenderen Interessenbegriffs, der über das Materielle hinausgeht, in diesem Falle die Verteidigung der in der Weimarer Verfassung garantierten staatsbürgerlichen Gleichberechtigung, so ergibt sich ein höchst vernünftiges Wahlverhalten.

Literatur

Blankenberg, Heinz. 1981. *Politischer Katholizismus in Frankfurt am Main 1918-1933*. Mainz: Grünewald.

Diehl, Katrin. 1997. *Die jüdische Presse im Dritten Reich*. Tübingen: Niemeyer.

Falter, Jürgen W., und Hartmut Bömermann. 1991. Die unterschiedlichen Wahlerfolge der NSDAP in Baden und Württemberg. Ergebnis differierender Sozialstruktur oder regionalspezifischer Faktoren? In *Parteien und regionale politische Traditionen in Deutschland*, hg. von Dieter Oberndörfer und Karl Schmitt, 283-298. Berlin: Duncker & Humblot.

Falter, Jürgen W., Thomas Lindenberger und Siegfried Schumann. 1986. *Wahlen und Abstimmungen in der Weimarer Republik: Materialien zum Wahlverhalten 1919-1933*. München: Beck.

Greive, Hermann. 1969. *Theologie und Ideologie: Katholizismus und Judentum in Deutschland und Österreich 1918-1935*. Heidelberg: Schneider.

Hamburger, Ernest, und Peter Pulzer. 1985. Jews as voters in the Weimar Republic. In *Year Book XXX of the Leo Baeck Institute*, 3-66. London: Secker & Warburg.

Hamilton, Richard F. 1982. *Who voted for Hitler?* Princeton, N.J.: Princeton University Press.

Hänisch, Dirk. 1989. Inhalt und Struktur der Datenbank „Wahl- und Sozialdaten der Kreise und Gemeinden des Deutschen Reichs 1920 bis 1933". *Historical Social Research* 14, Nr.1: 39-67.

Liepach, Martin. 1996. *Das Wahlverhalten der jüdischen Bevölkerung: Zur politischen Orientierung der Juden in der Weimarer Republik*. Tübingen.

Langewiesche, Dieter. 1988. *Liberalismus in Deutschland*. Frankfurt am Main: Suhrkamp.

Löwenstein, Kurt. 1965. Die innerjüdische Reaktion auf die Krise der deutschen Demokratie. In *Entscheidungsjahr 1932: Zur Judenfrage in der Endphase der Weimarer Republik*, hg. von Werner E. Mosse und Arnold Paucker, 349-403. Tübingen: Mohr.

Lowitsch, Bruno. 1980. *Der Kreis um die Rhein-Mainische Volkszeitung*. Wiesbaden et al.: Steiner.

Paucker, Arnold. 1987. Jewish Defense against Antisemtism in Germany 1893-1933. In *Living with Antisemitism: Modern Jewish Responses*, hg. von Jehuda Reinharz, 104-132. Hanover, London: Univ. Press of New England.

Pulzer, Peter. 1992. *Jews and the German state: the political history of a minority 1848-1933*. Oxford et al.: Blackwell.

Rohe, Karl. 1992. *Wahlen und Wählertraditionen in Deutschland: Kulturelle Grundlagen deutscher Parteien und Parteiensysteme im 19. und 20. Jahrhundert*. Frankfurt am Main: Suhrkamp.

Weißhaupt, Horst, und Susanne Hagemann. o.J. Die innerstädtische Sozialstruktur im Prozess der Stadtentwicklung von Frankfurt am Main dargestellt am Beispiel des Arbeiteranteils 1939-1979. *Arbeitsmaterialien und Sonderdrucke zur ökonomischen Bildungsforschung*, hg. vom Deutschen Institut für Internationale Pädagogische Forschung, Abteilung Bildungsökonomie.

Politikvermittlung und Wahlkampfkommunikation zu den GRÜNEN in Deutschland (1983-1990): Der Einsatz eines Mehrmethodendesigns für die Langzeitanalyse

Manfred Knoche

1 Politik und Massenmedien

Das von der Deutschen Forschungsgemeinschaft im Rahmen des Schwerpunktprogramms „Publizistische Medienwirkungen“ (vgl. Schulz 1992) geförderte Forschungsprojekt, über das ich hier – entsprechend der Zielsetzung der Tagung – unter vorwiegend methodischen Gesichtspunkten berichte, ist mit dem Ziel verbunden, einen Beitrag zur Integration kommunikations- und politikwissenschaftlicher Ansätze zu leisten. Im Mittelpunkt steht die Methodenkombination von langfristigen Inhaltsanalysen und Panel-Befragungen. Das Forschungsinteresse konzentrierte sich auf die Tagespresse und auf die Partei DIE GRÜNEN mit dem Ziel, zur Untersuchung des Feldes „Politik und Massenmedien“ im Zusammenhang mit neuen kleinen oppositionellen Parteien beizutragen.

Die Analyse bezieht sich auf einen mehrstufigen langfristigen Prozess medialer Politikvermittlung zu den GRÜNEN unter Einbeziehung von Wahlkämpfen in den Jahren 1983 bis 1989. Dieser Prozess (Schaubild 1) lässt sich vereinfacht in

Schaubild 1: Modell des Prozesses medialer Politikvermittlung
(1) Flugblatt, Broschüre, Mitgliederzeitschrift, Plakat, Internet etc.; (2) Nachrichtenagentur, Zeitung, Publikums- und Fachzeitschrift, Buch, Hörfunk, Fernsehen etc.; (3) Politikrezeption und -wirkung

einem *statischen* Modell veranschaulichen. Ausgangspunkt ist die Politikformulierung und das politische Handeln von politischen Akteuren, die über mediale Politikvermittlung zu einer Politikresonanz beim Zielpublikum führen. Unterschieden wird eine zweigleisige Politikdarstellung:

- über Öffentlichkeitsarbeit mit eigenen Medien an Mitglieder und Bevölkerung sowie
- über Pressearbeit an die Massenmedien.

Dieses übersichtliche Modell wird erheblich komplexer, wenn man es als Grundlage für empirische Untersuchungen als *dynamisches* Modell spezifiziert (Schaubild 2). Zu unterscheiden sind dann mindestens fünf Prozessstufen der Produktion, Selektion und Rezeption von Politik mit einer Vielzahl beteiligter Akteure, die insgesamt ein bestimmtes Verhältnis von Politik und Massenmedien konstituieren und aktualisieren (vgl. Knoche und Lindgens 1990, 580-582):

1. Politik*herstellung* durch Politikformulierung und politisches Handeln der politischen Akteure („Politische Realität"),
2. Politik*darstellung* durch die politischen Akteure und ihre Öffentlichkeitsarbeit (vermittelte „Politische Realität")
3. Politik*vermittlung* durch Nachrichtenagenturen (vermittelte „Politische Realität" bzw. „Medienrealität")
4. Politik*vermittlung* durch Tageszeitungen („Medienrealität") sowie
5. Politik*rezeption* und *-wirkung* in der Bevölkerung („Politikresonanz").

Das Verhältnis von Politik und Massenmedien wird in der Kommunikationswissenschaft zum einen im Rahmen der traditionellen Medienwirkungsforschung hinsichtlich der Agenda-Setting-Funktion der Massenmedien gesehen, d.h. in deren politischer Beeinflussung der Bevölkerung durch eine von der Politik weitgehend unabhängige eigenständige Thematisierungs- und Themenstrukturierungsfunktion. Zusätzlich wird das Verhältnis von Massenmedien und Politik bei der Politikvermittlung in den Mittelpunkt gestellt. Dabei wird einerseits der Einfluss von Massenmedien auf die Politik, die politischen Akteure und den Prozess der Herstellung von Öffentlichkeit untersucht. Andererseits geht es um die Macht von Politikern gegenüber den Medien, ihre politischen Informationen und Meinungen durchzusetzen (Agenda-Building-Ansatz). Ansätze zur Theoriebildung zum Verhältnis von Politik und Massenmedien (vgl. Sarcinelli 1987, 1991; Knoche und Lindgens 1988; Jarren 1988; Jarren et al. 1993; Choi 1995; Schulz 1997; Knoche 1999) lassen sich grob danach unterscheiden, ob sie

- eine *Steuerungs-* und *Inszenierungs*funktion der Politik (Macht der Politik über die Medien, Abhängigkeit der Medien),

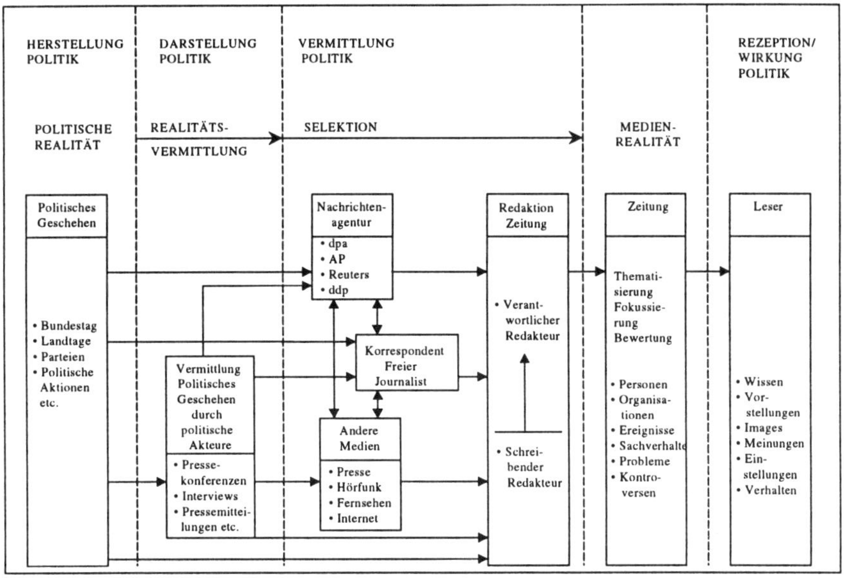

Schaubild 2: Dynamisches Modell des Prozesses medialer Politikvermittlung

- eine *Selektions*funktion der Medien (Macht der Medien über die Politik, Abhängigkeit der Politik) oder
- eine *Symbiose* von Politik und Medien (Macht- und Funktionsverteilung zwischen Politik und Medien zum gegenseitigen Nutzen) betonen.

Bezüglich der Politik der GRÜNEN stellt sich für die 80er Jahre vorrangig die Frage, inwieweit auch eine nicht etablierte Oppositionspartei (vgl. Roemheld 1982; 1987) ähnlich wie die etablierten Parteien Massenmedien steuern oder instrumentalisieren und damit einen gewissen Einfluss auf die Medienberichterstattung gewinnen kann. Dabei interessiert ebenso, inwieweit auch diese Partei dem allgemeinen Zwang zur Mediatisierung der Politik, das heißt zur Orientierung der Politik an Gesetzmäßigkeiten der Medienproduktion unterworfen ist. Schließlich gilt es zu wissen, inwieweit auch die GRÜNEN, ähnlich wie die anderen Parteien, durch eine bewusste strategisch-taktische Anpassung an diese Gesetzmäßigkeiten einen *indirekten* Einfluss auf die Medienberichterstattung ausüben können.

In der Diskussion über „Macht der Politik“ versus „Macht der Medien“ gilt vielen als wissenschaftlich nachgewiesen, dass die Medienberichterstattung durch die Öffentlichkeitsarbeit und Wahlkampfstrategien von Parteien und Regierungen in beträchtlichem Ausmaß „gesteuert“ oder „instrumentalisiert“ wird. Allerdings wird auch zunehmend eine *Symbiose* von etablierter Politik, Wirtschaft und Medien bzw. eine *Interpenetration* von Politik und Medien (vgl. Choi 1995) konstatiert. Die Verallgemeinerbarkeit dieser Ergebnisse erscheint uns jedoch – aufgrund eigener empirischer Untersuchungen zu den GRÜNEN (vgl. Knoche und Lindgens 1988) und in weitgehender Übereinstimmung mit Saffarnia (1993) – allenfalls für den Einfluss *etablierter* Parteien, Institutionen, Organisationen und Unternehmen möglich, soweit sie mit politischer oder wirtschaftlicher *Macht* ausgestattet sind.

2 Politikvermittlung und Medienresonanz zu den GRÜNEN

Zur Erklärung der Medienresonanz der GRÜNEN gehen wir von einem *Funktions-* und *Phasen*-Modell (vgl. Knoche und Lindgens 1993, 761-764) aus, in dem einerseits die Anpassungsleistungen der Medien an die GRÜNEN, andererseits die Anpassungsleistungen der GRÜNEN an die Medien als die entscheidenden Einflussfaktoren angesehen werden. Entscheidend für das Selektionsverhalten der Medien, das auch als eine symbiotisch-strategische Realitätskonstruktion charakterisiert werden kann (vgl. Knoche 1999), sind dabei (Schaubild 3):

- die jeweilige *Position der GRÜNEN im Parteiensystem*, die sich vor allem aufgrund von Wahlergebnissen ergibt (Parteienkonkurrenz, Grundkonstellation im Machtgefüge der Parteien, Parlamentsmehrheiten, Regierungskoalitionen, die GRÜNEN als Machtfaktor), die nicht unwesentlich auch von den Strategien der etablierten Parteien und Regierungen gegenüber den GRÜNEN bestimmt wird (Angriffe/Abgrenzung oder Anpassung/Annäherung an GRÜNE je nach Macht-Konstellation),
- die *innerparteiliche Entwicklung der GRÜNEN*, ihr Parteikonzept und ihre konkreten Politikinhalte („Anti-Parteien-Partei“, „Partei neuen Typs“, Bewegungspartei, Protestpartei, Oppositionspartei, Regierungskoalitions-Partei, Fundamental- oder Realpolitik), die *Öffentlichkeitsarbeit der GRÜNEN* sowie
- die *politische Öffentlichkeit*, die u.a. von den Medienagenden, der Öffentlichkeitsarbeit von Regierungen, Parteien, Organisationen etc., von allgemeinen Problemagenden und Wählerpräferenzen in der Bevölkerung bestimmt wird.

Zu beachten ist, dass in diesem Modell von *Rück*wirkungen der Medienresonanz, des Selektionsverhaltens der Medien und der politischen Öffentlichkeit insgesamt auf Parteikonzept, Politikinhalte und Öffentlichkeitsarbeit der GRÜNEN

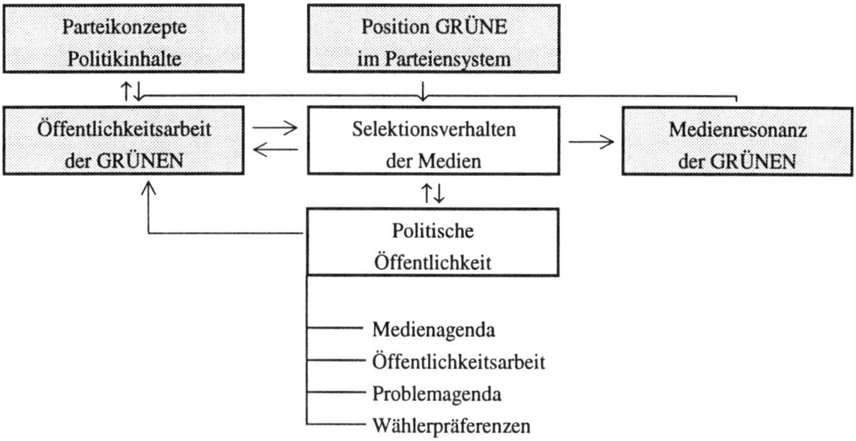

Schaubild 3: Einflussmodell: Medienresonanz der GRÜNEN

ausgegangen wird. Als Ursachen für Konstanz oder Wandel des Bildes der GRÜNEN in den Massenmedien werden also vorwiegend *strukturelle* Veränderungen im politischen System, daran orientierte Veränderungen von Zielen, Strategien und Handeln der Parteien (einschließlich der GRÜNEN) sowie darauf bezogene Medienberichterstattung gesehen. Ausgangspunkte für strukturelle Veränderungen sind dabei vor allem Veränderungen der Wahlergebnisse in Bund, Ländern und Gemeinden sowie der damit verbundenen Koalitionsmöglichkeiten der Parteien und tatsächlichen Regierungskoalitionen.

Je nachdem, welche Position die GRÜNEN seit Beginn der 80er Jahre im politischen System der Bundesrepublik innehatten, lassen sich Veränderungen in der Medienberichterstattung über sie mehr oder weniger deutlich wahrnehmen. Wir können für den Zeitraum von zwölf Jahren zwischen 1980 und 1993 sechs sich teilweise überlappende Phasen identifizieren, in denen Art und Umfang der Berichterstattung über die GRÜNEN sich an den jeweiligen politischen Machtkonstellationen, insbesondere an einem Machtzuwachs oder -verlust der GRÜNEN orientierte (vgl. Knoche und Lindgens 1993, 762-764).

Verschiedene Phasen des Verhältnisses von GRÜNEN und Massenmedien lassen sich auch aufgrund der Wechselwirkungen zwischen dem Wandel des Parteikonzepts der GRÜNEN und der darauf basierenden Professionalisierung ihrer Öffentlichkeitsstrategien von Bundestagswahl zu Bundestagswahl (wie auch bei Landtags- und Europa-Wahlen) unterscheiden. Wie in diesem Phasen-Modell (Schaubild 4) dargestellt, ist eine Entsprechung zu beobachten zwischen

- *Bewegungspartei* und *Gegenöffentlichkeitsstrategie* (außerhalb der etablierten Massenmedien mit „eigenen Medien“) bei den Wahlen 1980 und 1983,
- kleiner *Oppositionspartei* und *Politikvermittlung* als „Sachpolitik“ bei der Wahl 1987,
- *Konkurrenzpartei* (möglicher Koalitionspartner) mit Ansätzen von *Politikmediatisierung* bei der Wahl 1990,
- *Regierungskoalitionspartei* in einigen Bundesländern mit Ansätzen von *Politischem Marketing* bei der Wahl 1994.

Parteikonzept	*1980 / 1983*	*1987*	*1990*	*1994*
Regierungspartei				Politisches Marketing
Konkurrenzpartei			Politik-mediatisierung	
Oppositionspartei		Politik-vermittlung		
Bewegungspartei	Gegen-öffentlichkeit			

Schaubild 4: Phasenmodell: Professionalisierung von Öffentlichkeitsstrategien der GRÜNEN im Wandel von Parteikonzepten bei den Bundestagswahlen 1980-1994.

3 Forschungsdesign und Ergebnisse der Langzeitanalyse zum Verhältnis GRÜNE und Massenmedien

Das Forschungsdesign für die Langzeitanalyse der Presseberichterstattung zur Politik der GRÜNEN und deren Wirkungen in der Bevölkerung (vgl. Knoche et al. 1992, 126-129) ist in Schaubild 5 dargestellt. Durch die Auswahl der beiden Städte Mainz und Freiburg und der dort erscheinenden Tageszeitungen *Allgemeine Zeitung* (Mainz) und *Badische Zeitung* (Freiburg) ist eine quasi-experimentelle Untersuchungsanlage gegeben. Aufgrund dieser regionalen und medialen Zentrierung der Untersuchung ist die – bislang selten realisierte – enge Verknüpfung von Inhaltsanalyse- und Befragungsdaten möglich.

Die beiden Zeitungen waren Gegenstand einer – unseres Wissens in diesem Ausmaß bislang noch nicht realisierten – Kontinuierlichen Inhaltsanalyse (KONTIA) der tagesaktuellen Presseberichterstattung über die GRÜNEN seit ihrem erstmaligen Einzug in den Deutschen Bundestag im März 1983 bis Januar

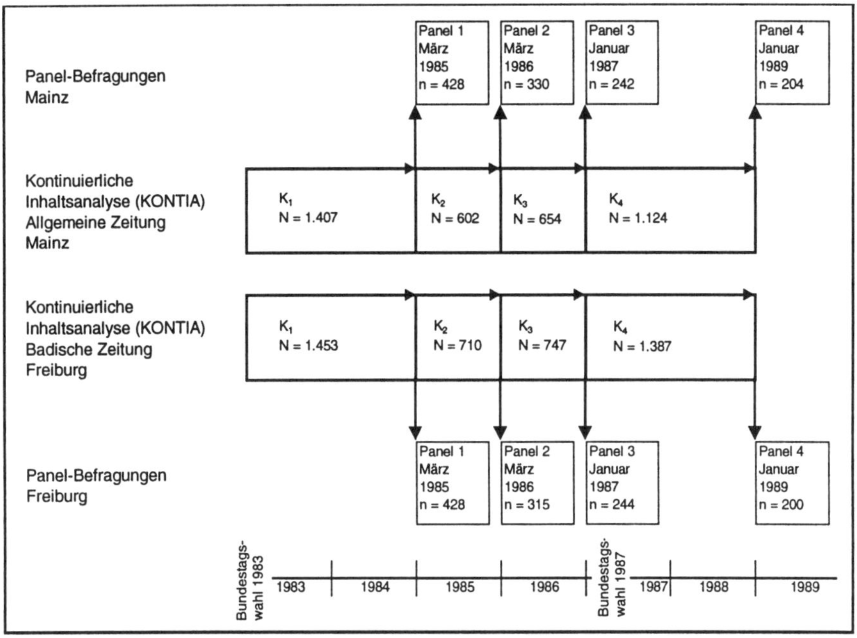

Schaubild 5: Kontinuierliche Inhaltsanalyse und Panel-Befragungen (1983-1989)

1989. Es handelt sich also um eine inhaltsanalytische Langzeit-Vollerhebung, auf deren Basis die Möglichkeit genutzt wurde, anhand von je vier Panelbefragungen in den beiden Städten auch kumulative Pressewirkungen zu messen, die hypothetisch als bedeutsames Wirkungspotential angesehen werden. Trotz der Beschränkung auf zwei Zeitungen sind repräsentative Aussagen für die Bundesrepublik möglich, da es sich um „typische“ Zeitungen handelt, wie wir aufgrund unserer zusätzlich durchgeführten Inhaltsanalysen zu repräsentativen Samples der Tagespresse wissen (vgl. Knoche 1985; Knoche und Lindgens 1988).

Aufgrund des gewählten Forschungsdesigns der Kontinuierlichen Inhaltsanalyse konnten einerseits Langzeitmessungen durchgeführt werden, andererseits weisen die Untersuchungsergebnisse auch auf einen äußerst hohen Grad der Konsonanz der Thematisierungen zwischen den beiden Zeitungen über Zeit hin. Dies kann in Schaubild 6 beispielhaft demonstriert werden. Dargestellt ist die Thematisierung des GRÜNEN-Politikers Joschka Fischer[1] von März 1983 bis

1 Joschka Fischer wurde nicht zufällig als Demonstrationsobjekt ausgewählt und auch nicht deshalb, weil er nach der Bundestagswahl vom September 1998 Bundesaußenminister wurde (die

Dezember 1989. Auf Fischer konzentrierten sich – jeweils weitgehend übereinstimmend in beiden Zeitungen – zeitweise pro Monat 20 bis 30 Prozent, in einem Monat sogar fast 50 Prozent aller Thematisierungen von GRÜNEN-Politikern im überregionalen politischen Teil der untersuchten Tageszeitungen.

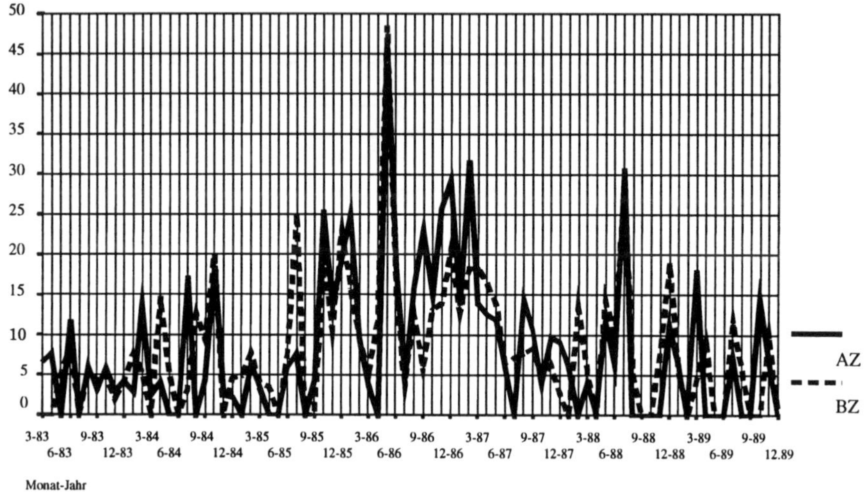

Schaubild 6: Thematisierungen von Joschka Fischer (1983-1989)
in Prozent aller Thematisierungen von GRÜNEN-Politikern pro Monat
in der *Allgemeinen Zeitung* Mainz (AZ) und der *Badischen Zeitung* Freiburg (BZ)

Das Auf und Ab der Presse-Thematisierungen spiegelt weitgehend das Auf und Ab des politischen Werdegangs Fischers wider. Wir werten dies als Bestätigung für unser – in Schaubild 3 vorgestelltes – Einflussmodell zur Medienresonanz der GRÜNEN, wonach das Selektionsverhalten der Medien vor allem durch die Position der Grünen (und einzelner GRÜNEN-Politiker) im Parteien- und Regierungssystem beeinflusst wird. Der erste Aufwärtstrend des Anteils der Fischer-Thematisierungen fällt in die Periode, in der er sich als Politischer Geschäftsführer der ersten Bundestagsfraktion der GRÜNEN von März 1983 bis März 1985 profilierte. Der dann folgende Einbruch ist verbunden mit der damals nach zwei Jahren Bundestagszugehörigkeit erfolgten Rotation, d.h. dem Zwang zum Rück-

vorliegende Veröffentlichung beruht auf meinem Vortrag in Wien vom April 1998), sondern weil er schon in den 80er Jahren neben dem ehemaligen Bundestagsabgeordneten der GRÜNEN Otto Schily der weitaus am häufigsten thematisierte Grünen-Politiker war (vgl. Knoche 1999).

tritt als Bundestagsabgeordneter, denen die GRÜNEN-Abgeordneten 1985 noch im Gegensatz zu heute unterworfen waren. Der folgende Aufwärtstrend fällt in die Zeit, in der Fischer als erster GRÜNEN-Minister in einem Bundesland (Hessen) im Gespräch war und es schließlich im Dezember 1985 auch wurde. Der radikale Rückgang an Thematisierungen ist zeitgleich mit seinem (erzwungenen) Rücktritt als Minister, und das anschließende wechselhafte Auf und Ab fällt in seine Zeit als Oppositionsführer im Hessischen Landtag. Generell zeigt sich hier auch hinsichtlich der GRÜNEN-Politiker eine Tendenz, die Hagen (1992) als generelles Selektionskriterium von Journalisten überzeugend empirisch nachgewiesen hat: dass Journalisten regelmäßig diejenigen Politiker vorrangig thematisieren, die sie zu bestimmten Gelegenheiten zu bestimmten Themen als „opportune Zeugen" für bestimmte Positionen nutzen können.

Die Zusammenhänge von Thematisierungen von Politikfeldern bzw. Politikern der GRÜNEN und ihrer Wahrnehmung in der Bevölkerung im Zeitverlauf von 1983 bis 1989 wurde anhand von cross-lagged correlations gemessen, die im allgemeinen als Indikatoren für Kausalzusammenhänge gewertet werden. In Schaubild 7 sind die hochsignifikanten Zusammenhänge zwischen den Ergebnissen der Kontinuierlichen Inhaltsanalyse und den Panelbefragungen für die Politikfelder dargestellt. Es zeigt sich ein hoher Grad an Stabilität der Presseberichterstattung über Zeit hinsichtlich der Prioritäten der Thematisierungen bestimmter

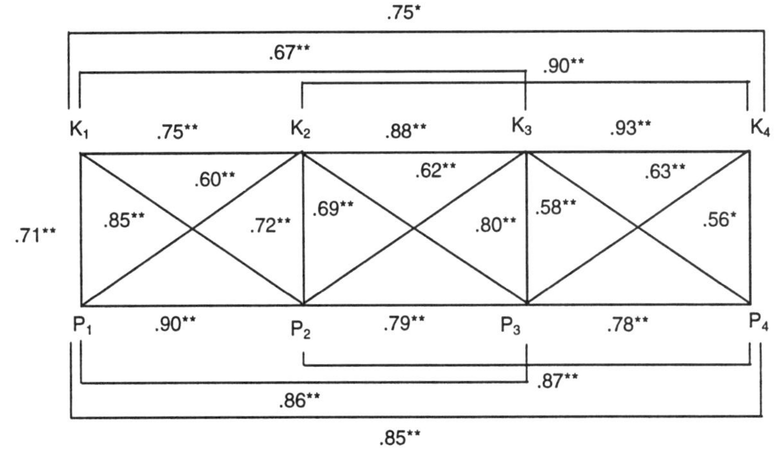

Schaubild 7: Thematisierung und Wahrnehmung von Politikfeldern der GRÜNEN – Zeitungen und Bevölkerung im Vergleich (1983-1989)
Cross-lagged correlations (Pearson's r); K1-K4 = Kontinuierliche Inhaltsanalyse; P1-P4 = Panelbefragungen; Datengrundlage siehe Schaubild 5

Politikfelder – vorrangig die „klassischen“ Themen der GRÜNEN wie Umwelt/Ökologie, Frieden/Abrüstung, Energie und Demokratische Rechte (vgl. Knoche et al. 1992, 129-132) –, der eine Stabilität der Wahrnehmungsprioritäten zu Politikfeldern der GRÜNEN in der Bevölkerung bewirkt.

In Schaubild 8 sind die – ebenfalls größtenteils hochsignifikanten – Zusammenhänge für die Thematisierung und Wahrnehmung von Politikern der GRÜNEN, vorrangig Schily, Fischer und Kelly (vgl. Knoche 1999), dargestellt. Im Gegensatz zur Thematisierung von Politikfeldern zeigt sich für die Politiker in der Presseberichterstattung ein niedrigerer Grad an Stabilität über Zeit. Dies entspricht dem gerade für die GRÜNEN typischen schnellen und häufigen Wechsel der Funktionsträger, auf die sich die Presse einstellen muss. Entsprechend den Veränderungen in den Thematisierungsprioritäten der Presse ändern sich auch die Wahrnehmungsprioritäten in der Bevölkerung, was als Wirkung der Presseberichterstattung interpretiert werden kann. Allerdings zeigt sich in der Bevölkerung tendenziell eine höhere Stabilität über Zeit, die auf eine Tendenz hindeutet, an der Wahrnehmung von aus der Anfangszeit der GRÜNEN bekannten Politikern „festzuhalten“, auch wenn sie inzwischen in der Presse nicht mehr im entsprechenden Ausmaß thematisiert werden.

Im Prinzip haben wir für unsere Analyse einen inhaltlich erweiterten Agenda-Setting-Ansatz angewandt (vgl. Brosius 1994; Eichhorn 1996; Rössler 1997),

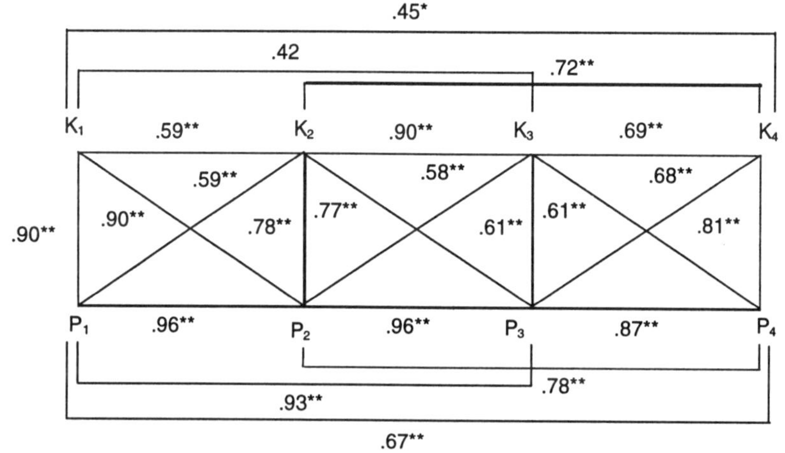

Schaubild 8: Thematisierung und Wahrnehmung von Politikern der GRÜNEN – Zeitungen und Bevölkerung im Vergleich (1983-1989)
Cross-lagged correlations (Pearson's r); K1-K4 = Kontinuierliche Inhaltsanalyse; P1-P4 = Panelbefragungen; Datengrundlage siehe Schaubild 5

der auch die bislang vernachlässigte Agenda-Building durch die politischen Akteure mit einbezieht (vgl. Rogers und Dearing 1988). Deshalb wird

- das politische Themen*bewusstsein* der *Bevölkerung* („Voters' Agenda" bzw. „Public Agenda")
- in Abhängigkeit von den Themen*prioritäten* in den *Medien* („Media Agenda") gesehen,
- die ihrerseits ein Ergebnis der *Selektion* aus den Themen*setzungen* der *politischen Akteure* („Party Agenda" bzw. „Policy Agenda") sind.

Damit werden Selektionsprozesse zu einem zentralen Gegenstand der Wirkungsforschung (vgl. Kepplinger 1989) und die Methodenkombination zu ihrem unverzichtbaren Instrument. Unsere generelle Forschungsfrage lautete: Inwieweit stimmen Politikdarstellung, Politikvermittlung und Vorstellungen von Politik im Bewusstsein der Bevölkerung in ihren Schwerpunktsetzungen überein? Dabei werden Übereinstimmungen zwischen Politikdarstellung und massenmedialer Politikvermittlung als Einfluss der Politik („Macht der Politik"), Nicht-Übereinstimmungen dagegen als Einfluss der Medien („Macht der Medien") interpretiert. Auch Übereinstimmungen zwischen Medien und Bevölkerung werden als Einfluss der Medien interpretiert.

Unterschiedliche Konstellationen in den Übereinstimmungen, Beeinflussungen und Abhängigkeiten zwischen Policy-, Media- und Public-Agenda im Agenda-Building- bzw. Agenda-Setting-Prozess deuten auf die Realisierung unterschiedlicher Modelle hin, wie sie in Schaubild 9 dargestellt sind. Realisiert sind

- ein *Steuerungs*modell mit einem dominanten Einfluss der Politik, wenn es der Politik gelingt, die Policy-Agenda relativ unverändert über die Medien in das Bewusstsein der Bevölkerung zu transportieren,
- ein *Autonomie*modell mit einem dominanten Einfluss der Medien, wenn es den Medien gelingt, durch ihr Selektionsverhalten und Agenda-Setting eine von der Policy-Agenda abweichende Media-Agenda zu kreieren und in das Bewusstsein der Bevölkerung zu transportieren,
- ein *Symbiose*modell mit einem dominanten Einfluss von aufeinander abgestimmter Policy- und Media-Agenda, wenn es Politik und Medien gelingt, in enger Kooperation zu gegenseitigem Nutzen diese Policy-/Media-Agenda in das Bewusstsein der Bevölkerung zu transportieren,
- ein *Markt*modell mit einem dominanten Einfluss der Bevölkerung, wenn die Public-Agenda zum Maßstab für die Policy- und für die Media-Agenda genommen wird, weil sich sowohl Politik als auch Medien am Markt orientieren,

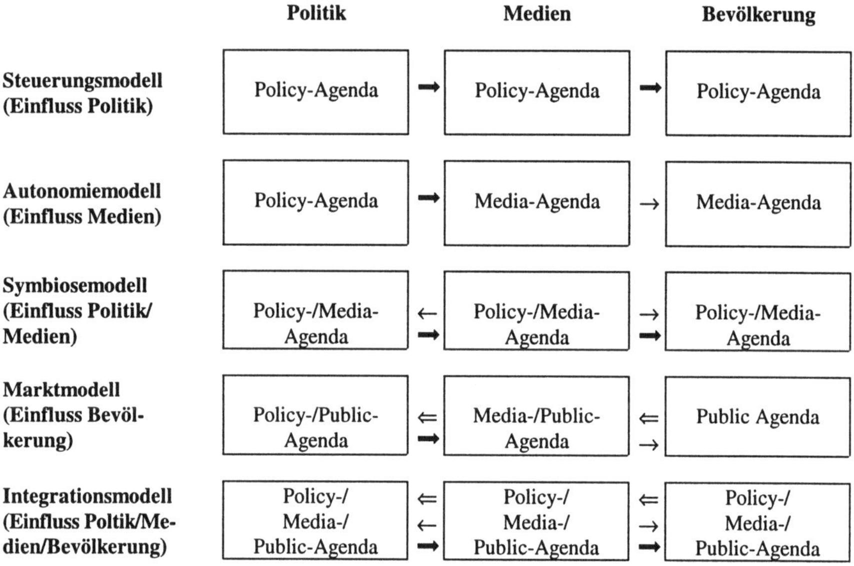

Schaubild 9: Einfluss von Politik, Medien und Bevölkerung im Agenda-Building-Prozess

- ein *Integrations*modell mit einem gleichgewichtigen Einfluss von Politik, Medien und Bevölkerung, das in der Verbreitung einer gemischten Policy-/Media-/Public-Agenda zum Ausdruck kommt.

Das Integrationsmodell ist meines Erachtens das idealistischste, aber unrealistischste Modell, das Marktmodell das ideologischste und ein ebenso unrealistisches Modell. Auch das Steuerungsmodell ist weitgehend unrealistisch, weil es relativ selten gelingen wird, die Policy-Agenda unverändert über die Medien in das Bewusstsein der Bevölkerung zu transportieren. Realistisch ist auf der Grundlage unserer Untersuchungsergebnisse zum einen das Symbiosemodell für die Beziehungen zwischen etablierter Politik und etablierten Medien sowie das Autonomiemodell für die Beziehungen zwischen nicht etablierten Oppositionsparteien (wie die GRÜNEN in den 80er Jahren) und etablierten Medien.

- Entsprechend unserer Untersuchungsanlage und dem Forschungs-Design auf der Basis eines differenzierten dynamischen Modells zum Prozess der Politikvermittlung (vgl. Schaubild 2) wurden für die Bundestagswahl 1987 folgende empirische Erhebungen als erweiterte *Input-Output-Analyse* auf drei

Stufen des Politikvermittlungsprozesses durchgeführt: Inhaltsanalyse des *Informationsangebots der GRÜNEN*: das Bundestagswahlprogramm, die einmalige Ausgabe der Wahlkampfzeitung EXTRABLATT

- Inhaltsanalyse von Pressemitteilungen von Bundespartei und Bundestagsfraktion der GRÜNEN
- Inhaltsanalyse des *Agenturangebots* zu den GRÜNEN
- Inhaltsanalyse einer *Publizistischen Stichprobe*: in den drei Wochen vor dem Wahltermin 65 Tageszeitungen (90 Prozent der Gesamtauflage aller Tageszeitungen in der Bundesrepublik) und die *Nachrichtenagenturen* dpa und AP zur GRÜNEN-Berichterstattung.

Es zeigte sich (Tabelle 1), dass die GRÜNEN nur knapp 40 Prozent ihrer Pressemitteilungen Wahlkampfschwerpunkten widmeten. Dies ist insofern verständlich, als die GRÜNEN im Wahlkampf offenbar auch gezwungen sind bzw. es von sich aus als Wahlkampfstrategie einsetzen, auf die Thematisierungen von anderen Parteien einzugehen. Wenn Wahlprogrammschwerpunkte behandelt werden, dann entspricht die Rangfolge der Schwerpunktsetzungen in den Pressemitteilungen kaum denjenigen im Wahlprogramm. Zwar steht in beiden Fällen

Politikfelder	*PM*	*AG*	*PS*
Wahlprogramm-Schwerpunkte gesamt	**39.5**	**18.8**	**8.1**
Demokratie/Recht (25.4)*	4.2	3.1	1.3
Frauen (12.4)	4.2	1.6	.9
Internationalismus (9.6)	–	–	–
Frieden/Abrüstung (8.6)	6.3	–	.1
Ökologie (25.4)	14.6	6.3	5.2
Wirtschaft (9.1)	8.3	7.8	.6
Soziales (9.6)	2.1	–	.1
Sonstige Themen	**35.4**	**32.8**	**35.6**
Die GRÜNEN als Thema	**25.1**	**48.4**	**56.3**
Gesamt	**100.0**	**100.0**	**100.0**
(n)	**(48)**	**(64)**	**(1028)**

Tabelle 1: Thematisierung von Politikfeldern der GRÜNEN: Bundestagswahlkampf 1987 (5.1.-24.1.1987); in Prozent
* in Prozent aller Wahlprogramm-Schwerpunkte im GRÜNEN-Wahlprogramm 1987
PM = Pressemitteilungen der GRÜNEN; AG = Nachrichtenagenturen dpa und AP;
PS = Publizistische Stichprobe (65 Publizistische Einheiten / Tageszeitungen).

Ökologie an erster Stelle, aber insbesondere die im Wahlprogramm vorrangigen Schwerpunkte Demokratie/Recht und Frauen finden nicht entsprechende Berücksichtigung. In den Pressemitteilungen hat der Schwerpunkt Wirtschaft eine größere Bedeutung, was aus wahlstrategischen Gesichtspunkten nicht unbedingt als Nachteil angesehen werden muss. Im weiteren Politikvermittlungsprozess kann man erkennen, dass die Bedeutung der Wahlprogramm-Schwerpunkte schrittweise auf der Agentur- und auf der Presse-Ebene stark abnimmt: bei Pressemitteilungen noch 39,5 Prozent, bei den Agenturen 18,8 Prozent und bei der Publizistischen Stichprobe 8,1 Prozent. Auch die Bedeutung der Ökologie-Thematik wird verringert. Eine Ausnahme stellt die Behandlung des Schwerpunktes Wirtschaft dar: Während hier auf der Agentur-Ebene der Anteil der Wirtschafts-Thematisierungen kaum abnimmt, hat er in den Tageszeitungen praktisch keine Bedeutung mehr. Ein wesentliches Charakteristikum des Politikvermittlungsprozesses ist darin zu sehen, dass auf der Ebene der Medien (zunehmend von Agenturen zu Zeitungen) die Bedeutung der Thematisierungen der GRÜNEN als Partei, Fraktion oder Personen ohne Bezug zu Politikfeldern und Wahlprogramm-Schwerpunkten stark zunimmt.

Literatur

Brosius, Hans-Bernd. 1994. Agenda-Setting nach einem Vierteljahrhundert Forschung: Methodischer und theoretischer Stillstand? *Publizistik* 39: 269-288.

Choi, Yong-Joo. 1995. *Interpenetration von Politik und Massenmedien: Eine theoretische Arbeit zur politischen Kommunikation.* Münster, Hamburg: Lit.

Eichhorn, Wolfgang. 1996. *Agenda-Setting-Prozesse: Eine theoretische Analyse individueller und gesellschaftlicher Themenstrukturierung.* München: R. Fischer.

Hagen, Lutz M. 1992. Die opportunen Zeugen: Konstruktionsmechanismen von Bias in der Zeitungsberichterstattung über die Volkszählungsdiskussion. *Publizistik* 37: 444-460.

Jarren, Otfried. 1988. Politik und Medien im Wandel: Autonomie, Interdependenz oder Symbiose? Anmerkungen zur Theoriendebatte in der politischen Kommunikation. *Publizistik* 33: 619-632.

Jarren, Otfried, Thorsten Grothe und Christoph Rybarczyk. 1993. Medien und Politik – Eine Problemskizze. In *Beziehungsspiele – Medien und Politik in der öffentlichen Diskussion: Fallstudien und Analysen*, hg. von Wolfgang Donsbach, Otfried Jarren, Hans Mathias Kepplinger und Barbara Pfetsch, 9-44. Gütersloh: Bertelsmann Stiftung.

Kepplinger, Hans Mathias. 1989. Theorien der Nachrichtenauswahl als Theorien der Realität. In *Aus Politik und Zeitgeschichte.* Beilage zur Wochenzeitung Das Parlament B 15/89 vom 7. April 1989: 3-16.

Knoche, Manfred. 1985. Platzhirsch Schily und Superstar Kelly von Weiberrat abgesägt. Selektions- und Konsonanzeffekte der Presseberichterstattung über DIE GRÜNEN IM BUNDESTAG. In *Medienereignisse – Medienwirkungen? Zur Wirkung der Massenmedien: Hainburg, Holocaust und andere Medienereignisse. Eine Tagungsdokumentation*, hg. von Heinz Pürer, 107-125. Salzburg: Kuratorium für Journalistenausbildung.

Knoche, Manfred. 1999. Symbiotisch-strategische Realitätskonstruktion: Der erstmalige Einzug der GRÜNEN in den Deutschen Bundestag 1983 als zeitgeschichtliches Schlüsselereignis für Politik und Medien. In *Massenmedien und Zeitgeschichte*, hg. von Jürgen Wilke, 427-441. Konstanz: UVK Medien.

Knoche, Manfred, und Monika Lindgens. 1988. Selektion, Konsonanz und Wirkungspotential der deutschen Tagespresse: Politikvermittlung am Beispiel der Agentur- und Presseberichterstattung über die GRÜNEN zur Bundestagswahl 1987. *Media Perspektiven*, H. 8: 490-510.

Knoche, Manfred, und Monika Lindgens. 1990. Fünf-Prozent-Hürde und Medienbarriere: Die Grünen im Bundestagswahlkampf 1987. Neue Politik, Medienpräsenz und Resonanz in der Wählerschaft. In *Wahlen und Wähler: Analysen aus Anlass der Bundestagswahl 1987*, hg. von Max Kaase und Hans-Dieter Klingemann, 569-618. Opladen: Westdeutscher Verlag.

Knoche, Manfred, und Monika Lindgens. 1993. Grüne, Massenmedien und Öffentlichkeit. In *Die Grünen: Wie sie wurden, was sie sind*, hg. von Joachim Raschke, 742-768. Köln: Bund-Verlag.

Knoche, Manfred, Monika Lindgens, Eva Schabedoth und Axel Zerdick. 1992. Nicht-Veränderung als langfristige Medienwirkung: Einfluss der Presse auf Vorstellungen und Einstellungen zur Politik der GRÜNEN. In *Medienwirkungen. Einflüsse von Presse, Radio und Fernsehen auf Individuum und Gesellschaft: Untersuchungen im Schwerpunktprogramm „Publizistische Medienwirkungen"*, hg. von Winfried Schulz, 121-141. Weinheim: VCH.

Roemheld, Regine. 1982. Minorisierung im Parteienwettbewerb am Beispiel der GRÜNEN. *Sociologia internationalis* 20: 135-157.

Roemheld, Regine. 1987. Politikvermittlung als Problem demokratischer Minderheiten. In *Politikvermittlung: Beiträge zur politischen Kommunikationskultur*, hg. von Ulrich Sarcinelli, 219-231. Stuttgart: Bonn Aktuell.

Rössler, Patrick. 1997. *Agenda-Setting: Theoretische Annahmen und empirische Evidenzen einer Medienwirkungshypothese*. Opladen: Westdeutscher Verlag.

Rogers, Everett M., und James W. Dearing. 1988. Agenda-setting research: where has it been, where is it going? In *Communication Yearbook* 11, hg. von James A. Anderson, 555-594. London u.a.: Sage.

Saffarnia, Pierre A. 1993. Definiert Öffentlichkeitsarbeit tatsächlich den Journalismus? Empirische Belege und theoretische Überlegungen gegen die PR-Determinierungsannahme. *Publizistik* 38: 412-425.

Sarcinelli, Ulrich, Hg. 1987. *Politikvermittlung: Beiträge zur politischen Kommunikationskultur*. Stuttgart: Bonn Aktuell.

Sarcinelli, Ulrich. 1991. Massenmedien und Politikvermittlung – eine Problem- und Forschungsskizze. *Rundfunk und Fernsehen* 39: 469-486.

Schulz, Winfried, Hg. 1992. *Medienwirkungen: Einflüsse von Presse, Radio und Fernsehen auf Individuum und Gesellschaft. Untersuchungen zum Schwerpunktprogramm „Publizistische Medienwirkungen"*. Weinheim: VCH.

Schulz, Winfried, 1997. *Politische Kommunikation: Theoretische Ansätze und Ergebnisse empirischer Forschung zur Rolle der Massenmedien in der Politik.* Opladen: Westdeutscher Verlag.

Themenhierarchisierung und Klimaerzeugung: Überlegungen zur Bedeutung des „agenda-setting"-Ansatzes für die Analyse und Gestaltung von politischen Kampagnen am Beispiel der schweizerischen Nationalratswahlen 1983-1995

Claude Longchamp

1 Einleitung

1.1 Der „agenda-setting"-Ansatz

„Agenda-Setting" ist wohl jener Ansatz der Medienwirkungsforschung, welcher die politische Kommunikation am meisten beeinflusst. 1972 formulierten es die Väter des Konzeptes, die amerikanischen Medienwissenschafter Maxwell E. McCombs und Donald L. Shaw, wie folgt: „While the mass media may have little influence on the direction of intensity of attitudes, it is hypothesized that the mass media set the agenda for each political campaigne, influencing the salience of attitudes toward the political issues."[1] Bis heute ist dies die zentrale Auffassung des Ansatzes geblieben; so definiert das *Handbuch der politischen Kommunikation* (Jarren et al. 1998) „agenda-setting" als „die Fähigkeit der Massenmedien, durch die Betonung von Themen in der Berichterstattung – also durch die Publikationshäufigkeit, Platzierung und Aufmachung – zu beeinflussen, welche Themen in einer Gesellschaft sowie von einzelnen Medienrezipienten als besonders wichtig angesehen werden." Wenn damit auch der direkte Medieneinfluss auf die Meinungsbildung insbesondere der BürgerInnen, relativiert wird, bleibt doch die Auffassung einer indirekten Beeinflussung bestehen. Frank Brettschneider (1994, 226) bringt dies in seinem Fazit zum Forschungsstand mit dem „agenda-setting"-Konzept auf den Punkt: „Massenmedien können (...), indem sie beeinflussen, worüber wir nachdenken, zumindest in bestimmten Situationen auch beeinflussen, was wir denken." (Vgl. hierzu auch Brosius 1994; Eichhorn 1996.) Gerade diese Folgerung ist es denn auch, welche die Attraktivität des Ansatzes für die Kampagnenforschung, nicht zuletzt im Kontext von Wahlen, bestimmt: Die Erwartung, über die Gestaltung der Medienagenda jene

---

1 Vgl. McCombs und Shaw 1972. Für eine Übersicht des Ansatzes vgl. McCombs 1981; für die Weiterentwicklung vgl. McCombs und Shaw 1993.

der Bevölkerung bestimmen und damit die Chancen der Parteien unterschiedlich beeinflussen zu können, hat die Forschung zur Rolle der Medien in politischen Kampagnen stets von Neuem herausgefordert.[2]

Die hohe Plausibilität, welche die Annahmen des „agenda-setting"-Ansatz haben, begründet auch seine Bedeutung außerhalb der Forschung (vgl. Ehlers 1983). Das Denken in den Kategorien des Themensetzens als zentraler Aufgabe von Kampagnen ist nicht nur für die Medien und die Medienschaffenden typisch geworden. Es wird auch von den Parteien, Interessenverbänden und sozialen Bewegungen in der In-, vom Parlament und der Administration in der Output-Phase des politischen Prozesses angewendet. Nicht zuletzt ist es auch eine der Hauptaufgaben der wachsenden Zahl an Professionellen zwischen Politik und Medien, Öffentlichkeitsarbeit im Sinne des Themensetzens zu betreiben (vgl. exemplarisch Pauli-Balleis 1987).

„Agenda-building" meint dabei jenen spezifischen Kommunikationsprozess, über den politische Akteure versuchen, die für sie günstigen oder als wichtig erachteten Themen in der öffentlichen Diskussion und vor allem in der Medienberichterstattung mittels Inszenierungen von Pseudoereignissen zu platzieren. Dabei nutzen sie die Erkenntnisse zu den wichtigsten Nachrichtenfaktoren resp. zu den Eigenheiten von Medien in ihrer Konkurrenzsituation untereinander, um die Wahrscheinlichkeit zu erhöhen, möglichst ungefilterten Zugang zum Mediensystem resp. zu einem Medium zu erhalten (vgl. Staab 1990).

Die Medien stehen dem „agenda-building" nicht einfach passiv gegenüber. Strukturell gesehen entwickeln sie Richtlinien, die Grundsätze der Berichterstattung während Kampagnen über den Einzelfall hinaus etablieren. Individuell betrachtet verfolgen Medienschaffende je nach ihrem Selbstverständnis Ziele, die sie durch die Hervorhebung oder Weglassung von Informationen zu verstärken trachten. Vor allem Massenmedien, die sich durch eigene Recherchen abzuheben versuchen, gehen in ihrer Reaktion auf das „agenda-building" deutlich weiter, indem sie nicht nur über die Produkte der Öffentlichkeitsarbeit vermitteln, sondern auch den Prozess, „wie die Agenda gemacht wird". Die so entstehende Meta-Diskussion über Kampagnethemen nimmt denn auch der professionellen Gestaltung der Medieninhalte von außen einen Teil der ursprünglich beabsichtigten Wirkungssteigerung (vgl. generell hierzu Kepplinger 1992; Plasser und Sommer 1991).

In diesem Prozess des gegenseitigen Erwartens, Bestimmens und Korrigierens von Einflüssen auf die Medieninhalte differenzieren Medien und Politik

2 Eine diesbezügliche Bilanz der Forschung geben Klingemann und Voltmer 1998. Den allgemeinen kommunikationswissenschaftlichen Zusammenhang der „agenda-setting"-Forschung und der politischen Kommunikation erörtern Schönbach 1998 resp. Ansolabehere et al. 1991.

ihre Rollenverständnisse, wenn sie auch aufeinander angewiesen und verbunden bleiben (vgl. Früh 1993). Medien können dabei reine Transporteure der von der Politik gesetzten Inhalte sein, aber auch als eigener Akteur Kampagnen auslösen, bestimmen und damit der Politik das Heft aus den Händen nehmen. PolitikerInnen ihrerseits sind abwechslungsweise Souffleure bei der Gestaltung von Medienthemen, ohne in Erscheinung zu treten, resp. werden von den Medien als KommunikatorInnen in die von ihnen vorgezeichneten Geschichten eingebaut. Aus der Sicht des „agenda-setting"-Ansatzes ist dabei der Versuch beider Seiten entscheidend, die öffentliche Agenda meist mit der Absicht zu verändern, ein bestimmtes Ziel in einem Meinungsbildungsprozess zu erreichen.[3]

1.2 Die Überprüfung der „agenda-setting"-Hypothesen anhand der Kampagnen zu Parlamentswahlen in der Schweiz

Die hier skizzierten Hypothesen des „agenda-setting"-Ansatzes werden seit längerem implizit oder explizit anhand der Wahlkämpfe zu Parlamentswahlen in der Schweiz seit 1983 überprüft. Die Ergebnisse entstammen dabei aus zwei verschiedenen Quellen: einerseits aus der politik- resp. medienwissenschaftlichen Grundlagenforschung zum Wählerverhalten, welche die Meinungsbildung unter dem Eindruck von Kampagnen untersucht[4], anderseits aus der Anwendung von sozialwissenschaftlichen Erkenntnissen bei der Planung, Gestaltung und Begleitung von politischen Kampagnen.[5]

Überblickt man die Erfahrungen, die mit dem „agenda-setting"-Ansatz während den letzten 12 Jahren Wahlgeschichte gemacht worden sind, werden nebst verschiedenen Bestätigungen und Erhellung auch Schattenseiten des Konzeptes deutlich. Einwände an der Allgemeingültigkeit der Annahmen lassen sich in zwei Richtungen formulieren:

---

3 Vgl. mit Bezügen zur Schweiz und internationalen Vergleichen Armingeon und Blum 1995.

4 Wahlen 1983: Longchamp 1984; Wahlen 1987: Longchamp 1988; Wahlen 1991: Longchamp und Hardmeier 1992; Wahlen 1995: Kriesi 1998. Methodisch verfahren alle diese Untersuchungen im Sinne der Nachbefragung der Wahlentscheidung, verbunden mit retrospektiven Fragen zur Entscheidfindung. Weiter geht die Untersuchung von Longchamp 1995a, die auch Vorbefragungen und Medieninhaltsanalysen miteinbezieht, um den Prozess der Meinungsbildung selber zu untersuchen. Die Erfahrungen zu den Möglichkeiten von Kampagnen verarbeitet Longchamp 1991.

5 Bisher liegen drei Publikation zum prozessbegleitenden Projekt vor: Longchamp 1995a; 1995b; 1996.

- Erstens erfolgt die Übertragung der Themenagenda in den Medien auf die Bevölkerungsagenda nicht automatisch resp. nicht themenunabhängig. Vielmehr können eine Reihe von Voraussetzungen vermutet werden, unter denen sich die Medien- und Bevölkerungsagenda gleichzeitig entwickeln.
- Zweitens besteht auch keine Gewähr, wonach medial erzeugte und von der Bevölkerung aufgenommene Themen politischer Kampagnen die Wahlen automatisch entscheiden. Dabei dürfte die Differenzierung der Themenagenda weniger maßgeblich sein, als die Zuspitzung auf wenige, für die Entscheidfindung aber maßgebliche Einzelthemen.

Die Kombination beider Beobachtungen zu den möglichen Defiziten des „agenda-setting"-Ansatzes führte uns dazu, das ursprüngliche Konzept zu modifizieren. Wir postulieren hier erstmals, dass mehr noch als die Funktionen der Tagesordnung und Themenstrukturierung durch die Medien die Erzeugung von Stimmungen oder Klimata in Kampagnen die ausschlaggebende Medienwirkung für die Meinungsbildung ist.[6]

Die Erzeugung von Grundstimmungen für Kampagnen ist vor allem deshalb wichtig, weil diese in Konkurrenz zu einer Vielzahl anderer Medieninhalte stehen. Angesichts der Menge an verschiedenartigster Informationen geht bei Personen außerhalb der Informationseliten das Meiste, was die Medien vermitteln, sofort wieder vergessen. Kampagnen, die thematisch und zeitlich fokussiert Vertrauen in die eigene Institution oder Glaubwürdigkeit von wichtigen RepräsentantInnen schaffen wollen, um die Zustimmung zu den eigenen Intentionen oder ein bestimmtes Handeln zu erzeugen, müssen sich demgegenüber absetzen, wollen sie nicht untergehen. Sie tun dies, so unsere zusammenfassende Beobachtung, am nachhaltigsten, wenn sie über ihre Kommunikationsstrategie bestrebt sind, medial produzierte Themen und Stimmungslagen so zu kombinieren, um Aufmerksamkeit aufzubauen und zu halten.

2 Zur Entwicklung der Medien- bzw. Bevölkerungsagenda vor den Nationalratswahlen 1995

Parlamentswahlen kommt in der Schweiz eine nur beschränkte Bedeutung zu. Sie beeinflussen die Regierungsbildung nicht direkt, ist doch das Parlament in seiner Wahl der Regierungsparteien und -mitglieder frei. Seit der Etablierung des Konkordanzsystems 1959 ist denn auch unabhängig von den Veränderungen in den Parteistärken die parteipolitische Zusammensetzung unverändert geblie-

6 Vgl. generell hierzu auch: Scherer 1990.

ben. Das auf dem Proporzwahlrecht basierende Wahlrecht, verbunden mit den zum Teil sehr kleinen Kantonen als Wahlkreisen, stabilisiert zudem die Parteistärken und verhindert die nationale Ausbreitung kleiner Parteien auch ohne Sperrklausel. Schließlich prägt das Konkordanzsystem auch die Art der Wahlkämpfe. Die Auseinandersetzung zwischen den größeren Parteien (Sozialdemokratische Partei SPS, Freisinnig-demokratische Partei FDP, Christlichdemokratische Volkspartei CVP und Schweizerische Volkspartei SVP), die alle in der Regierung vertreten sind, bleibt trotz der weltanschaulichen Unterschiede beschränkt, was sich namentlich auf die Wahlbeteiligung negativ auswirkt. Die unterschiedlichen Positionen zu Sachfragen kommen vor allem über die zahlreichen Volksabstimmungen zwischen zwei Wahlen zum Ausdruck, während sie in Kampagnen zu Parlamentswahlen häufig im Hintergrund bleiben (vgl. Linder 1999; Kriesi 1995).

Immerhin hat die Stabilität in der schweizerischen Parteienlandschaft seit 1971 nachgelassen.[7] An hauptsächlichen Gründen können die Beteiligung der Frauen an den Wahlen und issue-mäßige Aufladung von Wahlen, vor allem über Ausländer-, Umwelt- und Europa-Fragen genannt werden. Zudem haben die Medien ihre Eigenaktivitäten von Parlamentswahlen verstärkt und ist der Mitteleinsatz im werberischen Bereich gestiegen. In zyklischen Schüben haben sich denn auch die Nicht-Regierungsparteien der Rechten, der Neuen Linken und der Grünen und der Populisten verstärkt, allerdings ohne Anhalten der Erfolge über eine längere Zeit. Die seit den 80er Jahren rückläufige Tendenz der Unterstützung von Regierungsparteien wurde 1991 gestoppt und 1995 ins Umgekehrte gewendet, indem die SVP auf der rechten und die SPS auf der linken Seite zulegen konnten, während sich das bürgerlichen Zentrum, aufgeteilt in die FDP und CVP, weiterhin in der Defensive befindet (vgl. Nabholz 1998; Longchamp o.J.).

2.1 Trends in der Medien- resp. Bevölkerungsagenda während des Wahlkampfes

Die Kampagne zu den schweizerischen Parlamentswahlen 1995[8] kannte sechs Sachthemen:[9]

7 Vgl. für die Daten Seitz, Schneider und Heierli 1995 resp. für die Analyse Longchamp 1987.

8 Das Wahljahr in der Schweiz wird üblicherweise in 4 Phasen aufgeteilt, die Vorwahlphase vom Januar bis April, während der noch verschiedene eidgenössische Volksabstimmungen und kantonale Wahlen stattfinden, die Phase des Vorwahlkampfes vom Mai bis Juni, während der Parteien ihre Wahlprogramme beschließen und verkünden, die Hauptphase des Wahlkampfes vom Juli bis September, die vor allem durch werberische Aktivitäten mit Blick auf die Meinungsbil-

- Fragen der kommenden Wirtschaftsentwicklung, die angesichts der damals schon mehrere Jahre anhaltenden Rezession von Bedeutung wurden,
- aber auch die fraglicher gewordene soziale Sicherheit angesichts leerer Staatskassen,
- der europäische Integrationsprozess und die Stellung der Schweiz hierzu,
- sowie verschiedene Verkehrs- und Umweltfragen resp.
- Themen der Überfremdung, namentlich durch die Präsenz von Flüchtlingen und AusländerInnen in der Schweiz bestimmten die materiellen Inhalte politischer Auseinandersetzung.

Thema	*Anteil der Artikel in den Leitmedien/-gefäßen in %*
Europäische Integration/Schweiz	17
Verkehr/Eisenbahn-Alpentransversale	13
AHV/Soziale Sicherheit	12
Wirtschaft/Arbeitslosigkeit	9
Überfremdung	8
Ökologie	6
Total	65

Tabelle 1: Intensität der Berichterstattung in den sechs hauptsächlichen Themenbereichen des Wahlkampfes zu den schweizerischen Nationalratswahlen 1995
Quelle: GfS-Forschungsinstitut, Medienanalyse 1995 (N = ca. 1700 Artikel)

Die Intensität der Berichterstattung in den Massenmedien war über die gesamte Periode des Wahlkampfes betrachtet unterschiedlich. Am stärksten thematisiert waren die Themen „Europa“ und „Verkehr“, gefolgt von „Wirtschaft“ und „so-

dung geprägt wird, und die Mobilisierungsphase im Oktober, während der es möglich ist, seine Wahlstimme brieflich abzugeben.

9 Die Medieninhaltsanalyse bezog sich für die Zeit vom 1. Januar 1995 bis zum 22. Oktober 1995 auf 6 führende Tages- resp. Wochenzeitungen in der deutsch- bzw. französischsprachigen Schweiz, welche die verschiedenen Typen im Printmedienbereich repräsentieren. Ausgewertet wurden die wahlkampfbezogenen Artikel auf der Frontseite und der ersten Inlandseite. Insgesamt flossen rund 1700 Artikel in die Auswertung mit ein.

zialer Sicherheit“ bzw. „Überfremdung“ und „Umwelt“. Ungleich war auch die Entwicklung der Berichterstattung, kannten doch alle Themen eigentliche Zyklen ihrer Behandlung, die in der Regel erkennbaren Ereignissen folgten. Abstrahiert man von diesen kurzfristigen Bestimmungsgründen, lassen sich eigentliche Trends erkennen, die, sofern sie auf eine zunehmende Behandlung verweisen, dem Prozess der Thematisierung entsprechen, im umgekehrten Falle jedoch der De-Thematisierung. Interessanterweise kam es in fünf der sechs genannten Themenfelder während der Hauptphase der Kampagne eher zu einer De-Thematisierung. Einzig bei der Frage der europäischen Integration können wir einen Trend im Sinne einer anwachsenden Behandlung mit einem Höhepunkt zudem kurz vor den Wahlen nachweisen.

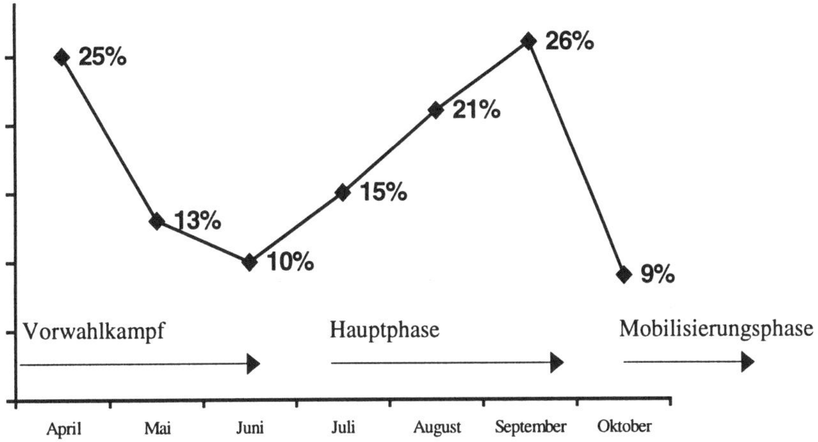

Schaubild 1: Entwicklung der Intensität der Berichterstattung zur Europa-Frage in der schweizerischen Tagespresse während des Wahlkampfes 1995
Quelle: GfS-Forschungsinstitut, Medienanalysen Nationalratswahlen 1995 (N= zirka 1700 Artikel, Januar bis Oktober 1995)

Die Bevölkerungsagenda unterschied sich von der Medienagenda beträchtlich. Vor allem vor und zu Beginn der Wahlkampagne rangierten die Wahlberechtigten die ökonomischen Fragen viel höher als die Medien, gefolgt von der EU-Thematik und auch der Ökologie-Frage. Schon die soziale Sicherheit und die Überfremdung, ganz sicher aber der Verkehr hatten bezüglich der Wichtigkeit aus Bevölkerungssicht einen nur sekundären Stellenwert.

Problem	*April 1995 Wahlberechtigte*	*Juli 1995 Wahlberechtigte*	*Oktober 1995 Wahlberechtigte*	*Oktober 1995 Nur Wählende*
Wirtschaft/ Arbeitslosigkeit	21	25	33	44
Soziale Sicherheit	7	9	16	16
Europa	12	12	12	13
Ökologie	16	11	6	8
Überfremdung	6	8	8	6
Verkehr	3	3	1	2
Total	65	68	76	89

Tabelle 2: Prioritäres politisches Problem aus Bevölkerungssicht/Sicht der Wahlberechtigten resp. der Wählenden bei den schweizerischen Parlamentswahlen (1995)
Anmerkung: Ausgewählt sind nur jene sechs Themen, die wir zu den eigentlichen Issues des Wahlkampfes zählten
Quelle: GfS-Forschungsinstitut, Trendbefragungen Wahlen 1995 (N = jeweils ca. 1000 Wahlberechtigte)

Während des Wahlkampfes glichen sich einige Unterschiede aus, wenn sie nicht allesamt verschwanden. Gering stufen wir die Interaktion zwischen der Medien- und Bevölkerungsagenda bei den wirtschafts- und sozialpolitischen Fragen ein, während sich in der Ökologie-Thematik die Wichtigkeit in der Bevölkerungsagenda analog zum anfänglichen Stand und zur geringen Bedeutung in der Medienagenda zurück entwickelte. Bei Fragen des Verkehrs und der Überfremdung können wir kaum zeitliche Trends in der Beurteilung von Wichtigkeiten durch die Wählenden festmachen. Schließlich sei erwähnt, dass die Europa-Frage in der Medienagenda mit der Dauer der Kampagne eine höhere Wichtigkeit einnahm und sich diese damit strukturell jener der Bevölkerung anpasste.

Die Beobachtungen zur Medien- und Bevölkerungsagenda lassen in der Kombination eine Typologie mit mindestens vier Ausprägungen aufscheinen:

- *Themenfelder mit gleichzeitiger Thematisierung und Problematisierung:* Eine Dynamik der Meinungsbildung im Sinne des „agenda-setting"-Ansatzes findet sich dann, wenn sich Stand und Trends der Thematisierung durch die Massenmedien tendenziell auch in der Problematisierung durch die Wahlberechtigten wiederfinden und sich somit die Wichtigkeit des Themas während der Kampagne generell erhöht. In unserer Untersuchung entspricht nur die

Themenbereich	*Medienagenda*		*Bevölkerungsagenda*		*Bewertung*
	Stand vor Kampagne	*Trend*	*Stand vor Kampagne*	*Trend*	
Wirtschaft	Mittel	De-Thematisierung	Hoch	Problematisierung	Verkanntes Wahlthema
Soziale Sicherheit	Mittel	De-Thematisierung	Mittel bis tief	Problematisierung	Tendenziell verkanntes Wahlthema
Europa	Hoch	Thematisierung	Mittel	Stabilität	Wahlthema im Sinne des aufsteigenden „agenda-settings“
Verkehr	Hoch	De-Thematisierung	Tief	Stabilität	Unvermitteltes Medienthema
Umwelt	Mittel bis tief	De-Thematisierung	Mittel	Entproblematisierung	Kein Wahlthema aufgrund des „agenda-settings“
Überfremdung	Mittel bis tief	De-Thematisierung	Mittel bis tief	Stabilität	Tendenziell kein Wahlthema

Tabelle 3: Schematische Darstellung der Medien- und Bevölkerungsagenda während des Wahlkampfes zu den schweizerischen Parlamentswahlen 1995
Quelle: GfS-Forschungsinstitut, „Instant“-Democracy Schweiz

Frage der europäischen Integration und der Position der Schweiz in diesem Prozess diesen Erwartungen.

- *Themenfelder mit gleichzeitiger De-Thematisierung und Ent-Problematisierung:* Namentlich die Dynamik der Wichtigkeiten, die wir bei der Ökologie-Frage feststellen konnten, erfüllt die Kriterien dieses Typs. Analog zum Stand und Trend in der Medienagenda bildet sich die Bedeutung dieses Themas unter den Wählenden zurück. Tendenziell zählen wir auch die Überfremdungsfrage zu diesem Typ.
- *Themenfelder einer Thematisierung in den Medien, aber ohne Problematisierung unter den Wahlberechtigten:* Ein dritter Typ kennt zwar einen hohen Stand der Behandlung in den Medien und/oder eine zunehmende Intensität, allerdings ohne Auswirkung auf die Bevölkerungsagenda. Der Typ des unvollständigen „agenda-settings“ findet sich vor allem in der Verkehrsfrage wieder.

- *Themenfelder einer Problematisierung unter den Wahlberechtigten, aber ohne Thematisierung in den Medien:* Schließlich sei auf die Eigenheiten eines vierten Typs verwiesen, bei dem die Massenmedien denkbare Bevölkerungsthemen verkennen, das heißt, sie während der Hauptphase des Wahlkampfes nicht thematisiert haben, obwohl es sich aus Bevölkerungssicht um prioritäre Defizite der Politik gehandelt hat. Insbesondere die Wirtschaftsfragen, tendenziell aber auch die soziale Sicherheit zählen wir hierzu.

Erwähnt sei noch ein fünfter Themen-Typ, der durch eine geringe Thematisierung in den Massenmedien und eine tiefe Problematisierung in der Bevölkerung gekennzeichnet ist, obwohl es sich materiell um ein vordringliches Problem handeln würde. Bezogen auf die 95er Wahlen in der Schweiz erwähnen wir insbesondere die Fragen der Globalisierung von Wirtschaft und Kommunikation sowie der Reform des Gesundheitswesens, die sich unter ExpertInnen als Themen abzeichneten, aber erst nach den Wahlen zu eigentlichen Medien- und Bevölkerungsthemen avancierten. Aus diesem Grund ließen wir sie in der oben erwähnten Typologie weg.

2.2 Differenzierte Beurteilung von „agenda-setting"-Wirkungen der Medien

Das erste Fazit aus der Überprüfung von „agenda-setting"-Wirkungen politischer Kampagnen auf die wahlberechtigte Bevölkerung am Beispiel der schweizerischen Nationalratswahlen lautet: Sie existieren, jedoch nicht voraussetzungslos, was nach weiteren Erklärungen ruft.

Jene Fälle, bei denen die Medien Bevölkerungsthemen verkannten, die einzelnen Parteien, vor allem außerhalb des dominanten Regierungslagers, Vorteile gebracht hätten, können als Hinweise für die Nähe von Medien und Staat gelten. Immerhin kann gefolgert werden, dass die zentrale Behandlung der Arbeitslosigkeit als Wahlkampfkontroverse entweder klar ersichtliche, gegensätzliche Positionen zwischen dem sozialdemokratischen und dem bürgerlichen Lager erfordert hätte, oder aber mit aller Wahrscheinlichkeit zu einem Thema geworden wäre, bei dem sich vor allem politische Außenseiter hätten profilieren können. Ersteres ist unter den Bedingungen der Konkordanz unwahrscheinlich, was eine Interpretation im Sinne der zweiten Annahme nahelegt.

Ganz im Gegensatz dazu zeigt das Beispiel des Verkehrs, bei dem es zu einem unvollständigen „agenda-setting" auf der Bevölkerungsebene kam, dass das Mediensystem auch zu Introversionen neigen kann. Einen Nachrichtenwert hatte der Fall für sie vor allem deshalb, weil zwischen zwei einzelnen Regierungsmitgliedern bezüglich der kommenden Finanzierung neuer Eisenbahn-Alpentransversalen ein erheblicher Streit ausgetragen wurde. Die Vermittlung der mit der Auseinandersetzung verbundenen Problematik in die Wahlbevölkerung gelang angesichts der Personalisierung des Themas nicht.

Jener Fall, der mit der gleichzeitigen Thematisierung und Problematisierung den eigentlichen Erwartungen des „agenda-settings“-Ansatzes entspricht, sei in der Folge noch etwas vertieft betrachtet. Mindestens zwei Gründe können wir für die Interaktion von Medien- und Bevölkerungsagenda in der EU- Frage anführen:

Erstens entsprach die Dynamik des Geschehens der Form einer Dramatisierung mit klar ersichtlichem Auftakt einer Debatte, einer ereignishaften Zuspitzung auf eine Entscheidungssituation hin, bei der es klar ersichtliche Kommunikatoren gab, die auch außerhalb der Medien um die Gunst des Publikums warben.

Initialisierend wirkte ein Inserat der EU-Gegnerschaft, dem nach seinem Erscheinen nachgesagt worden ist, es erinnere in seiner Bildhaftigkeit an den Stil, den die nationalsozialistischen SympathisantInnen in der Schweiz in den 30er Jahren pflegten. Da das Inserat von prominenten Mitgliedern der Schweizerischen Volkspartei (SVP) und damit einer Regierungspartei geschaltet und die kritische Debatte von der *Neuen Zürcher Zeitung* lanciert worden war, fehlte es ihr weder an Prominenz, noch an Brisanz. Die ereignishafte Zuspitzung erfolgte über eine weitere Überraschung seitens der EU-Gegnerschaft, die sehr frühzeitig in ihrer Wahlkampagne ankündigte, kurz vor den Wahlen in Zürich eine Großdemonstration gegen die Beteiligung der Schweiz am Integrationsprozess durchführen zu wollen. Die Herausforderung nahm die SPS an, indem sie für den gleichen Tag zu einer Gegendemonstration aufrief und so den Konflikt verschärfte. Schließlich können wir auch anführen, dass in der genannten Auseinandersetzung zwei der bekanntesten Spitzenpolitiker die Wortführer waren. Gegenüber standen sich Nationalrat Christoph Blocher (SVP), der seit der Ablehnung des Beitritts der Schweiz zum EWR als personifizierte EU-Gegnerschaft galt, auf der einen und Bundesrat Otto Stich (SPS), der – obwohl selber eher traditionellen Gewerkschaftsinteressen nahestehend – zum hauptsächlichen Kritiker von nationalkonservativen Tendenzen und Politikformen wurde, auf der anderen Seite.

Den zweiten Grund für die Interaktion der Medien- und Bevölkerungsagenda via politische Ereignisse, medialer Dramatisierung und Alltagsdiskussion während des Wahlkampfes sehen wir in der hohen Bedeutung der Integrationsfrage in der „face-to-face“-Kommunikation. Für das Gelingen der Übertragung von Medieneffekten in die breite Bevölkerung lassen sich Befunde anführen, die in der Form den Annahmen des „Two-Step-Flows“ in der Kommunikation entsprechen. So kann gelten, dass die Europa-Frage insbesondere für die MeinungsbildnerInnen von hoher Wichtigkeit und auch Dringlichkeit war, was zu einer Verbreitung von medialen Informationen auch in der Bevölkerung führte. Mit einer Ausnahme kannten alle anderen Wahlkampfthemen gerade in dieser vermittelnden Bevölkerungsgruppe keinen vergleichbaren Stellenwert, womit die Wahrscheinlichkeit einer nachhaltigen Übertragung von Medientendenzen in die Wählerschaft sinkt. Die Ausnahme betraf die Frage der Arbeitslosigkeit, bei der indessen der oben skizzierte Verdrängungsprozess spielte. Mehr noch als bei den MeinungsbildnerInnen kannte sie insbesondere bei den BürgerInnen, die im kommunikativen Diskurs isoliert oder ratsuchend sind, eine hohe Bedeutung, die aber keinen Reflex im Mediensystem hatte und deshalb auch von den MedienmultiplikatorInnen nicht hinreichend thematisiert wurde.

Rekapitulierend halten wir als zweites Fazit unserer Ausführungen fest, dass der Aufbau des dominanten Klimas als Kombination eines Themas mit einer ereignishaften Dramaturgie, bei dem abwechslungsweise einzelne Medien, aber auch einzelne Parteien das Thema setzten und so einen Konflikt produzierten resp.

Problem	*Total Angaben in % Erstnennung*	*Meinungs-bildnerInnen*	*Ratsuchende*	*Isolierte*
Themen der MeinungsbildnerInnen				
Europa	12	17	10	9
Finanzen/Steuern	7	8	7	5
Wirtschaft	6	9	7	3
Themen der Isolierten und Ratsuchenden				
Arbeitslosigkeit	27	19	30	28
Überfremdung	8	7	6	12
Soziale Sicherheit	8	4	8	11

Tabelle 4: Dringlichstes politische Problem aus der Bevölkerungssicht nach BürgerInnentypen in der Schweiz (Oktober 1995)
Anmerkung: Die Typisierung der BürgerInnen richtet sich nach der bekannten Operationalisierung von Opinion leader
Quelle: GfS-Forschungsinstitut, Wahlnachbefragung (N=1005; Oktober 1995)

verschärften, und MeinungsbildnerInnen im Alltag mit ihrer Relaisaufgabe entsteht. Ergänzend fügen wir noch bei, dass die herausragende Bedeutung der Europa-Frage für die Kampagne von den Wählenden durchaus auch so gesehen wurde: Ein Drittel nannte die Kontroverse um die Integrationsfrage als das wichtigste Thema der Kampagne zu den Nationalratswahlen. Damit rangierte es weit vor allen anderen Themen, die maximal 10 Prozent Nennhäufigkeit erreichten.

Anfänglich profitierte die antieuropäische Seite vom induzierten Kampagnenklima via die Europa-Frage. Zwar sah sie prominente Meinungsmacher auf der Gegenseite, doch nutzte sie dies, um in populistischer Manier gegen die Behörden, die Wirtschaft und die Medien zu mobilisieren. Dabei konnten die Herausforderer nicht nur auf ihren Abstimmungssieg in der einschneidenden EWR-Entscheidung vom Dezember 1992 verweisen, sondern brachten das bürgerliche Zentrum erneut in die Defensive, wollte es doch nur ungern zur polarisierenden und emotionalisierenden Frage des EU-Beitritts während des Wahlkampfes Stellung beziehen. Eigentlicher Höhepunkt der Kampagnen-Profilierung durch die nationalkonservative Rechte war das „Älpler- und Schwingerfest", das zu Beginn der Hauptphase vor den Toren der Firma von Christoph Blocher stattfand, und an dem die Landesregierung für eine Öffnung der Schweiz warb, was von der versammelten Menschenmenge mit lauten Pfeifen quittiert wurde. Überzogen wurde diese Profilierung der eigenen Wahlkampagne allerdings mit der Demonstration in Zürich, während der es seitens rechtsextremer Jugendlicher zu Gewaltanwendungen kam, die allgemein negativ beurteilt wurde und die SVP-Kampagne diskreditierte.

Die Beurteilung der Medienwirkungen während des Wahlkampfes darf gerade wegen der Bedeutung von Stimmungen nicht auf der sachpolitischen Ebene stehen bleiben. Ein Teil der vorherrschenden De-Thematisierung von politischen Streitfragen, die wir in unserer Typologie festgehalten haben, wurde durch eine zweites Hauptthema während des Wahlkampfes für das Parlament ausgelöst, das bisher ausgeblendet blieb. Der alles überraschende Rücktritt eines populären Bundesrates führte mitten im Wahlkampfgeschehen zu den Parlamentswahlen zu einer gedrängten Personaldiskussion. Da die sozialdemokratische Partei mit ihrem Vorgehen konsequent im Sinne des Ereignismanagements handelte, war ihr die Medienaufmerksamkeit in der Schlussphase der Kampagne sicher. Schlagartig veränderte sich damit auch das Kampagnenklima, indem nicht mehr die thematische oder stilbezogene Auseinandersetzung anhand der Europa-Frage maßgeblich war, sondern die Personenauswahl der SozialdemokratInnen. Keiner Partei und auch keinem Medium gelang es in der Folge, via ein neues Sachthema nochmals einen Wendepunkt in der Wahlkampagne zu den Parlamentswahlen von 1995 einzuleiten.

2.3 Beobachtung zu „climate-setting" bei früheren Wahlkämpfen

Lassen sich die Beobachtungen zum Wahlkampf vor den Nationalratswahlen '99 verallgemeinern? Die Antwort kann nicht mit gleicher Sicherheit beantworten, da zu früheren Wahlen keine analogen Kampagne-Untersuchungen vorliegen. Immerhin erlaubt der Rückblick auf die Charakteristik der Wahlen von 1983 bis 1991 einige zusätzliche Überlegungen anzustellen.

Ähnlich wie die Europa-Thematik, kombiniert mit den nicht geplanten Bundesratswahlen, hatten auch die früheren Wahlkämpfe ihr eigentliches Hauptthema. 1983 war es das „Waldsterben", 1987 die „Hoffnungswahl", und 1991 bestimmte die „Flüchtlingsfrage" das Wahlkampfgeschehen. Auch an diesen Beispielen lässt sich rekonstruieren, wie sich das „agenda-" resp. „climate-setting" vollzog.

1983 überraschten NaturwissenschafterInnen die schweizerische Öffentlichkeit, indem sie öffentlich bekannt machten, der Wald sei krank und drohe zu sterben. Die Meldung schlug wie eine Bombe ein. Für die Medien war das Thema neu, hatte den Charakter eine Negativ-Meldung und löste angesichts der Bedrohungslage, die entstand, die Frage nach Konsequenzen aus (vgl. Zierhofer 1998). Die politische Brisanz des Themas war umso höher, als sich die Beratungen zum neuen Umweltschutzgesetz gerade in der parlamentarischen Schlussphase befanden und die Meldung genau zu Beginn des Wahlkampfes platziert worden war. Die so entstandene Problematik beherrschte in der Folge die Medienagenda, führte auf der politischen Ebene zu einer raschen Entscheidung beim Umweltschutzgesetz zugunsten der Positionen, welche die Umweltverbände bezogen hatten, und zeigt gewisse Wirkungen auf das WählerInnen-Verhalten, konnten sich doch die Grünen als politische Kraft im nationalen Parlament etablieren.

1987 waren es Medienwissenschafter und Publizisten, die versuchten, dem Wahlkampf ihre eigene Prägung zu geben. Nach der Ökologie-Debatte Mitte der 80er Jahre, die erstmals prominent die postmaterialistischen Themen auf die öffentliche Agenda gesetzt hatte (vgl. Sacchi 1990), forderten die Autoren eines Buches, das speziell für den Wahlkampf herausgegeben worden war (Blum und Ziegler 1987), einen Politik- und Generationenwandel im Parlament. Die Wirkung dieser Aktion auf die Medienagenda blieb nicht aus, vor allem auch weil die Herausgeber in führenden Positionen von zwei großen Zeitungen wirkten.

Ihr Buchmotto – die „Hoffnungswahl" – traf den damaligen Zeitgeist unter den VordenkerInnen der kommenden Schweiz gut und avancierte so zum eigentlichen Slogan für die Wahlkampagne im Herbst 1987. Auf das Wahlergebnis zeigte die Kampagne indessen keine große resp. eine ambivalente Wirkung. Der erhoffte Generationenwandel fand nur beschränkt statt. Immerhin verbesserte sich die Position der Grünen etwas, doch sahen sie sich mit dem erstmaligen Auftreten einer ausgesprochen antiökologischen Bewegung in Form der „Autopartei" auch einer ähnlich starken Opposition gegenüber, die es ebenfalls ins nationale Parlament schaffte (vgl. Schlöth 1996).

1991 schließlich prägten die wachsenden Flüchtlingsbewegungen namentlich aus Asien die öffentliche Debatte. Eine vom Bundesrat angesetzte Volksabstimmung im Vorfeld der Wahlen zu diesem Thema verstärkte den Eindruck eines dominanten Problems. Die Stimmung erwies sich als extrem verunsichert, was populistisch auftretenden Kräften Platz gab. Typischer Ausdruck der damaligen Stimmungslage war das Entstehen der Lega dei Ticinesi in der italienischsprachigen Schweiz, die als Reaktion auf die „Forza Italia" in der angrenzenden Lombardei entstand, und sich gleich wie diese via ein eigenes Medium, eine Gratiszeitung am Sonntag, öffentliches Gehör verschaffte. In der deutschsprachigen Schweiz etablierte sich die Freiheitspartei als populistische Nachfolgepartei der „Autopartei". Der Bundesrat heizt während des Wahlkampfes das Klima noch an, indem er die Erhöhung der Benzinabgaben ankündigt, was ihm sofort den Slogan einbrockte, wichtiger Wahlkämpfer der neu entstandenen Opposition zu sein. Die Auswirkungen der Kampagnen 1991 auf das Wahlgeschehen blieben nicht aus. In der italienischsprachigen Schweiz sammelte die Lega auf einen Schlag bis zu einem Fünftel der WählerInnen, und in der deutschsprachigen Schweiz gehörte die Freiheitspartei zu den eigentlichen Wahlsiegerinnen.[10]

Rekapituliert man die Rolle der Politik und der Medien von 1983 bis 1995 in Wahlkämpfen, kann man verschiedene Rollen festhalten (vgl. auch Hunziker 1988): 1983 waren die Medien die klassischen Transporteure eines Themas, das im wesentlichen seitens der Wissenschaft gesetzt worden war. Die Wirkungen der „Waldsterbe"-Debatte auf die Medienagenda war enorm, und auch die klimaprägende Bedeutung war hoch. Im Wahlergebnis spiegelten sich die Auswirkungen der Kampagne jedoch erst beschränkt. 1987 waren die Medien demgegenüber der eigentliche Akteur der Kampagne, indem sie das dominante Wahlkampfthema selber setzten und das Klima aufbauten und verstärkten. Selbstredend war die Wirkung auf die Medienagenda enorm, doch überschätzten die

10 Allgemein zu dieser Thematik: Longchamp et al. 1993.

Medien die Stimmungslage in der Bevölkerung und verhalfen mit ihrer einseitigen Ausrichtung des Wahlkampfes der antiökologischen Gegenreaktion zum Durchbruch. Die Wirkung auf das Wahlergebnis ist nachweislich, wenn auch zum Teil entgegen dem intendierten Sinne.

1991 und 1995 stellte sich im Wahlkampf ein neues Rollenverhältnis zwischen Politik und Medien mit einer gegenseitigen Beeinflussung ein. 1991 nutzten vor allem die rechten Oppositionsparteien die von der Regierung maßgeblich mitbestimmte Agenda aus, um die für sie nötige Stimmungslage zu erzeugen. 1995 waren es mit der SVP und der SPS zwei Regierungsparteien, die Analoges taten. Die Medien lancierten und verstärkten die Themen, ohne aber in klar ersichtliche Einseitigkeiten oder Parteilichkeit zu verfallen.

Wahljahr	*Leitthema des Wahlkampfes*	*Rolle der Medien*	*Rolle der Politik*	*Geschätzte Wirkungen auf das WählerInnen-Verhalten*
1983	Wald-sterben	Nach-vollzug	Nach-vollzug	Teilweise vorhanden
1987	Hoffnungs-wahl	Themen-setzung	Nach-vollzug	Ambivalent
1991	Flüchtlingsfrage/ Vertrauenskrise	Interaktive Verstärkung	Themen-setzung	Vorhanden, zugunsten der Opposition
1995	Europa-/Bundes-ratswahlen	Interaktive Verstärkung	Themen-setzung	Vorhanden, zugunsten von zwei Regierungsparteien

Tabelle 5: Schematische Darstellung der Rolle der Medien in den schweizerischen Wahlkämpfen (1983-1995)
Quelle: GfS-Forschungsinstitut, „Instant"-Democracy Schweiz

Themensetzen durch Wahlkämpfe, so die dritte Folgerung aus unseren Ausführungen, verstärkte sich im Zeitraum 1983-1995, zeigt aber vor allem dann Wirkungen, wenn entweder die Medien Transporteure von Themen sind, welche die politischen Akteure setzen und die den Eigenheiten der Medienberichterstattung wie der Artikulation neuer Themen, dem Verweis auf vernachlässigte Probleme oder mangelndes Sensorium der Regierung für Krisenerscheinungen entgegenkommen. Dabei entstehen aus der Interaktion von Politik und Medien ein dominantes Wahlkampf-Thema, über das sich die hauptsächliche Stimmung aufbaut, was sich in der Regel in den Wahlergebnissen niederschlägt. Treten die Medien indessen als politische Akteure auf und überzeichnen sie ein Thema in der Herausforderung der Politik, kann es zu Introversionen der medialen Politikberichterstattung kommen, die in der Bevölkerung Gegenreflexe auslöst.

3 Synthese: „Climate-setting“ als Erweiterung des „agenda-setting“-Ansatzes

Mit dem vorliegenden Aufsatz haben wir versucht, Erfahrungen zu systematisieren, die man bei der Anwendung kommunikationswissenschaftlicher Ansätze in politischen Kampagnen, insbesondere des „agenda-setting“-Konzepts, sammeln, kann. Mit der nachfolgenden Synthese schließen wir die Systematisierung mit der Verdeutlichung unseres Verständnisses des „agenda-setting“-Ansatzes ab, nämlich mit der zentralen Bedeutung des Klimasetzens. Wir tun dies, obwohl bei weitem nicht alles erforscht ist, was hierfür nötig wäre, dafür aber umso mehr mit der Hoffnung, auf vernächlässigte Aspekte im dominanten „agenda-setting“-Ansatz hinzuweisen.

Ausgangspunkt war die hauptsächliche Auffassung des „agenda-setting“-Ansatzes, wonach die wichtigste Medienwirkung darin besteht, angesichts der Menge an Informationen eine Tagesordnungsfunktion zu übernehmen und einerseits die Hierarchie wichtiger Themen zu bestimmen, anderseits vor allem neu auftauchende Themen zu strukturieren. Bezogen auf Wahlkämpfe wird angenommen, Parteien seien versucht, so zu handeln, dass sie die Themen und Perspektiven in den Vordergrund schieben, von denen sie erwarten, dass sie der Eigenprofilierung oder Abgrenzung gegenüber der Konkurrenz dienen und somit via die mediale Agenda die Meinungsbildung der Wählenden oder wenigstens der volatilen Teile in der Wählerschaft beeinflussen können.

„Climate-setting“ betrachtet demgegenüber die Prägung eines bestimmten Klimas über Themen und ihre ereignishafte Darstellung als den entscheidenden Aspekt. Themen wirken weder einzeln noch per se, sondern vor allem dann, wenn sie ein übergeordnetes Kampagneklima erzeugen bzw. verstärken. Diese beeinflussen die Meinungsbildung der BürgerInnen in der Form, dass sie die Menge an Einzelinformationen und Themen, die in einer Kampagne auftreten, filtern und bewerten. Vor allem das, was das Klima bestätigt oder anheizt, bleibt in so einer Situation haften, während anderes, das nicht in diesen Rahmen fällt, eine erhöhte Chance hat, vergessen zu gehen. Kampagnenklimata filtern demnach die Themen und bewirken, dass die Rangierung der Themenintensitäten nicht nur einen quantitativen Aspekt, sondern auch einen qualitativen bekommen.

„Climate-setting“ wird meist durch eine besonderes Ereignis ausgelöst, bei dem sich Handlungen so verdichten, dass sie eine Konsequenz nahelegen. Die Spannung, die so entsteht, weckt bei Medienschaffenden und in der Bevölkerung Erwartungen, die im Verlaufe einer Kampagne eingelöst werden müssen. Der Zyklus von Handlungsabfolgen hat dabei idealerweise einen Anfang, während dem ein Problem definiert wird, kennt die Phase einer Dramatisierung, bei der mögliche Lösungen aufgezeigt und gegeneinander abgewogen werden, und ruft nach einem Abschluss, bei dem es zu realen oder symbolischen Konsequenzen kommt. „Climate-setting“ wird in der Regel durch Leitmedien ausgelöst, unterstützt und vorangetrieben, muss sich aber durch das „inter-media agenda-setting“ auf erhebliche Teile des Mediensystems erstrecken, sodass ein allgemeiner Eindruck eines dominanten Themas entsteht, über das sich das Klima definiert.

„Climate-setting“ funktioniert nicht lösgelöst vom Themensetzen. Die Wahrscheinlichkeit des beschriebenen Effektes ist umso größer, wenn es sich schon um ein zentrales Medienthema handelt oder aber über das initialisierende Ereignis zu diesem wird. Insofern nimmt unser Verständnis des „agenda-setting“-Ansatzes den Gedanken auf, der mit dem „priming“ (vgl. Iyengar und Kinder 1982) charakterisiert wird. Im Gegensatz dazu verwenden wir diese Überlegung aber nicht, um medial vermittelte Attribute zu bestimmen, welche Personenimages aufbauen, sondern zielen auf die stimmungsmässigen Aspekte von Themen und Ereignissen, die parteimäßige Images etablieren.

„Climate-setting“ entsteht nicht aus der losen Abfolge von Informationsvermittlungen, sondern setzt eine Interaktion zwischen Politik und Medien voraus. Der Aufbau einer Ereignisabfolge kommt voraussichtlich nur dann zustande, wenn beide Seiten ein Interesse daran haben. Beschäftigt ein Thema die Medien nicht, gelingt die Übertragung von Absichten aus der Politik auf das Mediensystem nicht. Umgekehrt riskieren die Medien mit einer Schwerpunktsetzung ins Leere zu stoßen, wenn das Thema nicht wenigstens von Teilen der Politik aufgenommen und weitergeführt wird. Die Interaktion von Medien und Politik ist allerdings nur eine notwendige, nicht aber hinreichende Voraussetzung. Es kann auch zu Phänomen kommen, dass ein Leitmedium oder das Mediensystem als solches zu introvertiert agieren und damit kaum Effekte im Publikum auslösen. Die Chance hierfür ist umso geringer, als es sich beim Thema, das im Zentrum steht, um eines handelt, das auch die Bevölkerung beschäftigt resp. beschäftigen wird. Dabei ist nicht das ganze Publikum entscheidend, sondern kommt den Meinungsbildnern im Alltag eine besondere Bedeutung zu. Themen, die sie für wichtig erachten und bei denen sie die Nachfrage durch Ratsuchende befriedigen können, haben die größte Chance, sowohl einen medialen wie auch einen Diskurs im Alltag relevanter Bevölkerungsteile auszulösen.

Schließlich kann auch vermutet werden, dass „climate-setting" nicht unabhängig von den Voraussetzungen des Mediensystems auftritt. Einerseits setzt es eine Rollenteilung von Medien und Politik voraus, anderseits braucht es ein Mediensystem, das nicht nur auf Informationsvermittlung, sondern auch auf politische Unterhaltung setzt. Dem Fernsehen wie auch den bildorientierten Printmedien kommt dabei eine herausragende Bedeutung zu. Ferner können Prozesse des „climate-settings" nur ausgelöst werden, wenn es in der Politik Akteure gibt, welche das entsprechende Handwerk kennen und mit einer gewissen Erfahrung auch anwenden können. Überzeichnete Erwartungen, die sich aus dem reinen „agenda-setting"-Ansatz ableiten (vgl. Ajzen und Fishbein 1980), können auch zu Misserfolgen bei der Kampagnenlancierung oder ihrem strategischen Einsatz für die Meinungsbildung führen.

Das hier geschilderte erweiterte Konzept des „agenda-setting"-Ansatzes scheint uns in einem besonderen Maße geeignet zu sein, in Kampagnen meinungsbildend zu wirken, sei es, dass sich Unschlüssige bezüglich ihrer Parteiwahl entscheiden oder aber Entschiedene mobilisiert werden. Der wichtigste Auffassungsunterschied zum „agenda-setting"-Ansatz besteht darin, dass handlungsrelevante Meinungsbildung ein Zusammenspiel ist von Wahrnehmungen, Emotionen und Bewertungen. Der „agenda-setting"-Ansatz betont vor allem die kognitive Komponente, die sich vornehmlich mit dem Wissensaufbau und der Differenzierung von Wahrnehmungen beschäftigt. Er vernachlässigt unseres Erachtens aber die beiden anderen Ebenen, die ebenso Determinanten von Meinungsbildungsprozessen sind. Weil „climate-setting" diese breiteren Voraussetzungen reflektiert, scheint es uns im Ansatz geeigneter zu sein, um zu verstehen, welche Medieneinflüsse das Wahlverhalten bestimmen. Mit dieser Erwartung sollen die Kampagnen zu den nationalen Wahlen 1999 in der Schweiz erstmals systematisch untersucht werden.

Literatur

Ajzen, Icek, und Martin Fishbein. 1980. *Understanding attitudes and predicting social behavior.* Englewood Cliffs, N.J.: Prentice-Hall.

Ansolabehere, Steven, Roy Behr und Shanto Iyengar. 1991. Mass media and elections: an overview. *American Political Quarterly* 19: 109-139.

Armingeon, Klaus, und Roger Blum, Hg. 1995. *Das öffentliche Theater: Politik und Medien in der Demokratie.* Bern, Wien: Haupt.

Blum, Roger, und Peter Ziegler, Hg. 1987. *Hoffnungswahl: 12 Stimmen zum eidgenössischen Wahlherbst 1987.* Zürich: Pendo Verlag.

Brettschneider, Frank. 1994. Agenda-Setting: Forschungsstand und politische Konsequenzen. In *Politik und Medien: Analysen zur Entwicklung der politischen Kommunikation*, hg. von Michael Jäckel und Peter Winzerhoff-Spurk, 211-229. Berlin: Vistas.

Brosius, Hans-Bernd 1994. Agenda-Setting nach einem Vierteljahrhundert Forschung: Methodischer und theoretischer Stillstand? *Publizistik* 39: 269-288.

Eichhorn, Wolfgang 1996. *Agenda-Setting-Prozesse: Eine theoretische Analyse individueller und gesellschaftlicher Themenstrukturierung.* München: R. Fischer.

Ehlers, Renate. 1983. Thematisierung durch Medien: Zum Verhältnis von Agenda-Setting-Forschung und praktischer Politik. *Rundfunk und Fernsehen* 38: 319-325.

Früh, Werner. 1993. *Medienwirkungen: Das dynamisch-transaktionale Modell. Theorie und empirische Forschung.* Opladen: Westdeutscher Verlag.

Hunziker, Peter. 1988. *Medien, Kommunikation und Gesellschaft.* Darmstadt: Wissenschaftliche Gesellschaft.

Iyengar, Shanto, Mark D. Peters und Donald R. Kinder. 1982. Experimental demonstrations of the „not-so-minimal" consequences of television news programms. *American Political Science Review* 76: 848-858.

Jarren, Otfried, Ulrich Sarcinelli und Ulrich Saxer, Hg. 1998. *Politische Kommunikation in der demokratischen Gesellschaft: Ein Handbuch mit Lexikonteil.* Opladen: Westdeutscher Verlag.

Kepplinger, Hans Mathias 1992. *Ereignismanagement: Wirklichkeit und Massenmedien.* Zürich: Edition Interfrom.

Klingemann, Hans-Dieter, und Katrin Voltmer. 1998. Politische Kommunikation als Wahlkampfkommunikation. In *Politische Kommunikation in der demokratischen Gesellschaft: Ein Handbuch mit Lexikonteil*, hg. von Otfried Jarren, Ulrich Sarcinelli und Ulrich Saxer, 396-405. Opladen: Westdeutscher Verlag.

Kriesi, Hanspeter. 1995. *Le système politique suisse.* Paris: Economica

Kriesi, Hanspeter et al., Hg. 1998. *Schweizer Wahlen 1995.* Bern: Haupt.

Linder, Wolf. 1999. *Schweizerische Demokratie: Institutionen, Prozesse, Perspektiven.* Bern: Haupt.

Longchamp, Claude. 1984. Analyse der Nationalratswahlen 1983. *VOX-Sondernummer.* Zürich.

Longchamp, Claude. 1987. Die neue Instabilität als Kennzeichen des heutigen Wahlverhaltens. *Schweizerisches Jahrbuch für Politische Wissenschaft* 27: 15-37.

Longchamp, Claude. 1988. Analyse der Nationalratswahlen 1987. *VOX-Sondernummer.* Zürich.

Longchamp, Claude. 1991. Herausgeforderte demokratische Öffentlichkeit: Zu den Möglichkeiten und Grenzen des politischen Marketings bei Abstimmungen und Wahlen in der Schweiz. *Schweizerisches Jahrbuch für Politische Wissenschaft* 31.

Longchamp, Claude. 1995a. *Die Europa-Frage im Vorfeld der Wahlen '95* (= Bericht zur Sommerwelle 1995 des „Europa-Barometer Schweiz"). Bern: GfS-Forschungsinstitut.

Longchamp, Claude. 1995b. *Wahlkampf '95: Entwicklung von Medien- und Bevölkerungsthemen bis Ende August 1995.* Bern: GfS-Forschungsinstitut.

Longchamp, Claude. 1996. „Instant"-Democracy Schweiz? Überlegungen zur Entwicklung der politischen Öffentlichkeit in der Informationsgesellschaft. Referat am Kongress „Politische Kultur Deutschlands, Österreichs und der Schweiz im Vergleich", Bern, 21. Januar 1996.

Longchamp, Claude. Erosion und Erneuerung der Parteien im Konkordanzsystem. *www.polittrends.ch/parteien.*

Longchamp, Claude, et al. 1995. *Hin zur Tripolarität des schweizerischen Parteiensystems: Eine Erstanalyse der Nationalratswahlen 1995.* Bern: GfS-Forschungsinstitut.

Longchamp, Claude, und Sibylle Hardmeier. 1992. Analyse der Nationalratswahlen 1991. *VOX-Sondernummer.* Zürich.

Longchamp, Claude, Ursula Raymann und Peter Kraut. 1993. *Unterstützung von Bundesrat und Verwaltung: Wandlungen im Verhältnis von Bürgerschaft und Regierung als eine Herausforderung an eine offene Staatstätigkeit.* Bern: GfS-Forschungsinstitut.

McCombs, Maxwell E. 1981. The agenda-setting approach. In *Handbook of political communication*, hg. von D. Nimmo und K. R. Sanders, 121-140. Beverly Hills, London: Sage.

McCombs, Maxwell E., und Donald L. Shaw. 1972. The agenda-setting function of mass media. *Public Opinion Quarterly* 36: 176-187

McCombs, Maxwell E., und Donald L. Shaw. 1993. The evolution of agenda-setting research: twenty-five years in the marketplace of ideas. *Journal of Communications* 43: 58-67.

Nabholz, R. 1998. Das Wählerverhalten in der Schweiz: Stabilität oder Wandel? Eine Trendanalyse von 1971-1995. In *Schweizer Wahlen 1995*, hg. von Hanspeter Kriesi et al. Bern: Haupt.

Pauli-Balleis, Gabriele.1987. *Polit-PR: Strategische Öffentlichkeitsarbeit politischer Parteien.* Zirndorf: Pauli-Balleis Verlag.

Plasser, Fritz, und Franz Sommer. 1991. Politische Öffentlichkeitsarbeit in der informationsgesellschaftlichen Demokratie. In *Öffentlichkeitsarbeit: Theoretische Ansätze und empirische Befunde*, hg. von Johanna Dorer und Klaus Loika. Wien: Braumüller.

Sacchi, Stefan. 1990. Postmaterialismus in der Schweiz von 1972 bis 1990. *Schweizerische Zeitschrift für Soziologie* 16.

Scherer, Helmut. 1990. *Massenmedien, Medienklima und Einstellungen.* Opladen: Westdeutscher Verlag.

Schlöth, Daniel. 1996. The Greens and the Car Party: Switzerland – the only political system with a new party at both ends of the postmaterialist axis. *ECPR-News* 8.

Schönbach, Klaus. 1998. Politische Kommunikation – Publizistik- und kommunikationswissenschaftliche Perspektiven. In *Politische Kommunikation in der demokratischen Gesellschaft. Ein Handbuch mit Lexikonteil*, hg. von Otfried Jarren, Ulrich Sarcinelli und Ulrich Saxer, 114-137. Opladen: Westdeutscher Verlag.

Seitz, Werner, Madeleine Schneider und Claudia Heierli. 1995. *Nationalratswahlen 1995: Der Wandel der Parteienlandschaft seit 1971.* Bern: Bundesamt für Statistik.

Staab, Joachim Friedrich. 1990. *Nachrichtenwert-Theorie: Formale Struktur und empirischer Gehalt.* Freiburg, München: Alber.

Zierhofer, Wolfgang. 1998. *Umweltforschung und Öffentlichkeit: Das Waldsterben und die kommunikativen Leistungen von Wissenschaft und Massenmedien.* Opladen: Westdeutscher Verlag.

Wählt das Panel anders?

Helmut Scherer

1 Vor- und Nachteile des Panelverfahrens

Panelstudien sind Erhebungen, bei denen bei identischen Untersuchungspersonen mit einem identischen Erhebungsinstrument mehrfach dieselben Daten erhoben werden. Innerhalb der Kommunikationswissenschaft haben Panelstudien häufig eine Schlüsselrolle gespielt. Erinnert sei hier nur an die Studie *The People's Choice* (Lazarsfeld et al. 1948), welche immer noch zu den wichtigsten Studien in der Erforschung der Wahlkommunikation gezählt werden muss. Aber auch im Bereich der kommerziellen Medienforschung spielen Panelstudien eine große Rolle. So wird schon seit langen Jahren die Reichweite der Fernsehsender in der Bundesrepublik Deutschland mit Hilfe eines Panels erhoben.

Das Panel als Erhebungsinstrument bietet eine Fülle an Vorteilen, die schon Lazarsfeld in den späten 30er und frühen 40er Jahren dargestellt hat (Lazarsfeld und Fiske 1938, Lazarsfeld 1940):

- Die Mühen mehrfacher Rekrutierung von Befragungspersonen entfallen, dadurch kann das Panel Kosten senken.[1]
- Es kann mehr Wissen über die Versuchspersonen gesammelt werden.
- Es steigt die Zuverlässigkeit, mit der Veränderungen gemessen werden. Beim Vergleich zweier unabhängiger Stichproben ist immer der sich auf die beiden Stichproben unterschiedlich auswirkende Auswahlfehler zu berücksichtigen. Die Veränderungen in der Zeit können also u.U. durch den Auswahlfehler erklärt werden. Veränderungen im Panel sind aber echte Veränderungen. Aus diesem Grund können die Panelstichproben kleiner sein.

---

1 Aus heutiger Sicht ist hier aber einzuwenden, dass Panelstudien den Organisationsaufwand eher vergrößern. Die Pflege der Panelstichprobe kostet Zeit und damit Geld. Da ganz bestimmte Personen befragt werden müssen, kann man bei schwerer Erreichbarkeit derselben nicht ohne bedeutenden Qualitätsverlust auf Ersatzpersonen ausweichen.

- Einstellungen gegenüber Phänomenen, die sich in der Zeit entwickeln, lassen sich analysieren.
- Das Panel kann die Analyse mit Kontrollgruppen ersetzen.

Der größte Vorteil des Panels liegt aber darin, dass mit Hilfe dieses Erhebungsverfahrens Veränderungen analysiert werden können. Das Panel macht Veränderungen sichtbar, und diese Methode erlaubt es, die Determinanten von Veränderungen bezogen auf einzelne Personen zu analysieren. Damit ist das Panel sehr sinnvoll, um Medienwirkungen auf Individuen zu erforschen, die wir zumeist als Veränderungen bei den Mediennutzern in Folge von Mediennutzung beschreiben.

Trotz der großen Bedeutung, die einzelne Panelstudien gewonnen haben, und trotz ihrer unbestreitbaren Vorteile sind Panelstudien nicht unumstritten und in der Summe auch eher selten geblieben. Letzeres erklärt sich sicherlich durch den hohen Aufwand, den Panelstudien verursachen (auch wenn Lazarsfeld hier anderer Meinung ist). Mehrere methodische Einwände werden gegen das Panel geltend gemacht. Auch diese Probleme sind schon früh benannt worden:

- Ein zentrales Problem der Methode besteht darin, wie man Befragungspersonen zur Teilnahme gewinnen kann und wie man vermeidet, dass diese aus dem Panel wieder aussteigen (Lazarsfeld und Fiske 1938). Man spricht in diesem Zusammenhang von der *Panelmortalität.* Es ist ein in jedem Panel beobachtbares Phänomen, dass die Zahl der Teilnahmebereiten kontinuierlich abnimmt. Dies ist ein Element der Selbstselektion, welches u.U. auch schon bei der ersten Befragung zum Tragen kommt, da man sich fragen muss, ob es nicht ein ganz bestimmter Personentypus ist, der zur Teilnahme an solch einer zeitintensiven Erhebung bereit ist.
- Lazarsfeld und Fiske (1938) stellen aber auch die Frage, ob und wie die Teilnahme an einer Panelerhebung die Teilnehmer verändert. Werden die Befragten etwa kritischer gegenüber dem Gegenstand der Befragung oder werden sie stabiler in ihren Überzeugungen? In diesem Zusammenhang spricht man vom *Paneleffekt.*

Beide Einwände werden immer wieder kritisch gegen das Panel ins Feld geführt. Insbesondere der Paneleffekt wird häufig genannt. In diesem Beitrag soll die Bedeutung beider Effekte für die Qualität von Panelstichproben untersucht werden. Die zentrale Fragestellung lautet also, ob sich eine Panelstichprobe durch Mortalität und Sensibilisierungseffekte soweit verändert, dass sie keine tauglichen Ergebnisse mehr liefern kann. Diese Frage soll mit Hilfe von Sekundäranalysen von zwei Panelstudien untersucht werden.

2 Das Datenmaterial

Die folgenden Analysen stützen sich auf Daten, die in zwei unabhängigen Forschungsprojekten entstanden sind; es handelt sich dabei um die Begleitforschung zur Volkszählung 1987 (VZ-Panel) und eine Studie zur Europawahl 1984 (Euro-Panel). Der Grund für die Auswahl dieser Daten ist ein pragmatischer, der Autor hat Zugriff auf die Daten beider Untersuchungen. Bei der Untersuchung zur Volkszählung kommt aber ein besonderer Vorteil zum Tragen. In dieser Studie wurden Panel- und Trenderhebungen kombiniert, das erbringt zusätzliche wichtige Analysemöglichkeiten vor allem in Bezug auf den Paneleffekt. Die folgende Übersicht stellt das Design dieser Studie dar.

Jahr	*1986*												*1987*						
Monat	J	F	M	A	M	J	J	A	S	O	N	D	J	F	M	A	M	J	J
	A	E	R	P	A	U	U	U	E	K	O	E	A	E	R	P	A	U	U
	N	B	Z	R	I	N	L	G	P	T	V	Z	N	B	Z	R	I	N	L
Trend	T			T					T		T	T	T	T	T		T	T	T
Panel	P			P					P						P		P		

Tabelle 1: Design der Nürnberger Volkszählungsbegleitforschung

Das VZ-Panel hatte eine Ausgangsstichprobe von 1563 Personen. Grundgesamtheit der Erhebung war die Bevölkerung der Bundesrepublik Deutschland und West-Berlins im Alter von 14 Jahren und mehr. Die Daten aus diesem Panel wurden ergänzt durch 12 Trenderhebungen mit jeweils neuen Stichproben von etwa 1000 Befragten. Grundgesamtheit war jeweils die deutsche Wohnbevölkerung ab 14 Jahre.[2] Tabelle 2 gibt einen Überblick über die Befragtenzahlen in den verschiedenen Wellen des VZ-Panels.[3]

2 Diese Trenderhebungen waren eingeschlossen in Mehrthemenumfragen, wie sie regelmäßig von großen Umfrageinstituten durchgeführt werden.

3 Eine umfassende Analyse der Daten aus diesem Projekt findet sich in Scherer 1997.

	Befragte in den Panelwellen				
	Welle 1	*Welle 2*	*Welle 3*	*Welle 4*	*Welle 5*
Welle 1	1563	1062	932	698	549
Welle 2		1062	724	591	449
Welle 3			932	591	478
Welle 4				698	502
Welle 5					549
Befragte in allen 5 Panelwellen: 361					

Tabelle 2a: Befragte im VZ-Panel und Darstellung der Panelmortalität

Die Europawahlstudie besteht aus einer vierwelligen Panelerhebung. Die Erhebungen wurden an den folgenden Terminen durchgeführt: 13.2.-13.3.1984, 10.04.-19.05.1984, 30.05.-16.06.1984 sowie 27.06.-09.07.1984.

	Befragte in den Panelwellen			
	Welle 1	*Welle 2*	*Welle 3*	*Welle 4*
Welle 1	1413	940	762	511
Welle 2		940	705	485
Welle 3			762	510
Welle 4				511
Befragte in allen 4 Panelwellen: 484				

Tabelle 2b: Befragte im Euro-Panel und Darstellung der Panelmortalität

3 Panelmortalität

Unter Panelmortalität versteht man das Phänomen, dass sich im Verlauf einer Panelstudie nicht alle Befragten in allen Panelwellen auch tatsächlich befragen lassen. Im Laufe einer Panelstudie wird das Sample immer kleiner. Es stellen sich nun zwei Fragen, zum einen, welche Folge die Panelmortalität für die Stichprobe hat und zum anderen, was die Ursachen der Panelmortalität sind. Beide Fragen hängen aber eng zusammen, wenn bestimmte Merkmale der Befragungspersonen ursächlich für die Panelmortalität sind, dann wird sich das Sample in Bezug auf diese Eigenschaften verändern. Sollten wir also zum Beispiel feststellen, dass das Lebensalter eine wichtige Ursache für das Ausscheiden aus dem Panel darstellt und dass sich Jüngere schwerer als Ältere wieder befragen lassen, dann wird die Stichprobe insgesamt älter werden.

Panelmortalität ist praktisch unvermeidbar, ob sie allerdings ein Problem darstellt, dies hängt von ihrem Verlauf ab. Zunächst einmal ist bei der Analyse von Ausfällen wichtig, ob diese zufällig oder systematisch verteilt sind. Der erste Fall ist eher unproblematisch. Die Stichprobe verändert sich in ihrer Zusammensetzung nicht, sie wird nur kleiner. Dieses Problem lässt sich aber dadurch beherrschen, dass man die Ausgangsstichprobe groß genug wählt, so dass über alle Panelwellen ausreichend Befragte zur Verfügung stehen, um tiefer gehende Analysen durchzuführen.

Sind die Ausfälle aber nicht zufällig sondern systematisch, dann bedeutet dies zweierlei: Zum einen lassen sich die Ausfälle auf bestimmte Faktoren zurückführen, zum anderen bleiben die Ausfälle nicht ohne Auswirkung auf die Zusammensetzung der Stichprobe, diese wird hinsichtlich der Faktoren, welche die Ausfälle verursachen, verzerrt werden. Will man die verschiedenen Faktoren systematisieren, die dazu führen, dass ein Befragter, welcher an einer Panelwelle teilgenommen hat, an den folgenden nicht mehr teilnimmt, so müssen wir zunächst zwischen Faktoren unterscheiden, die am Befragten liegen und solchen, die durch die Interviewerorganisation entstehen. Nicht immer ist es ja der Befragte, an dem ein Interview scheitert.

Lazarsfeld unterschied zwei Merkmale des Befragtem, welche die Panelmortalität beeinflussen: „cultural level“ und „interest in the issue“ (Lazarsfeld 1940, 127). So konnte er an einem Beispiel zeigen, dass höhere Bildung eher dazu führt, dass jemand sich im Panel häufiger befragen lässt, ebenso ließ sich zeigen, dass Personen, die am Befragungsgegenstand ein größeres Interesse nahmen, auch häufiger wieder befragt werden konnten (Lazarsfeld 1940, 127-128). Letztlich kann man zwei Arten von Ausfallursachen beim Befragten sehen: mangelnde Erreichbarkeit und mangelnde Motivation.

Erstes ist eher ein technisches Problem. Bestimmte Personengruppen sind schwerer durch Umfragen zu erreichen als andere. Insbesondere Personen mit geringer Freizeit sind schwer zu erreichen oder hochmobile Personen. Junge, mobile Personen sind schwerer zu erreichen als ältere Personen, die viel Zeit zu Hause verbringen. Weitere Ausfallgründe sind gewissermaßen natürlich. Dazu gehören etwa Umzüge oder Schicksalsschläge wie schwere Krankheiten oder gar Todesfälle. Es ist durchaus möglich, dass bestimmte Personen einfach nicht mehr befragt werden, weil der Interviewer keine Möglichkeit hatte, diese Person in der Feldzeit zu erreichen. Zu einem gewissen Grad muss man mit solchen Ausfällen rechnen, sie sind aber in der Regel für den Forschungszusammenhang wenig relevant und beeinflussen die Ergebnisse nur unwesentlich. Solche Ausfälle können in der Regel aber gut kontrolliert werden (Redressement, disproportionale Ausgangsstichproben). Nur in seltenen Fällen hat dies tatsächlich einen Einfluss auf die Qualität der Panelstichprobe, da diese Formen der Mortalität nicht in Zusammenhang mit der untersuchten Fragestellung stehen. Natürlich ist es aber möglich, dass ein indirekter Zusammenhang zur Fragestellung besteht.

Schwerwiegender ist es, wenn die Panelmortalität mit dem Forschungsgegenstand verknüpft ist, dies gilt für den Bereich der Motivation. Es ist hoch plausibel, dass Personen, die am Thema wenig Interesse zeigen, häufiger aus der Erhebung ausscheiden. Dies bestätigen nicht nur die Ergebnisse von Lazarsfeld (1940), sondern auch Glock (1952) bei seiner Analyse von 16 Panelerhebungen. Dies wäre natürlich besonders kritisch für Panels in der Kommunikationsforschung, da ein größeres Interesse ja ein anderes kommunikatives Verhalten zur Folge hat als ein geringes Interesse. Medienberichte werden eher wahrgenommen und auch intensiver verarbeitet. Interesse korreliert zumeist auch mit Kompetenz und Wissen. Und so scheint es auch plausibel, dass wenig Interessierte und somit eher Unwissende durch die Mehrfachbefragung eher frustriert werden und somit die weitere Teilnahme verweigern.

Im folgenden soll nun in beiden Panels untersucht werden, welche Befragtengruppen überproportional aus der Stichprobe ausgeschieden sind. Da Ursachen der Panelmortalität und die daraus resultierende Veränderung der Stichprobe notwendig miteinander verknüpft sind, leistet eine Analyse der Panelausfälle immer zweierlei. Sie ist zum einen diagnostisch, indem sie beschreibt, welchen Qualitätsverlust die Ausfälle bedeuten, und sie ist kausal, indem sie deutlich macht, welche Faktoren die Panelmortalität beeinflussen.

Beginnen wollen wir die Untersuchung mit einer Analyse der soziodemographischen Zusammensetzung der einzelnen Panelwellen. Untersuchen wir die Merkmale Geschlecht, Alter und Bildung, dann zeigen sich keine großen Unterschiede zwischen den einzelnen Panelwellen, dies gilt sowohl für das Euro- wie auch für das VZ-Panel.

Die bedeutsamsten Unterschiede ergeben sich noch für den Faktor Bildung. Hier zeigt sich in beiden Untersuchungen, dass der Anteil von Personen mit niedriger Bildung etwas ansteigt, im Euro-Panel von 18% in der ersten Panelwelle

	Teilnehmer in Welle				
	I	II	III	IV	V
	%	%	%	%	%
Geschlecht					
Männer	46	45	45	47	46
Frauen	54	55	55	53	55
Alter					
14 bis 19 Jahre	12	12	12	13	14
20 bis 29 Jahre	19	19	18	18	17
30 bis 49 Jahre	33	34	2	32	32
50 bis 64 Jahre	24	24	26	27	28
65 und älter	12	12	12	10	10
Bildung					
Hauptschule ohne Berufsausb.	15	17	17	17	18
Hauptschule mit Berufsausb.	42	43	43	44	43
weiterbildende Schule	24	24	26	25	25
Abitur	9	9	7	7	7
Studium	8	7	7	6	6
keine Angabe	2	1	1	1	1
Befragte	1563	1062	932	698	549

Tabelle 3a: Soziodemographische Zusammensetzung der einzelnen Panelwellen im VZ-Panel

auf 21 % in der vierten oder im VZ-Panel von 15 auf 18 %. Der Anteil der Befragten mit Abitur oder Studium geht etwas zurück. Diese Unterschiede sind aber nicht sehr hoch, die Gesamtzusammensetzung nach Bildungsgruppen bleibt im wesentlichen konstant. Interessant ist an diesen Beobachtungen vor allem, dass die Ergebnisse nicht so ausfallen, wie man es erwarten würde. Schon Lazars-

	Teilnehmer in Welle			
	I	II	III	IV
	%	%	%	%
Geschlecht				
Männer	47	46	46	45
Frauen	53	54	54	55
Alter				
18 bis 24 Jahre	15	14	14	13
25 bis 34 Jahre	22	21	23	24
35 bis 54 Jahre	32	31	30	32
55 bis 64 Jahre	15	16	15	15
65 und älter	17	18	18	17
Bildung				
Hauptschule ohne Berufsausb.	18	18	18	21
Hauptschule mit Berufsausb.	40	41	44	43
weiterbildende Schule	21	20	20	19
Abitur	10	9	8	7
Studium	9	10	9	8
keine Angabe	3	2	3	2
Befragte	1413	940	762	511

Tabelle 3b: Soziodemographische Zusammensetzung der einzelnen Panelwellen im Euro-Panel

feld geht ja davon aus, dass die Beteiligungsbereitschaft hoher Bildungsgruppen höher ist, diese sind in der Regel aufgeschlossener gegenüber gesellschaftlichen Themen und ihnen ist die Bedeutung wissenschaftlicher Arbeit plausibler. Diese höhere Bereitschaft gehobener Bildungsgruppen finden wir aber nun gerade nicht. Erklären lässt sich dies nur sehr schwer. Möglicherweise verhalten sich gerade Abiturienten und Akademiker einfach souveräner gegenüber wissenschaftlichen Untersuchungen. Die Mitarbeiter von Forschungsinstituten können gegenüber dieser Gruppe schwerer Autorität ausüben. Die insgesamt geringen Abweichungen bei diesen Merkmalen lassen darauf schließen, dass diese soziodemographischen Variablen weder als erklärende Faktoren für die Panelausfälle viel leisten können, noch dass die Panelstichproben durch die Mortalität in Bezug auf diese Merkmale in besonderem Maße verzerrt sind. Die Verzerrungen sind im wesentlichen vernachlässigbar.

Als interessanter erweist sich die Analyse des Wohnortes. Dies gilt aber nur für das VZ-Panel (vgl. Tabelle 4a). Sowohl in Bezug auf das Bundesland, in dem die Befragten wohnhaft sind, als auch in Bezug auf die Ortsgröße gibt es erhebliche Unterschiede in der Zusammensetzung der einzelnen Panelwellen. Der Anteil von Befragten in ländlichen Gebieten oder Kleinstädten bis 20 000 Einwohnern steigt deutlich an, der Anteil von Befragten in Großstädten über 500 000 Einwohnern nimmt dramatisch ab. Die Befragten in Schleswig-Holstein sind überdurchschnittlich zuverlässige Panelteilnehmer, sie scheiden nur selten aus dem Panel aus und damit wächst ihr Anteil an den Befragten deutlich an, von 18 % in Welle 1 auf 26 % in Welle 2. Im Gegensatz dazu geht die Zahl der Befragten in Bayern und, wenn man die geringe Ausgangsgröße bedenkt, auch in den Stadtstaaten deutlich zurück. Dies verweist darauf, dass die Ausfälle sich wohl eher organisatorisch begründen. Die Befragten in den kleineren Orten waren wohl für die Interviewer einfacher erreichbar. In den Großstädten ist die Ablenkung und damit die Mobilität in der Freizeit eben deutlich höher. Es lässt sich auch nicht ausschließen, dass es in Einzelfällen zu lokal begrenzten Problemen in der Interviewerorganisation gekommen ist.

Dass die Ursachen eher organisatorischer Natur sind, darauf weist auch die Tatsache hin, dass wir im Euro-Panel solche Phänomene bei den Bundesländern und in Bezug auf die Ortsgröße nur in abgeschwächter Form finden (vgl. Tabelle 4b). Allerdings muss man bei den Unterschieden zwischen den beiden Paneln auch die ganz unterschiedlichen Charakteristika der Erhebung berücksichtigen. Im Euro-Panel sind die Zeitabstände zwischen den Befragungen wesentlich kürzer.

Besonders gravierend wäre es, wenn durch die Panelmortalität die Stichprobe in Hinblick auf für die Untersuchung zentrale Variablen verzerrt würde. Die-

	Teilnehmer in Welle				
	I	II	III	IV	V
	%	%	%	%	%
Ortsgröße					
bis 20 000	32	36	36	40	40
20 000-500 000	30	29	34	30	31
über 500 000	39	36	30	30	29
Bundesland					
Schleswig-Holstein / Niedersachsen	18	19	22	24	26
Hamburg / Bremen / Berlin	7	6	4	5	5
Nordrhein-Westfalen	27	28	28	30	28
Hessen	6	6	4	5	4
Rheinland-Pfalz / Saarland	11	11	11	12	13
Baden-Württemberg	12	10	10	9	12
Bayern	19	20	20	16	13
Befragte	1563	1062	932	698	549

Tabelle 4a: Wohnort der Panelteilnehmer im VZ-Panel

se Möglichkeit ist auch in hohem Maße plausibel. Wie oben erwähnt, wird vermutet, dass sich die Panelteilnahme auch durch das Interesse und die Haltung der Befragten gegenüber dem Forschungsgegenstand erklären lässt. Gerade bei einem sensiblen Thema wie der Volkszählung, wo Fragen der Datensicherheit und der Anonymität von Umfragen eine besondere Rolle gespielt haben, erscheinen diesbezügliche Vermutungen besonders bedeutsam. Um diese Fragestellungen zu klären, sind wir von der Zusammensetzung der Stichprobe in Panelwelle 1 in Hinblick auf verschiedene Einstellungen zum Thema der Untersuchung ausgegangen. Für diese zu diesem Zeitpunkt erhobenen Merkmale wurde nun untersucht, ob sich jeweils andere Werte ergeben, wenn man die Auswertung auf Basis nur der Befragten vornimmt, die in den späteren Panelwellen

	Teilnehmer in Welle			
	I	II	III	IV
	%	%	%	%
Wohnort				
Landgemeinde	14	16	14	14
Kleinstadt	24	23	22	26
Mittelstadt	25	24	26	22
Großstadt	21	21	26	25
Metropole	16	16	12	13
Bundesland				
Schleswig-Holstein / Nieder-sachsen	16	17	15	17
Hamburg / Bremen	5	5	2	2
Nordrhein-Westfalen	33	35	40	35
Hessen	10	9	8	10
Rheinland-Pfalz / Saarland	10	11	12	10
Baden-Württemberg	10	7	8	10
Bayern	17	16	16	17
Befragte	1413	940	762	511

Tabelle 4b: Wohnort der Panelteilnehmer im Euro-Panel

wieder befragt werden konnten. Dies erlaubt es, festzustellen, ob Personen, die zu Beginn der Untersuchung ein bestimmtes Verhältnis zum Gegenstand der Untersuchung hatten, häufiger im Verlauf der Studie ausgeschieden sind als andere.

Für das VZ-Panel (vgl. Tabelle 5a) wurden die folgenden Merkmale untersucht: Einstellung zur Volkszählung, Wahrnehmung von Anzeigen zur Volkszählung, Interessen an Informationen zur Volkszählung und Selbsteinschätzung der Informiertheit. Es scheint durchaus plausibel, dass Befragte, die der Volks-

	Teilnehmer in Welle				
	I	II	III	IV	V
	%	%	%	%	%
Einstellung zur Volkszählung in Welle I: *„Einmal ganz allgemein gefragt: Sind Sie für oder gegen die Volkszählung?"*					
dafür	25	25	26	26	26
dagegen	36	35	35	35	36
unentschieden / k. A.	39	40	39	39	38
Wahrnehmung von Anzeigen zur Volkszählung in Welle I: *„Haben Sie in den letzten Wochen in Zeitungen und Zeitschriften einmal eine Anzeige zur Volkszählung gesehen?"*					
ja	7	6	6	6	6
nein	93	94	95	94	94
Interesse an Informationen über die VZ in Welle II: *„Wie sehr sind Sie daran interessiert, mehr über die Volkszählung zu erfahren? Würden Sie sagen: sehr, etwas oder gar nicht?"*					
sehr	nicht erfragt	18	19	19	19
etwas	nicht erfragt	53	53	52	53
gar nicht	nicht erfragt	29	28	29	28
Selbsteinschätzung der Informiertheit in Welle I: *„Eine Frage dazu, was Sie schon über die Volkszählung wissen, wie gut Sie darüber informiert sind – würden Sie sagen: sehr gut, gut, weniger gut oder überhaupt nicht?"*					
sehr gut	2	2	2	2	1
gut	28	28	27	29	28
weniger gut	54	53	54	54	56
überhaupt nicht	16	17	17	15	16
Befragte	1563	1062	932	698	549

Tabelle 5a: Auswirkung der Panelmortalität auf die Zusammensetzung des Volkszählungs-Panels in Bezug auf Einstellungs- und Kommunikationsvariable

zählung negativ gegenüberstehen, weniger motiviert sind, sich an einer diesbezüglichen Untersuchung zu beteiligen. Dies ist aber ganz offensichtlich nicht der Fall. Die Ergebnisse schwanken nur in ganz geringem Maß. Auch scheinen die Befragten, die in der Strichprobe verbleiben, keineswegs aufgeschlossener gegenüber Informationen zu diesem Thema. Der Anteil derer, die Anzeigen zur Volkszählung wahrgenommen haben, schwankt nur zwischen 6 und 7 %, je nachdem auf welcher Basis die Auswertungen vorgenommen wurden und auch beim Interesse an Informationen gibt es nur sehr geringe Schwankungen in der Zusammensetzung. Plausibel wäre es auch, dass Befragte, die sich für nur mäßig informiert halten, eher Hemmungen haben, an Befragungen teilzunehmen, aber auch diese Vermutung lässt sich nicht bestätigen. Zusammengefasst kann man sagen, dass es für die Ergebnisse der ersten Welle praktisch vollkommen unerheblich ist, ob man alle Befragten untersucht, oder ob man nur die Teilgruppen untersucht, die sich später wieder befragen lassen. Die Veränderungen, die sich also im Lauf der Panelstudie ergeben, können nicht durch selektive Ausfälle erklärt werden.

Für das Europapanel ergeben sich die gleichen Ergebnisse (vgl. Tabelle 5b). Auch hier gibt es keine dramatischen Unterschiede zwischen den jeweils unterschiedlich zusammengesetzten Befragungsgruppen in Hinblick auf die Wahlabsicht, die Wahrnehmung von Medienbeiträgen über Europa und das Interesse an Informationen darüber.

Die bisherigen Untersuchungen erlauben zwar durchaus Rückschlüsse auf die Ursachen der Panelmortalität, sie sind aber im strengen Sinne Analysen ihrer Auswirkungen. Wir wollen diese Analysen nun ergänzen durch Untersuchungen, die eine Aussage über die Ursachen erlauben. Dabei soll noch ein weiterer Aspekt einbezogen werden. Die bisherigen Analysen waren jeweils bivariat. Es wäre aber durchaus denkbar, dass sich Zusammenhänge aus der Kombination verschiedener Merkmale ergeben. Um dies zu klären, soll nun multivariat gearbeitet werden. Geprüft werden soll, ob Merkmale, die in einer Panelwelle aufgetreten sind, in Zusammenhang zur Teilnahmebereitschaft in der nächsten Panelwelle stehen. Da wir es hier zumeist mit kategorialen Variablen zu tun haben und auf der anderen Seite die Teilnahmebereitschaft ein dichotomes Merkmal ist, erscheint die logistische Regression als das angemessene Verfahren. Durch die klare Gegenüberstellung von Panelausfällen und Panelverbleibenden werden die Unterschiede zwischen den Gruppen deutlicher akzentuiert. Als abhängige Variable wurden bei den konstanten Merkmalen (Soziodemographie) die Messungen zum ersten Zeitpunkt gewählt, für die veränderlichen Merkmale wie Einstellungen und Interesse jeweils die Merkmale aus der vorangegangenen Welle.

	Teilnehmer in Welle			
	I	II	III	IV
	%	%	%	%
Wahlabsicht in Welle I: *„Angenommen, am nächsten Sonntag wäre bereits die Wahl zum Europäischen Parlament: Welche Partei würden Sie dann wählen? Sagen Sie es mir bitte nach dieser Liste."*				
verweigert	10	9	9	8
CDU, CSU	33	34	35	36
SPD	35	36	35	36
F.D.P.	3	3	3	3
Die Grünen	6	5	5	5
NPD, DKP, andere Partei	1	1	1	1
würde nicht wählen	4	3	3	3
noch nicht sicher, weiß noch nicht	9	10	9	8
Antwort verweigert	x	-	-	-
Etwas über Europa in den Medien gesehen in Welle I: *„Ich habe nun noch eine Frage zur Vereinigung Europas. Haben Sie in letzter Zeit einmal etwas zur Vereinigung Europas oder über die europäische Zusammenarbeit in der Zeitung gelesen, im Radio gehört oder im Fernsehen gesehen?"*				
ja	48	47	45	45
nein	52	53	55	55
Interesse mehr über Europa zu erfahren in Welle I : *„Wie sehr sind Sie daran interessiert, mehr über diese Fragen (Fragen, die für ganz Europa von Bedeutung sind, der Verf.) zu erfahren, würden Sie sagen: stark, etwas oder gar nicht?"*				
stark	9	9	8	9
etwas	38	36	38	35
gar nicht	12	13	13	13
keine Angabe	41	43	41	43
Befragte	1413	940	762	511

Tabelle 5b: Auswirkung der Panelmortalität auf die Zusammensetzung des Euro-Panels in Bezug auf Einstellungs- und Kommunikationsvariable

Für die Volkszählung ergeben sich nur geringe Zusammenhänge (vgl. Tabelle 6a). Pseudo R^2, das Maß, welches die Erklärungskraft des ganzen Modells beschreibt, schwankt zwischen .03 und .06. Relativ bedeutsam sind die Faktoren wie Ortsgröße und Bundesland. Mit Einschränkungen muss auch die Bildung als relevanter Faktor betrachtet werden. Im wesentlichen werden die Ergebnisse der bivariaten Analysen bestätigt. Einstellungsmerkmale und motivationale Faktoren sind zumeist nicht relevant. Lediglich das Interesse an Informationen zeigt einen geringen Zusammenhang.

Etwas anders sehen die Ergebnisse beim Euro-Panel aus (vgl. Tabelle 6b). Hier finden wir durchweg stärkere Zusammenhänge, wobei aber auch hier die Ortsgröße und das Bundesland die wichtigsten Faktoren darstellen. Aber auch das Informationsinteresse und in einem Fall auch die Wahlabsicht haben durchaus einen gewissen Einfluss. Bei der Wahlabsicht sind es vor allem die Verweigerer, die etwas häufiger ausfallen. Es zeigt sich auch der oben schon beschriebene Bildungseffekt deutlich in zwei von drei Fällen.

Das wichtigste Ergebnis ergibt sich aus dem Vergleich beider Untersuchungen. Die zum Teil deutlich höheren Erklärungswerte der logistischen Regressionen im Fall des Euro-Panels sind erklärungsbedürftig. Wahrscheinlich spielen hier die deutlich kürzeren Zeitabstände zwischen den Panelwellen eine große Rolle. In der Regel liegen nur wenige Wochen zwischen den Befragungen. In diesem Zeitraum können einzelne Einflussfaktoren besser wirksam werden. Über den größeren Zeitabstand zwischen den Panelwellen werden dann eine Vielzahl von Mikroeinflüssen wirksam, aus denen sich als Konsequenz eine zufällige Verteilung der Panelausfälle ergibt.

Insgesamt muss man auf Basis dieser Ergebnisse dem Panelverfahren eine hohe Robustheit gegenüber den Ausfällen attestieren. Auch wenn man Ansätze für eine kausale Erklärung finden kann, so dominieren doch eher Merkmale, die auf organisatorische Probleme und Probleme der Erreichbarkeit hinweisen als auf motivationale Einflüsse. Im Ergebnis bleiben diese Einflüsse aber relativ unbedeutend. Durch Mortalität wird die Panelstichprobe nicht untypisch im Verhalten gegenüber dem Gegenstand des Erkenntnisinteresses.

	Panelwelle			
	II	III	IV	V
Ortsgröße (über 500 000)	.08	.15	.17	
bis 20 000	.08	.13	.15	
bis 500 000	.00	.13	.00	
Bundesland (Bayern)	.05	.07	.14	.09
Schleswig-Holstein / Niedersachsen	.00	.00	.13	.11
Hamburg / Bremen / Berlin	.00	.00	.10	.00
Nordrhein-Westfalen	.00	.00	.12	.00
Hessen	.00	-.06	.00	.00
Rheinland-Pfalz / Saarland	.00	.00	.00	.05
Baden-Württemberg	-.04	-.06	.06	.09
Bildung (Studium)	.04	.05		
Hauptschule ohne Abschluss	.07	.00		
Hauptschule mit Abschluss	.03	.00		
weiterführende Schule	.01	.00		
Abitur	.00	-.02		
Geschlecht (weiblich)			.03	
Informationsinteresse (gar nicht)	nicht erfragt	.03		
sehr interessiert		.04		
etwas interessiert		.03		
Pseudo R^2	.03	.06	.06	.02

geprüft, aber ohne Einfluss: Alter, Einstellung zur Volkszählung, Teilnahmebereitschaft bei der Volkszählung („Die Volkszählung, die 1983 nicht durchgeführt wurde, soll ja nun doch stattfinden. Werden Sie selbst bei der Volkszählung mitmachen oder die Auskunft verweigern?“)

Tabelle 6a: Einflussfaktoren auf die Teilnahme im VZ-Panel (logistische Regression)

	Panelwelle		
	II	III	IV
Ortsgröße (Metropole)	.04	.17	.07
Landgemeinde	.05	.00	.00
Kleinstadt	.00	.02	.00
Mittelstadt	.00	.00	-.07
Großstadt	.00	.17	.00
Bundesland (Bayern)	.12	.22	.13
Schleswig-Holstein / Niedersachsen	.05	-.08	.00
Hamburg / Bremen	.04	-.14	.00
Nordrhein-Westenfalen	.04	.01	-.04
Hessen	.00	-.05	.00
Rheinland-Pfalz – Saar	.03	.00	-.05
Baden-Württemberg	-.06	.00	.06
Bildung (Studium)		.06	.06
Hauptschule ohne Abschluss		.05	.07
Hauptschule mit Abschluss		.08	.00
weiterführende Schule		.04	.00
Abitur		.00	.00
Informationsinteresse (k. A.)	.07		.10
stark	-.05		.00
etwas	-.07		-.10
gar nicht	.00		-.08
Wahlabsicht (DKP, NPD, andere, noch nicht sicher)			.08
verweigert			-.02
CDU /CSU			.00
SPD			.00
F.D.P.			.00
Die Grünen			.00
Nicht wählen			.00
Pseudo R^2	.04	.16	.11
geprüft, aber ohne Einfluss: Alter, Geschlecht			

Tabelle 6b: Einflussfaktoren auf die Teilnahme im Euro-Panel (logistische Regression)

4 Paneleffekt

Ein häufiger Einwand gegen die Panelmethode betrifft den sogenannten Paneleffekt. Man geht davon aus, dass durch die mehrfache Befragung zum gleichen Gegenstand, die Befragten für diesen Gegenstand sensibilisiert werden. Dieser Effekt kann sich in der Theorie auf die Einstellung, aber auch auf das kommunikative Verhalten auswirken. Paneleffekte werden vor allem bei Meinungs- und Einstellungsfragen vermutet (Hanefeld 1987:140). Als besonders anfällig für Paneleffekte gelten Themen, bei denen sich der Befragte erst in der Phase der Meinungsbildung befindet (Lazarsfeld 1940, 128). Themenspezifische Kommunikationsvariablen müssen als besonders anfällig für Paneleffekte gelten. Dass eine Panelstudie auf ein Thema aufmerksam macht, dass der Befragte sich in der Panelsituation gewissermaßen auf dem Prüfstand sieht und sich aus diesem Grund über dieses Thema besonders gründlich informiert, das erscheint hoch plausibel. Wenn dies zutrifft, dann hätte dies aber weit reichende negative Folgen für die Möglichkeit, Panelstudien in der Kommunikationsforschung einzusetzen. Besonders problematisch ist dieser Effekt, da er in jedem Fall mit dem Gegenstand der Untersuchung verbunden ist, er greift also dort an, wo es für die Untersuchung wichtig ist.

So häufig dieser Effekt aber auch behauptet wurde, und so plausibel er erscheint, so gibt es doch keine empirischen Belege dafür. Zum einen gibt es nur wenige Untersuchungen dazu, zum anderen konnte er bei diesen wenigen Versuchen nicht nachgewiesen werden. Auf Basis der Daten von The People´s Choice hat Glock (1952) den Paneleffekt untersucht. In dieser Studie wurde ein Teil der Stichprobe sechsmal befragt, andere Teile nur zweimal, jeweils parallel mit Befragungen des Hauptpanels. Es zeigt sich, dass die Mitglieder des Hauptpanels sich in ihrem Informationsverhalten nicht unterschieden (Glock 1952, 194; Noelle-Neumann und Petersen 1996, 282). Hansen (1982, 107ff.) beschreibt einen Versuch des IfD, bei dem Panelergebnisse mit Ergebnissen aus Einmalbefragungen verglichen wurden. Auch hier zeigte sich, dass bei zentralen Einstellungsindikatoren nur geringe Unterschiede zwischen Panel und Einmalbefragung auftraten.

Der Paneleffekt lässt sich nicht so einfach messen und in seinen Auswirkungen einschätzen wie die Panelmortalität. Ein möglicher Untersuchungsansatz ist der systematische Vergleich von Panelerhebungen mit Einmalbefragungen (Lazarsfeld und Fiske 1938). Dies ist aber nur selten möglich. Einen dieser seltenen Fälle haben wir hier zur Verfügung: die Begleitforschung zur Volkszählung 1987. In dieser Studie wurde, wie oben dargestellt, das fünfwellige Panel von 12 Trenderhebungen begleitet. Diese Trenderhebungen enthielten einige der zentralen Merkmale der Panelstudie. Die Trendbefragungen sind kein komplettes Abbild der Panelbefragungen, sie enthalten integriert in Mehrthemenumfragen einige wenige, aber zentrale Indikatoren aus der Panelstudie. Im wesentlichen sind dies zentrale Einstellungs- und Kommunikationsvariablen. Beginnen wir mit der Einstellung zur Volkszählung (vgl. Schaubild 1). Nur zu Beginn der Studie gibt es hier einigermaßen deutliche Unterschiede zwischen Panel und Trend. Die Entwicklung der Ergebnisse zu diesem Indikator im Panel ist offen-

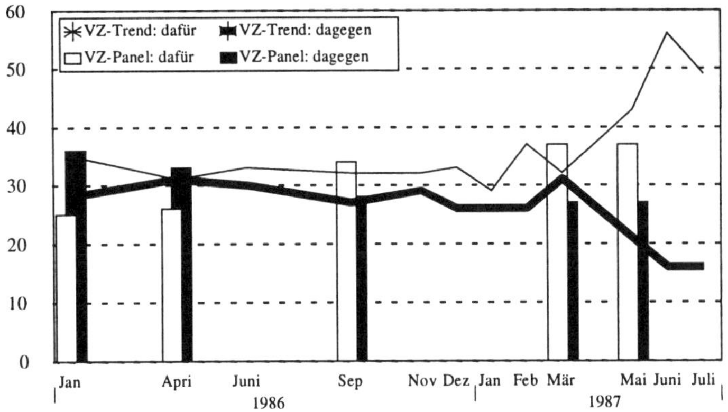

Schaubild 1: Einstellung zur Volkszählung. Vergleich Panel und Trend (in Prozent der Befragten)
Frage: „Einmal ganz allgemein gesprochen: Sind Sie für oder gegen die Volkszählung?“

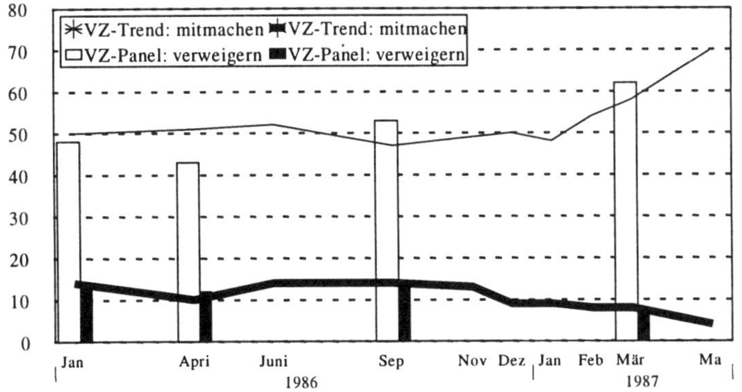

Schaubild 2: Teilnahmebereitschaft. Vergleich Panel und Trend (in Prozent der Befragten)
Frage: „Die Volkszählung, die 1983 nicht durchgeführt wurde, soll ja nun doch stattfinden. Werden Sie selbst bei der Volkszählung mitmachen oder die Auskunft verweigern?“

bar nicht untypisch, sie gleicht in hohem Maße der Entwicklung im Trend. Tatsächlich könnte man die Trendentwicklung auch aus dem Verlauf der Panelerhebung richtig abschätzen.[4] Gleiches gilt auch für die Teilnahmebereitschaft bei der Volkszählung (vgl. Schaubild 2).

Besonders interessant sind natürlich Variablen, die auf Sensibilisierungseffekte hinweisen. Für die Untersuchung dieser Fragestellung eignet sich im vorliegenden Datenmaterial die Erhebung der Wahrnehmung von Medienberichten zur Volkszählung (vgl. Schaubild 3). Hier zeigt sich kein Ergebnis, welches auf eine Sensibilisierung durch die Panelstudie hinweist. Panel- und Trendstichprobe zeigen zu den Vergleichszeitpunkten nahezu identische Werte.

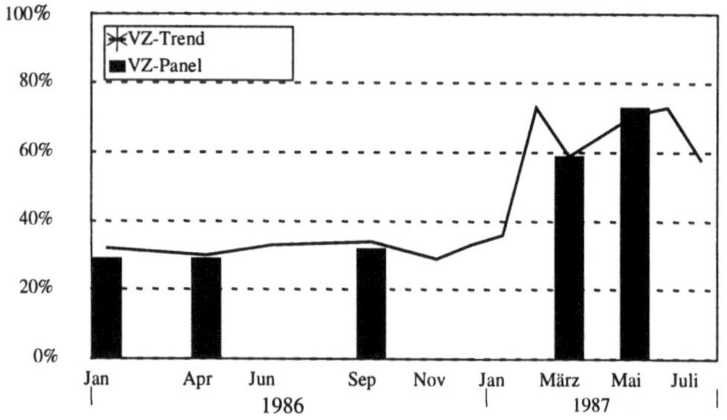

Schaubild 3: Medienwahrnehmung. Vergleich Trend und Panel (in Prozent der Befragten)
Frage: „Haben Sie in letzter Zeit etwas zur Volkszählung im Fernsehen gesehen, im Radio gehört oder in der Zeitung gelesen?"

Da in der Panelstudie sehr viele Aspekte der Datensicherheit angesprochen werden, erscheint es plausibel, dass die Panelteilnehmer gerade für diesen Aspekt in besonderem Maße sensibilisiert werden. Aber auch diese Vermutung lässt sich nicht bestätigen. Zwar gibt es zu Beginn im Panel etwas weniger Befragte, die angeben, sie hätten keinerlei diesbezügliche Befürchtungen. Im Verlauf der Untersuchung gleicht sich dieser Unterschied aber aus. Der Anteil der Befragten, die Befürchtungen äußern, liegt in Panel und Trend auf einem nahezu identischen Level. Die Entwicklung in beiden Erhebungsteilen verläuft sehr ähnlich.

4 Die Einstellung zur Volkszählung wurde noch mit einer Skala von +5 bis –5 gemessen. Auch hier gibt es keine wesentlichen Unterschiede im Verlauf. Auch die Klimaeinschätzung, also die Einschätzung der Mehrheitsmeinung verläuft in Panel und Trend parallel.

Ganz offensichtlich sensibilisiert auch die Teilnahme im Panel nicht für die Problematik der Datensicherheit.

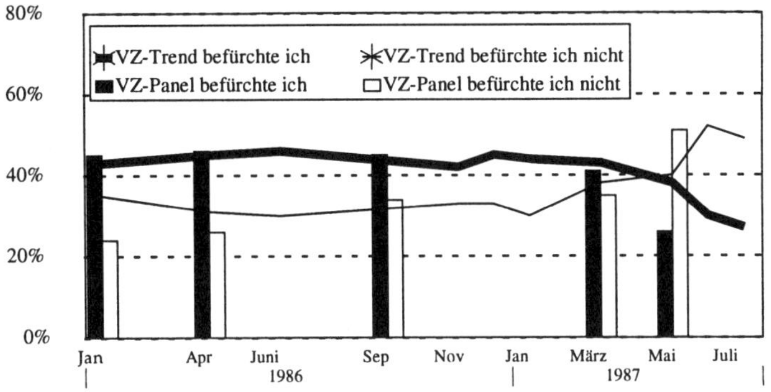

Schaubild 4: Mißbrauch der Volkszählung. Vergleich Panel und Trend (in Prozent der Befragten)
Frage: „Manche Leute befürchten, dass der einzelne Bürger sich bei der Volkszählung nicht davor schützen kann, dass seine persönlichen Angaben missbraucht werden, dass sie zum Beispiel an die Polizei oder das Finanzamt weitergegeben werden oder dass private Angaben in falsche Hände geraten. Befürchten Sie das auch oder befürchten Sie das nicht?"

Insgesamt muss man auch bei der Fragestellung des Paneleffekts feststellen, dass sich keine gravierenden Effekte zeigen. Auch hier bewährt sich das Panel als Forschungsmethode und somit können die Ergebnisse früherer Studien bestätigt werden.

5 Zusammenfassung

Wir sind in der vorliegenden Studie von den spezifischen Qualitäten des Panels ausgegangen und haben uns die Frage gestellt, warum das Panel letztlich so selten genutzt wird. Einer der Gründe, so die Vermutung, liegt in den häufig besprochenen Fehlerquellen des Panels: der Panelmortalität und des Paneleffekts. Beide Fehlerquellen wurden in der vorliegenden Studie untersucht. Die damit verbundenen Befürchtungen, dass die Qualität des Panels als Erhebungsinstrument nur eine eingeschränkte sei, wurden nicht bestätigt. Ganz im Gegenteil, das Panel hat sich als sehr robustes Verfahren erwiesen. Die Probleme durch die Ausfälle im Panel halten sich sichtlich in Grenzen und der Paneleffekt hat sich zum wiederholten Mal als Fama erwiesen. Man kann nur hoffen, dass dieser Beitrag ein wenig dazu helfen kann, dass gerade der Paneleffekt nicht immer wieder ungeprüft als Argument gegen das Panel ins Feld geführt werden kann. Allerdings ist der Autor eher skeptisch. Letztlich ist der Paneleffekt so plausibel, dass er sich sicherlich noch lange als empirieresistent erweisen wird.

Literatur

Glock, Charles Y. 1952. *Participation bias and re-interview effect in panel studies.* Dissertation. New York.

Hanefeld, Ute. 1987. *Das Sozio-ökonomische Panel: Grundlagen und Konzeption.* Frankfurt am Main: Campus.

Hansen, Jochen. 1982. *Das Panel: Zur Analyse von Verhaltens- und Einstellungswandel.* Opladen: Westdeutscher Verlag.

Lazarsfeld, Paul F. 1940. Panel studies. *Public Opinion Quarterly* 4: 122-128.

Lazarsfeld, Paul F., und Marjorie Fiske. 1938. The panel as a new tool for measuring opinion. *Public Opinion Quarterly* 2: 596-612.

Lazarsfeld, Paul F., Bernhard Berelson und Hazel Gaudet. 1948. *The people's choice: how the voter makes up his mind in a presidential campaign.* New York: Columbia University Press.

Noelle-Neumann, Elisabeth, und Thomas Petersen. 1996. *Alle, nicht jeder: Einführung in die Methoden der Demoskopie.* München: dtv.

Scherer, Helmut. 1997. *Medienrealität und Rezipientenhandeln: Zur Entstehung handlungsleitender Vorstellungen.* Wiesbaden: Deutscher Universitäts-Verlag.

Lässt sich die Total-Design-Method auch auf Panelbefragungen anwenden? Ein Projektbericht

Kai Arzheimer, Markus Klein und Jürgen W. Falter

1 Fragestellung

Im Mittelpunkt dieses Beitrags steht die Frage, ob sich die von Don A. Dillman (1978) entwickelte Total-Design-Method (TDM) erfolgreich auf schriftliche Panelbefragungen anwenden lässt. Panelstudien werden in aller Regel als persönliche oder telefonische Interviews durchgeführt. Schriftlich-postalische Panelstudien sind seltene Ausnahmen; gemäß der TDM werden sie praktisch nie administriert. Aus unserer Sicht steht dem allerdings nichts entgegen, und die Perspektiven sind vielversprechend.

Wir erläutern zunächst, welche Notwendigkeiten im Rahmen unseres konkreten Forschungsvorhabens dazu geführt haben, ein TDM-Panel durchzuführen. Im Anschluss daran gehen wir auf die praktische Durchführung der Befragung ein und untersuchen den Einfluss materieller incentives auf den Rücklauf der ersten Welle und die Haltequote. Abschließend diskutieren wir die Übertragbarkeit unserer Ergebnisse.

2 Durchführung der Befragung

2.1 Das Forschungsprojekt „Die Conjoint-Analyse als Instrument der empirischen Wahlforschung"

Die Datenerhebung, über die wir im folgenden berichten wollen, wurde im Rahmen des von der Deutschen Forschungsgemeinschaft (DFG) finanziell geförderten Projekts „Die Conjoint-Analyse als Instrument der empirischen Wahlforschung[1]" durchgeführt (vgl. Arzheimer und Klein 1998). Bei der Conjoint-

1 Das Projekt steht unter der Leitung von Prof. Dr. Jürgen W. Falter (Universität Mainz). Die Durchführung lag bei: Kai Arzheimer, Siegfried Bühler (beide Universität Mainz), Markus

Analyse handelt es sich um eine Klasse von statistischen Verfahren, die eine Dekomposition globaler Präferenzurteile ermöglichen. Das Ziel der Conjoint-Analyse besteht darin, die Präferenzbildung der Befragten zu rekonstruieren. Dieses Verfahren wurde bislang fast ausschließlich im Bereich des Marketing angewandt. Ziel unseres Forschungsprojektes ist es deshalb, zu überprüfen, ob sich die Conjoint-Analyse im Kontext einer Theorie rationalen Wahlverhaltens auch in der empirischen Wahlforschung gewinnbringend einsetzen lässt.

Die benötigten Daten sollten im Kontext der Hamburger Bürgerschaftswahl vom 21. September 1997 erhoben werden. Für Hamburg haben wir uns aus mehreren Gründen entschieden, von denen zwei besonders wichtig sind: Die Einschränkung auf eine Großstadt erleichtert die Administration der Datenerhebung (vgl. 2.2). In einem Stadtstaat sollten Sachfragen bei der Wahlentscheidung tendenziell eine größere Rolle spielen als in einem Flächenstaat, was in diesem speziellen Fall die Entwicklung des Untersuchungsdesigns erleichtert.

Um die Kosten der Erhebung zu reduzieren und selbst die volle Kontrolle über den Erhebungsprozess zu behalten, hatten wir uns bei der Konzeption unseres Projektes entschieden, eine schriftliche Befragung gemäß der Dillmanschen TDM durchzuführen. Bei dieser Technik handelt es sich um ein mittlerweile auch in westeuropäischen Ländern hervorragend bewährtes Verfahren, um den Rücklauf und die Datenqualität schriftlich-postalischer Erhebungen zu optimieren. Die TDM lässt sich im wesentlichen durch drei Prinzipien charakterisieren: Der Forscher muss alles tun, um die *Kosten* für den Respondenten möglichst gering zu halten, während der *Nutzen*, den der Befragte aus der Teilnahme zieht, möglichst groß erscheinen soll. Da der Forscher dem Befragten normalerweise nicht persönlich bekannt ist und ein direkter Kontakt nur im Ausnahmefall zustande kommt, ist es zugleich von größter Bedeutung, ein *Vertrauensverhältnis* zwischen dem Befragten und dem Forscher bzw. der Institution, die er repräsentiert, herzustellen.

Konkret bedeutet das: Die *Kosten* für den Respondenten müssen minimiert werden. Dies erfordert einen klaren Aufbau des Fragebogens, eine überzeugende Garantie dafür, dass die erhobenen Daten vertraulich behandelt werden, die Verwendung von freigestempelten Rückumschlägen, kurz die Vermeidung jeglicher Unannehmlichkeit auf Seiten des Befragten (vgl. Dillman 1978, 14-16). *Vertrauen* kann durch eine seriöse Aufmachung des Anschreibens und des Fragebogens, die sich deutlich von Werbesendungen und sonstigen Massendrucksachen abheben müssen, sowie durch den Versand kleiner Geschenke (incentives)

Klein (Zentralarchiv für Empirische Sozialforschung der Universität zu Köln) und Harald Schön (Universität Mainz).

erreicht werden. Diese fungieren, wenn sie zunächst ohne Gegenleistung des Befragten überreicht werden, als ein „symbol of trust“ (Dillman 1978, 16). Darüber hinaus gilt es, das Anschreiben möglichst „persönlich“ zu gestalten (persönliche Anrede des zu Befragenden, echte Unterschrift, Angabe von Durchwahlnummern für Rückfragen).

Der *Nutzen* für den Befragten liegt, abgesehen vom bescheidenen materiellen Wert des incentives, im wesentlichen nur in der Befriedigung, in einer wichtigen Sache „konsultiert“ worden zu sein. Bei geschickter Aufmachung des Anschreibens scheint dieses für viele Befragte jedoch ein hinreichendes Motiv zur Teilnahme zu sein: „Being consulted has been pointed to by both Blau and Homans as a means of providing a reward to people while getting needed information“ (Dillman 1978, 13).

Ergänzt wird dieses von Dillman in allen denkbaren Einzelheiten ausgearbeitete Konzept durch ein dreistufiges System von Follow-Up-Mailings: Nach einer Woche werden alle Befragten, nach drei und nach sieben Wochen jene Personen, die bis zu diesem Zeitpunkt noch nicht geantwortet haben, angeschrieben, wobei darauf zu achten ist, dass auch hier die Prinzipien von Kostenminimierung und Nutzenmaximierung für den Befragten eingehalten werden.

Im Laufe der Begutachtung unseres Forschungsvorhabens durch die DFG kamen jedoch Zweifel daran auf, ob im Umfeld einer Wahl die Parteiidentifikation valide gemessen werden könne. Um die Parteiidentifikation unabhängig von der Wahlentscheidung messen zu können, so die Gutachter, sei ein zweiwelliges Kurzfristpanel, d.h. eine Wiederholungsbefragung im Abstand von wenigen Monaten, erforderlich.

Ein Wechsel der Erhebungsmethode, d.h. die Umstellung der Befragung auf mündliche Interviews, die durch ein kommerzielles Institut hätten durchgeführt werden müssen, kam aus finanziellen Gründen für uns nicht in Frage. Deshalb haben wir uns entschieden, die ganze Untersuchung als schriftliches Panel nach TDM durchzuführen. Nach unseren bisherigen Erkenntnissen sind die so erhobenen Daten von hervorragender Qualität. Im folgenden wollen wir aber auf Inhalt und Ergebnisse der Hauptuntersuchung nicht weiter eingehen, sondern uns nur mit der Durchführung der Befragung beschäftigen.

2.2 *Die Durchführung der ersten Befragungswelle*

Ein generelles Problem schriftlicher Befragungen besteht darin, dass meist nur Adress-, aber keine Personenstichproben zur Verfügung stehen. Dies ist aus zwei Gründen problematisch: Zum einen ist mit systematischen Verzerrungen zu rechnen, wenn die Auswahl der Zielperson im Haushalt den Befragten selbst überlassen wird[2], zum anderen widerspricht die Adressierung des Anschreibens an einen Haushalt den von Dillman entwickelten Prinzipien der Personalisierung.

In unserem Fall waren jedoch die Voraussetzungen für die Ziehung einer Personenstichprobe günstig, da es sich, wie oben erwähnt, beim Land Hamburg um einen Stadtstaat handelt. Für diesen ist eine einzige Meldebehörde zuständig, nämlich das Hamburger Amt für zentrale Meldeangelegenheiten. Dieses erwies sich als äußerst kooperationsbereit. Sechs Wochen vor dem Wahltermin wurde für uns eine Zufallsstichprobe[3] vom Umfang n=4000 aus dem Melderegister gezogen. Die Adressinformationen waren somit vollständig und entsprachen dem aktuellen amtlichen Stand. Grund- und Auswahlgesamtheit (die Menge aller Personen, die bei der Bürgerschaftswahl stimmberechtigt waren) stimmten perfekt überein. Zusätzlich zur Adresse wurden uns außerdem das Geburtsjahr, das Geschlecht und der Bezirk, in dem die betreffende Zielperson gemeldet war, mitgeteilt. Letzteres ermöglicht es uns, dem Ergebnisdatensatz Kontextvariablen zuzuspielen, um anschließend Mehrebenenanalysen vornehmen zu können. Das Geschlecht wurde benötigt, um die Anschreiben korrekt adressieren zu können. Die Übereinstimmung zwischen dem amtlichen Geburtsjahr und den Angaben im Fragebogen ermöglicht es uns, abzuschätzen, ob der Fragebogen tatsächlich von der Zielperson ausgefüllt wurde. Außerdem wurden Geschlecht und Alter bei der Eingabe der Daten und bei der Administration der Anschreiben als Kontrollvariablen verwendet, um Fehler beim Versand und bei der Datenerfassung nach Möglichkeit abzufangen.

Der Versand erfolgte exakt nach den Vorgaben Dillmans (vgl. zusammenfassend Tabelle 1). In der Woche nach der Wahl erhielten alle Befragten einen zwölfseitigen Fragebogen im Format DIN-A5, der außer dem eigentlichen Conjoint-Design noch einige Standard-Items der politischen Soziologie, Fragen zur Wahrnehmung der Landespolitik und die gängigen sozio-demographischen Fragen umfasste. Das beiliegende personalisierte Anschreiben war, ebenso wie alle folgenden, erkennbar von Hand unterzeichnet.[4] Als ein weiteres „symbol of

2 In einer einfachen schriftlichen Befragung *ohne* TDM, die vom Institut für Politikwissenschaft der Universität Mainz im Umfeld der Bundestagswahl 1994 durchgeführt wurde, zeigte sich, dass bei einer solchen Auswahl vor allem Männer mittleren Alters, vermutlich also die sogenannten Haushaltsvorstände, antworten.

3 Es handelt sich bei unserer Untersuchung somit um eine der wenigen Analysen, denen tatsächlich ein einstufiger Ziehungsplan zugrunde liegt, was unter stichprobentheoretischen Gesichtspunkten natürlich höchst wünschenswert ist.

4 Entsprechend dem Vorschlag Dillmans wurden die Anschreiben mit einem blauen Kugelschreiber auf einer weichen Unterlage unterzeichnet, so dass sich die Unterschrift regelrecht einprägt. Dieser Effekt lässt sich bisher mit Maschinen nicht erreichen.

trust" neben dem incentive (vgl. dazu 2.4) wurden die nummerierten Rückumschläge von Hand vorfrankiert, statt sie mit dem Aufdruck „Gebühr zahlt Empfänger" zu versehen. Die Glaubwürdigkeit der Anonymitätszusicherung haben wir versucht dadurch zu erhöhen, dass wir im Anschreiben besonders auf die Tatsache hinwiesen, dass die Datensammlung nicht in Hamburg sondern in Mainz erfolgt. Dies begründeten wir gegenüber den Befragten mit den Erfordernissen eines effektiven Datenschutzes. Um den Bezug zu Hamburg herzustellen, war auf dem Briefkopf des Anschreibens neben dem Wappen der Hamburger Universität der Hamburger Politikprofessor Michael Th. Greven als einer der Projektleiter aufgeführt.

Dem Schema Dillmans folgend wurde eine Woche später an alle Zielpersonen ein Erinnerungsschreiben verschickt. An jene Personen, die bis zum jeweiligen Zeitpunkt nicht geantwortet hatten, wurden außerdem nach drei und nach sieben Wochen weitere Erinnerungsschreiben versandt, denen ein Ersatzfragebogen sowie ein weiterer frankierter Rückumschlag beilag. Während der ganzen Feldzeit stand den Befragten eine Durchwahlnummer in Mainz zur Verfügung, unter der ein Projektmitarbeiter Rückfragen beantwortete. Diese Maßnahme wirkte sich nach unserer Einschätzung deutlich positiv auf den Rücklauf aus, da im persönlichen Gespräch häufig Bedenken zerstreut bzw. der Sinn des Unternehmens verdeutlicht werden konnte. Hinzu kommt, dass sich nach der ersten Erinnerungswelle einige Dutzend Befragte meldeten, die den Fragebogen entweder durch einen Fehler der Post nicht erhalten oder inzwischen verloren hatten, und neue Unterlagen anforderten.

2.3 Die Durchführung der zweiten Befragungswelle

Das letzte Erinnerungsschreiben im Rahmen der ersten Panelwelle wurde sieben Wochen nach der Wahl, d.h. Mitte November 1997 verschickt. Rund einen Monat später war der Rücklauf vollständig zum Erliegen gekommen und die Feldarbeit für die erste Befragungswelle konnte als abgeschlossen angesehen werden. Um die Befragten nicht zu überlasten, wurde der Beginn der zweiten Feldphase für Mitte Februar angesetzt.

Bei der Bürgerschaftswahl im September war der FDP erneut der Sprung über die Fünfprozenthürde missglückt, während die seit der Gründung des Landes regierende SPD schwere Verluste hinnehmen musste. Als Konsequenz aus dieser Niederlage hatte der langjährige Regierende Bürgermeister Henning Voscherau noch am Wahlabend erklärt, dass er für das Amt nicht mehr zur Verfügung stehe. Eine Mehrheit der Bevölkerung plädierte nach diesem Wahlausgang für die

Bildung einer großen Koalition und war über die Bildung des rot-grünen Senats entsprechend enttäuscht.

Auf diese unerwarteten (und für uns außerordentlich günstigen) Ereignisse nahmen wir in den Anschreiben für die zweite Panelwelle ausdrücklich Bezug und konnten so gegenüber den Befragten die Notwendigkeit einer Nachbefragung rechtfertigen.[5] Der Fragebogen enthielt dementsprechend außer dem Parteiidentifikations-Item noch diverse Fragen zur Zufriedenheit mit dem Wahlausgang, zur präferierten Koalition und zur Bewertung des neuen Senats. Insgesamt umfasste der Fragebogen lediglich vier Seiten und wurde an alle Personen verschickt, die in der ersten Panelwelle geantwortet hatten. Mit dem Fragebogen wurde eine mehrseitige Zusammenfassung der Ergebnisse aus der ersten Befragungswelle verschickt.

Auch in der zweiten Panelwelle wurden die Vorgaben Dillmans exakt umgesetzt. Die einzige Abweichung bestand darin, dass wir auf das letzte Erinnerungsschreiben (sieben Wochen nach Versand des Fragebogens) verzichtet haben. Dieses dritte Schreiben hatte in der ersten Welle den Rücklauf nur noch unwesentlich erhöht, aber erhebliche Zusatzkosten verursacht.

Termin der Hamburger Bürgerschaftswahl	21.09.1997
Ablauf der 1. Welle	
Versand des Anschreibens und des Fragebogens	25.09.1997
1. Erinnerungsschreiben (ohne Fragebogen)	01.10.1997
2. Erinnerungsschreiben (mit Fragebogen)	17.10.1997
3. Erinnerungsschreiben (mit Fragebogen)	14.11.1997
Ablauf der 2. Welle	
Versand des Anschreibens und des Fragebogens	26.02.1998
1. Erinnerungsschreiben (ohne Fragebogen)	05.03.1998
2. Erinnerungsschreiben (mit Fragebogen)	19.03.1998

Tabelle 1: Der Ablauf der Datenerhebung im Rahmen des Projekts „Die Conjoint-Analyse als Instrument der empirischen Wahlforschung"

5 Wir hatten die Befragten vorab nicht über die geplante zweite Panelwelle informiert, da eine Adressverfolgung wegen des kurzen Zeitraums zwischen beiden Wellen unnötig war und gegen die kurzfristige Speicherung nicht-anonymisierter Daten zu Forschungszwecken entsprechend Artikel 5, Absatz 4 LDSG keine datenschutzrechtlichen Bedenken bestanden. Selbstverständlich wurden die Daten nach Abschluss der zweiten Panelwelle umgehend anonymisiert.

2.4 *Ein experimentelles Design zur Untersuchung des Effektes eines incentives auf die Ausschöpfungsquote*

Als „material incentive“ haben wir in unserem Forschungsprojekt eine Telefonkarte im Wert von 6 DM eingesetzt. Diese war in einem Geschenkfolder mit dem Aufruck „Ein kleines Dankeschön für Ihre Mithilfe ...“ enthalten und wurde den Befragten zusammen mit dem Fragebogen übersandt. Telefonkarten sind aufgrund ihres Gewichtes und Formates hervorragend zum Versand geeignet. Sie haben im Gegensatz zu Kugelschreibern, Feuerzeugen oder ähnlichen „Geschenken“ einen für den Befragten klar erkennbaren materiellen Wert und wirken dabei weniger prosaisch als ein beigefügter Geldschein. Vor allem aber geben sie der Zielperson die Möglichkeit, unter der angegebenen Telefonnummer kostenlos zurückzurufen, während die von Dillman vorgeschlagene Schaltung einer gebührenfreien Nummer in Deutschland zumindest für die akademische Forschung nicht realisierbar ist.

Um abschätzen zu können, ob sich der Einsatz des incentives lohnt, wurde in die Befragung ein zweistufiges Methodenexperiment integriert: 1. In der ersten Panelwelle erhielten 25% der Zielpersonen kein incentive. 2. In der zweiten Panelwelle erhielten 50% der Zielpersonen kein incentive. Das Design des Methodenexperiments ist in Schaubild 1 visualisiert.

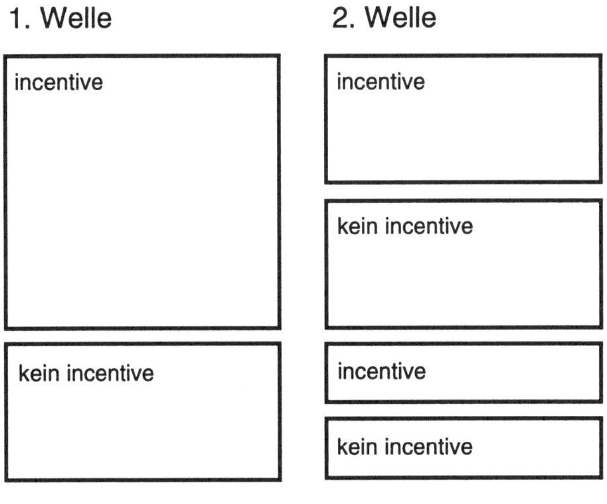

Schaubild 1: Das Design des Methodenexperiments zur Analyse der Wirkung materieller incentives auf die Ausschöpfungsquote und die Panelmortalität

Mit diesem Design können wir drei Fragen beantworten:

1. Wie wirkt sich das erste incentive auf den Rücklauf aus?
2. Welchen Effekt hat das zweite incentive auf die Haltequote?
3. Treten Interaktionen zwischen beiden incentives auf, d.h., wird die Wirkung des zweiten incentives davon beeinflusst, ob der Befragte schon in der ersten Panelwelle ein incentive erhalten hat?

3 Ergebnisse

3.1 Rücklauf in der ersten Panelwelle

Schaubild 2 zeigt zunächst den Verlauf der Befragung im Überblick. Von den 4000 eingesetzten Adressen waren 3865 (97%) verwertbar. Von diesen 3865 Personen haben sich insgesamt 58,7% an der ersten Panelwelle beteiligt, 1597 haben die Teilnahme entweder explizit verweigert oder auf keines unserer Anschreiben reagiert.

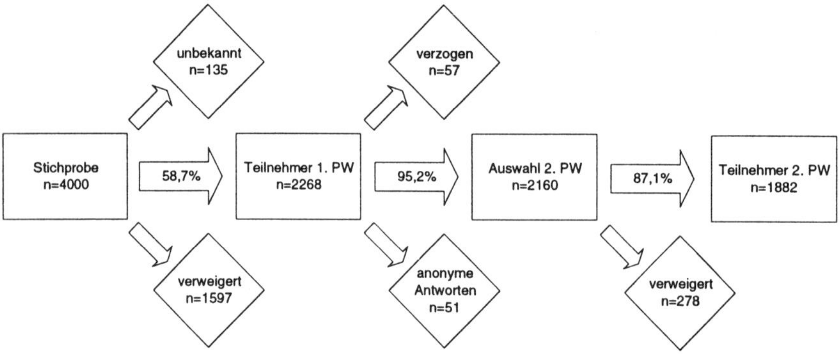

Schaubild 2: Ausschöpfung und Haltequote

Welchen Einfluss hat nun das incentive auf die Rücklaufquote? Wie zu erwarten zeigt sich ein starker Effekt auf die Teilnahmebereitschaft (vgl. Schaubild 3). Die Rücklaufquote liegt in der Kontrollgruppe bei etwa 49%, in der Experimentalgruppe dagegen bei fast 62%. Das incentive erhöht somit die Wahrscheinlichkeit, dass eine Zielperson sich an der Umfrage beteiligt, um etwa ein Viertel.

Als zusätzliche Kontrollvariablen stehen uns das Alter und das Geschlecht der Zielpersonen zur Verfügung, da uns diese Angaben von der Meldebehörde mitgeliefert wurden. Betrachten wir zunächst die bivariaten Zusammenhänge: Aus Schaubild 4 geht hervor, dass die Teilnahmebereitschaft vom Geschlecht nur marginal beeinflusst wird. Da die Wahrscheinlichkeit, sich an der Umfrage zu beteiligen, für beide Geschlechter nahezu gleich groß ist, entspricht die Zusammensetzung der Stichprobe in dieser Hinsicht der Zusammensetzung in der Grundgesamtheit.

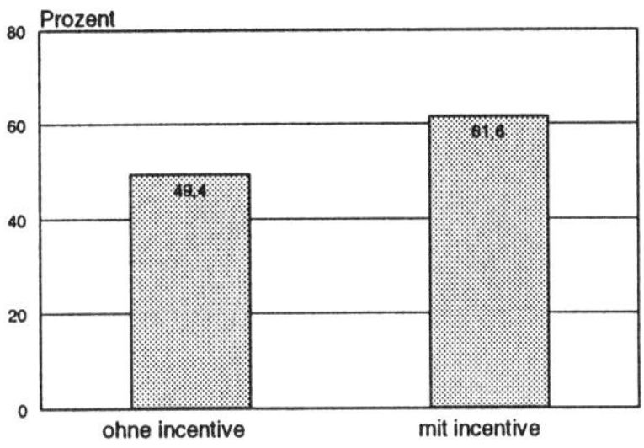

Schaubild 3: Der Rücklauf in der ersten Panelwelle in Abhängigkeit von der Gewährung eines incentives

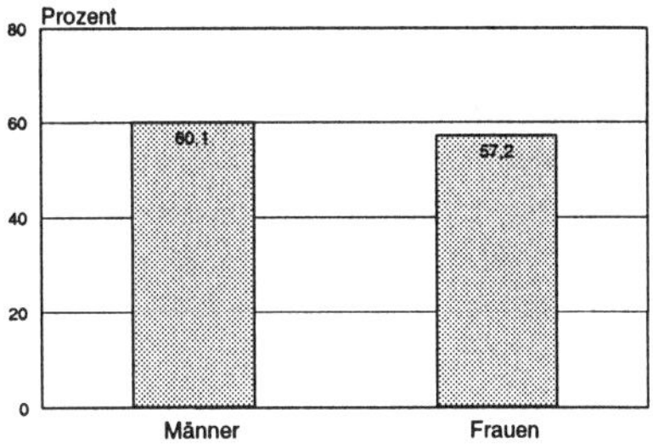

Schaubild 4: Der Rücklauf in der ersten Panelwelle nach dem Geschlecht der Zielpersonen

Deutlichere Effekte zeigen sich beim Lebensalter: Jenseits der 70 lässt die Bereitschaft (oder Fähigkeit), sich an der Umfrage zu beteiligen, erkennbar nach (vgl. Schaubild 5). In der Gruppe der 56- bis 70-Jährigen dagegen ist die Teilnahmebereitschaft überdurchschnittlich hoch, während die Rücklaufquote für die jüngeren Altersgruppen unsystematisch um den Mittelwert schwankt.

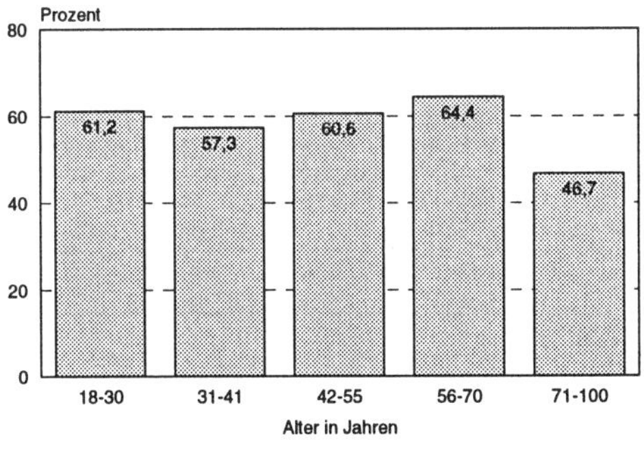

Schaubild 5: Rücklauf in der ersten Panelwelle nach dem Alter der Zielpersonen

In multivariater Betrachtung bestätigt sich weitgehend der Eindruck, der sich aus den bivariaten Verteilungen ergibt. Bedeutsam ist die Interaktion zwischen Alter und Geschlecht, die sich in einem log-linearen Modell[6] (vgl. Tabelle 2) zeigt. Unter den älteren Befragten, die ohnehin eine unterdurchschnittliche Rücklaufquote aufweisen, sind die Frauen noch seltener bereit, sich an der Untersuchung zu beteiligen als die Männer. Diese Gruppe ist in der Untersuchung also deutlich unterrepräsentiert. Es zeigt sich außerdem, dass keine Interaktionen dritter Ordnung zwischen dem Effekt des Geschlechts, des Alters und des incentives auftreten. Mit anderen Worten: Das incentive hat in allen Alter × Geschlecht-Gruppen dieselbe rücklaufsteigernde Wirkung.

Interessant wäre es darüber hinaus, zu untersuchen, ob der Effekt des incentives mit der formalen Bildung oder dem politischen Interesse variiert. Entsprechende Daten stehen uns aber aus nahe liegenden Gründen nicht zur Verfügung.

		β
Konstante		0,113
Incentive	ja	0,125
	nein	-0,125
Geschlecht	männlich	ns
	weiblich	ns
Alter	18-30	ns
	31-41	ns
	42-55	ns
	56-70	0,124
	71 und älter	-0,194
Alter x Geschlecht	18-30 + weiblich	ns
	31-41 + weiblich	ns
	42-55 + weiblich	0,071
	56-70 + weiblich	ns
	71 und älter + weiblich	-0,106

χ^2 =12,29; df=9; p=0,198
alle Koeffizienten sind auf dem 5%-Niveau signifikant

Tabelle 2: Der Einfluss von Alter, Geschlecht und incentive auf die Rücklaufquote – Ergebnisse eines log-linearen Modells

6 Berechnet wurde zunächst ein Modell, das nur die Haupteffekte enthielt. Es zeigte sich jedoch, dass zusätzlich die Interaktion zwischen Alter und Geschlecht in das Modell aufgenommen werden muss, um eine akzeptable Anpassung zu erreichen.

3.2 *Rücklauf in der zweiten Panelwelle*

Von den 2268 Teilnehmern der ersten Panelwelle standen rund 95% auch für die zweite Panelwelle zur Verfügung. Etwa 2,5% waren unbekannt verzogen bzw. nicht mehr in Hamburg wohnhaft, ein annähernd gleich großer Anteil hatte die Identifikationsnummer auf dem Rückumschlag der ersten Welle unkenntlich gemacht, so dass für uns nicht zu erkennen war, wer uns geantwortet hatte und in der zweiten Welle wieder angeschrieben werden sollte.[7] Von den verbleibenden 2160 Befragten haben uns 87,1% ein zweites Mal geantwortet. In unseren Augen ist dies eine erstaunlich hohe Quote, zumal keiner der Respondenten sich vorab explizit dazu bereit erklärt hatte, an einer weiteren Befragung teilzunehmen (vgl. FN 5). Wie in Schaubild 6 zu erkennen ist, zeigen sich zwischen den vier Gruppen, die sich aus unserem experimentellen Design ergeben, kaum Unterschiede in der Haltequote. Dieser optische Eindruck lässt sich durch ein weiteres loglineares Modell, das wir hier aus Platzgründen nicht präsentieren, bestätigen: Ob in der ersten Welle ein incentive gewährt wurde oder nicht, wirkt sich auf die Ausschöpfungsquote der zweiten Panelwelle nicht aus. Es gibt also keine „Carry-Over-Effekte“. Lediglich das in der zweiten Panelwelle eingesetzte incentive hat einen signifikanten, aber sehr schwachen Einfluss auf die Bereitschaft, sich auch an der zweiten Panelwelle zu beteiligen. Die Antwortwahrscheinlichkeit erhöht sich gegenüber den Gruppen, die in der zweiten Welle kein incentive erhalten haben, lediglich um ein knappes Zehntel.

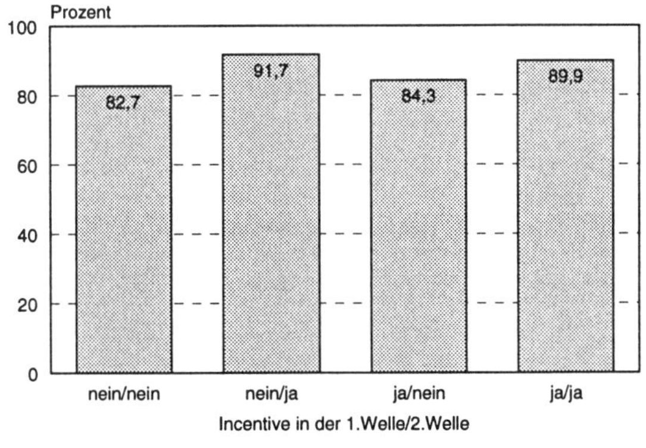

Schaubild 6: Die Haltequote im Panel in Abhängigkeit vom ersten und zweiten incentive

7 Selbst bei den Fällen, in denen die Nummer noch zu erkennen war, haben wir diese Befragten aus forschungsethischen Gründen in der zweiten Panelwelle nicht mehr angeschrieben.

Weitere potentiell erklärungskräftige Variablen wie das politische Interesse oder die formale Bildung haben keinen Einfluss auf die Haltequote, allerdings lässt sich zeigen, dass die Gruppe der 56- bis 70-Jährigen, die bereits in der ersten Panelwelle eine überdurchschnittliche Rücklaufquote aufwies, auch eher geneigt ist, sich an der zweiten Welle zu beteiligen.

Betrachtet man die Gesamtausschöpfung der zweiten Panelwelle, also die Ausschöpfungsquote bezogen auf die der ersten Panelwelle zugrunde liegende Stichprobe, so ergibt sich mit 55,3% der höchste Rücklauf in der Gruppe von Befragten, die in beiden Wellen ein incentive erhielt (vgl. Schaubild 7). Allerdings liegt die Gesamtausschöpfung in der Gruppe, die nur in der ersten Panelwelle ein incentive erhielt, mit 51,9% nur geringfügig niedriger. Es ist also fraglich, ob sich der Einsatz eines zusätzlichen incentives in der zweiten Panelwelle wirklich lohnt. Auch die Variante, nur in der zweiten Panelwelle ein incentive zu gewähren, in der ersten aber nicht, scheint wenig sinnvoll. In diesem Fall ergibt sich eine Gesamtausschöpfung von lediglich 45,3%, während ganz ohne incentive 40,9% erreicht werden.

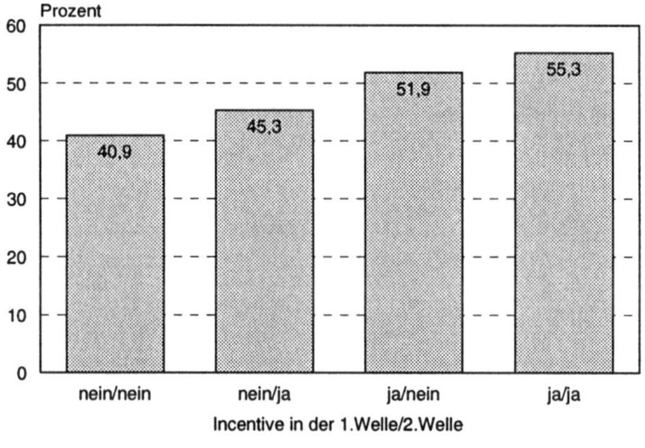

Schaubild 7: Die Gesamtausschöpfung im Panel in Abhängigkeit vom ersten und zweiten incentive

4 Fazit

Unsere Ergebnisse zeigen, dass die Total-Design-Method nicht nur für Querschnittsuntersuchungen geeignet ist, sondern auch mit gutem Erfolg für Panelstudien eingesetzt werden kann. Allerdings muss man beachten, dass in unserem Fall mehrere günstige Voraussetzungen gegeben waren:

1. Die Panelwellen konnten zeitlich so aufeinander abgestimmt werden, dass sich die Befragten einerseits nicht durch eine Serie von Anschreiben bedrängt fühlen mussten, andererseits aber keine größeren Ausfälle durch Mobilität und biologische Mortalität zu erwarten waren.
2. Der Fragebogen der zweiten Panelwelle war extrem kurz.
3. Die politischen Ereignisse nach der Wahl steigerten das Interesse an der Befragung. Viele Zielpersonen nutzten den Fragebogen als Ventil, um ihrem Unmut Luft zu machen.
4. Aus dem Anschreiben der zweiten Panelwelle ging eindeutig hervor, dass es keine weiteren Befragungswellen geben würde.

Ob sich unter weniger günstigen politischen Umständen und mit einem längeren Fragebogen ähnlich hohe Haltequoten realisieren lassen, muss vorerst eine offene Frage bleiben.

Literatur

Arzheimer, Kai, und Markus Klein. 1998. Die Conjoint-Analyse als Instrument der empirischen Wahlforschung. Papier für die Tagung „Wahlen und Wahlforschung: Kontinuität und Wandel" des Arbeitskreises „Wahlen und politische Einstellungen" der DVPW vom 14. bis 15. Mai in Mainz. http://www.politik.uni-mainz.de/kai.arzheimer/conjoint/Conjoint.html

Bauer, Karde. 1988. Schriftliche Befragungen im Panel. *Planung und Analyse: Zeitschrift für Informationsmanagement, Markt-, Media- und Meinungsforschung* 15: 206-209.

Dillman, Don A. 1978. *Mail and telephone surveys: the total design method.* New York, Chichester u.a.: Wiley.

Wahlkommunikation und politisch-sozialer Wandel

Die Kommunikationsereignisse Wahlen und Abstimmungen als Indikatoren sozialen Wandels: Das Beispiel der Schweiz im Zeitraum von 1910 bis 1995

Kurt Imhof und Patrik Ettinger

Die Bedeutungssteigerung der Massenkommunikation zur Analyse moderner Gesellschaften beruht auf der kommunikationstheoretischen Wende in den Geistes- und Sozialwissenschaften und auf der alten, aber im Zeichen der Debatten über die „Informationsgesellschaft" aktualisierten Erkenntnis, dass der massenmedialen Kommunikation die entscheidende Funktion für die Legitimitätsgeltung und Steuerungsfähigkeit moderner Gesellschaftsordnungen zukommt.[1] Die auf die Gesellschaft als Kommunikationsphänomen gerichtete Perspektive sieht sich allerdings mit einem zentralen theoretischen und methodischen Problem konfrontiert: Der zunehmenden Eigendynamik der öffentlichen Arena oder, um es mit Habermas zu sagen, dem „Strukturwandel der Öffentlichkeit" (Habermas 1962). Es handelt sich um die Schwierigkeiten, die sich einem wissenssoziologisch begründeten, kommunikationstheoretischen Zugriff stellen, der die Formen und Inhalte der öffentlichen politischen Kommunikation als Produkt wie Agens des sozialen Wandels betrachtet, dabei jedoch berücksichtigen muss, dass die Produktions- und Selektionslogiken, die diesen Kommunikaten zugrunde liegen, selbst wiederum Produkt wie Agens sozialen Wandels sind. Im Zusammenhang mit der instruktiven Frage nach den Formen und Inhalten der Politikvermittlung durch Massenmedien lässt sich die Problematik wie folgt zuspitzen: Mit welchen Erkenntnismitteln auch immer, wir messen anhand der Analyse der politischen Kommunikationsereignisse Wahlen und Abstimmungen sowohl den sozialen Wandel der Gesellschaft als auch die Produktions- und Selektionslogiken politischer Kommunikation, vorab als Produkt der Interaktionsdynamik der Teilsysteme Politik und Medien. Bei den Schwierigkeiten bei der Untersuchung solch komplexer Interdependenzen helfen nur „multivariate" Forschungsdesigns, die auf diachron und synchron vergleichenden Ansätzen beruhen und die es erlauben, Regularitäten und Zäsuren öffentlicher politischer Kommunikation sowohl in der „longue durée" zu untersuchen (vgl. Wilke 1984, 1987) als auch einzelne

1 Vgl. etwa Sarcinelli 1998.

signifikante Kommunikationsereignisse arenaübergreifend zu analysieren. Soweit sind wir nicht. Im Rahmen dieses Beitrages geht es darum, die uns wichtig scheinenden Fragen zu stellen und einige davon zu beantworten. Dabei handelt es sich erstens um die Beleuchtung des Zusammenhangs von politischer Kommunikation und gesellschaftlichem Wandel. Zweitens sind die Effekte der Ausdifferenzierung des Mediensystems vom politischen System auf die Akteure, Formen und Inhalte öffentlicher politischer Kommunikation von zentralem Interesse.

Zum Zweck des systematischen Zugriffs beginnt dieser Beitrag mit einer Kurzdefinition der Öffentlichkeit moderner Gesellschaften (1). Danach werden einige für die nachfolgende Untersuchung wichtige Besonderheiten des politischen Systems der Schweiz skizziert (2) und die Forschungshypothesen formuliert (3). Schließlich dient der letzte Teil dem Forschungsdesign und der Validierung der Hypothesen, die auf die genannten Fragen Bezug nehmen (4).

1 Öffentlichkeit

Wenn man die Öffentlichkeit auf der Basis einer kommunikationsgeschichtlichen Perspektive diskutiert, dann treten nicht nur die Medien in den Vordergrund. Die Öffentlichkeit ist das Produkt eines Ausdifferenzierungsprozesses, der mit der Moderne beginnt. Neben Medien wurden dabei auch politische Institutionen und kommerziell orientierte PR-Agenturen und Marketingabteilungen ausgebildet, die gleichermaßen nach Resonanz streben.

Bei den politischen Institutionen – Parlament, Behörden, Parteien und Verbände – handelt es sich um Bestandteile des politischen Systems, das die Funktionen der Formulierung und Aggregation (Parteien und Verbände), der Herstellung (Parlament) und der Durchsetzung kollektiv verbindlicher Entscheidungen (Behörden) inne hat. Das Kommunikationsobjekt der politischen Institutionen ist das Staatsbürgerpublikum in seiner politischen Rolle und bei den Parteien und Verbänden auch die eigene Klientel.[2]

Die Werbe- und PR-Agenturen, Marketingabteilungen, Presse- und Medienstäbe sind institutionalisierte Bestandteile des Wirtschaftssystems, das die Funktion der gewinnorientierten Herstellung materieller und immaterieller Güter zur

2 In differenzierungstheoretischer Hinsicht ist selbstverständlich der Bezug auf die Systemtheorie Luhmannscher Prägung ertragreich. Zur begrifflichen Erfassung der für die Öffentlichkeit relevanten Teilsysteme vgl. Luhmann 1970, 1971, 1993, 1996; Marcinkowski 1993. Zu einem interessanten Versuch, die handlungstheoretische Blindheit der Systemtheorie zu überwinden, vgl. Gerhards 1994.

Befriedigung von Bedürfnissen inne hat. Als Produkte einer Professionalisierung der Selbstdarstellung im Wettbewerb um Beachtungsgrad und Sozialprestige kann keine bedeutende privatwirtschaftliche Organisation auf diese Marketingorganisationen verzichten. Das Kommunikationsobjekt ist das nach Kaufkraft-, Bildungs- und Lebensstilgruppen gegliederte Publikum in seiner Konsumentenrolle.

Die öffentlich-rechtlichen und privaten Medienunternehmen schließlich entwickelten sich im „Strukturwandel der Öffentlichkeit“ zu einem ausdifferenzierten Mediensystem, das die Funktion der Beobachtung der Gesellschaft für ihre Teilnehmer und Teilsysteme mitsamt ihren Institutionen und Organisationen sichert. Im Zuge des historisch nachvollziehbaren Autonomiegewinns der Medien von ihren politischen oder religiösen Bindungen transformierte sich das Kommunikationsobjekt der Medien sukzessiv vom Staatsbürgerpublikum und der Klientel der Parteien und Verbände zu einem Publikum, das – ebenfalls nach Kaufkraft, Bildung und Zugehörigkeit zu Lebensstilgruppen gegliedert – in seiner Medienkonsumentenrolle angesprochen wird (Jarren 1994).

Die am Staatsbürgerpublikum orientierten politischen Institutionen und die am Konsumenten interessierte Marketingindustrie und die Medien stehen in einem symbiotischen Verhältnis zueinander. Sie sind ökonomisch sowie bezüglich der Herstellung von legitimen Entscheidungen, Bekanntheit und Sozialprestige voneinander abhängig (Imhof 1996a; Jarren 1996). Die Kommunikationsstruktur moderner Gesellschaften besteht aus dem historisch variablen Verhältnis der auf Publizität spezialisierten Institutionen aus den Teilsystemen Politik, Medien und Wirtschaft.[3]

Von diesen etablierten, institutionalisierten und am Prinzip Öffentlichkeit orientierten Akteuren gilt es nicht-etablierte Akteure in Form von sozialen Bewegungen und Protestparteien zu unterscheiden. Sie sind an den Verfahren der

3 Zur Kommunikationsstruktur moderner Gesellschaften zählen als weitere Teilsysteme mit gesamtgesellschaftlichem Geltungsanspruch die Wissenschaft, die Kunst und die Religion. Sie unterscheiden sich auf der Basis ihrer je eigenen Kommunikationsrationalität voneinander wie von der öffentlichen politischen Kommunikation. Während die auf Sachverhalte bezogene kognitive Kommunikation die Wissenschaft kennzeichnet, die auf Werte und Normen bezogene moralisch-normative Kommunikation die Religion charakterisiert und die auf subjektive Expressionen bezogene ästhetisch-expressive Kommunikation den Kunstdiskurs dominiert, ist die öffentliche politische Kommunikation stets gleichzeitig mit Sachverhalten, Werten und Normen und subjektiven Expressionen beschäftigt. Vom politischen System, vom Mediensystem und vom ökonomischen System unterscheiden sich die ebenfalls rechtsförmig ausdifferenzierten Teilsysteme Wissenschaft, Religion und Kunst außerdem, dass sie nur begrenzt außenorientierte Kommunikatorenrollen und nur diffuse Publikumsrollen ausdifferenziert haben (vgl. Imhof 1996a).

Machtallokation innerhalb des politischen Systems in der Regel nicht beteiligt und verfügen über kein traditionales Sozialprestige. Partizipationschancen können sie nur über Aktionsformen realisieren, die ihre Themen medienwirksam in die politische Kommunikation einbringen. Die Definitionsmacht solcher nicht-etablierter politischer Akteure ist jedoch über die Zeit ungleich verteilt. Darauf werden wir zurückkommen.

Auf der Basis des skizzierten Öffentlichkeitsverständnisses und unter Beschränkung auf wichtige Erkenntnisdefizite sind im Hinblick auf das Thema „Wahlen und Politikvermittlung durch Massenmedien" zwei zentrale Problembereiche zu unterscheiden, die der theoretischen und empirischen Durchdringung bedürfen, um den sozialen Wandel moderner Gesellschaften besser zu verstehen.

Es handelt sich erstens um Erkenntnisbedarf bezüglich der Selektion und der Karriere von Themen in der Arena politischer Öffentlichkeit.[4] Und zwar von ihrem Ursprung bei etablierten oder nicht-etablierten Akteuren bis hin zum Rechtsetzungsprozess im politischen System. Bei diesem Zugriff sind Leitmedien[5] und die unter ihnen stattfindende Themendiffusionen von zentraler Bedeutung. Dabei geht es um die Frage, wer wann die Massenkommunikation beeinflussen kann, welche Folgen dies auf das politische System hat und welche Diskontinuitäten, säkulare Trends und kulturelle Prägungen feststellbar sind.

Zweitens gilt es den Strukturwandel der Öffentlichkeit zu berücksichtigen, weil die strukturelle Basis der öffentlichen Kommunikation diese selbst beeinflusst. Deshalb gilt das Interesse den Differenzierungsprozessen zwischen dem politischen System, dem Mediensystem und dem ökonomischen System und ihrer Wirkungen auf die Selektion, die Karriere, die Darstellung und den sozialräumlichen Bezug von Themen politischer Kommunikation.

Bevor diese generellen Forschungsfragen konkretisiert werden, ist es notwendig, die wichtigsten Besonderheiten des schweizerischen politischen Systems kurz zu beleuchten (vgl. Kriesi 1980, 1994).

4 Eine Arena politischer Öffentlichkeit ist bestimmt durch den Geltungsraum derjenigen politischen Institutionen, auf die sich die öffentliche politische Kommunikation bezieht.

5 Die Leitmedien einer Arena politischer Öffentlichkeit sind Medien, die sich wechselseitig aufeinander beziehen, über Sozialprestige verfügen und welche die politischen Eliten zur Selbst- und Politikdarstellung und zur wechselseitigen Rezeption und zur politischen Alltagsorientierung nutzen.

2 Politisches System der Schweiz

1. Die politische Entscheidungsfindung in der Schweiz ist gekennzeichnet durch die direkt-demokratischen Elemente Initiative und Referendum. Die proaktive Volksinitiative auf Verfassungsebene erzwingt die Durchführung von Plebisziten zu prinzipiell beliebigen politischen Fragen. Das reaktive Referendum erzwingt Volksabstimmungen bezüglich Verfassungsänderungen und Gesetzgebungen. Beide Instrumente sind im Kontext von sozialen Krisen entstanden. Sie sind ausschlaggebend für die hohe Stabilität des politischen Systems und die im Vergleich geringere Bedeutung der alle vier Jahre stattfindenden eidgenössischen Wahlen. Diese Stabilität lässt sich dadurch verdeutlichen, dass die wichtigsten Parteien der Schweiz geschlossen die Rangliste der am längsten regierenden – d.h. an der sogenannten Kollegialregierung, dem Exekutivgremium aus sieben Bundesräten partizipierenden – Parteien anführen: Der Freisinn seit 1848 (FdP), der politische Katholizismus bzw. die (heutige) Christlichdemokratische Volkspartei (CVP) seit 1891, die Bauern-, Gewerbe und Bürgerpartei bzw. die heutige Schweizerische Volkspartei (SVP) seit 1929 und die Sozialdemokratie (SPS) von 1943 bis 1952 und wiederum seit 1959.

Diese außerordentliche Stabilität der Akteursstruktur und die vergleichsweise geringe Bedeutung der Wahlen machen es für unser Thema notwendig, neben den Wahlen auch die im Durchschnitt dreimal jährlich stattfindenden Abstimmungen in die Untersuchung einzubeziehen. Vor allem diese Abstimmungen sind es, auf die sich die öffentliche politische Kommunikation bezieht und an denen sich die zentralen politischen Auseinandersetzungen um die Zukunft der Schweiz entzünden.

2. Das politische System der Schweiz ist föderal und damit außerordentlich heterogen: Zu unterscheiden gilt es im wesentlichen drei Gruppen von Kantonen, in welchen die oben genannten Parteien deutlich voneinander abweichen: In den *katholischen Kantonen* dominieren die Christdemokraten (CVP) über den liberalen Freisinn (FdP). Die Sozialdemokratie (SPS) ist äußerst schwach. Die *konfessionell gemischten Kantone* der deutschen Schweiz sind durch den Gegensatz bürgerliche Parteien versus Sozialdemokratie geprägt. Die bürgerlichen Parteien werden entweder vom Freisinn oder der Schweizerischen Volkspartei (SVP) angeführt. In den *konfessionell gemischten Kantonen* der französischen Schweiz schließlich spielt neben der Sozialdemokratie die früher prosowjetische Partei der Arbeit (PdA) nach wie vor eine Rolle und der Liberalismus ist in konservative und progressive Freisinnige aufgeteilt. Die Schweizerische Volkspartei ist in der französischen Schweiz marginal.

Diese regionale bzw. kantonale Verwurzelung der Volksparteien der Schweiz erklärt die relative Resistenz der schweizerischen Parteimilieus und die im Vergleich zu den Nachbarländern länger anhaltende Bedeutung der Parteiorgane in der öffentlichen politischen Kommunikation.[6] Umso stärker vollzieht sich in der Schweiz der Gegenwart ein doppelter Nachholeffekt: Die Erosion der Parteimedien und diejenige der Parteimilieus bzw. die Mediatisierung der Parteien und die Entkoppelung des Abstimmungsverhaltens von der sozialstrukturellen Lage. Trotzdem erfordert die bis in die 80er Jahre anhaltende Bedeutung der Parteiorgane bzw. der parteinahen Zeitungen die adäquate Berücksichtigung dieser Medien in dieser Untersuchung.

3 Forschungshypothesen

Um den genannten Eigenschaften des schweizerischen politischen Systems gerecht zu werden und um die Fragen nach dem sozialen Wandel sowie dem Strukturwandel der Öffentlichkeit anhand politischer Kommunikationsereignisse über einen längeren Zeitraum angehen zu können, greifen wir auf einen Datensatz zurück, für den die zehn wichtigsten, d.h. quantitativ bedeutsamsten Medienereignisse pro Jahrgang von fünf überregionalen deutschschweizerischen Zeitungen im Zeitraum von 1910 bis in die Gegenwart erfasst wurden und werden.[7] Dieser Datensatz erlaubt die synchron und diachron vergleichende Analyse der politischen Kommunikation in parteiverbundenen Organen – der freisinnigen *Neuen Zürcher Zeitung,* der sozialdemokratischen *Tagwacht,* dem katholisch-konservativen bzw. christlichdemokratischen *Vaterland* in der wichtigsten Forumszeitung, dem *Tages-Anzeiger,* und in der wichtigsten Boulevardzeitung, dem *Blick.* Mit dieser Selektion kann bis Ende der 70er Jahre die für die öffentliche politische Kommunikation in der deutschen Schweiz relevante mediale Arena repräsentiert werden.[8] Die Erfassung und Hierarchisierung der zeitungs-

6 Noch 1995 gaben 49% der CVP und 37% der FdP-Wähler an, dass ihr Vater gleich gewählt habe wie sie selbst. Bei der SPS und der SVP gaben jeweils 26% an, dieselbe Partei zu wählen wie ihr Vater (Saladin 1998, 10).

7 Die wichtigsten Medienereignisse werden durch die Anzahl und die Länge der dazu redaktionell verfassten oder durch die Redaktion beauftragten Artikel im Stammteil der Zeitungen eruiert. Der Stammteil umfasst den eigentlichen, „historischen" Zeitungskern ohne die im Verlaufe der Zeit hinzugetretenen Beilagen.

8 Von den 80er Jahren an bzw. seit der Deregulation der elektronischen Medien ist dieses Mediensample nicht mehr repräsentativ. Das *Vaterland* wie die *Tagwacht* verlieren ihre politische Bedeutung und ihre Ertragskraft und die elektronischen Medien nehmen sich mehr und mehr der kommentierenden politischen Kommunikation an. Um die Repräsentativität des Datensat-

spezifischen Medienereignisse ermöglicht die Relevanzstrukturen (d.h. die Selektion dessen, was Interpretation und Berichterstattung verdient) der beteiligten Organe über die Zeit festzustellen. Jedes dieser pro Zeitung und Jahr zehn Medienereignisse (Rang 1–10) wurde unter Berücksichtigung der redaktionellen Perspektiven beschrieben und kategorisiert. Vollständig verfügbar sind bis zu diesem Zeitpunkt die Medienereignishierarchien von 1910 – 1995.

Diese empirische Basis erlaubt in quantitativer Hinsicht die Selektion der zentralen politischen Kommunikationsereignisse, den Vergleich ihrer relativen Bedeutung über die Zeit und zwischen den verschiedenen Medien sowie die Erfassung des zeithistorischen Kontextes, d.h. die Einbettung dieser Kommunikationsereignisse in den jeweiligen Horizont massenmedialer Kommunikation. Analysen dieses Typs zeigen die Makrostrukturen des sozialen Wandels in Form der thematischen Selektionsprozesse, der Themen- und Ereigniskarrieren und der sozialräumlichen Bezüge der wichtigsten Kommunikationsereignisse im Kontext von Krisenperioden wie in weniger dramatischen Entwicklungsphasen. In qualitativer Hinsicht ermöglicht dieser Datensatz auch inhaltsanalytische Untersuchungen, die den Wandel der massenmedialen Kommunikation bezüglich der relevanten politischen Akteure, der semantischen Strukturen, der Exklusions- und Inklusionscodes und der Diskursformen erlauben.[9]

Im Rahmen unserer Forschungsarbeiten zur Analyse des sozialen Wandels und des Strukturwandels der Öffentlichkeit auf der skizzierten Datenbasis werden in diesem Beitrag die folgenden Forschungshypothesen validiert:

1. Die politischen Kommunikationsereignisse Wahlen und Abstimmungen sind von diskontinuierlicher Relevanz in der öffentlichen politischen Kommunikation. Ihre Bedeutung korreliert mit Phasen des politischen Konflikts und der Krise in der Schweiz. Dies äußert sich in einer nicht diffus verteilten, sondern phasenspezifisch *verdichteten* medialen Resonanz, die Abstimmungen und Wahlen in der massenmedialen Kommunikation finden. Dies bedeutet, dass die Resonanz der Kommunikationsereignisse Wahlen und Abstimmungen einen Indikator für die Erfassung sozialen Wandels verkörpert.
2. Durch den Vergleich der auf konstitutionelle Entscheide hin orientierten Kommunikationsereignisse Wahlen und Abstimmungen mit gleichzeitigen

zes aufrechtzuerhalten und zu erweitern, werden entsprechend ab 1987 die politischen Sendungen des Schweizer Radios DRS und des Schweizer Fernsehens DRS sowie die wichtigsten Printmedien der französischen und der italienischen Schweiz systematisch erhoben. Allerdings steht dieser erweiterte Datensatz dieser Analyse noch nicht zur Verfügung. Seit 1998 werden schließlich auch die wichtigsten Wochenmedien integral erfasst.

9 Vgl. hierzu Imhof 1993a.

nationalen politischen Kommunikationsereignissen ohne unmittelbaren konstitutionellen Bezug erhält man in der Schweiz einen komplexen Indikator, der auf erhöhte Orientierungsunsicherheit, Bedrohungswahrnehmungen und ein perzipiertes Malaise zu reagieren scheint.

3. Nicht-etablierte politische Akteure wie soziale Bewegungen und Protestparteien finden in Krisenphasen deutlich mehr Resonanz als in stabilen Entwicklungsperioden. Soziale Bewegungen sind mit anderen Worten ein diskontinuierliches Phänomen. Sie haben in Umbruchperioden die Chance, anstelle der etablierten politischen Akteure die Themenselektion der massenmedialen politischen Kommunikation zu bestimmen. Dies äußert sich in der vergleichenden Analyse der Kommunikationsereignisse Abstimmungen und Wahlen an der phasenspezifischen medialen Resonanz dieser Akteure und in den Abstimmungen in ihrer diskontinuierlichen Bedeutung als Initiatoren von Initiativen und Referenden.
4. Nicht-etablierte politische Akteure haben zudem seit den späten 60er Jahren deutlich höhere Resonanzchancen in der massenmedialen Kommunikation. Dies rekurriert auf einen Strukturwandel der Öffentlichkeit, der sich einerseits durch die Erosion der Parteimilieus und andererseits durch den Bedeutungsschwund der politischen Selektionslogiken, welche die Agenda der massenmedialen Kommunikation bis dahin bestimmten, charakterisieren lässt. Die politischen Selektionslogiken sind in den Medien sukzessive durch die Perzeption der Aufmerksamkeitsstrukturen des Publikums ersetzt worden. In der vergleichenden Analyse der Kommunikationsereignisse Abstimmungen und Wahlen äußert sich dies an der seit den späten 60er Jahren gestiegenen medialen Resonanz nicht-etablierter politischer Akteure und in ihrer seither signifikant größeren Bedeutung als Initiatoren von Initiativen und Referenden.
5. Bezüglich der unterschiedlichen Medientypen postulieren wir die sukzessive Politisierung der Forumszeitungen anhand des Beispiels *Tages-Anzeiger* korrelativ zum Bedeutungsverlust der Parteimedien sowie die signifikant geringere Beteiligung der Boulevardzeitung Blick an den politischen Kommunikationsereignissen „Wahlen und Abstimmungen“.

4 Methodenbeschreibung und Hypothesenprüfung

Zum Zwecke der direkten Vergleichbarkeit der wichtigsten zehn Medienereignisse, d.h. der Medienereignishierarchien zweier oder mehrerer Zeitungen, und zur Herstellung von Zeitreihen werden die einzelnen Medienereignisse an der

Gesamtlänge der Medienereignishierarchie der jeweiligen Zeitung prozentuiert. Dann werden in dieser Untersuchung lediglich diejenigen Medienereignisse herangezogen, die von den Blättern *Neue Zürcher Zeitung, Tagwacht, Vaterland* und ab 1960 vom *Tages-Anzeiger gemeinsam* thematisiert werden. Dieses Verfahren erschließt die zentralen *Kommunikationskonvergenzen* und die wichtigsten *Kommunikationsverläufe* bezüglich derjenigen Vorgänge in der Welt, die im Zentrum der politischen Aufmerksamkeit standen.[10]

Je höher also die Prozentsumme in einem Vergleichsjahr ausfällt, desto mehr fokussieren die verglichenen Zeitungen dieselben Vorgänge. Umgekehrt gilt: Je niedriger diese Summe ist, desto weniger beobachten die verschiedenen Medien dieselbe Welt. Aufgrund der speziellen Aufmerksamkeitsstrukturen des *Tages-Anzeigers,* der – mit Ausnahme der 10er Jahre – bis in die späten 50er Jahre politisch umstrittene Themen meidet und sich in seiner Berichterstattung vorwiegend auf die Deskription internationaler Vorgänge beschränkt[11], werden von 1910 bis 1960 nur Relevanzstrukturvergleiche mit den drei *parteinahen* Medien *Neue Zürcher Zeitung, Tagwacht* und *Vaterland* vorgenommen. Von 1960 bis 1995 wird der *Tages-Anzeiger* in die Untersuchung miteinbezogen. Im Vergleich mit den aggregierten Daten der vier Medien lässt sich dann anhand der Zeitreihe der politischen Kommunikationsereignisse des *Blick* die Partizipation dieses Boulevardmediums an der politischen Kommunikation ermessen.

Um die Kommunikationskonvergenzen bezüglich der Vorgänge innerhalb wie außerhalb der Schweiz in einer Zeitreihe abbilden zu können, werden alle von sämtlichen Zeitungen gemeinsam thematisierten Medienereignisse eines Jahres an der Gesamtlänge der je zehn wichtigsten Medienereignisse dieses Jahres prozentuiert. Im Aggregat ergeben diese Prozentwerte die Intensität der Kommunikationskonvergenz pro Jahr. Da die Verläufe der Kommunikationskonvergenzen von *Binnen-* und *Außenvorgängen* markante Differenzen aufweisen, werden die selegierten Medienereignisse getrennt erfasst.

Das Schaubild 1 zeigt ein *wellenförmiges Muster,* welches die Abfolge von Krisenphasen spiegelt. Die Intensität der Kommunikationskonvergenz von *Bin-*

10 Die Intensität der Kommunikationskonvergenz zwischen mehreren Zeitungen in einem Jahr ergibt sich durch die Summierung der Prozentanteile der Medienereignisse mit gleichem Objektbereich an den Medienereignishierarchien in zwei oder mehr Blätter. Wenn die Ergebnisse von zwei, drei oder vier Zeitungen zusammengefasst werden, werden die theoretische Maximalwerte von 200, 300 bzw. 400%, die erreicht würden, wenn die Organe exakt dieselben Medienereignishierarchien hätten, wieder auf eine 100%-Skala umgerechnet. Vgl. hierzu die Schaubilder 1, 2, 3 und 5.

11 Zur Geschichte des *Tages-Anzeigers* vgl. den aufschlussreichen Jubiläumsband von Catrina, Blum und Lienhard 1993.

nenvorgängen steigt in Krisenphasen an; Kommunikationsdivergenz kennzeichnet *vice versa* die politische Kommunikation im Rahmen einer stabilen Periode. Damit ist ein Krisenindikator gefunden, der den *konfliktinduzierten Zwang zur Kommunikationskonvergenz* misst.

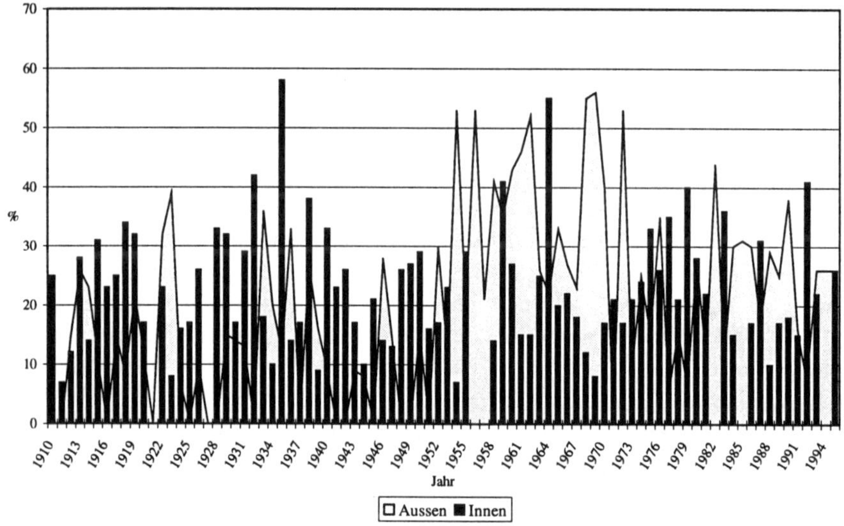

Schaubild 1: Binnen- und außenorientierte Kommunikationskonvergenzen in den Tageszeitungen *Neue Zürcher Zeitung, Vaterland, Tagwacht und Tages-Anzeiger* 1910 bis 1995[12]

Entsprechend verdichtet sich die politische Kommunikation der verglichenen Organe *Neue Zürcher Zeitung, Tagwacht, Vaterland* und *Tages-Anzeiger* (ab 1960) im Maße der Konfliktintensität über zukunftsrelevante Entscheidungen

12 Lesebeispiel: Im Jahr 1918 fokussieren über 50% aller binnenorientierten Medienereignisse der Medienereignishierarchien der drei parteinahen Zeitungen denselben Objektbereich. Die Werte für diese Zeitreihe basieren auf der integralen Auswertung des Stammteils der genannten drei Zeitungen, d.h. der Ausmessung der redaktionellen Artikel und ihrer Bündelung zu den zehn wichtigsten Medienereignissen pro Zeitung und Jahr (Medienereignishierarchie). In diese Darstellung sind diejenigen Medienereignisse aus den drei Medienereignishierarchien pro Jahr aufgenommen worden, die in mindestens zwei Zeitungen denselben Objektbereich fokussieren. Diese Medienereignisse wurden je als Prozentanteil der Medienereignishierarchie der Zeitung, der sie entstammen, erfasst und die prozentualen Werte summiert. Da hier die Ergebnisse von drei bzw. ab 1960 vier Zeitungen zusammengefasst werden, wird der Maximalwert von 300% bzw. 400% wieder auf eine 100%-Skala umgerechnet.

auf dieselben Vorgänge. Zur Dynamik sozialer Krisen gehört offensichtlich die Angleichung der Relevanzstrukturen. Dies bedeutet eine Reduktion der gesellschaftlichen *Steuerungskomplexität* auf immer weniger Brennpunkte politischer Kommunikation. Das gebündelte „Licht der Öffentlichkeit“ illuminiert diejenigen Vorgänge, in denen sich für die Beteiligten die Zukunft entscheidet, auf sie beziehen sich die Fluchtlinien milieuspezifischer Deutungsproduktion, an ihnen bilden sich scharf konturierte Erwartungsstrukturen aus. Umgekehrt gilt: Die massenmediale Kommunikation divergiert umso mehr, je weniger konfliktiv der Wettbewerb um Definitionsmacht ausfällt, d.h. je legitimer der Verteilungsmodus sozialer Macht, die institutionalisierten Verfahren der Interessenrealisierung und die politischen Institutionen selbst erscheinen.

Außergewöhnliche Kommunikationskonvergenzen finden sich in der klassenantagonistischen Krise (Generalstreik) ausgangs des Ersten Weltkriegs (Ernst und Wigger 1993) sowie in den 30er Jahren mit einem klaren Höhepunkt 1935 im Kontext einer tiefgreifenden Wirtschaftskrise und widerstreitender Krisenlösungsmuster, die schließlich im sozialmarktwirtschaftlichen Gesellschaftsmodell überwunden werden (Degen 1991; Imhof 1993b, 1996c). 1959 und 1964 finden sich zwei „Ausreißer“: 1959 der Disput um die Stellung der Schweiz zur europäischen Vereinigung (EWG versus EFTA) und die Koinzidenz einer umstrittenen Bundesratswahl[13] und einer Parlamentswahl. Für die Kommunikationskonvergenz 1964 ist maßgeblich ein militärpolitischer Skandal ausschlaggebend (Mirageaffäre: Imhof 1998).

In den 70er Jahren lässt sich wieder eine ausgeprägte Periode erhöhter Kommunikationskonvergenz feststellen. Inhaltliche Schwerpunkte bilden in dieser Phase der Konflikt um die Konjunkturpolitik und die Bundesfinanzierung, das Verhältnis zu Europa, der Fundamentalkonflikt bezüglich der sogenannten „Überfremdung“ der Schweiz durch italienische Arbeitsmigranten („Überfremdungsinitiativen“: Romano 1998) und der Konflikt um die Atomenergie. In jüngster Zeit findet sich eine erhöhte Kommunikationskonvergenz zu Beginn der 90er Jahre. Inhaltlich ist diese Phase maßgeblich durch die erneuten Diskussionen um die Stellung der Schweiz im Prozess der europäischen Vereinigung sowie durch politische Skandalierungswellen gegenüber einer Bundesrätin und gegenüber Bundesbehörden (Fichenskandal, Armeeskandale) bestimmt. Mit Aus-

---

13 Diese Wahl der Bundesexekutivbehörde durch die beiden Parlamente (Nationalrat und Ständerat) in der sogenannten „Vereinigten Bundesversammlung“ führte zu der bis in die Gegenwart geltenden „Zauberformel“ bezüglich der Aufteilung der Bundesratssitze unter den sogenannten „Bundesratsparteien“. Die Sozialdemokratie, die Christlichdemokratische Volkspartei und der Freisinn belegen je zwei Sitze in dieser Kollegialbehörde, die Schweizerische Volkspartei hat einen Sitz inne.

nahme der „Ausreißer“ 1959 und 1964 stimmen diese Perioden erhöhter Kommunikationskonvergenz mit Phasen des politischen Konflikts und der politischen Krise in der Schweiz überein.

Für die Fragestellung dieses Workshops interessiert nun, welche Bedeutung den Kommunikationsereignissen „Wahlen“ und „Abstimmungen“ innerhalb dieser Perioden erhöhter Kommunikationskonvergenz zukommt. In Schaubild 2 sind daher die gemeinsam thematisierten Kommunikationsereignisse Wahlen und Abstimmungen besonders hervorgehoben.

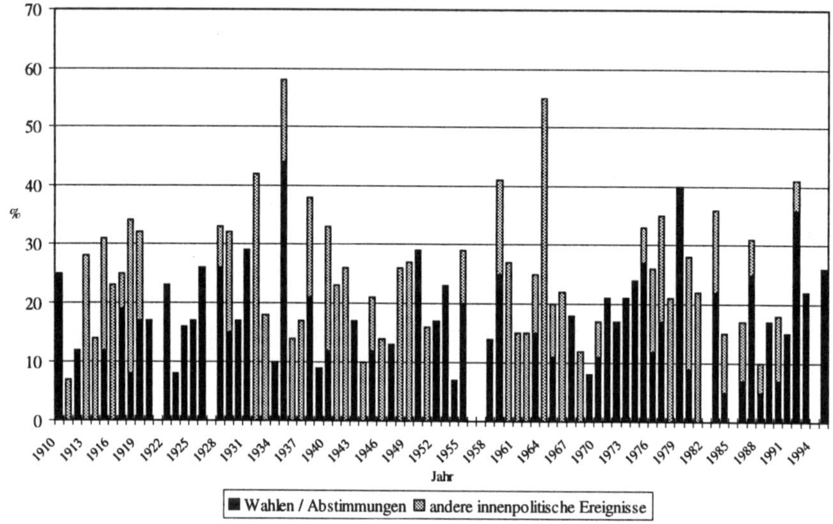

Schaubild 2: Anteile der Kommunikationsereignisse „Wahlen“ und „Abstimmungen“ an den binnenorientierten Kommunikationskonvergenzen[14]

14 Lesebeispiel: Im Jahr 1935 fokussieren 58% der Medienereignisse in den Parteimedien die gleichen innenpolitischen Vorgänge; die Mehrzahl davon (44%) sind Ereignisse zu Wahlen oder Abstimmungen. Es handelt sich um die Parlamentswahlen, zwei Initiativen (Kriseninitiative und Initiative zur Totalrevision der Bundesverfassung) sowie um eine Abstimmung bezüglich der Stärkung der Wehrkraft. Als einziges, nicht auf Wahlen oder Abstimmungen fokussiertes, binnenorientiertes Medienereignis findet die Diskussion um das Bundesfinanzprogramm 1935 die Aufmerksamkeit aller drei Parteiorgane.

Entsprechend der ersten Hypothese zeigt sich dabei, dass die politischen Kommunikationsereignisse Wahlen und Abstimmungen einen Teil dieser phasenspezifisch erhöhten Kommunikationskonvergenzen erklären. So insbesondere am Ausgang der klassenantagonistischen Krise nach dem ersten Weltkrieg, an dem sich auf Kosten der Arbeiter ein Bürgerblockregime durchsetzt, das danach in den Abstimmungen und Wahlen vehement durch die organisierte Arbeiterbewegung bekämpft wurde. Die überhaupt höchste Kommunikationskonvergenz bezüglich Abstimmungen und Wahlen ist 1935 zu verzeichnen. In diesem Jahr kommen neben der umstrittenen Landesverteidigungsfrage zwei entgegengesetzte Krisenlösungsmuster vor den Souverän: Die sogenannte Totalrevisionsinitiative der rechtsbürgerlichen, faschistisch bzw. nationalsozialistisch orientierten Frontenbewegungen, die zusammen mit dem politischen Katholizismus einen Ständestaat anzielt und die sozialdemokratische Kriseninitiative, die eine radikale Umverteilung realisieren will. Beide Vorlagen scheitern und die politische Schweiz bewegt sich unter dem Druck der Bedrohung von Außen auf ein neokorporatistisches, sozialmarktwirtschaftliches Gesellschaftsmodell hin, das eine keynesianisch orientierte Wirtschaftspolitik mit dem Nationalpatriotismus der Geistigen Landesverteidigung (1938/39) verbindet. In den 70er Jahren handelt es sich um Abstimmungen im Zusammenhang mit dem Fundamentalkonflikt zwischen den etablierten politischen Kräften und rechtsbürgerlichen Protestparteien in der Debatte über die Ausländerpolitik (Überfremdungsinitiativen), um Plebiszite im Zusammenhang mit dem Konflikt zwischen etablierten Akteuren und linksalternativen politischen Bewegungen um die Atomenergiepolitik sowie um den gesellschaftspolitischen Konflikt bezüglich der Aufrechterhaltung der keynesianischen Konjunkturpolitik und der Staatsverschuldung. Diese offene Periode wird abgeschlossen durch ein neoliberales Gesellschaftsmodell, das sich endgültig 1979 in den Nationalratswahlen durchsetzt. Gleichzeitig wird die linksalternative Atom-Initiative abgelehnt. Die jüngste Phase schließlich wird durch die Abstimmung über den Beitritt der Schweiz zum EWR 1992 dominiert. Kennzeichnend für diese Phase grundsätzlicher Identitäts-, Normen- und Wertkonflikte sind auch Skandalierungswellen gegenüber staatlichen Behörden und Repräsentanten und 1993 zwei armeekritische Initativen.[15]

Die Beobachtung der diskontinuierlichen Relevanz von Wahlen und Abstimmung in der öffentlichen politischen Kommunikation regt dazu an, diesen Kommunikationereignissen in Krisenphasen diejenigen gegenüberzustellen, die nicht mit konstitutionellen Entscheiden in Zusammenhang stehen. Untersucht

15 Diese richten sich gegen die Beschaffung neuer Kampfflugzeuge und den Bau eines Truppenübungsplatzes.

man diese Medienereignisse im Vorfeld und während der klassenantagonistischen Krise, in den 30er, in den 60er und 70er sowie in den 90er Jahren inhaltlich, dann manifestieren sich in ihnen – gemäß unserer zweiten Hypothese – regelhaft wechselseitige Bedrohungswahrnehmungen der politischen Gegner und der Bedrohung der Schweiz aus dem Ausland (insbesondere ausgangs 10er und 30er Jahre) oder Zukunftsunsicherheit und die Wahrnehmung eines politischen Malaises.

Zur Validierung der Hypothese drei (diskontinuierliche Bedeutung nicht etablierter politischer Akteure in Form von Bewegungen und Protestparteien) und der Hypothese vier (Verstetigung der politischen Bedeutung und der Resonanz nicht etablierter Akteure seit Ende der 60er Jahre (vgl. Neidhardt und Rucht 1993) wird nun anhand einer weiteren Zeitreihe die Resonanz derjenigen Plebiszite erfasst, die von nicht-etablierten Akteuren lanciert wurden.

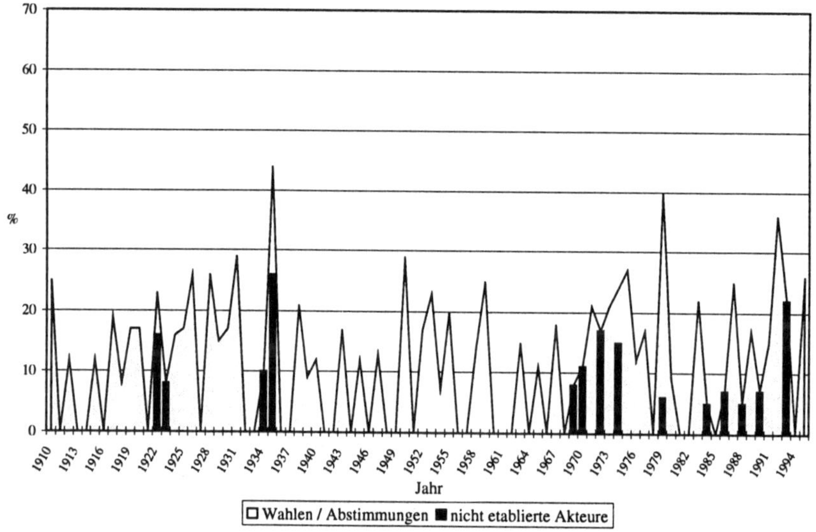

Schaubild 3: Resonanz der durch nicht etablierte Akteure initiierten Kommunikationsereignisse „Abstimmungen" [16]

16 Lesebeispiel: 1974 fokussieren 24% der Medienereignisse der gesamten Medienereignishierarchie „Abstimmungen". Mehr als die Hälfte davon oder 15% fällt dabei auf die Berichterstattung über die Abstimmung zur sogenannten „Überfremdungsinitiative".

Dieses Schaubild zeigt anhand der dunklen Fläche im Hintergrund die bereits bekannte unterschiedliche Bedeutung der Kommunikationsereignisse Wahlen und Abstimmungen. Neu sind nun durch Säulen jene Kommunikationsereignisse hervorgehoben, die maßgeblich von nicht-etablierten Akteuren initiiert wurden. Es zeigt sich neben der zu erwartenden Häufung in den Krisenphase am Ende des Ersten Weltkriegs und Mitte der 30er Jahre eine Häufung solcher Kommunikationsereignisse ab den 70er Jahren.[17] Neben der steigenden Zahl solcher Kommunikationsereignisse erhöht sich auch die Zahl der nicht-etablierten Akteure, die auf mediale Resonanz stoßen. Während in der klassenantagonstischen Krise und in den 30er Jahren alle Kommunikationsereignisse dieses Typs von der damals noch oppositionellen und marginalisierten SPS, den Fronten und rechtsbürgerlichen Parteisektionen lanciert wurden, sind es in den 70er Jahren rechtsbürgerliche Protestparteien und links-alternative Bewegungen. Seither erhalten neben den Überfremdungsparteien diverse Umwelt- und Anti-Atom-Bewegungen, pazifistische Gruppierungen wie die „Gruppe Schweiz ohne Armee“ (GSoA) aber auch konservativ isolationistische Bewegungen wie die „Aktion für eine unabhängige und neutrale Schweiz“ (AUNS) (Hartmann / Horvath 1995) mediale Aufmerksamkeit.

Diese neue Vielfalt der politischen Akteure lässt sich noch differenzieren, wenn wir die Wahlberichterstattung einbeziehen. Hier liegen allerdings erst Untersuchungsdaten aus dem Zeitraum von 1955 bis 1971 vor (Kohler 1998).

Schaubild 4 zeigt die anteilmäßige Resonanz politischer Akteure in den jeweiligen Medienereignissen zu den eidgenössischen Wahlen. In der Graphik manifestiert sich ein deutlich verstärktes Auftreten nicht-etablierter politischer Akteure ab den Wahlen 1967. Die vier in der Regierung vertretenen Bundesratsparteien (FdP, SPS, CVP und SVP) verlieren markant an Aufmerksamkeit. Während ihre summierten Anteile medialer Aufmerksamkeit bis zu den Wahlen 1963 um 90% schwanken, erhalten die Bundesratsparteien 1967 nur noch knapp 70%. Zwar steigt dieser Wert nach den Protestwahlen von 1967 wieder an, doch bleibt die Zahl der nun um Aufmerksamkeit konkurrierenden neuen Akteure hoch. Es zeigt sich also, dass das Auftreten nicht-etablierter Akteure einerseits einem klaren Krisenzyklus folgt, andererseits aber auch seit Ende der 60er Jahre von einem linearen Trend überlagert wird, dessen Ursache wir im Strukturwandel der Öffentlichkeit festmachen. Die Ablösung politischer Selektionskriterien durch die Berücksichtigung der Aufmerksamkeitsstrukturen des Publikums im Zuge der Ausdifferenzierung eines parteiunabhängigen Mediensystems verschafft den medienwirksamen Aktionsformen sozialer Bewegungen und Protest-

17 Vgl. hierzu auch Kriesi / Lévy / Ganguillet / Zwicky 1981.

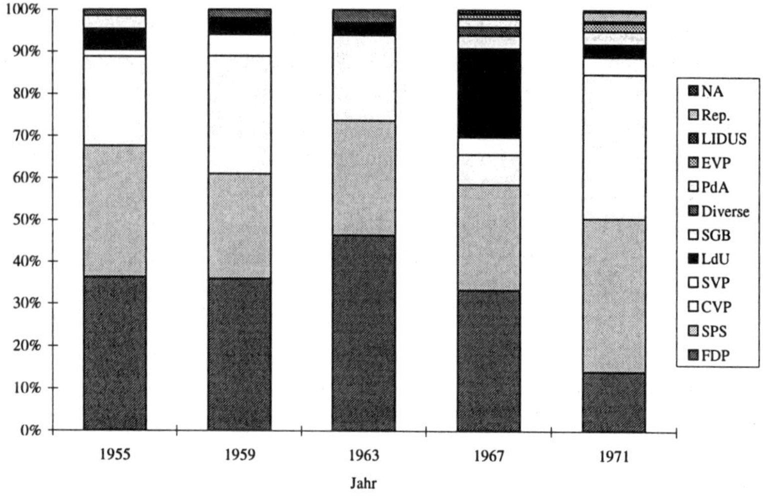

Schaubild 4: Resonanz nicht-etablierter Akteure bei Wahlen[18]

parteien erhöhte Resonanzchancen (Kepplinger 1992; Rucht 1994; Kriesi 1994; Imhof 1996b; Jarren 1996).

Nach diesen knappen Bemerkungen zur Resonanz nicht-etablierter politischer Akteure soll nun abschließend die Wahl- und Abstimmungsberichterstattung in den unterschiedlichen Medientypen vergleichend untersucht werden. Um abschließend die fünfte Hypothese (sukzessive Politisierung der Forumszeitungen im Kontext der Ausdifferenzierung des parteiunabhängigen Mediensystems; vgl. auch Saxer 1994b) anhand des Beispiels *Tages-Anzeiger* zu validieren, haben wir die relative Bedeutung der Wahl- und Abstimmungsberichterstattung dieser Forumszeitung mit den drei Parteizeitungen verglichen.

18 Lesebeispiel: In den Medienereignissen zu den eidgenössischen Wahlen 1963 konnten die großen Volksparteien FdP, CVP und SPS noch über 90% der Berichterstattung auf sich konzentrieren. Die Oppositionspartei „Landesring der Unabhängigen" (LdU) erhielt dagegen nur gerade knapp 3% der medialen Aufmerksamkeit. Die Anteile wurden ermittelt, indem in jedem Artikel abschnittweise die dominant genannte Partei eruiert, die Länge der entsprechenden Abschnitte summiert und am Gesamtumfang der relevanten Berichterstattung prozentiert wurde.

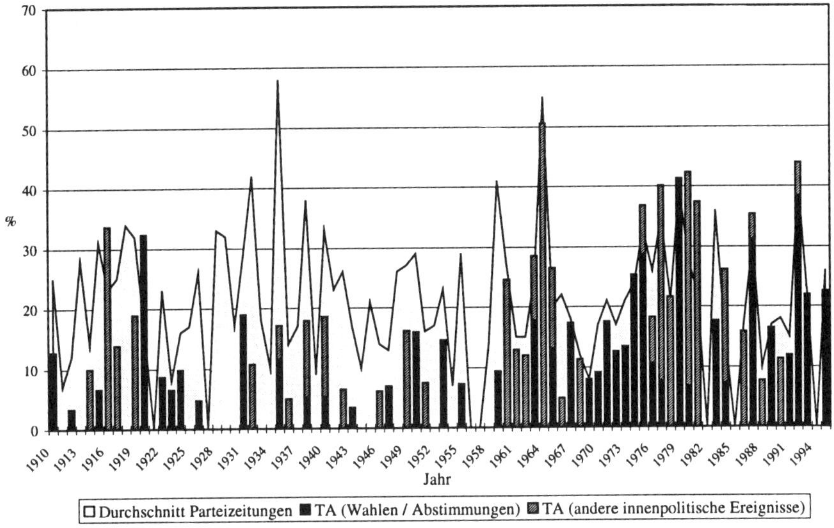

Schaubild 5: Politisierung des *Tages-Anzeigers* (TA)[19]

Schaubild 5 zeigt den Umfang der konvergenten, binnenorientierten Berichterstattung des *Tages-Anzeigers,* wobei die Kommunikationsereignisse Wahlen und Abstimmungen wiederum hervorgehoben sind. Der Vergleich der Werte des *Tages-Anzeigers* mit den durchschnittlichen Werten der Parteizeitungen (ersichtlich aus der Fläche im Hintergrund), zeigt beim *Tages-Anzeiger* deutlich die weitgehende Absenz einer innenpolitischen Berichterstattung zu Wahlen und Abstimmungen auf nationaler Ebene vom Beginn der 20er bis zum Beginn der 60er Jahre. Auffallend ist insbesondere die geringe innenpolitische Berichterstattung im Krisenjahr 1935. Die „Flucht" des Forumsblattes vor konfliktreichen Themen ändert sich in den 60er Jahren. Nun ist der *Tages–Anzeiger* den anderen Zeitungen vergleichbar und übertrifft sie sogar in den frühen 80er Jahren mit einer ausgesprochen politischen Berichterstattung. Der Niedergang insbesondere der sozialdemokratischen Presse verschafft dem *Tages-Anzeiger* die Marktchance, mit einer linksliberalen redaktionellen Linie der bürgerlichen NZZ erfolgreich gegenüberzutreten.

19 Lesebeispiel: 1938 entsprechen die in den drei Parteizeitungen gemeinsam fokussierten Medienereignisse zu „Abstimmungen" 38% der Berichterstattung der gesamten Medienereignishierarchie. Der Vergleichswert beim *Tages-Anzeiger* beläuft sich demgegenüber auf nur 18%.

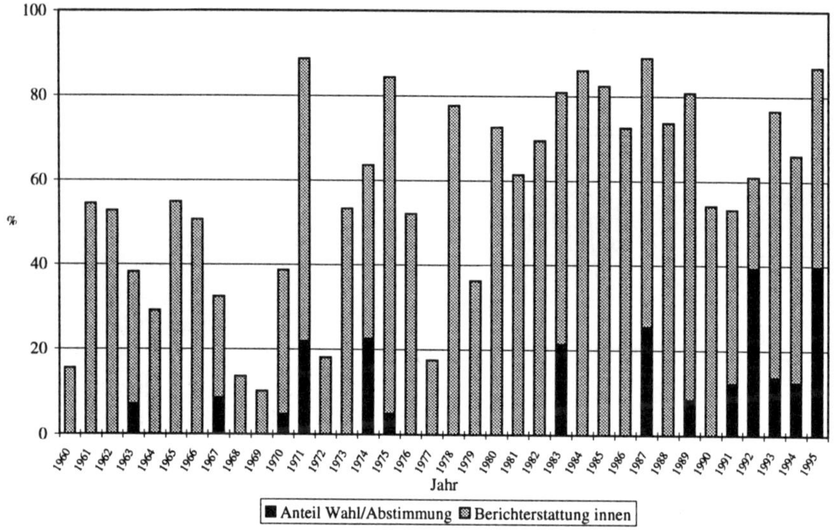

Schaubild 6: Berichterstattung im *Blick* [20]

Die ebenfalls in unserer fünften Forschungshypothese postulierte signifikant tiefere Beteiligung an den politischen Kommunikationsereignissen Wahlen und Abstimmungen durch die Boulevardzeitung *Blick* lässt sich mit Schaubild 6 belegen. Es zeigt, dass „Wahlen" und „Abstimmungen" in der Boulevardzeitung *Blick* nur eine untergeordnete Rolle spielen. Verglichen mit den anderen Zeitungen, deren Berichterstattung zu diesen Kommunikationsereignissen regelmäßig Werte zwischen 20 und 40% der Medienereignishierarchie erreichen, finden Wahlen und Abstimmungen im *Blick* eine signifikant geringere Resonanz. Inhaltlich ist diese knappe Berichterstattung – wie zu erwarten – durch starke Personalisierung geprägt. Wahlberichterstattung bedeutet für das Boulevardmedium im wesentlichen eine Reihung von Portraits der schillerndsten Politikerinnen und Politiker. In der Berichterstattung zu den Eidgenössischen Wahlen bildet der Blick von Anbeginn die „Avantgarde" der Personalisierung des Politischen. Während die Wahlen mit einiger Regelmäßigkeit thematisiert werden, finden Abstimmungen nur dann die Aufmerksamkeit des Boulevardmediums, wenn sie

20 Lesebeispiel: 1991 haben die binnenorientierten Medienereignisse im „Blick" einen Anteil von 53% an der gesamten Medienereignishierarchie. Davon entfallen auf das Medienereignis „Eidgenössischen Wahlen" 12%.

emotional sensible Politikbereiche wie die Einführung des Frauenstimmrechts auf eidgenössischer Ebene (1971) oder die Überfremdungs- und Asylfrage (1970/74 bzw. 1987/89) und die Stellung der Schweiz zu Europa (1992) betreffen. Charakteristisch für die politische Berichterstattung im *Blick* ist außerdem, dass emotional sensible Politikbereiche wie die Überfremdungs- und Asylfrage auch unabhängig von konstitutionellen Entscheidungsprozessen laufend thematisiert werden. In Gestalt von publizistischen Kampagnen erreicht das Boulevardblatt bei solchen Themen mehr und mehr plebiszitäre Kraft, d.h. das politische System wird gezwungen, solche Themen auf die Agenda zu nehmen (vgl. auch Saxer 1994a; Schmolke 1996).

Diese knappe Darstellung der Möglichkeiten einer auf Wahlen und Abstimmungen fokussierten Medienereignisanalytik zeigt deutlich, dass die Berichterstattung über Wahlen und Abstimmungen ein diskontinuierliches, krisen- und konfliktinduziertes Phänomen darstellt. Dies lässt sich anhand der unterschiedlichen Kommunikationskonvergenzen und der Resonanz nicht-etablierter Akteure messen. Daneben lässt sich jedoch seit den 60er Jahren – korrelativ zur Ausdifferenzierung eines parteiunabhängigen Mediensystems – zusätzlich ein säkularer Trend beobachten. Dieser manifestiert sich in der Politisierung der Forumsmedien und der Zunahme von politischen Kommunikationsereignissen, die von nicht-etablierten politischen Akteuren lanciert werden.

Literatur

Catrina, Werner, Roger Blum und Toni Lienhard, Hg. 1993. *Medien zwischen Geld und Geist. 1893-1993: 100 Jahre Tages-Anzeiger*. Zürich.

Degen, Bernhard. 1991. Von „Ausbeutern" und „Scharfmachern" zu „Sozialpartnern": Beziehungen zwischen Gewerkschaften und Unternehmern im Wandel. In *Bilder und Leitbilder im sozialen Wandel*, hg. vom Schweiz. Sozialarchiv. Zürich.

Ernst, Andreas. 1996. Öffentlichkeit – das unsichtbare Wesen mit der großen Wirkung: Beiträge für die schweizerische Parteiengeschichte. *Schweizerische Zeitschrift für Geschichte* 1.

Ernst, Andreas, und Erich Wigger. 1993. Innovation und Repression: Die Restabilisierung der bürgerlichen Schweiz nach dem Ersten Weltkrieg. In *Zwischen Konflikt und Konkordanz: Analyse von Medienereignissen in der Schweiz der Vor- und Zwischenkriegszeit*, hg. von Kurt Imhof, Heinz Kleger und Gaetano Romano, 109-172. Krise und sozialer Wandel, 1. Zürich: Seismo.

Gerhards, Jürgen. 1994. Politische Öffentlichkeit: Ein system- und akteurstheoretischer Bestimmungsversuch. In *Öffentlichkeit, öffentliche Meinung, soziale Bewegungen*, hg. von Friedhelm Neidhardt, 77-105. Kölner Zeitschrift für Soziologie und Sozialpsychologie, Sonderheft 34. Opladen: Westdeutscher Verlag.

Habermas, Jürgen. 1962. *Strukturwandel der Öffentlichkeit: Untersuchungen zu einer Kategorie der bürgerlichen Gesellschaft*. Neuwied: Suhrkamp.

Hartmann, Hans, und Franz Horvath. 1995. *Zivilgesellschaft von rechts: Die Erfolgsstory der Zürcher SVP*. Zürich: Realotopia.

Imhof, Kurt. 1993a. Vermessene Öffentlichkeit – vermessene Forschung? Vorstellung eines Projekts. In *Zwischen Konflikt und Konkordanz. Analyse von Medienereignissen in der Schweiz der Vor- und Zwischenkriegszeit*, hg. von Kurt Imhof, Heinz Kleger und Gaetano Romano, 11-60. Krise und sozialer Wandel, 1. Zürich: Seismo.

Imhof, Kurt. 1993b. Lernen von Außen? Oder: Die Betrachtung des Irrationalen als Voraussetzung für Vernunft. Programmatische Mutationen in der Krise der 30er Jahre In *Zwischen Konflikt und Konkordanz. Analyse von Medienereignissen in der Schweiz der Vor- und Zwischenkriegszeit*, hg. von Kurt Imhof, Heinz Kleger und Gaetano Romano, 289-355. Krise und sozialer Wandel, 1. Zürich: Seismo.

Imhof, Kurt. 1996a. Intersubjektivität und Moderne. In *Die Diskontinuität der Moderne: Zur Theorie des sozialen Wandels*, hg. von Kurt Imhof und Gaetano Romano, 200-292. Theorie und Gesellschaft, hg. von Axel Honneth, Hans Joas und Claus Offe. Frankfurt am Main: Campus.

Imhof, Kurt. 1996b. Eine Symbiose: Soziale Bewegungen und Medien. In *Politisches Raisonnement in der Informationsgesellschaft*, hg. von Kurt Imhof und Peter Schulz, 165-186. Reihe Mediensymposium Luzern, 2. Zürich: Seismo.

Imhof, Kurt. 1996c. Das kurze Leben der geistigen Landesverteidigung: Von der „Volksgemeinschaft" vor dem Krieg zum Streit über die „Nachkriegsschweiz" im Krieg. In *Konkordanz und Kalter Krieg: Analyse von Medienereignissen in der Schweiz der Zwischen- und Nachkriegszeit*, hg. von Kurt Imhof, Heinz Kleger und Gaetano Romano, 19-84. Krise und sozialer Wandel, 2. Zürich: Seismo.

Imhof, Kurt. 1998. Entstabilisierungen: Zukunftsverlust und Komplexitätsreduktion in der öffentlichen politischen Kommunikation der 60er Jahre. In *Vom Kalten Krieg zur Kulturrevolution, Analyse von Medienereignissen in der Schweiz der 50er und 60er Jahre*, hg. von Kurt Imhof , Heinz Kleger und Gaetano Romano. Krise und sozialer Wandel, 3. Zürich: Seismo.

Jarren, Otfried, Hg. 1994. *Medienwandel – Gesellschaftswandel: 10 Jahre dualer Rundfunk in Deutschland. Eine Bilanz*. Berlin: Vistas.

Jarren, Otfried. 1994. Mediengewinne und Institutionenverluste? – Zum Wandel des intermediären Systems in der Mediengesellschaft: Theoretische Anmerkungen zum Bedeutungszuwachs elektronischer Medien in der politischen Kommunikation. S. 23-34. In *Politische Kommunikation in Hörfunk und Fernsehen: Elektronische Medien in der Bundesrepublik Deutschland*, hg. von Otfried Jarren. Opladen: Leske + Buderich.

Jarren, Otfried. 1996. Auf dem Weg in die „Mediengesellschaft"? Medien als Akteure und institutionalisierter Handlungskontext. Theoretische Anmerkungen zum Wandel des intermediären Systems. In *Politisches Raisonnement in der Informationsgesellschaft*, hg. von Kurt Imhof und Peter Schulz, 79-96. Reihe Mediensymposium Luzern, 2. Zürich: Seismo.

Kepplinger, Hans Mathias. 1992. *Ereignismanagement: Wirklichkeit und Massenmedien*. Zürich, Osnabrück: Edition Interfrom.

Kohler, Andreas. 1998. Skandalisierung in den eidgenössischen Wahlkämpfen zwischen 1955 und 1975. Ms. Zürich.

Kriesi Hanspeter, Rene Lévy, Gilbert Ganguillet und Heinrich Zwicky, Hg. 1981. *Politische Aktivierung in der Schweiz 1945-1978*. Diessenhofen: Rüegger.

Kriesi, Hanspeter. 1980. *Entscheidungsstrukturen und Entscheidungsprozesse in der Schweizer Politik*. Frankfurt am Main: Campus.

Kriesi, Hanspeter. 1994. Akteure – Medien – Publikum: Die Herausforderung direkter Demokratie durch die Transformation der Öffentlichkeit. In *Öffentlichkeit, öffentliche Meinung, soziale Bewegungen*, hg. von Friedhelm Neidhardt. Kölner Zeitschrift für Soziologie und Sozialpsychologie, Sonderheft 34. Opladen: Westdeutscher Verlag.

Luhmann, Niklas. 1970. Soziologie des politischen Systems. In *Soziologische Aufklärung: Aufsätze zur Theorie sozialer Systeme*, hg. von Niklas Luhmann, Bd. 1, 154-177. Opladen: Westdeutscher Verlag.

Luhmann, Niklas. 1971. Öffentliche Meinung. In *Politische Planung*, hg. von Niklas Luhmann, 9-34. Opladen: Westdeutscher Verlag.

Luhmann, Niklas. 1993. Die Beobachter der Beobachter im politischen System: Zur Theorie der öffentlichen Meinung. In *Öffentliche Meinung. Theorien, Methoden, Befunde*, hg. von Jürgen Wilke, 77-86. Freiburg, München: Alber.

Luhmann, Niklas. 1996. *Die Realität der Massenmedien.* Opladen: Westdeutscher Verlag.

Marcinkowski, Frank. 1993. *Publizistik als autopoietisches System: Politik und Massenmedien. Eine systemtheoretische Analyse.* Opladen: Westdeutscher Verlag.

Neidhardt, Friedhelm. 1994. Einleitung. In: *Öffentlichkeit, öffentliche Meinung, soziale Bewegung*, hg. von Friedhelm Neidhardt, 7-41. Kölner Zeitschrift für Soziologie und Sozialpsychologie, Sonderheft 34. Opladen: Westdeutscher Verlag.

Neidhardt, Friedhelm und Dieter Rucht. 1993. Auf dem Weg in die Bewegungsgesellschaft? Über die Stabilisierbarkeit sozialer Bewegungen. *Soziale Welt*, H. 3.

Romano, Gaetano. 1998. Vom „Sonderfall" zur „Überfremdung". In *Vom Kalten Krieg zur Kulturrevolution: Analyse von Medienereignissen in der Schweiz der 50er und 60er Jahre*, hg. von Kurt Imhof, Heinz Kleger und Gaetano Romano. Krise und sozialer Wandel, 3. Zürich: Seismo.

Rucht, Dieter. 1994. Öffentlichkeit als Mobilisierungsfaktor für soziale Bewegungen. In *Öffentlichkeit, öffentliche Meinung, soziale Bewegungen*, hg. von Friedhelm Neidhardt, 337-358. Kölner Zeitschrift für Soziologie und Sozialpsychologie, Sonderheft 34. Opladen: Westdeutscher Verlag.

Saladin, Gregor. 1998. Schweizer Wahlen: Wer wählt wen? *Horizonte*, Nr. 36: 6-11.

Sarcinelli, Ulrich. 1998. Legitimität. In *Politische Kommunikation in der demokratischen Gesellschaft: Ein Handbuch mit Lexikon*, hg. von Otfried Jarren, Ulrich Sarcinelli und Ulrich Saxer. Opladen: Westdeutscher Verlag.

Saxer, Ulrich. 1994a. Medien- und Gesellschaftswandel als publizistikwissenschaftlicher Forschungsgegenstand. In *Medienwandel – Gesellschaftswandel: 10 Jahre dualer Rundfunk in Deutschland*, hg. von Otfried Jarren, 331-351. Berlin: Vistas.

Saxer, Ulrich. 1994b. Die Zeitung als politische Sozialisationsinstanz. *Relation: Medien – Gesellschaft – Geschichte* 1, Nr. 1: 19-48.

Schmolke, Michael. 1996. Von der Parteipresse zur Medienpartei: ein fragwürdiges Verhältnis unter dem Druck der real existierenden Politik. In *Politisches Raisonnement in der Informationsgesellschaft*, hg. von Kurt Imhof und Peter Schulz, 187-200. Reihe Mediensymposium Luzern, 2. Zürich: Seismo.

Wilke, Jürgen. 1984. *Nachrichtenauswahl und Medienrealität in vier Jahrhunderten.* Berlin: de Gruyter.

Wilke, Jürgen. 1987. Zeitungen und ihre Berichterstattung im langfristigen internationalen Vergleich. In *Presse und Geschichte II: Neue Beiträge zur historischen Kommunikationsforschung.* München: Saur.

Wahlwerbung als Indikator politisch-kulturellen Wandels: Erfahrungen aus einer Langzeituntersuchung

Christina Holtz-Bacha und Eva-Maria Lessinger

„[...] perhaps archeologists of the 27th century will be able to fathom trends in American culture by looking at changes in their ads." So heißt es in einem Aufsatz des amerikanischen Politikwissenschaftlers James Combs über politische Werbung (1979, 333). Das bedeutet, Werbung wird als ein Indikator gesehen, an dem sich der kulturelle Wandel einer Gesellschaft ablesen lässt. Entsprechend bezeichnet auch Siegfried J. Schmidt die Werbung generell als einen „voluminösen Resonanzkörper". Und weiter: „Werbung war und ist ein wichtiger da sensibler Indikator sozialen Wandels im Bereich des Welt- und Lebensgefühls der Menschen in modernen Gesellschaften." (Schmidt 1995, 37f.)

Ebenso, wie sich das hier andeutet, wollen wir Wahlwerbung als einen Indikator für den Wandel der politischen Kultur verstehen. Wenn wir von politischer Kultur sprechen, greifen wir auf ein viel und kontrovers diskutiertes Konzept zurück, das bekanntlich genauso schwer zu greifen wie ein Pudding an die Wand zu nageln ist (vgl. dazu Kaase 1983). Aber gerade die neueren Auseinandersetzungen mit politischer Kultur und den Möglichkeiten ihrer Analyse lassen dieses Konzept als geeignet erscheinen für die theoretische Untermauerung einer Langzeituntersuchung zur Wahlwerbung im deutschen Fernsehen (Holtz-Bacha 1996).

Der Begriff politische Kultur kam ja auf zum Ende der 50er Jahre im Zusammenhang mit der Civic-Culture-Studie von Almond und Verba. In der Folge wurde politische Kultur gesehen als die subjektiven kognitiven, affektiven und evaluativen Orientierungen der Mitglieder eines politischen Systems gegenüber politischen Phänomenen (Almond 1980, 28). Die fünf Länder vergleichende Civic-Culture-Studie basierte auf Umfragedaten, und die Befragung blieb dann auch die vorherrschende Methode zur Untersuchung von politischer Kultur. Dieser frühen Forschungsrichtung entsprechend richtete sich das Interesse auch zunächst auf den Vergleich politischer Kultur zwischen den Systemen. Der Begriff wurde schnell populär, das, was gemeint ist, aber immer schwammiger. Mit der Übernahme des Begriffs in die Alltagssprache wurde das Wort von der politischen Kultur zunehmend normativ gebraucht, gleichsam als moralischer Maßstab für angemessenen politischen Stil. Er enthält seine polemische Wendung im Vorwurf des Mangels an politischer Kultur an den politischen Gegner oder – als Ursache oder Folge von Politikverdrossenheit – an die politischen Akteure (Sontheimer 1990, 11f.; Fenner 1991).

Nun ist es mittlerweile zu einer Weiterführung, aber auch Präzisierung des Konzepts politischer Kultur gekommen, die nicht nur seine zwischenzeitlich in Frage gestellte Beibehaltung nahe legt, sondern seine Anwendung auch erleichtert. Wir beziehen uns hier insbesondere auf den Ansatz von Karl Rohe, der jedoch auch auf entsprechende Überlegungen amerikanischer Wissenschaftler zurückgreift.

Rohe überkommt den „psychologischen Reduktionismus“ (Dittmer 1997, 554) des frühen, überwiegend an Befragungen orientierten Umgangs mit politischer Kultur, indem er erstens politische Kultur als „überindividuelles Phänomen“ begreift, dessen Träger das gesellschaftliche Kollektiv ist (Rohe 1987, 39-40), und indem er zweitens nicht Einstellungen, sondern Vorstellungen zu konstitutiven Elementen politischer Kultur erklärt (40). Ohne seine Argumentationsschritte hier im Einzelnen auffächern zu können, gelangt er so zu einer Definition, die politische Kultur zunächst als „das politisch relevante ‚Weltbild‘ von Gruppen“ (Rohe 1990, 333) versteht. Demnach ist politische Kultur „so etwas wie ein politischer Code, eine politische Programmsprache, die das Denken, Handeln und Fühlen politischer Akteure steuert und konditioniert“ (1990, 333). Dieses Weltbild enthält bestimmte Grundannahmen über die Wirklichkeit, die von den Gruppenmitgliedern meist als selbstverständlich empfunden werden und kaum bewusst sind. Daher ist politische Kultur der Untersuchung durch Befragung auch nur zum Teil zugänglich.

Wichtig für unseren Zusammenhang ist außerdem die Erweiterung der Definition von politischer Kultur dahingehend, dass sie als „ein mit anderen geteiltes politisches Weltbild“ auch eine Ausdrucksseite hat; daher könne auch von „politischem Design“ gesprochen werden: „Politische Kultur ist politischer Sinn, der auch sinnenfällig werden muss.“ (Rohe 1990, 337)

Diese Ausdrucksseite politischer Kultur sei mehr als nur die Darstellung, über die ihr Inhalt erschlossen wird, sondern sie „besitzt Eigenbedeutung und bedarf einer gesonderten Analyse. Man muss nicht nur das *was*, sondern auch das *wie* eines (politischen) Weltbildes untersuchen“ (Rohe 1990, 337; Hervorhebungen im Original). Das „was“, also die Inhaltsseite politischer Kultur, steht für eine kognitive und normative Dimension, das „wie“, also die Ausdrucksseite, für eine affektive und ästhetische Dimension (338), die entscheidend ist für die auch emotional verankerte Systembindung: „Politische Regimes, die in der Gefühlswelt ihrer Bürger verankert sein wollen, müssen ein erkennbares und symbolisch von Zeit zu Zeit verdeutlichtes politisches Design besitzen [...]. (Rohe 1987, 41)

Mit dieser Abkehr von der frühen, überwiegend an Einstellungen orientierten Forschung wird politische Kultur auch dem inhaltsanalytischen Zugriff geöffnet, mit dessen Hilfe gesellschaftliche Entwicklungen beschrieben werden können. Schließlich wird politische Kultur damit auch zu einem Konzept, das nicht nur im Vergleich zwischen Systemen, sondern auch für den innersystemischen Vergleich, eben zur Beobachtung politisch-kulturellen Wandels einsetzbar ist.

Um nun politische Kultur zu bewahren oder sie zu verändern, bedarf es ihrer ständigen Aktualisierung: „politischer Sinn“ und dessen „sinnenfällige Gestaltung“ müssen stets symbolisch erneuert werden. Diese Aktualisierung geschieht nicht nur gleichsam „von oben herab“, sondern sie wird getragen von allen am politischen Prozess Beteiligten. Dabei gibt es eine Interdependenz zwischen der Rezeption und der Produktion politischer Zeichen. Um diesen Wechselwirkungsprozess zu beschreiben, kommt es zur Unterscheidung zwischen einer politischen „Soziokultur“ und einer politischen „Deutungskultur“. Mit politischer Soziokultur ist der politische Alltag gemeint, also all das, was an tradierten Deutungsmustern bereits existiert und intersubjektiv als „normal“ oder „natürlich“ wahrgenommen wird. Politische Deutungskultur dagegen bezieht sich auf eine Meta-Ebene, auf der Sinn- und Deutungsangebote generiert werden. Zwischen diesen beiden Ebenen besteht ein „spannungsreiches Austauschverhältnis“, das konstitutiv ist für politische Kultur. Politische Kultur erweist sich somit als „gesellschaftliche Konstruktion von politischer Wirklichkeit“. Politische Kultur entsteht aus der Wechselwirkung zwischen Soziokultur und Deutungskultur.

Diese Überlegungen nehmen Bezug auf den wissenssoziologischen Ansatz von Berger und Luckmann und damit auf die Bedeutung von Sprache, Zeichen und Symbolen als integrale Bestandteile von Kultur, durch die in der sozialen Interaktion Wirklichkeit wahrgenommen, gesellschaftlich konstruiert und legitimiert wird. Dieser Rückgriff auf den symboltheoretischen Ansatz von Berger und Luckmann (1996) erscheint vor allem deshalb als fruchtbar für das Konzept politischer Kultur, weil er die Grundlage dazu liefern kann, einen problematischen Bereich politischer Kulturforschung – nämlich die Verknüpfung von individuellen und kollektiven Faktoren – stärker zu erhellen.

Ausgangspunkt bei Berger und Luckmann ist die Alltagswirklichkeit. Analog zu Rohes Soziokultur wird die Alltagswirklichkeit von den sozialen Akteuren ohne weitere Verifizierung als quasi selbstverständliche „Routinewirklichkeit“ (Berger und Luckmann 1996, 26) empfunden. Begreiflich wird diese Alltagswelt für den einzelnen und für andere durch Objektivationen, ein Vorgang, der subjektiv sinnvolle Vorgänge intersubjektiv verständlich macht (ebd., 22). Objektivationen im weitesten Sinne einer Vergegenständlichung sind möglich durch Zeichensysteme, wobei die Sprache das wichtigste Zeichensystem des Menschen ist. Sprache hat die

Fähigkeit, „die Wirklichkeit der Alltagswelt gänzlich zu transzendieren", Sprache errichtet – wie es da heißt – „riesige Gebäude symbolischer Vorstellung" (ebd., 42), die die Alltagswelt umgeben. Als Symbol bezeichnen Berger und Luckmann jede sprachliche Verweisung, die voneinander abgesonderte Wirklichkeitssphären zu verbinden vermag. Gesellschaft als objektive Wirklichkeit entsteht durch Institutionalisierung. Institutionalisierung beruht auf Gewöhnung, nämlich Habitualisierung, Tradition und Rollentypisierung. Um dieser institutionalen Welt einen allgemeinverbindlichen Sinn zu geben und damit Anerkennung zu verschaffen und sie etwa auch an eine neue Generation vermitteln zu können, bedarf sie der Legitimation, d.h. sie bedarf der Erklärung und der Rechtfertigung. Berger und Luckmann unterscheiden verschiedene Ebenen der Legitimation; die höchste Ebene wird durch „symbolische Sinnwelten" (ebd., 103) konstituiert. Eine symbolische Sinnwelt ist ein allumfassendes Bezugssystem, die „Matrix aller gesellschaftlich objektivierten und subjektiv wirklichen Sinnhaftigkeit". Diese symbolische Sinnwelt umspannt die Alltagswirklichkeit, beeinflusst die Alltagswirklichkeit und wird von der Alltagswirklichkeit beeinflusst.

Das Auftauchen einer alternativen symbolischen Sinnwelt führt zwangsläufig zur Konfrontation mit bereits bestehenden Sinnwelten. Damit wird automatisch die Machtfrage gestellt, d.h. es kommt zu einem Kampf um die Durchsetzung der einen oder anderen Wirklichkeitsbestimmung. Welche symbolische Sinnwelt sich durchsetzt, ist abhängig von der Macht dessen, der die Sinnwelt anbietet: Macht in der Gesellschaft gibt auch die Macht, Wirklichkeit zu setzen.

Vor diesem theoretischen Hintergrund korrespondiert Rohes Konzept der politischen Deutungskultur mit der gesellschaftlichen Konstruktion politisch-symbolischer Sinnwelten. So betont Rohe (1990, 341) denn auch, dass es keineswegs unerheblich sei, welche sozialen Gruppen die Vergangenheit, Gegenwart und Zukunft einer Gesellschaft interpretieren. Denn die symbolischen Sinnwelten, die sich auf der Meta-Ebene der politischen Deutungskultur durchsetzen, dominieren gleichsam die politische Soziokultur und werden damit unhinterfragt als „Normalität" wahrgenommen. Nicht alle gesellschaftlichen Vorstellungen und Normen sind somit diskursfähig. Vielmehr bildet sich ein „kollektiv geteiltes Regelwissen" über den „Raum des Sagbaren" aus, der als „Referenzkultur" (Dörner 1996, 33) zu bezeichnen ist. Diese Referenzkultur wiederum manifestiert und reproduziert sich durch Symbole, Rituale und Mythen im öffentlichen Zeichenraum.

Parteien zählen nun zu jenen organisierten gesellschaftlichen Gruppen, die – vor allem im Wahlkampf – ein vitales Interesse daran haben, ihre Sinn- und Deutungsangebote als kollektiv geteiltes Regelwissen zu legitimieren. Um dieses Ziel auf der Ebene der Deutungskultur zu erreichen, setzen die Parteien verschiedene Kommunikationsstrategien ein, zu denen nicht zuletzt die Wahlwerbung zählt. Eine Analyse der symbolischen Sinnwelten, die in Wahlwerbespots präsentiert werden, kann also Erkenntnisse darüber vermitteln, welche Sinn- und Deutungsangebote der politischen Realität die Parteien im Wahlkampf machen. Warum sich die Wahlwerbespots unserer Ansicht nach für eine solche Analyse besonders eignen, wird deutlich, wenn man die Besonderheiten dieser Kommunikationsform betrachtet.

Als spezifischer Bestandteil der Wahlkampfkommunikation nimmt der Wahlwerbespot eine Sonderposition ein. Da die Medien für jede Form der Wahlwerbung lediglich als Transportmittel der politischen Werbebotschaft fungieren, liegt die Verantwortung für Inhalt und Form der Sendungen allein bei den Parteien. Die durch die Wahlwerbespots transportierten deutungskulturellen Kommunikationsangebote lassen sich demnach eindeutig konkreten Produzenten zuordnen. Vor allem aber bieten die Wahlwerbespots den politischen Akteuren die seltene Möglichkeit, ihre politischen Vorstellungen ungefiltert durch das journalistische System im Fernsehen zu präsentieren. Aufgrund der Interdependenz zwischen Deutungs- und Soziokultur verfügen Wahlwerbespots demnach über einen ambivalenten Charakter: Denn einerseits versuchen sie, den Parteien opportun erscheinende symbolische Sinnwelten zu legitimieren, andererseits aber sind sie zugleich sinnlich fassbarer Ausdruck bereits legitimierter politischer Kultur.

Unter formalen Aspekten können die Wahlspots als persuasive Kommunikationsform mit den TV-Spots der Wirtschaftswerbung parallelisiert werden. In der Werbeforschung werden die Kommunikationsstrategien der Wirtschaftswerbung als Sozialtechniken begriffen, die eher auf emotionale denn auf kognitive Beeinflussung des Rezipienten zielen. Zu diesem Zweck bemüht sich die Wirtschaftswerbung, durch die Gestaltung der Botschaft emotionale Erlebniswelten anzubieten, mit denen sich der Rezipient aufgrund persönlicher Alltagserfahrungen identifizieren kann oder die an kollektive Wunschvorstellungen appellieren. Die moderne Werbegestaltung orientiert sich also weniger am Produkt denn am potentiellen Käufer.

Gerade weil es sich bei den Wahlspots um Werbung handelt, wird deutlich, dass politische Deutungskultur – so sehr die Legitimation symbolischer Sinnwelten auch auf Benennungsmacht basieren mag – nicht als hierarchischer Kommunikationsprozess von Eliten zu Massen, von oben nach unten verstanden werden darf. Denn die symbolischen Formen, die die Parteien für ihre Spots selektieren, sind kommunikative Sinnangebote, die darauf zielen, eine kollektive, politisch-kulturelle Identität zu stiften und deshalb immer eine potentielle Teilhabe des Adressaten am Kommunikationsprozess voraussetzen. Wenn Werbung wirken will, muss sie zwangsläufig andere soziale Systeme permanent genau beobachten, um jene emotionalen Erlebniswelten (re)produzieren zu können, die Bestandteil des kollektiven (Alltags-) Wissens sind und erst dadurch als Identifikationsangebot fungieren können.

Insofern aber darf sich auch die Analyse von Wahlwerbespots als Indikatoren politisch-kulturellen Wandels nicht allein auf die Betrachtung manifester politischer Symbole beschränken, sondern muss eben auch jene scheinbar völlig alltäglichen, emotionalen Erlebniswelten mitberücksichtigen, die sich vielleicht gerade erst durch ihren strategischen Einsatz im Wahlwerbespot als politisch-kulturelles Sinnangebot zu erkennen geben.

Diese Überlegungen werden unterstützt durch Befunde einer Langzeitstudie, bei der die verbalen und visuellen Kommunikationsstrategien in Wahlwerbespots zu sechs Bundestagswahlen von 1976 bis 1994 untersucht wurden (Lessinger 1997). Als Untersuchungseinheit dieser Inhaltsanalyse dienten die einzelnen filmischen Sequenzen der Spots, denen verschiedene Präsentationsformen zugewiesen wurden. Dabei wurde analytisch zwischen Präsentationsformen mit mindestens einem Parteivertreter als Hauptakteur und Präsentationsformen ohne Parteivertreter unterschieden.

Die Montagen einzelner Bildmotive mit und ohne Parteivertreter als Hauptakteur stellen zusammengenommen die größte erkennbare Einzelform. Da die Montage jeden beliebigen Bildinhalt transportieren kann, handelt es sich prinzipiell um eine offene, flexible Form. Tatsächlich genutzt wird die Montage ohne Parteivertreter allerdings, um dem Wähler – analog zur Wirtschaftswerbung – einen emotionalen Erlebniswert in Form einer heilen Welt zu offerieren. Präsentiert werden vorzugsweise „blühende Landschaften“, die Ruhe und Idylle konnotieren, und eine „florierende Industrie“, die wirtschaftlichen Wohlstand verheißt. Die Alltagswirklichkeit der Montagen wird bevölkert von Akteuren, die als Identifikationsofferte für den Zuschauer fungieren. Nicht Experten oder Prominente werben hier für die Partei, sondern der Bürger selbst. Dabei sind in den Wahlwerbespots Kinder, Rentner, Arbeiter sowie Hausfrauen und Mütter, die sich vor allem Spiel, Sport und Entspannung hingeben, gemessen an der gesellschaftlichen Wirklichkeit überproportional präsent. Der wahlstrategische Zwang, sich auf der Ebene des kleinsten gemeinsamen Nenners zu bewegen, führt so zur Darstellung einer ästhetisch überhöhten Normalwelt, die zugleich als unbestreitbares Ideal der Wähler und Politiker postuliert wird.

In den Kandidaten-Montagen werden entsprechend jene Politiker visualisiert, die geeignet sein sollen, dem Wähler diese ideale Normalwelt zu verschaffen. Zu diesem Zweck greifen die Parteien auf kulturell codierte Schlüsselbilder zurück, die dem Rezipienten aus der Medienberichterstattung vertraut sind. Dazu zählen beispielsweise Rituale wie der symbolische Händedruck, das Abschreiten einer Parade oder aber Staatsempfänge. Andererseits entwickeln die Parteien aber auch wahlspotspezifische Schlüsselbilder, wie vor allem das Bad in der Menge, in dem sich die massenhafte Zustimmung des Volkes symbolisch manifestiert oder aber die Simulation von Bürgergesprächen, Betriebsbesichtigungen und Einweihungen.

Wenn wir auf diese Weise über einen Zeitraum von 40 Jahren die Wahlwerbung analysieren, und zwar insbesondere auch die visuelle Seite, können wir also einen Teil der symbolischen Sinnwelt deutscher Politik offen legen, bevor die Archäologen des 27. Jahrhunderts so die politische Kultur der Bundesrepublik Deutschland ergründen.

Literatur

Almond, Gabriel A. 1980. The intellectual history of the civic culture concept. In *The Civic Culture revisited*, hg. von Gabriel A. Almond und Sidney Verba, 1-36. Newbury Park, CA: Sage.

Berger, Peter L., und Thomas Luckmann. 1996. *Die gesellschaftliche Konstruktion der Wirklichkeit: Eine Theorie der Wissenssoziologie*. Frankfurt/M.: Fischer.

Dörner, Andreas. 1996. *Politischer Mythos und symbolische Politik: Sinnstiftung durch symbolische Formen am Beispiel des Hermannsmythos*. Opladen, Wiesbaden: Westdeutscher Verlag.

Fenner, Christian. 1991. Politische Kultur. In *Wörterbuch Staat und Politik*, hg. von Dieter Nohlen, 510-517. Bonn: Bundeszentrale für politische Bildung.

Holtz-Bacha, Christina. 1996. Wahlspots als Indikatoren politischer Kultur. Antrag an die Deutsche Forschungsgemeinschaft (Manuskript).

Kaase, Max. 1983. Sinn oder Unsinn des Konzepts Politische Kultur für die vergleichende Politikforschung, oder auch: Der Versuch, einen Pudding an die Wand zu nageln. In *Wahlen und politisches System: Analysen aus Anlass der Bundestagswahl 1980*, hg. von Max Kaase und Hans-Dieter Klingemann, 144-172. Opladen: Westdeutscher Verlag.

Lessinger, Eva-Maria. 1997. Politische Information oder Stimmenfang? Eine explorative Studie zum Kommunikationsstil in Wahlwerbespots der Bundestagswahlen von 1976 bis 1994. Ruhr-Universität Bochum: Magisterarbeit (unveröffentliches Manuskript).

Rohe, Karl. 1987. Politische Kultur und der kulturelle Aspekt von politischer Wirklichkeit: Konzeptionelle und typologische Überlegungen zu Gegenstand und Fragestellung Politischer Kulturforschung. In *Politische Kultur in Deutschland: Bilanz und Perspektiven der Forschung*, hg. von Dirk Berg-Schlosser und Jakob Schissler, 39-48. Politische Viertelsjahresschrift, Sonderheft 18. Opladen: Westdeutscher Verlag.

Rohe, Karl. 1990. Politische Kultur und ihre Analyse: Probleme und Perspektiven der politischen Kulturforschung. *Historische Zeitschrift*, 250, 321-346.

Schmidt, Siegfried J. 1995. Werbung zwischen Wirtschaft und Kunst. In *Werbung, Medien und Kultur*, hg. von Siegfried J. Schmidt und Brigitte Spieß, 26-43. Opladen: Westdeutscher Verlag.

Sontheimer, Kurt. 1990. *Deutschlands politische Kultur*. München: Piper.

Wahlen, Politikvermittlung und politisches Klima im Kaiserreich: Verschärfung der Gegensätze oder professionellere Selbstdarstellung der Politik?

Rudolf Stöber

1 Rahmenbedingungen

Die Kaiserzeit 1871-1914/18 war eine Periode ökonomischen, sozialen, wirtschaftlichen und politischen Wandels. Zwei große Entwicklungslinien kennzeichneten die Wahlgeschichte der vier Jahrzehnte vor dem Ersten Weltkrieg: Die Mobilisierung der Wähler stieg von 50 auf 80 Prozent und der Stimmenanteil der „Reichsfeinde"[1] von 40 auf 66 Prozent. Die politische und soziale Geschichtsschreibung hat in den letzten Jahren die Verschärfung des innenpolitischen Klimas herausgearbeitet. So sprach der Historiker Thomas Nipperdey von einer „seit den siebziger Jahren nicht mehr gekannten Polarisierung der Innenpolitik" (Nipperdey 1992, 741). Der Ton der politischen Auseinandersetzung war bei den Themen Steuer- und Wahlrechtsreform sehr scharf und polemisch. Doch war das Kaiserreich deshalb reformfähig oder war es prinzipiell reformunfähig und taumelte von Krise zu Krise? Lag in der Entwicklung Zwangsläufigkeit, Unidirektionalität und Ausweglosigkeit?

Am Thema „Wahlen und Politikvermittlung" lassen sich diese Fragen für das deutsche Kaiserreich durchexerzieren, denn Öffentlichkeit besaß plebiszitär, legitimatorisch, unterstützend oder zur Mobilisierung von Widerstand großes Gewicht – wenngleich nicht mit dem offener Gesellschaften vergleichbar. Kompliziert wird die Bewertung durch zwei Methoden- und Quellenprobleme: Erstens funktionierte Politikvermittlung über eine Vielzahl unterschiedlicher Kanäle, von denen die massenmedialen nur einen darstellen. Die Medien sind besonders gut in den Quellen dokumentiert, sodass man leicht geneigt sein kann, ihnen allein in positivistischer Manier zu folgen. Zweitens ist die Professionalisierung

1 Politisch-ideologisch galten Linksliberale, Demokraten und Sozialisten als reichsfeindlich, aus religiösen Gründen waren Katholiken der Reichsfeindschaft verdächtig. Landsmannschaftlich galten alle offenen Separatisten, also in erster Linie die fremden Nationalitäten, aber auch die Bewohner annektierter Gebiete, wie der Hannoveraner Welfen als Feinde des Reichs.

der politischen Selbstdarstellung ein integraler Bestandteil des Vermittlungsprozesses, sodass angesichts der über die Jahrzehnte verbesserten Artikulationsfähigkeit sich schleichend die Maßstäbe für die Bewertung der kommunizierten Politik veränderten, darüber aber schweigen die Quellen. Es müssen also weitere Quellen in die Analyse einbezogen werden.

In diesem Beitrag wird mit einem exemplarischen Hinweis auf Quellen zum Vereinswesen und zu den propagandistischen Anstrengungen mit einer Betrachtung der Wahlanalysen in parteipolitischen Zeitungen sowie mit der Analyse quasidemoskopischer Aufzeichnungen zur öffentlichen Stimmung eine Interpretation der Wahlentwicklung und Politikvermittlung im Kaiserreich gegeben, die auf die Normalität der Verhältnisse abzielt und herausstreicht, dass das politische Gemeinwesen in den frühen 1870er Jahren mindestens ebenso scharfen Spannungen ausgesetzt war, wie kurz vor Ausbruch des Ersten Weltkriegs.

Zunächst aber sind die Rahmenbedingungen zu klären. Das politische System, die Politikvermittlung und die Öffentlichkeit, welche die Wahlkämpfe und Massenmedien während der Kaiserzeit bestimmten, unterschieden sich von den späteren Zeiten in einigen wesentlichen Punkten: 1. Die Massenmedien wurden von den Printmedien dominiert. 2. Parteien bedienten sehr spezielle Klientele. 3. Die zentralen Personen des politischen Systems bedurften keiner Legitimation durch Wahlen. 4. Das Mehrheitswahlrecht war voller taktischer Optionen.

Die zentralen Medien waren die Printmedien. Auflage, Anzahl und Versorgung der Bevölkerung mit Medien nahmen rasch zu, neben den parteilich gebundenen traten zunehmend „unparteiische" Organe auf den Plan. Die Gesamtauflage verdoppelte sich zwischen 1885 und 1914 von schätzungsweise sieben bis acht Millionen auf 16-17 Millionen. Auf hundert Einwohner kamen in den späten 1870er Jahren weniger als fünf, vor Kriegsbeginn fast 25 Exemplare. Die Zahl der Zeitungstitel verdoppelte sich von 1.500 bis 2.000 auf 3.000 bis 4.000. Die Medien wurden zugleich immer aktueller (Wilke 1988; Stöber 1998, 76-84).[2]

Das Mediensystem machte also eine Phase stürmischer Modernisierung durch. Auch die Honoratiorenparteien professionalisierten und institutionalisierten sich langsam, ohne in dieser Hinsicht allerdings besonders weit zu kommen. Sie setzten weniger auf die Kraft ihrer Argumente und Agitationsmittel als vielmehr auf die persönlichen Beziehungen zwischen Kandidat und Wahlvolk: „Darum wird derjenige unter gewöhnlichen Verhältnissen in der Wahl gewinnen, der entweder persönlich bekannt ist und persönlich großes Vertrauen genießt, oder der die meisten Freunde von persönlichem Einfluss im Wahlbezirke hat."[3]

2 Zu den statistischen Problemen Bohrmann 1980.

3 Wahlgedanken (Aus Süddeutschland), NPZ 11.11.1881, Nr. 265: 1. Vgl. für Norddeutschland:

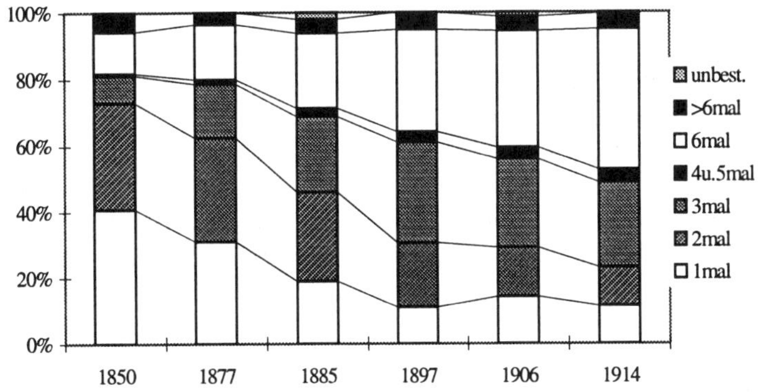

Schaubild 1: Zeitungsperiodizität

Weiteres Kennzeichen waren die ad hoc, d.h. zu Wahlkampfzwecken gebildeten Organisationen, die danach wieder verfielen.[4] Die meisten Parteien bedienten eine landsmannschaftlich und/oder interessengebundene Klientel. Insbesondere die Verknüpfung mit präzisen wirtschaftspolitischen Programmatiken wurde zum Kennzeichen der Parteien.[5] Selbst die Sozialdemokratie und das Zentrum hatten wenig mit den nach professionellen Marketinggesichtspunkten geführten Volksparteien der Gegenwart zu tun. Die Sozialdemokratie hatte unter dem Sozialistengesetz eine schlagkräftige Exilorganisation aufgebaut. Nach 1890 bestanden enge Verbindungen mit dem Gewerkschaftswesen, Parlamentarier – Diäten gab es lange Jahre nicht – arbeiteten häufig als Journalisten und waren damit Berufspolitiker der etwas anderen Art. Das Zentrum war allerdings so etwas wie eine katholische Volkspartei, die, ideologisch und interessengebunden divergent, in weiten Reichsteilen präsent war und die Position der Minderheit zur Integration der Anhänger nutzte. Allerdings gelang dem Zentrum der Ausbruch aus dem „Turm" ebenso wenig wie später in der Weimarer Republik. Und es sah sich nach dem Ende des Kulturkampfs seit den späten 1880ern mit dem Problem der schleichenden Erosion seiner Wahlklientel konfrontiert, zumal die anfangs integrierten Polen seit den 1890ern zunehmend eigene Wege gingen.

Die Parteien und die ihr nahe stehende Presse hatten allerdings mit einem grundsätzlichen Problem zu kämpfen. Wegen der mangelnden Parlamentarisie-

Zeitungsbericht Lüneburg vom 8.4.1889, GStA, I. HA Rep 89, GehZivkab, Nr. 15866, Bll. 109-112.

4 Der Sieg Fritsche's, BT 16.8.1878, Nr. 190: 1.

5 Die Reichstagsparteien als wirthschaftliche Parteien, *Germania* 10.11.1881, Nr. 257: 1.

rung der Politik konnten sie zwar kritisieren, die Politiker im Rahmen der Vorgaben der Regierung mitbestimmen, der Reichstag besaß sogar ein eingeschränktes Initiativrecht, doch das Kaiserreich besaß eine Doppelspitze, die nicht durch Wahlen legitimiert und damit nicht der öffentlichen Verantwortung ausgesetzt war. In der ersten Hälfte lag das Übergewicht bei Kanzler Bismarck, in der zweiten Hälfte schwankte der Einfluss der Nachfolger – der Kanzler blieb vom Monarchen abhängig. Der Kanzler besaß nach der Reichsverfassung zwar „Verantwortlichkeit", die aber blieb nebulös. Seine geringe Verankerung im Reichstag ermöglichte ihm das Regieren mit wechselnden Mehrheiten und unterschiedlichen Parteien-Allianzen.

Kritik an den führenden Politikern, an der Person des Monarchen häufig in satirischer Form, konnte daher keinerlei direkte Folgen für die Politik zeitigen. Ein schönes, wenngleich harmloses Beispiel präsentiert ein „Vater Unser", das ein Polizeispitzel in einer Hamburger Kneipe aufgeschnappt hatte:

„Ich glaube an Kaiser Wilhelm, den mächtigen Schöpfer des neuen Kurses, und an Caprivi, seinen treuen und ergebenen Diener, welcher geschaffen hat den Militarismus, und gelitten hat unter Bismarck und dem ‚Hamburger Fremdenblatt' [gemeint waren die ‚Hamburger Nachrichten'], und dafür erhoben wurde in den Grafenstand." (Evans 1989, 330)

Das Ganze hatte aber eine nicht unwichtige Kehrseite: Weil die Regierung nicht in den Parteien ruhte – und dennoch im Reichstag zunehmend auf sie angewiesen war –, konnten die Parteien, wenn taktisches Kalkül dies verlangte, hemmungslos auf Interessenartikulation setzen. Sie mussten ja nicht regieren, sie mussten keine Verantwortung übernehmen, sie konnten sich verweigern (Nipperdey 1992, 739). Bei der Mobilisierung der Wähler brachte die fehlende Verantwortung den Parteien unschätzbare Vorteile. Bevor sie sich in der Regierung (oder besser bei der Regierungsunterstützung) verschlissen, konnten sie sich auf die Interessen ihrer Wähler besinnen und der Regierung die Unterstützung aufkündigen. Das Kaiserreich besaß ein für die damaligen Verhältnisse sehr fortschrittliches Wahlrecht, nach dem alle Männer über 25 Jahren wählen durften. Aufgrund des Mehrheitswahlrechts kam es zwischen 1871 und 1912 immer häufiger zu Stichwahlen: 1871 mussten die Kandidaten in nur 45 Wahlkreisen in die Stichwahl, 1912 in 190. In der Zeit zwischen Haupt- und Stichwahl wurde einerseits besonders erbittert um jede Wählerstimme gerungen, andererseits besaßen Stichwahlabkommen für den Ausgang der Wahl ausschlaggebende Bedeutung. Die verschiedenen Wahlrechte der deutschen Staaten, z.T. wurde noch nach Klassenwahlrechten gewählt, sollen hier unberücksichtigt bleiben (Schmädecke 1995; Ritter 1980). Für unser Thema bedeuten die Besonderheiten der Rahmenbedingungen jedoch, dass wahltaktischem und -strategischem Vorgehen für den Wahlerfolg letztlich mehr Bedeutung zugekommen sein dürfte, als der Politikvermittlung.

Datum	*Erfolge*	*Misserfolge*	*Besonderheit*
03.03.1871	Gute Ergebnisse der liberalen und Konservativen Parteien		erste Wahl nach der Reichseinigung
10.01.1874	Nationalliberale: höchster Stimmen- und Mandatsanteil Zentrum: hohe Stimmen- und Sitzanteile	Konservative: Einbruch bei Stimmen und Mandaten	Höhepunkt der Kulturkampfs
10.01.1877		Zentrum: Stimmenrückgang bei stabilisierter Mandatszahl	
30.07.1878		Liberale: weiterer Rückgang der Mandate Sozialdemokratie: Rückgang bei Stimmen und Mandaten	Wahl nach zwei Kaiserattentaten
27.10.1881	Liberale: deutliche Stimmengewinne und mandatstärkste Partei zu Lasten der Nationalliberalen	Nationalliberale: deutlicher Stimmen- und Mandatsverlust zugunsten der Liberalen	Plebiszit gegen Bismarck
28.10.1884	Zentrum: mandatstärkste Partei bis 1907 Konservative: deutliche Mandatsgewinne trotz Stimmenverluste		
21.02.1887	Nationalliberale: deutlicher Stimmen- und Mandatsgewinn zu Lasten der Liberalen (beinahe stärkste Partei)	Liberale: Tiefpunkt der Abwärtsentwicklung bei Stimmen und Mandaten zugunsten der Nationalliberalen	Kartellwahlen
20.02.1890	Liberale: deutlicher Stimmen- und Mandatsgewinn auf Kosten der Nationalliberalen Sozialisten: erstmalig stimmenstärkste Partei	Nationalliberale: deutlicher Stimmen- und Mandatsverlust zugunsten der Liberalen	
15.06.1893	Nationalliberale: leichter Stimmen- und Mandatsgewinn zu Lasten der Liberalen	Zentrum: erstmalig leichter Mandatsrückgang Liberale: leichter Stimmen- und Mandatsverlust zugunsten der Nationalliberalen	
16.06.1898	Liberale: leichter Stimmen- und Mandatsgewinn zu Lasten der Nationalliberalen	Nationalliberale: leichter Stimmen- und Mandatsverlust zugunsten der Liberalen	
16.06.1903	Nationalliberale: leichter Stimmen- und Mandatsgewinn zu Lasten der Liberalen Sozialdemokratie: erster Höhepunkt der Stimmenanteile, zweitstärkste Partei nach Mandaten	Liberale: leichter Stimmen- und Mandatsverlust zugunsten der Nationalliberalen	Zollwahlen
25.01.1907	Zentrum: Höhepunkt der Mandatsanteile	Sozialdemokratie: Stimmen- und Mandatsverluste	Hottentottenwahlen
12.01.1912	Sozialdemokratie: Höhepunkt der Stimmenanteile, erstmalig mandatstärkste Partei	Zentrum: seit fast dreißig Jahren erstmalig nur noch zweitstärkste Partei	Erdrutschsieg der Sozialdemokratie

Tabelle 1: Charakteristik der Reichstagswahlen

Die besonderen Bedingungen des Kaiserreichs, Honoratiorenparteien auf der einen und Parteipresse auf der anderen Seite, machten die massenmediale Politikvermittlung zu einer Art politischer Meinungsbildung, die nach dem Urteil von Zeitgenossen nur von beschränktem Wert sein konnte:

„Zeitungen, und wenn sie noch so geschickt redigirt werden, helfen dazu [zur Gewinnung der Gegner] direct nicht; denn Zeitungen werden nur von den Parteigenossen gelesen. Innerhalb der Parteien können sie viel wirken, belehrend, aufklärend, anregend; die Gegner aber lesen unsere Blätter nicht und stehen unter dem Banne ihrer eigenen Presse. Broschüren und Flugblätter sind schon eher zu verwenden, um Propaganda zu machen, jene bei Gebildeten, diese unter dem Volke. Aber weit wirksamer ist doch der persönliche Verkehr, die mündliche Verständigung und Belehrung. Wir wüßten keine anderen Weg zu wirksamer Verständigung, [...] als die Gründung von Vereinen. [...] freie Vereine, aus verschiedenen Parteien gebildet."[6]

Wegen der parteilichen Gebundenheit der Presse wurde die Entwicklung vordergründig unpolitischer Kommunikationskanäle wichtiger. Sie bestand in kryptopolitischen Vereinigungen und Verbänden allerart und darin, überparteiliche Themen wie z.B. Kolonial- und Flottenbaupolitik zu entwickeln. Das soll im folgenden beleuchtet werden.

2 Politikvermittlung und politisches Klima

2.1. Die Beeinflussung des politischen Klimas

Die Politikvermittlung der Kaiserzeit in Zeitungen und Zeitschriften umfasste die Wiedergabe von Reden und Versammlungen, Verlautbarungen, Wahlparolen, Appellen an das Pflicht- und Ehrgefühl der Wähler: zur Wahl zu gehen, eine bestimmte Partei zu wählen und die nationale oder soziale oder konfessionelle Sache zu unterstützen. Sie bestand aus Kommentaren und Analysen sowie ausgiebigen Zitaten fremder Pressestimmen, in der Regel ergänzt um polemisch ablehnende oder engagiert zustimmende Zeilen. Politikvermittlung hieß Erzeugung und Bewahrung einer ideologischen Gesinnung und Vermittlung von Zufriedenheit bzw. Unzufriedenheit mit den gegebenen politischen Umständen.

Die politische Kommunikation im Kaiserreich zeichnete die ideologische Gesinnung schwarz-weiß. Der politische Gegner wurde als rote, schwarze oder – mit antisemitischem Unterton – goldene Internationale diffamiert, von der offiziellen pressepolitischen Propaganda binär in „Reichsfeinde" gegen „Reichsfreunde" kodiert. Selbstredend wiesen die als reichsfeindlich bezeichneten Parteien die Diffamierung entrüstet zurück. Darum dürfte der Vorwurf für die entschlos-

6 Nur nicht die Hände in den Schoß legen, NPZ 4.8.1878, Nr. 180: 1.

senen Anhänger der Linksliberalen, des Zentrums etc. nie einen Grund abgegeben haben, die Stimme einer reichsfreundlichen Partei zu geben.[7] Der eigentliche Sinn der Ausgrenzung bestand denn auch in der Sammlung der Anhänger des Systems (Wehler 1995, 363-368).

Unterhalb der politischen Ebene fand die „Reichsfeindschaft" im Privaten ihre Grenzen, das sprichwörtliche Nebeneinander von Abbildungen von August Bebel und Kaiser Wilhelm in den Arbeiterstuben spricht ebenso dafür wie „Hurra!" rufende Arbeiter bei Kaiserbesuchen. Zudem ließ sich die Gefühlswelt der Wähler nicht immer in einfache ideologische Schwarz-Weiß-Muster und entsprechendes Wählerverhalten einteilen. Unterschiedlichste Wahlentscheidungen und ideologische Positionen lagen zum Teil äußerst dicht beieinander. Parteiführer des Zentrums mussten konstatieren, dass ihr Wahlvolk dem alten Kaiser Wilhelm große Sympathien und nach dem Kulturkampf teils sogar versteckte dem „eisernen" Kanzler Bismarck entgegenbrachte, Sozialdemokraten mussten erleben, dass sie Wähler an die Antisemiten verlieren konnten, und die Konservativen stellten mit Bestürzung fest, dass eine der wichtigen Stützen von Thron und Altar, das Kriegerverbandwesen, von der „Partei des Umsturzes" unterwandert zu werden drohte. Letzteres Phänomen soll *pars pro toto* etwas genauer betrachtet werden.

Es zeigt zum einen, dass die „reichsfreundlichen" Kriegervereine nicht die monolithisch-ideologischen Bastionen waren, für die sie zumeist gehalten werden. Zum anderen lässt sich mit dem Exempel belegen, dass Politik und Ideologie nicht nur in den Medien, sondern vor allem von und in den Vereinen vermittelt wurde. Leider lässt sich der mehr oder minder sanfte Druck auf die Wahlentscheidungen der Bürger nicht quantifizieren. Der politisch-administrative Druck auf die Kriegervereine war mannigfaltig. Vor der Zulassung eines Kriegervereins war jedes Mitglied auf politische Zuverlässigkeit zu prüfen, die offen erklärten Anhänger der Sozialdemokratie zu entfernen. Zwar ließen Wahlgeheimnis und die „Würde" der Kriegervereine geheime Nachforschungen nicht zu, doch die Vereinsvorsitzenden besaßen andere Mittel der Überprüfung. Da die meisten Wähler der Sozialdemokratie nur Mitläufer und „Gestrauchelte" seien, müsse es das Ziel sein, hieß es in einer Vorstandsmitteilung des „Deutschen Kriegerverbandes", „diese Verführten im Auge zu behalten, sie durch geeignete Mitglieder auf den rechten Weg zu bringen, sie, falls sie ihre Verfehlungen gegen die Satzungen einsehen, nicht für immer der Schande des Ausschlusses aus dem Kriegerverein verfallen zu lassen, sondern, wenn sie sich wieder auf ihren Fahneneid besonnen haben und gewillt sind, unserer Satzung nachzukommen,

7 Die „Reichsfeinde", BT 2.11.1881, Nr. 513: 1.

ihnen nach längerer genauer Prüfung unsere Reihen wieder zu öffnen." Angeblich wirkten sich diese Anregungen alsbald in behördlichem Sinne günstig aus. Dennoch musste die genaueste Beachtung der Abgrenzung zur Sozialdemokratie immer wieder eingeschärft werden (Stöber 1998, 107-109).

Die politische Beeinflussung durch die Kriegervereine ging unter dem Deckmantel des Unpolitischen vor sich. Zur Wahl von 1912 gab der Vorstand des Deutschen Kriegerbundes in einem Flugblatt als Parole zur Stichwahl „gegen die Sozialdemokratie". Der *Vorwärts* kommentierte:[8]

> „Diese Schneidigkeit der Stellungnahmen entspricht ganz der Unverfrorenheit, mit der die Kriegervereinsgrößen behaupten, man treibe in den Kriegervereinen keine Politik. Natürlich wird den braven Kriegern anbefohlen, bei der Stichwahl ‚unter keinen Umständen' einem Sozialdemokraten die Stimme zu geben. [...] Auch für einen Welfen oder Großpolen dürfen die Kriegervereinler bei der Stichwahl ihre Stimme nicht abgeben."

Diese Stellungnahme übertrieb nicht, wie der Vorstand des Deutschen Kriegerbundes mit seinem Kommentar zur vorhergehenden Wahl von 1907 selbst deutlich machte: Die „Kameraden" der Kriegervereine hätten in vorderster Linie im Kampf gegen Sozialdemokratie, Polen und Welfen gestanden. Zugleich behauptete der Vorstand aber, die Kriegervereine betrieben keine Politik.[9] Das Exempel lässt sich zweifach deuten: Erstens sammelten sich in den Kriegervereinen nicht nur politisch Zuverlässige, zweitens waren auch die Anhänger der Oppositionsparteien für die politische Symbolik des Kaiserreichs empfänglich. Über diesen Verband hinaus, der unmittelbar vor Kriegsausbruch 2,8 Millionen Mitglieder umfasste, expandierten Vereine, Verbände und Interessenvertretungen allerart in der Kaiserzeit generell (Ullmann 1988).

Zum politischen Klima trugen nicht nur Zeitungen und Zeitschriften, Vereine und Verbände, Versammlungen, Feste und Feiern bei, sondern auch die konkreten Leistungen der Politik für das Gemeinwesen. Der in pressepolitischer Hinsicht notorische Welfenfonds, d.h. die Schwarzkasse aus dem beschlagnahmten Vermögen der Fürsten von Hannover und Hessen, wurde keineswegs ausschließlich, nicht einmal zum größeren Teil, für die Beeinflussung der Presse genutzt. In der Öffentlichkeit wurde allerdings nur die Munitionierung der „Preßreptilien" bemerkt. Zu dem Welfenfonds bemerkte ein hannoversches Flugblatt noch 1907:

> „Die Erträge des annektierten Welfenfonds flossen in die Taschen der Dienstbeflissenen Werkzeuge Bismarckscher Politik, bis Kaiser Wilhelm II. die Zinsen dieses Fonds seinem Eigentümer zurückgab. Damit war den Welfenfonds-Stipendiaten plötzlich der Judaslohn gesperrt. Jetzt suchen sie sich am Kaiser zu rächen dadurch, daß sie den hannoverschen Boden mit Bismarck-Denkmälern schänden." (Wippermann 1907 I, 30)

---

8 Zu den Stichwahlen, Vorwärts 16.1.1912, Nr. 12: 2.

9 Parole, Zeitschrift des Deutschen Kriegerbundes 15.2.1907, vgl. Wippermann 1907 I, 36

Überwiegend wurde den Vermögenswerten der vertriebenen Herrscher Gelder für Pensionsleistungen und sonstige Ausgaben wie z.B. Infrastrukturmaßnahmen entnommen. Zu den Welfenfondsverwendungen gehörten (Brosius 1964, 177f.):

1869 u.a.	Einrichtung einer höheren Schule in Sonderburg (12.000 Th.)
	Einrichtung des Marburger Schlosses als hessische Provinzialarchiv (15.400 Th.)
	Kontinental Telegraphen Kompagnie (WTB) (50.000 Th.)
	daneben Pensionen
1876 u.a.	Ausbau von Norderney (45.000 M)
	Museumsbau in Hannover (83.700 M)
	Kanalbauten im Emsgebiet (50.000 M)

Das Grundproblem der Schwarzkassen ist jedoch ein anderes: Es muss immer Unsicherheit über die Vollständigkeit der Verwendungsnachweise verbleiben. Selbst Rechnungsbelege und Einzelverwendungsnachweise ergeben bisweilen ein höchst unzuverlässiges Bild, wie die Überweisungen aus dem Welfenfonds in den Pressefonds des Innenministeriums zeigen. Der erste Augenschein würde für eine Einstellung pressepolitischer Maßnahme zu Beginn der achtziger Jahre des vergangenen Jahrhunderts sprechen. Dann hätten wir es mit einem klaren Fall von politischer Dummheit zu tun, denn die veröffentlichte Meinung und auch die in quasidemoskopischen Berichten verzeichneten öffentlichen Stimmungen hatten just zu diesem Zeitpunkt einen Tiefpunkt erreicht. Wie nachgewiesen wurde, sind im Gegenteil die pressepolitischen Anstrengungen und Zahlungen erheblich ausgeweitet worden (Stöber 1996). Die Lücken in der Überlieferung hängen höchstwahrscheinlich mit dem bekannten Misstrauen Bismarcks gegen jedwede Öffentlichkeit zusammen, doch ist nicht auszuschließen, dass im Staatsministerium, das die Zahlungen in der fraglichen Zeit allein bestritten hat, zwar Akten geführt wurden, sie aber im Zweiten Weltkrieg verloren gingen.

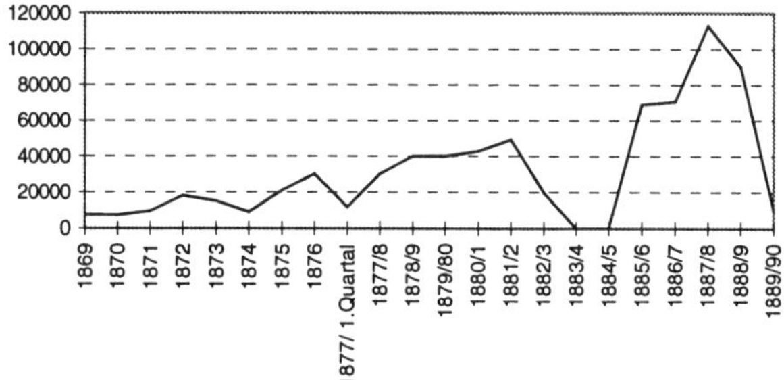

Schaubild 2: Überweisungen aus dem Welfenfonds in den Pressefonds des Innenministeriums (auch vor 1875 in Mark)

2.2. *Beurteilung der Wahlkämpfe*

Die Wahlkämpfe im Kaiserreich waren voller Polemik. Sich der vorherrschenden Stimmung zu widersetzen fiel schwer und wurde „wohl durch die Scheu unterstützt [...], sich den Anfeindungen der Agitatoren und der Presse [...] auszusetzen.“[10] Aber es wäre falsch, von zunehmender Verhärtung und steigenden Polemiken in den Wahlkämpfen auszugehen.[11] Angesichts der Vielfältigkeit der Politikvermittlungswege ist daher die Beurteilung ihrer Bedeutung kompliziert und zweifelhaft. Nach Aufsehen erregenden Wahlerfolgen oder -misserfolgen und großen Stimmenverschiebungen waren jedoch schon im Kaiserreich Analysen gefragt. Zeitungs- und Zeitschriftenstimmen untersuchten die eigenen und fremden Erfolge und Misserfolge, die Verwaltung beurteilte die massenmediale Politikvermittlung und die politischen Entscheidungsträger benötigten Analysen. Besonders interessierten die gegnerischen Anstrengungen in der Politikvermittlung.

Zweimal zwei Wahlen lohnen einer näheren Betrachtung. Die Wahlen von 1878 und 1881 sowie die von 1907 und 1912. Die Wahlen von 1878 und 1907 und jene von 1881 und 1912 ähnelten sich in Ergebnis und z.T. auch in der taktischen Anlage durch die Regierung. Beide Male folgte einer konservativen Wahl eine Protestwahl. 1878 und 1907 war die Regierung jeweils in der Offensive mit nationalen Themen. Die Reichstagsmehrheit hatte in beiden Fällen eine Gesetzesinitiative der Regierung zu Fall gebracht und der Reichstag war darauf hin aufgelöst worden. Dabei hatte sich eine zentrale, regierungstragende Partei von der Regierung abgewandt, 1878 die Nationalliberalen, 1906 das Zentrum. 1878 hatten die Nationalliberalen gegen die erste Fassung des Sozialistengesetzes gestimmt, im Dezember 1906 das Zentrum gegen Bülows Kolonialvorlage. 1878 hatte Bismarck die Wahlparole „Für ein Sozialistengesetz und für eine Reichsfinanzreform“ ausgegeben, 1906 bezog Bülow in seinem Silvesterbrief gegen Sozialdemokratie und Zentrum Stellung und formulierte die Parole: „Für Ehre und Gut der Nation, gegen Sozialdemokraten, Polen Welfen und Zentrum.“ 1878 und 1907 zeigte sich die klare Frontstellung auch in den vergleichsweise wenigen nötigen Stichwahlen, 65 bzw. 159, 1881 und 1912 waren hingegen die Höhepunkte bei den Stichwahlen erreicht. 1881 und 1912 stand die Wirtschafts- und Sozialpolitik im Vordergrund. Die Reichstagswahlen fanden turnusmäßig, ohne vorausgegangene Auflösung statt. Doch während die Bismarcksche Politik ihr parteipolitisch konservatives, wirtschafts- und finanzpolitisch schutzzöllnerisches und sozialpolitisches Konzept 1881 mit der Parole „Gegen Fortschritt und

10 Zeitungsbericht Wiesbaden vom 30.6.1870, GStA, I. HA Rep 89, GehZivKab, Nr. 15881, Bll. 142f.

11 Zeitungsbericht Wiesbaden vom 31.3.1912, GStA, I. HA Rep 89, GehZivKab, Nr. 15884, Bll. 58f.

Freihandel" offensiv zu Wahl stellte, verteidigte sich die Regierung 1912 hinhaltend (Gall 1980, 569, 613; Bülow 1930, 276f.; Ritter 1980, 125). Wie beurteilte die parteilich gebundene Presse die Bemühungen ihrer politischen Konkurrenz?

2.2.1 Wahlkämpfe der Sozialdemokratie

Im ersten Jahrzehnt des Kaiserreichs waren die meisten Parteien noch in so geringem Maß professionalisiert, dass sich die Sozialdemokratie mit ihrer durchstrukturierten Organisation entscheidend von den anderen Parteien abhob. Auf diese Geschlossenheit wurden die Wahlerfolge maßgeblich zurückgeführt: „Kein Wunder, daß eine Partei, die an Energie der Agitation und Geschlossenheit der Parteidisziplin alle anderen unendlich überragt, aus dieser Zwiespältigkeit der Gegner den sicheren Vortheil ziehen mußte", urteilte das liberale *Berliner Tageblatt* (BT).[12]

Die Wahlkämpfe zwischen 1881 und 1890 musste die Sozialdemokratie unter den Ausnahmebedingungen des Sozialistengesetzes führen. 1878 nach den Wahlen erlassen, unterdrückte das Gesetz die sozialdemokratische Presse und Vereine. Daher verblüffte der Erfolg von 1881 die parteipolitischen Konkurrenten, sie schoben das gute Abschneiden zum einen auf die „unverminderte Macht ihrer geheimen Agitationsmittel",[13] zum anderen auf die einigende Wirkung der Unterdrückung selbst, [14] zum dritten auf die verfehlte politische Auseinandersetzung der politischen Gegner mit den Sozialdemokraten,[15] und zum vierten auf andere Ursachen, wie mangelnde Religiosität, verfehlte Schulpolitik etc.[16]

Bei Erfolgen oder Misserfolgen der Sozialdemokraten standen programmatische Beurteilungen vornan. 1907 wurde ihre Niederlage auf die verfehlte Position zur Kolonialpolitik ebenso zurückgeführt, wie auf den innerparteilichen Streit zwischen Revisionisten und Revolutionstheoretikern.[17] Angeführt wurde eben-

12 Sozialdemokratische Triumphe, BT 13.8.1878, Nr. 187: 1.

13 Die Stichwahlen, *Germania* 8.11.1881, Nr. 255: 1. Vgl. Zeitungsbericht Wiesbaden vom 9.4.1890, GStA, I. HA Rep 89, GehZivKab, Nr. 15883, Bll. 12f.

14 Unser Sieg trotz alledem!, *Der Sozialdemokrat* 3.11.1881, Nr. 45: 1. Unser Triumph!, *Der Sozialdemokrat*, 17.11.1881, Nr. 47: 1.

15 Dabei waren die Schuldzuweisungen je nach parteipolitischer Präferenz an die Konservativen, Liberalen oder an das Zentrum gerichtet. Die Stichwahlen, *Germania* 8.11.1881, Nr. 255: 1. Die Wahlen zum Reichstag, NPZ 4.11.1881, Nr. 259: 1

16 Aus der Provinz Posen, *Germania* 14.8.1878, Nr. 184, Beilage: 1.

17 Politische Wochenschau, BT 27.1.1907, Nr. 48: 1. Die Niederlage der Sozialdemokratie, BT 31.1.1907, Nr. 55: 1.

falls die Sympathie für die russische Revolution, die der SPD Stimmen gekostet habe: „Das Eintreten der ganzen sozialdemokratischen Presse und Führung für die russische Revolution hat die nicht ganz rabiaten Demokraten in ihrer Gefolgschaft abgestoßen.“[18] 1912 wurde umgekehrt ihr Erfolg mit der inhaltlichen Mäßigung und sanfteren Verpackung der Politik erklärt. Damit ginge die SPD auf Stimmenfang bei Bauern, Bürgern, Beamten und Lehrern: „Das ist alles so milde und sanft, daß man immer erst suchen muß, von wem das Flugblatt ist.“[19]

Widerwillig beeindruckt zeigten sich die gegnerischen Beobachter von dem Engagement der vielen Wahlhelfer der Sozialdemokratie: „Die Sozialdemokraten haben alle Destillen mit Plakaten und Wahlaufforderungen belegt [...] die Sozialdemokraten sind im übrigen mit agitatorischen Kräften genügend vorhanden.“[20] Den Sozialdemokraten komme die Geschlossenheit ihres Milieus zugute:

> „Hier bildet sich ein vollkommen organisierter Staat im Staate, der die Jugenderziehung in seinen Kreisen beherrscht, Steuern einzieht, ein Beamtenheer unterhält, Ehrenämter in großer Zahl zwangsweise besetzt, Truppen auf der Straße einexerziert, Gelehrte, Künstler, Dichter, Publizisten in seinen Dienst nimmt und einen Gemeinsinn pflegt, vor dem sich unsere vielgerühmten Bürgertugenden allmählich verstecken können. Welch eine Kraftleistung war die sozialdemokratische Agitation bei dieser Wahl. [...] In den Großstädten war meist das erste Flugblatt, das man mit Stimmzettel, Angabe des Wahllokals und der Listennummer erhielt, sozialdemokratisch.“[21]

Die Sozialdemokraten selbst sahen sich hingegen ständig in der Defensive gegen die „nationalistische Hetze“ der anderen Parteien,[22] der man sich nur Dank der „fleißige[n] Versammlungspropaganda“[23] und „unsere[r] Vertrauensmänner, [...] all [der] vielen opferwilligen Genossen und Genossinnen, die in diesen Tagen mühevolle Arbeit opferfreudig getan haben“, habe erwehren können.[24] Die übrigen Parteien würden die Sozialdemokratie mit allen Mitteln bekämpfen:

> „Eine früher nie geahnte Wahlhetze durch Unmassen der gehässigsten, verleumderischsten Flugblätter entsprach auch die Wahlbeteiligung des gestrigen Tages. Alles, was irgend auf die Beine gebracht werden konnte, wurde von den bürgerlichen Schleppern zur Wahlurne herangeholt.“[25]

---

18 Die innere Politik der Woche, NPZ 27.1.1907: 1.

19 Eine treffliche Kennzeichnung der Sozialdemokratie, Germania 20.1.1912, Nr. 15, 1. Blatt: 1.

20 Die Wahlen in Berlin, *Germania* 13.1.1912, Nr. 9, Beilage 1. Blatt: 1.

21 Die innere Politik der Woche, NPZ 14.1.1912, Nr. 22: 1.

22 Die rote Reichshauptstadt, *Vorwärts* 26.1.1907, Extranummer: 2. Vgl. Der Tag des deutschen Volkes, Vorwärts 13.1.1912, Nr. 10: 1.

23 Die Wahl in den Beamtenstädten, *Vorwärts* 14.1.1912, Nr. 11., 4. Beilage: 1.

24 Der Tag des deutschen Volkes, *Vorwärts* 13.1.1912, Nr. 10: 1.

25 Die rote Reichshauptstadt, *Vorwärts* 26.1.1907, Extranummer: 2.

2.2.2 Wahlkämpfe des Zentrums

Die Besonderheiten des Wahlrechts, insbesondere die unveränderte Wahlkreiseinteilung, hoben das Zentrum zwischen 1881 und 1911/12 fast ununterbrochen in eine parlamentarische Schlüsselposition. Die anderen Parteien und deren Medien rieben sich daran. Der Standardvorwurf gegen das Zentrum lautete, es verhalte sich wahltaktisch und opportunistisch, suche bald diese, bald jene politische Unterstützung und bemäntele seine „politische Immoralität durch den Mantel der Religion“.[26] Da stellte sich für die politischen Beobachter die Frage, wie dieser Opportunismus und die politische Wankelmütigkeit verkauft werden konnten.

Zwei standardisierte Beurteilungen dominierten: die Amtshilfe durch kirchliche Vertreter und das Bindemittel der Religion sicherten nach Ansicht der Beobachter dem Zentrum seine Wahlerfolge. Das BT sah in der Kanzelaktivität des Klerus eine Vergiftung „unseres politischen Lebens“. So habe „in den letzten Jahren nur ein einziger von vielen Hunderten evangelischer Geistlicher bei den Wahlen unangenehme Erfahrungen gemacht [...], während gegen eine große Zahl katholischer Geistlicher der Staatsanwalt wegen Missbrauch ihres geistlichen Amtes zu politischen Zwecken eingreifen mußte.“[27] Aus diesem Grund votierte das Zentrum auch in regelmäßigen Abständen für die Abschaffung des Kanzelparagraphen, eines der letzten Überbleibsel aus der Zeit des Kulturkampfs. Der *Schwäbische Merkur* pointierte die Amtshilfe der Geistlichen für das Zentrum mit den Worten:[28]

> „Wo die Liberalen in ein schwarzes Örtlein einbrachen und etwa Haus bei Haus ihre Flugblätter und ihre Wahlzettel verteilten, da folgte der Pfarrer ihren Spuren und sammelte sorgsam die Flugblätter und Zettel wieder ein. Die Zentrumswähler sind so gehorsam, daß sie auch den härtesten Bissen schlucken; ‚der Herr Pfarrer wirds schon wissen, warum wir etzt und amol Sozi wähle müassen‘.“

Die letzte Bemerkung zielte auf das offizielle Stichwahlbündnis, das Zentrum und Sozialdemokratie bei den Reichstagswahlen 1912 in Bayern eingegangen waren. Dabei kamen als verlängerter Arm der Geistlichkeit die Frauen – übrigens bis in die Weimarer Zeit eine verlässliche Zentrumsstütze – ins Spiel. Das Zentrum ziehe „die Frau und den Beichtstuhl in den Kampf“.[29] Zum Bindemittel der Religion bemerkte die *Kreuzzeitung* nach dem Zentrumserfolg von 1907:[30]

26 Wilhelm Kahl, Rede vom 15.1.1907, zit. n. Wippermann 1907 I, 14. Vgl. Das „besiegte“ Zentrum, BT 5.2.1907, Nr. 65: 1.

27 Teilnahme der Geistlichen am politischen Leben, BT 5.2.1907, Nr. 65: 2.

28 Schwäbischer Merkur 29.1.1907, zit. n. Wippermann 1907 I, 28.

29 Wilhelm Kahl, Rede vom 15.1.1907, zit. n. Wippermann 1907 I, 14.

30 Die innere Lage der Woche, NPZ 10.2.1912, Nr. 69: 1 [s. Kopie].

„Das ganze Geheimnis der Zentrumserfolge besteht in nichts anderem, als in der Treue der Katholiken gegen ihre Kirche. Das wußte man schon vor den Wahlen. Der Liberalismus lebt aber auch nach den Wahlen in der Illusion, daß seine ‚werbende Kraft' in der ‚religiösen Aufklärung' bestehe, der schließlich auch der Katholizismus nicht standhalten könne."

2.2.3 Wahlkämpfe der liberalen Parteien

Was den Konservativen die Kriegervereine, den Sozialdemokraten ihr Vereinswesen und dem Zentrum der Volksverein war den Liberalen der Hansabund, als Vertretung gegen schwerindustrielle und agrarische Interessen 1909 gegründet. Die *National-Zeitung* galt als Organ des Hansabundes. Die Kreuzzeitung griff Liberale und Hansabund mit der Stichwahlparole an:[31]

„Befreiung des Bürgertums vom ‚schwarzblauen Block' das faselt der unpolitische Hansabund. Welche Heuchelei liegt in der Vorspiegelung ‚unpolitisch'. [...] Gebt in der Stichwahl dem Rechten, nicht dem Linken Eure Stimme, herunter mit der Maske. Fort mit der goldenen Internationale. Keine Amerikanisierung, sondern Deutschtum."

Die Parole vereinigte mehrere Totschlagargumente: den Vorwurf der vorgeblich unpolitischen Haltung, den der Täuschung, den des Antinationalismus und den des Kulturverrats. Hinzu kam der Vorwurf von konservativer Seite, die liberale Publizistik wecke mit „demagogischer Agitationskunst" die Aufmerksamkeit der Unzufriedenen von den Reichen auf die konservativ-adlige Oberschicht und nutze so der Sozialdemokratie.[32]

Die verschiedenen liberalen Parteien, in den Wahlkämpfen der späten 1870er bis zu Beginn des 20. Jahrhunderts häufig erbitterte Gegner, fanden erst 1907 und 1912 wieder näher zu einander. „Der Hansabund ist gegründet, um für Gewerbe, Handel und Industrie die Gleichberechtigung gegenüber der Agrardemagogie des Bundes der Landwirte zu erkämpfen."[33] Nachdem der Wahlkreis Berlin I für die Freisinnigen 1912 in der Stichwahl erobert worden war, dankte der Gewählte:[34]

„Wir haben diesmal einen Kampf von einer Erbitterung geführt, wie er bisher noch niemals beobachtet wurde. [...] Ich danke allen Helfern und Helferinnen, unserer Parteipresse und besonders dem ‚Berliner Tageblatt', die durch ihr energisches Eintreten für unsere Sache wesentlich zu unserem Siege beigetragen haben. Nicht minder dankbar gedenken wir des Hansabundes und seines energischen Leiters."

31 Betrachtungen zur Stichwahlparole der Freisinnigen Volkspartei, NPZ 20.1.1912, Nr. 33: 1.

32 Die innere Politik der Woche, NPZ 14.1.1912, Nr. 22: 1.

33 Verrätertaktik, BT 16.1.1912, Nr. 28: 1.

34 Liberale Siegesversammlung in Berlin I, BT 23.1.1912, Nr. 40: 1.

2.2.4 Wahlkämpfe der konservativen Parteien

Den Konservativen wurde häufiger als anderen Parteien vorgeworfen, Abhängige wie Stimmvieh an die Urne zu führen und damit die Wahlen zu manipulieren. Hinzu käme die demagogische Unterstützung verschiedener Vereinigungen.[35] Als „heuchlerisch" seien die Parolen der konservativen Parteiblätter zu charakterisieren, die sich um die Gemeinsamkeit der bürgerlichen Parteien bemühten und um die liberalen Parteien sorgten.[36] Als besonders hilfreich für den konservativen Wahlkampf sei die Publizistik der vordergründig unpolitischen Blätter. Das Totschlagargument, nur vermeintlich unpolitisch zu sein, fand sich also auch hier. Dabei spielte in die Attacke auf den *Berliner Lokal-Anzeiger* die publizistische Konkurrenz deutlich hinein:

„Unser politisches Leben krankt an zahlreichen Mängeln und Fehlern. [...] unendlich viel schlimmer [als die Parteizersplitterung] noch ist die Parteilosigkeit [...] Hat doch sogar eine Zeitung, die sich heute zum Antisemitismus und Hurrapatriotismus durchgemausert hat, jahrelang mit dem idiotischen Grundsatz krebsen können, daß die Politik den Charakter verderbe. [...] Aber die Erziehung zum Nichtstun bedeutet allerdings einen politischen Skandal. In dieser Richtung aber arbeitet die sogenannte parteilose Presse, in Berlin ganz besonders der Berliner Lokalanzeiger. Dieses Blatt gewöhnt seinen Lesern gewerbsmäßig das politische Denken ab. Es hat während der ganzen Wahlzeit kein einziges Mal ein offenes Wort gesprochen. Nur wenn der Herr Reichskanzler oder seine Trabanten in der offiziösen Presse irgendetwas verlautbaren ließen, druckte es diese Offenbarungen mit jubelndem Beifall ab. Sonst suchte es seine Leser durch höfischen und lokalen Klatsch soviel wie möglich von der ‚Forderung des Tages' abzulenken. [...] Mit Recht schreibt die ‚Frankf[urter]. Od. Z[ei]t[un]g.' zu der Fanfaronade des Lokalanzeigers: ‚[...] Also rund ein Fünftel der Berliner Wähler ist der Urne ferngeblieben. [...] Die parteilose Scherlpresse hat hieran ohne Zweifel einen großen Anteil; die Scharen ihres Stammpublikums sitzen in der Reichshauptstadt, sie werden täglich zur politischen Schlafmützigkeit und Meinungslosigkeit erzogen.' Und doch ist zu berücksichtigen, daß der Lokalanzeiger auch von einem großen Teile seiner Abonnenten nicht ernst genommen wird, und daß ihm die politische Presse entgegengearbeitet hat. Sonst wäre das Wahlergebnis in Berlin noch viel trostloser gewesen. Aber trotzdem bleibt die schlimme Wirkung des Blattes unermeßlich groß. Nimmt man hinzu, daß im ganzen Reiche Blätter vom gleichen Schlage sich breit machen, daß kaum noch eine größere Stadt im Reiche existiert, in der nicht ein parteiloses Blatt zur Verdummung und Verblödung der Staatsbürger mithilft, so kann man sich allerdings nicht wundern, wenn einmal die politische Indifferenz so groß ist, und wenn andererseits die Wähler ohne politische Schulung an die Urne gehen. Auch in Fragen des öffentlichen Wohles muß die elementare Grundlage politischen Wissens erworben werden."[37]

35 Eine „freiconservativ"-„liberale" Niederlage, *Germania* 2.8.1878, Nr. 174: 1. Eine neue freiconservative Niederlage, *Germania* 5.8.1878, Nr. 178: 1. Verrätertaktik, BT 16.1.1912, Nr. 28: 1.

36 Die Wahlparolen, BT 15.1.1912, Nr. 25: 2.

37 Die Parteilosen, BT 2.2.1907, Nr. 59: 1.

2.2.5 Wahlkampfstrategie und Konsequenzen der Regierung

Trotz der mangelhaften Parlamentarisierung des Reichs musste sich die Regierung zumindest indirekt dem Votum der Wähler stellen. Denn immerhin war sie auf die Mitarbeit der Parteien in der Legislative des Reichstags angewiesen. Größere Stimmen- und Mandatsverschiebungen waren immer auch Ausdruck der Zustimmung oder Ablehnung der Regierungspolitik und der sie tragenden Parteien. Diese eher plebiszitär-akklamative, aber egalitäre Beteiligung der Wahlbürger war ursprünglich von Bismarck als Mittel gegen die vom Dreiklassenwahlrecht bevorzugten Liberalen gedacht gewesen. Nach 1866 kaschierte der Nimbus, den Bismarck sich mit der Reichseinigung verschafft hatte, dass schleichend aber unaufhaltsam aus dem antiliberal gedachten Wahlrecht ein antigouvernementales Instrument der Parteien wurde. Zum vorerst letzten Mal fielen die Wahlen von 1878 im Sinne der Regierung aus. Als Plebiszit über die Attentate und das Sozialistengesetz gelang es Bismarck, die Stimmung zu manipulieren. Der Kanzler verstand es die öffentliche Erregung über das zweite Attentat auf Wilhelm I., die sich mit breiter Zustimmung zum preußisch-monarchischen System verband, zu nutzen. Bismarck soll, als er vom zweiten Attentat auf Wilhelm I. erfuhr, geäußert haben: „Jetzt drücke ich sie an die Wand, bis sie quietschen." Gemeint waren die Nationalliberalen, geäußert haben soll Bismarck dies, bevor er sich nach dem Befinden des Monarchen erkundigte. Und wenn die Anekdote auch erfunden ist, so zeigt sie doch, was die Öffentlichkeit dem Kanzler zutraute (Gall 1980, 566).

Die Regierung nährte den Verdacht durch die propagandistische Ausschlachtung der beiden Attentate. In der offiziösen *Provinzial-Correspondenz* (PC), die über die Amtsblattpresse eine weite Verbreitung fand, war direkt nach Nobilings Attentat zu lesen, wichtigstes Ziel der Regierung sei eine andere Mehrheit, die nicht mehr wie bisher die Regierungsvorschläge zur Verschärfung des Kampfes gegen die Sozialdemokratie boykottiere. Daneben müsse aber die Steuer- und Finanzreform in Angriff genommen werden, um der Wirtschaft bei gleichzeitiger Schonung des Steuerzahlers wieder auf die Beine zu helfen. Der Artikel zeichnete sich durch eine geschickte, mehr indirekte als direkte Zuweisung der Schuld für die Misserfolge an die liberalen Parteien aus. Direkt waren nur die Angriffe auf die Politik der Reichstagsmehrheit bei der Ablehnung der antisozialistischen Maßnahmen, indirekt waren die Vorwürfe, die Liberalen seien an der Wirtschaftskrise schuld.[38] So musste sich die offiziöse Publizistik den Vorwurf gefallen lassen, das eigentliche Ziel, die Bekämpfung der Sozialdemokratie, außer

38 Die Absichten und Wünsche der Regierung, PC 26.6.1878, Nr. 26: 1f.

Acht zu lassen, und statt dessen die Liberalen anzugreifen. Die PC verteidigte die Strategie mit dem Hinweis:[39]

„In liberalen Zeitungen und Flugblättern wird die Anschuldigung gegen die Regierung erhoben, daß sie im Verlaufe der jetzigen Wahlbewegung das eigentliche ursprüngliche Ziel, die Bekämpfung der Sozialdemokratie, mehr oder weniger aus dem Auge verloren und statt dessen die Angriffe vornehmlich gegen die liberalen Parteien, die seit Jahren in den wichtigsten Dingen ihre Stütze gewesen, gerichtet habe. Diese Beschwerde beruht auf einer Verkennung dessen, worum es sich bei den Wahlen überhaupt handelt und handeln muß: der Kampf gegen die Sozialdemokratie ist allerdings das eigentliche und maßgebende Ziel der Regierung, aber dieser Kampf wird nicht unmittelbar durch die Wahlen und bei den Wahlen geführt, die Wahlen sollen vielmehr der Regierung erst die Mittel und Waffen gewähren, um jenen Kampf hinterher wirksam und erfolgreich führen zu können."

Dennoch stach die nationale Karte höher, als alle anderen Schlagworte. Als Parole gab die PC aus: „Auf denn zu wahrhaft patriotischen Wahlen!"[40]

1881 hatten sich die Umstände geändert. Die Augsburger *Allgemeine Zeitung* sah in der Reichstagswahl von 1881 ein Plebiszit gegen die Regierung und ihre Abwendung vom Liberalismus einerseits und gegen ihr Regierungsprogramm andererseits:[41]

„Wenn schon nach der Natur der Sache und im gewöhnlichen Lauf der Dinge eine auf Grund des allgemeinen Stimmrechts vollzogene Wahl zur Volksvertretung mehr oder weniger den Character eines Plebiscites über die Politik der Regierung annehmen muß, so ist dies besonders dann in hohem Grade der Fall, wenn das Gouvernement selbst ein bestimmtes Programm für seine nächste Thätigkeit ausdrücklich und in unzweideutigen Kundgebungen aufstellt und die Wähler zu einem Votum darüber auffordert, ob sie sich jenem Regierungsprogramm gegenüber ablehnend oder zustimmend verhalten und ob sie dem leitenden Staatsmann ihr Vertrauen in die Durchführung seines Programms oder ihr Mißtrauen dagegen bekunden wollen."

Die Wahl las sich nicht nur im Nachhinein als Plebiszit über den Kanzler, sondern wurde von der offiziösen „Provinzial-Correspondenz" auch als solche angekündigt. Dabei verwies die Korrespondenz mit demagogischem Geschick erneut auf die voraufgegangene Wahl und wiederholte den Vorwurf, die Attentate von 1878 seien der Sozialdemokratie anzulasten. Die kommende Wahl sei jedoch anders und stelle eine Abstimmung für oder gegen den Fürsten Bismarck dar:[42]

„Um Vertrauen handelt es sich in der That, um eine unmittelbare Kundgebung des Volkes, daß es derselben Regierung, welche es so glorreich geleite, [...] seine Geschicke gern anvertrauen will. [...] die Wahlen waren damals [1878] in erster Linie auf den unmittelbaren Zweck, nämlich auf Unter-

39 Die Regierung und die Wahlbewegung, PC 17.7.1878, Nr. 29: 2.

40 Vor der entscheidenden Stunde, PC 24.7.1878, Nr. 30: 3.

41 AZ 27.10.1881, zit. n. Schulthess, 22. Jg. (1881), 271.

42 Fürst Bismarck und das Vertrauen des deutschen Volkes, PC 24.10.1881, Nr. 43: 1. Vgl. BT 30.10.1881, Nr. 509: 2. Vgl. NPZ 27.10.1881, Nr. 252: 1.

stützung der Regierung in der Bekämpfung der Ausschreitungen der Sozialdemokratie gerichtet. In den damaligen Wahlen spielte in der That die Sympathie für den noch verwundet darniederliegenden Kaiser, die Entrüstung über die Thaten der Sozialdemokratie eine große Rolle. Jetzt ist das deutsche Volk unmittelbarer aufgerufen, in Bezug auf die Politik des Fürsten Bismarck sein Vertrauen kundzugeben und trotz aller Versuche, es irre zu leiten, wird es, so Gott will, sein unerschütterliches Vertrauen zu Fürst Bismarck von neuem bewähren."

Der Wahlkampf von 1881 zeigt damit, dass die Personalisierung kein Thema der Gegenwart ist. Vorwürfe, die sich bei nur geringer Änderung der Diktion auch im bundesrepublikanischen Wahlkampf von 1998 finden lassen, wurden damals schon erhoben:[43]

„Diese Behauptung [in der Nationalzeitung vom 3.8.1881] wird dann damit zu begründen gesucht, daß die Regierung den Wahlkampf ohne sachliches Programm führe, welcher Mangel die Folge des persönlichen Regiments sei; daß der Wahlkampf daher ohne bestimmte politische Ziele ein persönlicher werde. Die Beschuldigung, daß die Regierung keine sachlichen, sondern persönliche Ziele verfolge, während bei der Opposition das Verhältnis umgekehrt sei, ist durch die Umkehrung des offen darliegenden Sachverhältnisses krass und ungeheuerlich."

Dabei hatte die Regierung aber offensichtlich das Bedürfnis der Wähler nach Wandel unterschätzt: „Die Unzufriedenheit mit den bestehenden Verhältnissen ist größer, als man ahnt. Die allgemeine Stimmung ist: es muß anders werden, d.h. wir wollen nicht, daß es in der bisherigen Weise fortgeht" kommentierte ein süddeutscher Konservativer – nach der Wahl.[44]

Am mal mehr mal weniger deutlichen antisozialdemokratischen Kurs der Regierung schieden sich die Geister. 1907 rechneten die Befürworter die Wahlniederlage der Sozialdemokratie der entschiedenen Stellungnahme der Regierung gegen die Sozialdemokratie an:[45]

„Die starke Niederlage der Sozialdemokratie, die bei den Stichwahlen noch weiter in Erscheinung treten wird, ist ohne Zweifel das Charakteristische dieser Wahl. Die Politik des Reichsverbandes zur Bekämpfung der Sozialdemokratie, deren Mitarbeiter Fürst Bülow durch seinen Silvesterbrief geworden ist, trägt eigentlich die Ehren des Tages davon."

In diesem Brief an den Vorsitzenden des Vereins zur Bekämpfung der Sozialdemokratie hatte Reichskanzler Bülow auf ein Votum der Wähler für die Liberalen und gegen das Zentrum gesetzt und das damit begründet, dass das Zentrum in den letzten Reichstagsabstimmungen die Vorlagen der Regierung sabotiert habe.[46] Der protestantisch-konservative *Reichsbote* begrüßte die Stellungnahme, die sich wohltuend von der parteipolitischen Abstinenz bei der Wahl von 1903

43 Die Sitten unserer Publizistik, PV 24.8.1881, Nr. 34: 1.

44 Wahlgedanken (Aus Süddeutschland), NPZ 11.11.1881, Nr. 265: 1.

45 Parlamentarier über die Reichstagswahlen, BT 27.1.1907, Nr. 48: 2.

46 Bülow an Liebert, Schreiben vom 31.12.1906, paraphrasiert in: Wippermann 1906 II, 140.

abhebe.[47] Das BT hingegen zählte zu den Gegnern der Verteufelung der Reichsfeinde:[48]

„Wenn die Hauptwahlen also etwas überzeugend dargetan haben, so ist es die alte Wahrheit: daß die Art, wie man in Preußen-Deutschland den aufstrebenden vierten Stand von Amts wegen ‚bekämpft' grundverkehrt ist, und daß der Erfolg, den diese Methode des gewaltsamen Niederhaltens 1907 für einmal hatte, eine vorübergehende Erscheinung gewesen ist. [...] Nur in Deutschland hat die regierende Bureaukratie, unter dem Einfluß von Agrarkonservativen und Industriekonservativen sowohl wie aus Hilflosigkeit gegen den Ultramontanismus kein anderes Mittel gewußt als den Ruf: Haltet sie nieder. [...] Darum muß die Parole nach den H[a]uptwahlen lauten: Die Front gegen rechts!"

1912 hatten sich die Verhältnisse erneut geändert. Die Wahlparole der Regierung zur Stichwahl formulierte das glatte Gegenteil einer programmatisch, auf die Regierungsarbeit bezogenen Parole und hob sich damit auch von den Wahlen 1881 deutlich ab:[49]

„Nicht Mißmut über diesen oder jenen mit Recht oder Unrecht als Uebel empfundenen Zustand in Reich und Staat, nicht Rücksicht auf Parteivorteile durch Paktieren mit der Sozialdemokratie lenke den Schritt zur Stichwahl. Nicht auf vergangenen Hader der Parteien - auf die Zukunft der Nation richte sich der Blick."

Diese Parole ist in doppelter Hinsicht bemerkenswert. Aus ihr wird deutlich, dass Anhänger und Sympathisanten der Sozialdemokratie abgeschrieben waren, an sie richtete sich der Appell nicht. Umworben waren vielmehr die Anhänger der Parteien, die in der einen oder anderen Frage mit der Sozialdemokratie paktiert hatten, also die Anhänger des Zentrums und der Linksliberalen. Doch wie wirkten sich die Anstrengungen der Parteien und der Regierungen auf die Wahlergebnisse tatsächlich aus? Wovon hingen die Wahlergebnisse ab?

3 Meinungsklima und Wahlen

Anhand einer bislang in der historischen und publizistikwissenschaftlichen Forschung vernachlässigten Quelle, den „Immediatszeitungsberichten" lassen sich die Veränderungen in der Stimmung der Bevölkerung recht exakt nachzeichnen. Diese Berichte wurden von der preußischen Zivilverwaltung quartalsweise aufgezeichnet. Neben demographisch-, ökonomisch- und agrarökonomisch-statistischen Teilen führten die Berichte in der Kaiserzeit regelmäßig eine quasidemoskopische Rubrik zu öffentlichen Stimmung. Diese Stimmungsberichte dienten

47 Reichsbote 4.1.1907, vgl. Wippermann 1907 I, 3.

48 Die Front gegen rechts, BT 13.1.1912, Nr. 23: 1.

49 Parole der Regierung vom 14.1.1912, zit. n. Schulthess, 28. Jg (1912), 4.

letztlich einer Art von Revolutionsprävention. Immediat hießen sie, weil sie unmittelbar an den König und Kaiser gerichtet waren, Zeitungsberichte nach dem älteren Wortverständnis, das „Zeitung" synonym für „Neuigkeit" verstand.

Diese Berichte zeigen, dass „Reichsfeindschaft" am deutlichsten in der Anfangszeit der Kaiserzeit für weite Kreise der Bevölkerung eine politische Kategorie war. In Berichten hieß es zum Beispiel nach der Reichseinigung, Rückschläge seien nicht auszuschließen, wenn „manche übertriebene Erwartung" in die Veränderungen sich als unerfüllbar erweisen werde. Auch könnten die Hannoveraner den Verlust ihrer Selbständigkeit seit Deutschlands Einigung besser ertragen, da sie sich weniger als Preußen denn als deutsche Staatsbürger fühlen dürften. So wurden aus den preußischen Okkupanten eine Schutzmacht - das mochte allerdings für Hannover wesentlich weniger gelten als für kleinere Provinzen wie beispielsweise Schleswig (Stöber 1998, 238-240).

Würde nur die Politikvermittlung in Zeitungen und Zeitschriften betrachtet, gewönne der Betrachter zwangsläufig ein anderes Bild. Denn die Agitation der Welfen verschärfte sich umso mehr, je stärker sie gegenüber der „Masse der Bevölkerung" in die Defensive gerieten: Einen positiven Einfluss auf die Stimmung, hieß es, übten die heimkehrenden Kriegsteilnehmer aus, einen negativen die Geistlichkeit. Auch die Kriegervereine wirkten „versöhnend", weil sich in ihnen hannoversche und preußische Reservisten gemeinsam versammelten. Gleichwohl, nach der Euphorie des Sieges wäre eine erneute Auseinanderentwicklung zu erwarten gewesen. Statt dessen glichen sich die Stimmungsunterschiede zwischen den Bezirken weiterhin an. Ein äußeres Anzeichen, in welch hohem Maß sich die Bevölkerung mit den neuen Zuständen zu arrangieren begann, zeigte die Wahlbeteiligung. In Hannover hatte sie 1867 weniger als 25 Prozent, 1871 knapp 50 und 1874 mehr als 60 Prozent betragen. Unterscheidet man die Stimmung in den preußischen Provinzen nach der Dauer von deren Zugehörigkeit zu Preußen,[50] so ergibt sich folgendes Bild (vgl. Schaubild 3): Unmittelbar nach der Annexion von 1866 ist die Stimmung in den neu gewonnenen Gebieten viel schlechter als in urpreußischen oder jenen, die 1815 zu Preußen kamen, im Deutsch-Französischen Krieg nähern sich die Gebiete aneinander an. Nach dem Krieg sind nicht mehr so eindeutige Muster auszumachen.

50 Von den untersuchten Regierungsbezirken waren schon im 18. Jahrhundert preußisch: Potsdam, Oppeln, Danzig (in der Reihenfolge der „Vereinnahmung"). Köln und Arnsberg waren dem preußischen Staatsverband Anfang des 19. Jahrhunderts eingegliedert worden; Schleswig, Lüneburg/Hannover und Wiesbaden erst in den Einheitskriegen zwischen 1864 und 1866.

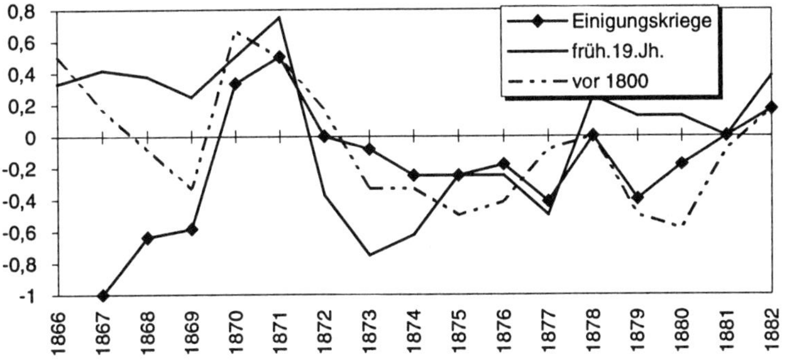

Schaubild 3: Stimmung und Zugehörigkeit zu Preußen (arithmetisches Mittel[51]; N= 538)

Ein umgekehrtes Bild gibt der Kulturkampf ab. Durch ihn entwickelte sich die Stimmung der konfessionell unterschiedlich geprägten Gebiete auseinander. Überwiegend protestantisch waren Potsdam, Lüneburg, Schleswig; gemischt Arnsberg, Danzig, Wiesbaden und Hannover[52]; überwiegend katholisch Oppeln und Köln. Doch seit den 1880ern unterschieden sich die Stimmungen in den Bezirken nicht mehr signifikant.

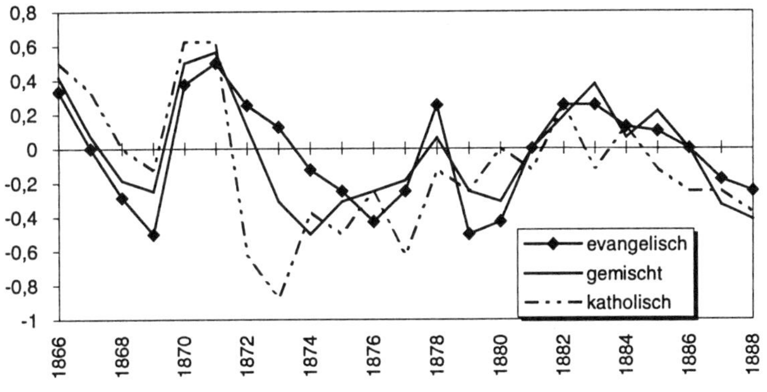

Schaubild 4: Stimmung und konfessionelles Gepräge (arithmetisches Mittel; N= 729)

51 Kodiert wurden die Berichte nach positiver (+1), ausgeglichener oder unentscheidbarer (0) und negativer Stimmung (-1). Berechnet wurde das arithmetische Mittel.

52 Als Provinz bis 1885 in die Statistik einbezogen.

Vergleicht man die aggregierte öffentliche Stimmung in den Immediatszeitungsberichten mit den Wahlergebnissen der sogenannten Reichsfeinde zeigen sich auffällige Wechselbeziehungen, aber sie besagen nichts über die Kausalität. Angesichts einer Korrelation von -0,27, die bedeutet, dass die Reichsfeinde umso bessere Ergebnisse erzielten, je schlechter die Stimmung im Vorwahlzeitraum war und umgekehrt, und angesichts des jeweiligen Stimmungsrückgangs bei den hier untersuchten Wahlen scheint aber zumindest unzweifelhaft, dass Meinungsklima und Wahlverhalten von den gleichen Einflussfaktoren abhingen.[53]

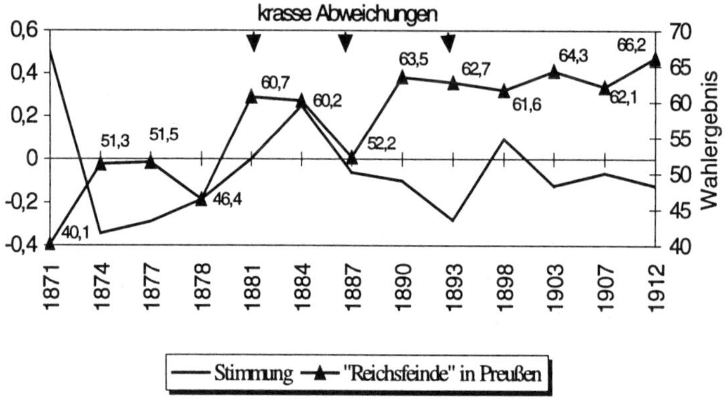

Schaubild 5: Stimmung im Jahr vor der Wahl und Reichstagswahlergebnisse der „Reichsfeinde" in Preußen (arithmetisches Mittel; N= 406)

Zwar gab es auch Wahlen, die diesem Trend zuwiderliefen, doch von den drei krassen Abweichungen 1881, 1887 und 1893 lassen sich zumindest zwei recht gut erklären: In der Vorwahlzeit von 1887 spielte schon die Krankheit des Kronprinzen eine Rolle. Mit der Wahl, die Bismarck noch einmal effektvoll miteiner nationalen Parole bestreiten konnte, hatte die jedoch nichts zu tun. 1881 hingegen scheint ein klassischer Fehler von Fehleinschätzung der Stimmung durch die quasidemoskopischen Erhebungen vorzuliegen. Es ist bekannt, dass Bismarck mit großer Zuversicht in die Wahlen ging, umso niedergeschlagener war er nach dem Debakel, dem ersten seit 15 Jahren. Von Einfluss waren, wie schon aus dem bisherigen deutlich geworden sein sollte, nicht nur die Massenmedien. Teilt man die stimmungprägenden Themen in Medienthemen, Alltags-

53 Die Korrelation während der Wahlen der Bismarckära lautet -0,21, in der Wilhelminischen Epoche ist sie mit -0,36 deutlicher.

und Mischthemen, so zeigt sich deutlich, dass die sogenannten Reichsfeinde vor allem dann profitierten, wenn sozial- und wirtschaftspolitische Vorlagen die Politik bestimmten, wenn also Themen, über die einerseits wichtige Informationen nur aus den Medien zu gewinnen waren, andererseits allerdings die tatsächlichen oder vermuteten Auswirkungen in den unmittelbaren Alltag der Menschen eingriffen.[54] Bei reinen Alltagsthemen war das Ergebnis uneinheitlich, ein nahe liegendes Ergebnis, da zu solchen Themen sowohl die unmittelbar erfahrbare Wirtschaftlage als auch Ernteausfälle, Naturkatastrophen u.ä. gezählt wurden, mal zugunsten der „staatstragenden" Kräfte, mal zu ihren Ungunsten in die Waagschale fallen konnten. Allerdings besaßen Wirtschaftswachtum und Entwicklungder Arbeitslosigkeit Auswirkungen auf die Stimmungsentwicklung (Stöber 1998, 232-237).[55]

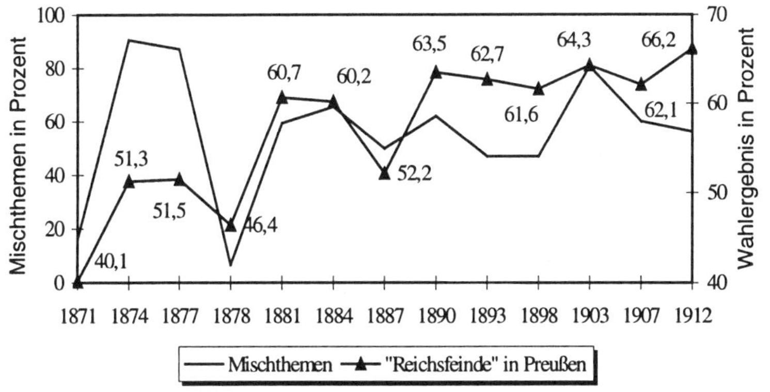

Schaubild 6: Mischthemen und Wahlergebnis für die „Reichsfeinde" in Preußen (N= 406)

Bei Medienthemen, also insbesondere bei außenpolitischen Themen, hatten die Regierungen aber offensichtlich Vorteile: Anders ausgedrückt, sie konnten mit außenpolitischen Ereignissen Stimmung und Wahlergebnisse in gewissem Aus-

54 Die Korrelation zwischen Anteil der Mischthemen und Wahlergebnis für die sogenannten Reichsfeinde ergibt 0,45. Werden die Veränderungen zur letzten Wahl korreliert, ist die Wechselbeziehung mit 0,77 noch positiver.

55 Die Korrelation zwischen Anteil der Alltagsthemen und Wahlergebnis für die sogenannten Reichsfeinde ergibt 0,46. Werden allerdings die Veränderungen zur letzten Wahl korreliert, ist die Wechselbeziehung mit -0,56 deutlich negativ.

maß günstig beeinflussen.[56] Hinzu kommt, und das verleiht dem gezogenen Vergleich seine Bedeutung und der Untersuchung der Wahlen von 1878 und 1881, sowie 1907 und 1912 die besondere Legitimation, den schweren Wahldebakeln folgte jeweils eine besondere Anstrengung, die Stimmung positiver zu beeinflussen. Nach 1881 wurde in Preußen eine Presseorganisation gegründet und 1912 folgte der Versuch, die pressepolitischen Aktivitäten der Ressorts und Ämter zu zentralisieren. Als dritter Vergleich kann noch auf die Gründung der *Provinzial-Correspondenz* in der sogenannten Konfliktszeit 1863 verwiesen werden.

Bemühungen um die Steigerung pressepolitischer Effizienz wurden zwar vielfältig lanciert, die Anstrengungen von 1863, 1881 und 1912 waren jedoch wesentlich wichtiger als die anderen: Die *Provinzial-Correspondenz* war zunächst ein sehr erfolgreicher Versuch, das Kreisblattwesen auf dem Lande zu reformieren und mit einer offiziellen Zentralredaktion zu versehen, also ein klassisches Vorgehen der „weißen Propaganda". 1881 war die Situation ähnlich, verschiedene Quellen berichten, dass Bismarck sich selbst stark an die Konfliktszeit erinnert fühlte.[57] Er zog diesmal allerdings die umgekehrte Konsequenz. Das Instrument war wiederum das Kreisblattwesen, jetzt allerdings wurde die offizielle Pressepolitik liquidiert und eine verdeckte installiert. Finanziert wurde das Unterfangen aus den Welfenfonds. Die besondere Bedeutung dieses Revirements liegt darin, dass es die perfekte pressepolitische Umsetzung und Indienstnahme des Verwaltungsapparats darstellt, der zudem auch für die quasidemoskopischen Immediatszeitungsberichte verantwortlich war. Jene, die Stimmung und Meinungsklima verzeichneten, bekamen also das Mittel in die Hand, sie auch zu beeinflussen.

1912 schließlich ist deshalb bemerkenswert, weil damals der einzige Versuch zu Friedenszeiten unternommen wurde, alle pressepolitischen Anstrengungen der preußischen Ressorts und der Reichsämter zu zentralisieren. Doch für eine neue Organisation fehlte nach der Rückzahlung der verbliebenen Welfenfondsmittel das Geld. Und die Marine- und Flottenpropaganda, gegen die sich Bethmanns Plan ebenfalls richtete, hatte ein großes institutionelles Eigengewicht, das nicht zu beseitigen war (Stöber 1997, 243-245).

---

56 Die Korrelation von -0,67 zwischen Anteil der Medienthemen und Wahlergebnis für die sogenannten Reichsfeinde besagt: Je mehr außenpolitische und vergleichbare Themen die öffentlichen Stimmungen dominierten, desto schwächer schnitten die „Reichsfeinde" ab und umgekehrt. Werden die Veränderungen zur letzten Wahl korreliert, ergibt sich eine noch stärkere negative Wechselbeziehung von -0,74.

57 M. Busch, Tagebuchblätter, Bd. 3, 58-60.

4 Zusammenfassung

Die Entwicklung der Wahlgeschichte im Deutschen Kaiserreich zwischen 1871 und 1912 wird allgemein als Indiz für sich allmählich verschärfende innere Spannungen angenommen. Ein Blick auf recht unterschiedliche Quellen bestätigt die verzerrende Perspektive dieser Einschätzung: Die Medien veränderten in der Kaiserzeit ihre Gestalt und wurden spürbar moderner und aktueller. Damit war die Grundlage für eine professionellere Selbstdarstellung gelegt. Das Ergebnis der Wahlkämpfe war immer stärker von taktischen Überlegungen bestimmt, weil Stichwahlen zunehmend wichtig wurden.

In den Zeiten zwischen Haupt- und Stichwahl aber waren die politischen Auseinandersetzungen besonders erbittert, weil es um die Entscheidung ging. Die politischen Parteien beobachteten die politische Konkurrenz scharf und suchten deren Mobilisierungsmittel, soweit ihnen dies möglich war, zu übernehmen. Insbesondere in der zunehmenden Zahl von Interessenvertretungen zeigt sich diese Adaption. All diese Faktoren, die mit einander wenig zu tun haben, trugen zusammen dazu bei, dass in der historischen Rückschau der Tenor der Auseinandersetzung und damit das politische Klima schärfer zu werden scheint. Der Blick auf das Kriegerverbandswesen, dessen Publizistik notorisch scharfmachend war, zeigte, dass unterhalb der Verlautbarungsebene auch hier Divergenzen und Uneinheitlichkeiten existierten, die sich vereinfachender Interpretation verschließen.

Die Politikvermittlung durch offizielle Regierungsstellen lässt eine scheinbare Verschärfung des Klimas nicht erkennen, weil sie schon zu Beginn des Kaiserreichs auf einer polemischen Höhe stand und bewusst die Polarisierung als Mittel einsetzte, sodass ihre Pressepolitik kaum zu verschärfen war. Nach Wahlniederlagen wurden die pressepolitischen Anstrengungen verstärkt, nach einiger Zeit aber wieder der Mitteleinsatz reduziert. Polarisierung und gegebenenfalls Zuspitzung des Kampfes auf ein Plebiszit für oder gegen eine bestimmte Person war schon unter Bismarck die *ultima ratio* des Wahlkampfes. Manche der damaligen Aussagen hätten in ihrer Diktion nur geringfügig geändert werden müssen, und sie hätten im Bundestagswahlkampf von 1998 Verwendung finden können. Nähme man die pressepolitische Propaganda der Regierung als Maßstab, so müsste sogar von einer deutlichen Entspannung des politischen Klimas ausgehen.

Die Betrachtung der quasidemoskopischen Stimmungsberichte legt schließlich die Interpretation nahe, dass weder die eine, noch die andere Sicht richtig ist, sondern dass sich Verschärfungen und Entspannungen in der politischen Situation die Waage halten. Die cleavages zwischen landsmannschaftlich und konfessionell verschiedenen Sozialisationen schlossen sich. Wiederholt folgte auf eine „nationale“ eine Protestwahl. Regelmäßig lassen sich direkte Bezüge zwischen den politischen Stimmungen und den Wahlentscheidungen herstellen. Die Tatsache, dass die politischen Stimmungen im Jahr vor der Wahl mit den Wahlergebnissen der Reichsfeinde negativ korrelieren, d.h. dass diese Gruppierungen bei schlechterer Stimmung höhere, bei besserer schlechtere Ergebnisse erzielten, sollte zunächst nicht als kausale Verknüpfung interpretiert werden. Vielmehr erscheint eher die Interpretation angebracht, dass Wahlverhalten und Stimmung im Lande von den gleichen Einflussfaktoren abhingen. Für die Stimmung lässt sich, dass konnte hier nur angedeutet werden, jedoch klar zeigen, dass sie von allen möglichen Faktoren, von der Wirtschaftspolitik über Wirtschaftsentwicklung und Arbeitslosenzahlen bis hin zu außenpolitischen Erfolgen und Krisen abhing.

Literatur

Bohrmann, Hans. 1980. Pressestatistik in historischer Sicht. In *Probleme der Pressekonzentrationsforschung: Ein Expertenkolloquium an der FU Berlin*, hg. von Siegfried Klaue, Manfred Knoche und Axel Zerdick, 31-66. Baden-Baden: Nomos.

Brosius, Dieter. 1964. Welfenfonds und Presse im Dienste der preußischen Politik in Hannover nach 1866. *Niedersächsisches Jahrbuch für Landesgeschichte* 36: 172-209.

Bülow, Bernhard von. 1930. *Denkwürdigkeiten in vier Bänden*. Berlin: Ullstein.

Evans, Richard J., Hg. 1989. *Kneipengespräche im Kaiserreich: Stimmungsberichte der Hamburger Politischen Polizei 1892-1914*. Reinbek: Rowohlt.

Gall, Lothar. 1980. *Bismarck: Der weiße Revolutionär*. Frankfurt am Main, Berlin, Wien: Ullstein.

Nipperdey, Thomas. 1990, 1992. *Deutsche Geschichte 1866-1918*. 2 Bde. München: Beck.

Ritter, Gerhard A. 1980. *Wahlgeschichtliches Arbeitsbuch: Materialien zur Statistik des Kaiserreichs 1871-1918*. München: C. H. Beck.

Schmädecke, Jürgen. 1995. *Wählerbewegungen im Wilhelminischen Deutschland*. Bd. 1: *Die Reichstagswahlen von 1890 bis 1912: Wahlergebnisse und Strukturen im Kartenbild*. Berlin: Siedler.

Stöber, Gunda. 1997. *Der halb-öffentliche Staat: Presse- und Informationspolitik im Wilhelminischen Deutschland 1890-1914*. Phil. Diss. Berlin.

Stöber, Rudolf. 1996. Bismarcks geheime Presseorganisation von 1882. *Historische Zeitschrift*, 262, H. 2: 423-451.

Stöber, Rudolf. 1998. *Die erfolgverführte Nation: Deutschlands öffentliche Stimmungen 1866 bis 1945*. Stuttgart: Franz Steiner.

Ullmann, Hans-Peter. 1988. *Interessenverbände in Deutschland*. Frankfurt am Main: Suhrkamp.

Wehler, Hans-Ulrich. 1995. *Deutsche Gesellschaftsgeschichte 1849-1914: Von der „Deutschen Doppelrevolution" bis zum Beginn des Ersten Weltkriegs*. München: Beck.

Wilke, Jürgen. 1988. Die periodische Presse im Kaiserreich. *Archiv für Geschichte des Buchwesens* 31: 221-230.

Wippermann, Karl, Begr. 1885-1933. *Deutscher Geschichtskalender*, Leipzig: Bibliographisches Institut.

Deutungswandel im Mediendiskurs: Ansätze zu einer Prozessanalyse der Tiefenstruktur von öffentlicher Kommunikation

Hartmut Weßler

1 Einleitung

„Die besonderen Leistungen und die besonderen Wirkungen des Journalismus, durch die sich sein Handeln von anderen, an der Öffentlichkeit orientierten Sozialsystemen unterscheidet, bestehen in der Ausrichtung auf die Herstellung und Bereitstellung von Themen zur öffentlichen Kommunikation." Mit dieser Definition bestimmt Rühl (1980, 322f.) Thematisierung als Primärfunktion des Journalismus. Auch die Agenda-Setting-Forschung stellt die Thematisierungsleistung der Massenmedien in den Mittelpunkt des Forschungsinteresses. Doch Themen allein machen noch keine öffentliche Kommunikation. Der Gehalt öffentlicher Kommunikation lässt sich – so die Ausgangsthese dieses Beitrags – durch eine Themenanalyse nur oberflächlich bestimmen.

Denn dabei bleibt offen, wie diese Themen inhaltlich ausgestaltet sind. Erst die Art und Weise, wie ein Thema kommunikativ zu einem Problem gemacht wird, erst die öffentliche Identifikation von Konsens- und Dissenspunkten, erst die Sinnressourcen, auf die zur Deutung eines Themas rekurriert wird, und erst die Argumente, die zur Begründung einer Position angeführt werden, machen öffentliche Kommunikation umfassend verstehbar. Diese Erkenntnis schlägt sich in einer Reihe meist jüngerer Ansätze und Studien nieder, die mit komplexeren Methoden der inhaltlichen Tiefenstruktur von öffentlicher Kommunikation nachzugehen versuchen. Neben Themen und Meinungen treten dabei Argumente und Deutungen als zentrale Gegenstände der Analyse in das Blickfeld.

Ein erstes Ziel dieses Beitrags besteht darin, diese neueren Ansätze zu systematisieren (Abschnitt 2) und dabei besonderes Gewicht auf solche Arbeiten zu legen, die in der Publizistik- und Kommunikationswissenschaft bisher weniger beachtet oder kaum weitergeführt wurden. Dazu werden zunächst die disziplinären Wurzeln der verschiedenen Forschungsansätze aufgezeigt, um anhand von vier paradigmatischen Studien einen Systematisierungsvorschlag für das unübersichtliche Forschungsfeld zu machen. Im zweiten Teil des Beitrags (Abschnitt 3) werden einige Befunde aus meiner eigenen Analyse der bundesdeutschen Drogenberichterstattung (Weßler 1999) präsentiert, um zu zeigen, welche Erkenntnismöglichkeiten ein deutungsorientierter Ansatz der Medieninhaltsanalyse in Verbindung mit einem längerfristigen Zeithorizont bietet.

2 Tiefenstrukturen des Medieninhalts: Systematisierungsversuch für ein unübersichtliches Forschungsfeld

2.1 Überblick über relevante Ansätze

Die Untersuchungen zur inhaltlichen Tiefenstruktur von Medienprodukten bilden ein sehr unübersichtliches Forschungsfeld. Denn zum einen machen diese Untersuchungen häufig Anleihen bei anderen sozial- und geisteswissenschaftlichen Disziplinen, in denen es eine traditionelle Offenheit oder eine aktuelle Hinwendung zur Untersuchung komplexerer kognitiver Strukturen gibt. Dies betrifft die Soziologie (vgl. Meuser und Sackmann 1992; Lüders 1991) und die Politikwissenschaft (vgl. Vowe 1994; Sabatier 1995) ebenso wie die Kognitionspsychologie (vgl. die bei Schissler und Tuschhoff 1988 zitierte Literatur), die Linguistik (vgl. van Dijk 1997; Fairclough 1995) und die Logik (vgl. z.B. Toulmin 1958). Schlüsselbegriffe wie Schema, Frame, „belief system“, Deutungsmuster, Argument erfahren dabei eine breite, aber uneinheitliche Verwendung.

Hinzu kommt, dass die Konzepte und Methoden der verschiedenen Disziplinen innerhalb der Publizistik- und Kommunikationswissenschaft in recht unterschiedlicher Weise rezipiert wurden. Kognitionspsychologische Konzepte haben – im Rahmen der Medienwirkungsforschung – bisher die stärkste Beachtung und Verwendung gefunden (vgl. z.B. Brosius 1991; Iyengar 1991). Demgegenüber bleiben sprachwissenschaftlich fundierte Anwendungsversuche (vgl. Pan und Kosicki 1993) aufgrund der fortdauernden Trennung zwischen (sozialwissenschaftlicher) Publizistik- und Kommunikationswissenschaft einerseits und (geisteswissenschaftlicher) Medienwissenschaft andererseits gemessen am Forschungs-Mainstream bisher randständig. Wo sich sprachwissenschaftliche Ansätze über die eher formalen Merkmale von Medientexten hinaus für deren inhaltliche Tiefenstruktur interessieren, sind sie häufig wiederum auf Anleihen aus anderen Disziplinen angewiesen; Pan und Kosicki etwa greifen auf die Arbeiten von Gamson zurück, die von der disziplinären Verortung her der (politischen) Soziologie zuzurechnen sind. Gamsons Instrumentarium für eine deutungsorientierte Analyse von Medieninhalten (vgl. Gamson 1988, 1989; Gamson und

Modigliani 1989, 1987; Gamson und Lasch 1983), das mit dem Begriff des „media package“ als zentraler deskriptiver Kategorie arbeitet, wurde zwar gelegentlich aufgegriffen (vgl. Beckett 1995), spielt aber in der publizistikwissenschaftlichen Forschung bisher keine Rolle. Erst in jüngster Zeit wurde ein von Gamson inspiriertes Framing-Konzept im Rahmen *öffentlichkeitssoziologischer Arbeiten* so weit systematisiert, dass es auch für publizistikwissenschaftliche Fragestellungen fruchtbar gemacht werden kann (vgl. Gerhards, Neidhardt und Rucht 1998; Weßler 1999).[1] Diese Arbeiten sowie die soziologische Tradition, durch die sie angeregt wurden, bilden den einen Teil der Forschungsliteratur, die hier systematisiert werden soll. Exemplarisch sollen unten die Studien von Gamson und Modigliani (1989) und Gerhards, Neidhardt und Rucht (1998) herangezogen werden.

Daneben gibt es in der publizistik- und kommunikationswissenschaftlichen Forschung vor allem *methodische Weiterentwicklungen*, die komplexere kognitive Strukturen von Medieninhalten in den Blick nehmen. Sie können hier nicht im Einzelnen gewürdigt, sondern nur kurz skizziert werden. Untersuchungen, die mit diesen Weiterentwicklungen arbeiten, bilden den zweiten Teil der hier zu systematisierenden Literatur.

- Die von Hans-Jürgen Weiß (1989) entwickelte Argumentationsanalyse stellt auf Zitatstrukturen in Medientexten ab. Erhoben wird dabei, ob die Argumente vom Verfasser eines Beitrags selbst vorgebracht werden (Eigenargumentation), ob der Verfasser eine andere Quelle zitiert, die das Argument vorgebracht hat (einfaches Zitat), oder ob der Verfasser eine Quelle zitiert, die wiederum das Argument einer anderen Quelle zitiert (komplexes Zitat). Die Argumente werden zudem auf vorab qualitativ ermittelten bipolaren Skalen angeordnet, sodass inhaltliche Tendenzen der Berichterstattung aufgedeckt werden können. Die Erhebung von Zitatstrukturen bildet einen wichtigen Bestandteil verschiedener Untersuchungen in dem hier zu beschreibenden Forschungsfeld (vgl. Saxer und Tschopp 1995; R. Weiß und Rudolph 1993).

1 Andere politikwissenschaftlich orientierte Ansätze wie der „belief system“-Ansatz von Sabatier (1993) oder das auf Axelrod zurückgehende „cognitive mapping“ (vgl. als Anwendung Gerhards 1993) erweisen sich als eher ungeeignet für eine systematische Analyse von Medieninhalten (vgl. dazu Weßler 1999: 49-56). – In der Tradition einer „kritischen Medienanalyse“ hat Entman zudem mehrere Deutungsanalysen zu kontroversen Berichterstattungsthemen vorgelegt (Entman 1991; Entman und Rojecki 1993; vgl. auch Entman 1993), deren begriffliches Instrumentarium jedoch nicht systematisch hergeleitet, sondern offenkundig ad hoc am jeweiligen Fall entwickelt wurde. Für eine Systematisierung der analytischen Zugänge eignen sich diese fallspezifisch zugeschnittenen Analyseraster daher wenig. – Alle drei genannten Ansätze bleiben beim folgenden Systematisierungsversuch außer Betracht.

- Eine alternative Variante der Argumentationsanalyse bietet das Argumentationsmodell von Toulmin (1958), das Saxer und Tschopp (1995) in die publizistikwissenschaftliche Analyse von Medieninhalten eingeführt haben. In diesem Modell „bildet eine zu rechtfertigende Schlussfolgerung (Konklusion) den Ausgangspunkt [...]. Zur Begründung dieser Konklusion wird ein Datum angeführt, das für sie relevant sein, also Beweiskraft besitzen muss. Der Schluss vom Datum auf die Konklusion (die Relevanz des Datums also) kann indes angezweifelt oder ganz in Frage gestellt und muss daher durch sogenannte Schlussregeln begründet werden. [...] Schlussregeln wiederum können durch eine Stützung nochmals abgesichert werden.“ (Saxer und Tschopp 1995, 90f.) Eine Nachahmung hat diese komplexe Variante der Argumentationsanalyse in der Publizistik- und Kommunikationswissenschaft bisher allerdings nicht gefunden.
- Das gleiche gilt für das von Ralph Weiß und Rudolph (1993) entwickelte Verfahren zur „standardisierten Paraphrase von Argumentationsketten“ (SPEAK), das auf einer originellen Synthese aus psychologischen, soziologischen und publizistikwissenschaftlichen Ansätzen beruht. Im Zentrum des Verfahrens steht die Identifikation sogenannter „Kernaussagen“ im Medieninhalt. Erhoben werden die Bestandteile dieser Kernaussagen zusammen mit den logischen und anderen Relationen, die zwischen ihnen bestehen. Im Hinblick auf die logischen Relationen greifen R. Weiß und Rudolph eine Typologie auf, die Früh (1989) im Rahmen seiner Semantischen Struktur- und Inhaltsanalyse (SSI) entwickelt hat.

Sowohl die Studie von Saxer und Tschopp als auch diejenige von R. Weiß und Rudolph stellen anspruchsvolle Versuche dar, der inhaltlichen Tiefenstruktur von Medienprodukten auf die Spur zu kommen. Sie bauen in jeweils spezifischer Weise auf den Arbeiten von H.-J. Weiß und Früh auf, weshalb diese „Basisinnovationen“ in die weitere Betrachtung nicht selbst, sondern in Form der jeweiligen Anwendungsvarianten eingehen.

Versucht man nun, den aktuellen Stand der Forschung im Bereich inhaltlicher Tiefenstrukturen von Medienprodukten anhand der genannten Arbeiten – Saxer und Tschopp (1995), R. Weiß und Rudolph (1993), Gamson und Modigliani (1989) sowie Gerhards, Neidhardt und Rucht (1998) – zu systematisieren, so bietet es sich an, zunächst drei verschiedene Ebenen zu unterscheiden: die Ebene des zentralen Erkenntnisziels der Studien, die Ebene ihres methodischen Ansatzpunktes sowie die Ebene der Vergleichsdimensionen, anhand derer die Studien ihre Erkenntnisse konturieren.

2.2 *Erkenntnisziele*

Die unterschiedlichen disziplinären Bezüge der vier Untersuchungen führen dazu, dass sich bereits die Erkenntnisziele voneinander unterscheiden. Die Studie von Saxer und Tschopp will letztlich auf die *Verarbeitungskapazität des Mediensystems* hinaus. Hier stehen Fragen wie die folgenden im Vordergrund: Wie häufig werden in Medienprodukten Behauptungen tatsächlich durch Begründungen abgestützt? Wie viele verschiedene Argumente können die Medien zu einer einzelnen Sachfrage überhaupt verarbeiten? Wie kompliziert sind die Zitatstrukturen, die sich im Medieninhalt finden? Hier geht es also um medienspezifische Verarbeitungsroutinen, die die Komplexität von Argumentationsprozessen begrenzen.

Auf der anderen Seite des Spektrums steht die Analyse von Gamson und Modigliani, die den Medieninhalt letztlich als *Indikator für* extramediale Phänomene wie *den sozialen Wandel oder die politische Kultur eines Landes* heranziehen. Im Medieninhalt spiegelt sich, so die Grundüberlegung hier, ein Teil des umfassenderen gesellschaftlichen Bewusstseins wider. Der Medieninhalt fungiert gewissermaßen als Feldzugang; die spezifischen Selektions- und Konstruktionsmechanismen der Medien treten demgegenüber in den Hintergrund.

In der Mitte zwischen den medienzentrierten und den gesellschaftszentrierten Erkenntniszielen stehen die Studien, denen es um die *Funktionsweise von Medienöffentlichkeit* geht. Mit dem Begriff der Medienöffentlichkeit wird auf zwei Dinge zugleich Bezug genommen: auf eine für die Massenmedien spezifische Logik im Umgang mit Argumenten und Deutungen einerseits und auf die Einbettung dieser Medien in den umfassenderen gesellschaftlichen Kommunikationszusammenhang der Öffentlichkeit andererseits. Medienöffentlichkeit hat eine triadische Struktur: Neben den Medien gehören dazu die Sprecher, also gesellschaftliche Akteure, die sich öffentlich äußern, und das Publikum, vor dessen Augen sich öffentliche Kommunikation abspielt und um dessen Zustimmung Sprecher und Medien kämpfen (vgl. Weßler 1999, 24). Medienöffentlichkeit umfasst also mehr als die Verarbeitungskapazität des Mediensystems, aber sie löst sich andererseits auch nicht in Wertewandelsprozesse beim Publikum oder in Regeln der Sprecherkommunikation auf. Der Begriff eignet sich deshalb dazu, die spezifischen Leistungen von Medien im Konzert aller am gesellschaftlichen Kommunikationsprozess Beteiligten herauszuarbeiten. So fragen R. Weiß und Rudolph (1993) explizit nach dem Beitrag des Lokalradios zu einer freien Meinungsbildung und damit zur Ermöglichung von Teilhabe am demokratischen Prozess.[2] Gerhards, Neidhardt und Rucht (1998) untersuchen mit durchaus ähnlicher Akzentsetzung unter anderem, inwieweit die Medienberichterstattung den Anforderungen eines deliberativen Modells öffentlicher Meinungsbildung genügt und inwieweit in der Medienöffentlichkeit „öffentliches Lernen“ möglich ist.

2.3 Methodische Ansatzpunkte

Gemeinsam ist allen Formen der komplexen Medieninhaltsanalyse, dass sie sich nicht mit der Ebene des Artikels oder Beitrags als Analyseeinheit zufrieden geben, sondern auf die Ebene der Aussagen hinabsteigen und von dort aus den Gehalt der Medienprodukte zu rekonstruieren versuchen. Dabei lassen sich idealtypisch zwei große Forschungsstränge unterscheiden, die an unterschiedlichen Punkten ansetzen: die Argumentationsanalysen auf der einen und die Deutungsanalysen auf der anderen Seite.

Argumentationsanalysen rekonstruieren den Gehalt von Medienprodukten durch die Erhebung von Aussagebestandteilen und den logischen Relationen, die zwischen ihnen bestehen. Dieses Prinzip liegt sowohl dem von R. Weiß und Rudolph (1993) entwickelten Verfahren (SPEAK) zugrunde (das in diesem Punkt auf der SSI von Früh [1989] fußt), als auch der Argumentationsanalyse nach Stephen Toulmin, die Saxer und Tschopp (1995) für die Medienanalyse adaptiert haben.

Während die Argumentationsanalysen zu möglichst kleinen Aussageeinheiten vorstoßen wollen, geht es den *Deutungsanalysen* um die Rekonstruktionen von komplexen „Aussagepaketen“. Dieser Begriff lehnt sich an das Konzept der „media packages“ bei Gamson und Modigliani an. Noch gebräuchlicher sind in diesem Zusammenhang die Begriffe Frame oder Deutungsmuster. So definieren Gerhards, Neidhardt und Rucht (1998, 48) einen Frame als „Bedeutungsrahmen“, der durch sein je spezifisches „Kräftefeld von Bedeutungen“ einem Berichterstattungsthema eine ganz bestimmte Prägung und Färbung verleiht. Einzelne Aussagen („Idee-Elemente“) sind jeweils eindeutig einem Frame zugeordnet; die Verwendung dieses Idee-Elements in einem Medienprodukt prägt die Aussage zu dem jeweils behandelten Thema in charakteristischer, framespezifischer Weise. Aussagepakete sind also in sich konsistente, akteurs- und

2 Dass Journalisten bestimmte Leistungen für die öffentliche Auseinandersetzung mit Konfliktthemen erbringen, die von anderen Sprechertypen nicht erbracht werden, ist ein zentrales Ergebnis meiner Studie zur drogenpolitischen Berichterstattung deutscher Printmedien (vgl. Weßler 1999, 164ff.)

situationsübergreifende Muster der Deutung von Sachverhalten. Jedes öffentliche Deutungsangebot fußt auf einem solchen gesellschaftlichen Bedeutungshintergrund, den es in Form von kulturellen Resonanzen zugleich mitherstellt.

2.4 Vergleichsdimensionen

Die Erkenntnisziele von Argumentations- und Deutungsanalysen lassen sich – das zeigt ein Blick in die einschlägigen Studien – offenbar am besten auf dem Weg des Vergleichs erreichen. Dabei lässt sich eine Vielzahl unterschiedlicher Vergleichsdimensionen entdecken. Die Durchsicht der Studien zeigt aber auch, dass sich die Erkenntnisziele oder methodischen Ansatzpunkte nicht regelhaft in der Wahl ganz bestimmter Vergleichsdimensionen niederschlagen. Eine eindeutige Systematisierung ist daher schwierig. Zudem verwendet keine der Studien nur eine einzige Vergleichsdimension; in jedem Fall handelt es sich um eine Kombination von Vergleichen.[3] Versucht man die in den Studien verwendeten Vergleichsdimensionen zu strukturieren, so lassen sich vier Gruppen ausmachen: Medienvergleiche, Input/Output-Vergleiche, Kulturvergleiche und produktinterne Vergleiche.

- Die in der publizistikwissenschaftlichen Forschung geläufigste Vergleichsdimension betrifft den *Vergleich zwischen verschiedenen Medien*, wobei zwischen Medientypen (Zeitung, Zeitschrift, Hörfunk, Fernsehen etc.) und zusätzlich zwischen Mediengattungen (z.B. Abonnementzeitungen, Straßenverkaufszeitung) zu unterscheiden ist. Medienvergleiche sind vorrangig dort anzutreffen, wo es darum geht, die Verarbeitungsroutinen und Leistungen des Mediensystems besonders differenziert zu erfassen. Sie finden sich in unterschiedlich starker Ausprägung in den Studien von R. Weiß und Rudolph sowie Saxer und Tschopp.
- *Input/Output-Vergleiche* setzen an den Schnittstellen des skizzierten Öffentlichkeitsmodells an: an der Schnittstelle zwischen Sprechern und Medien oder an derjenigen zwischen Medien und Publikum. Der Vergleich zwischen der PR-Kommunikation gesellschaftlicher Akteure einerseits und der Medienberichterstattung andererseits erlaubt dabei Aussagen über die spezifische Selektivität der Medien. Demgegenüber wird durch den Vergleich des

3 Die Einführung von zusätzlichen Vergleichsebenen erhöht in jedem Fall den Untersuchungsaufwand (oder muss bei gegebenem Aufwand mit „Einsparungen“ an anderer Stelle ausgeglichen werden). Das führt dazu, dass groß angelegte Studien wie die von Gerhards, Neidhardt und Rucht eine ganze Reihe von Vergleichsdimensionen einbeziehen können, während sich die „kleineren“ Untersuchungen auf zwei bis drei Vergleichsdimensionen „beschränken“.

Medieninhalts mit Bewusstseinsinhalten beim Publikum die Selektivität des Publikums bzw. (unter bestimmten Bedingungen) die Wirkung von Medienprodukten erhellt. Input/Output-Vergleiche spielen in den Studien von Gerhards, Neidhardt und Rucht und Saxer und Tschopp eine zentrale und in der Studie von Gamson und Modigliani eine untergeordnete Rolle.

- Eine dritte Gruppe von Vergleichen betrifft *kulturelle Unterschiede* in der inhaltlichen Tiefenstruktur von Medienprodukten. Zu denken ist hier einerseits an den Vergleich zwischen verschiedenen Ländern und anderseits an historische Langzeitvergleiche, die kulturelle Wandlungsprozesse deutlich machen. Diese Vergleichsdimension findet sich vor allem bei der Studie von Gerhards, Neidhardt und Rucht und eingeschränkt auch bei Gamson und Modigliani. Nicht in den untersuchten Studien vertreten ist ein schicht- oder milieuspezifischer Kulturvergleich, der die Abhängigkeit der Medienprodukte von sozialstrukturellen Faktoren zum Thema hätte.
- Schließlich lassen sich auch in einem *Medienprodukt* selbst Vergleichsdimensionen finden, die Aussagen über die inhaltliche Tiefenstruktur ermöglichen. Dazu gehört zunächst der Vergleich verschiedener Produktbestandteile oder Programmformen (wie etwa Informations- und Unterhaltungsanteilen), wie er in der Studie von R. Weiß und Rudolph vorgenommen wird. Auf der Ebene der Argumente oder Deutungen kann zweitens zwischen deren Urhebern verglichen werden, um dem Äußerungsprofil unterschiedlicher Sprechertypen auf die Spur zu kommen – eine Vergleichsebene, die in der Studie von Gerhards, Neidhardt und Rucht bedeutsam ist. Eine dritte Variante besteht darin, bei längeren Untersuchungszeiträumen die verschiedenen Phasen eines Diskurses miteinander zu vergleichen, um so der Prozessdynamik öffentlicher Kommunikation nachzugehen. An dieser letztgenannten Vergleichsdimension, die sich nur bei Gerhards, Neidhardt und Rucht ansatzweise wiederfindet, knüpft der zweite Teil dieses Beitrags an. Dabei wird die Frage im Mittelpunkt stehen, welche Rückschlüsse sich aus dem Verlauf eines Mediendiskurses für die Funktionsweise von Medienöffentlichkeit ergeben.

2.5 Zwischenfazit

Die Betrachtung der Vergleichsdimensionen, die in den ausgewählten Untersuchungen zur inhaltlichen Tiefenstruktur von Medienprodukten eine Rolle spielen, hat eher Optionen des Erkenntnisgewinns aufgezeigt als zur Systematisierung des Forschungsfelds beigetragen. Dieser Befund deutet ein weiteres Mal auf die Vielfalt der Forschungsstrategien in dem hier betrachteten Überschneidungsfeld zwischen publizistikwissenschaftlich und soziologisch „verankerten" Untersuchungen hin. Auch in methodischer Hinsicht lässt sich eine Kanonisierung bestimmter Vorgehensweisen in diesem Forschungsfeld bisher nicht feststellen. Im Gegenteil: Jede der untersuchten Studien versucht, einen eigenständigen argumentations- oder deutungsanalytischen Zugang zu seinem Untersuchungsgegenstand zu entwickeln. Die Anleihen in anderen Disziplinen sind dabei ebenfalls weit gestreut. Schließlich sind auch die Erkenntnisziele im Spektrum zwischen eher medienzentrierten und eher gesellschaftszentrierten Fragestellungen keineswegs einheitlich.

Dennoch beginnt sich in der Literatur eine Analyseperspektive herauszubilden, die die Medien nicht als isolierte Wirkungsmacht gegenüber dem Publikum wahrnimmt, sondern als gesellschaftliche Institutionen, die gerade im Hinblick auf die Tiefenstrukturen ihrer Angebote in einen weiteren gesellschaftlichen Kontext eingebunden sind. Die festgestellte Uneinheitlichkeit der Zugänge und Vorgehensweisen spricht dabei nicht von vornherein gegen die präsentierten Untersuchungen. Sie zeigt vielmehr, dass sich diese Studien an einer echten Forschungsfront bewegen. Aus diesem Grund lassen sich die bleibenden Erträge der „Tiefbohrungen" im Medieninhalt bisher auch nicht trennscharf katalogisieren oder gar synthetisieren. Der folgende zweite Teil des Beitrags beschränkt sich deshalb auf einen bisher weniger beachteten Aspekt der inhaltlichen Tiefenstruktur: die Frage nach der Prozessstruktur von Mediendiskursen.[4]

3 Prozessstrukturen in Mediendiskursen: Ergebnisse einer quantitativen Deutungsanalyse

Betrachtet man den gesellschaftlichen Themenhaushalt, wie er sich in der Berichterstattung der Massenmedien niederschlägt, in seiner Gesamtheit, so scheint der Prozess medienöffentlicher Kommunikation aus einer Abfolge permanenter Kristallisationspunkte zu bestehen. Denn die öffentliche Agenda als ganzes besteht eben aus den Themen, die zu jedem beliebigen Zeitpunkt die größte Aufmerksamkeit der Medien auf sich ziehen. Erst wenn man diese synchrone Betrachtung zugunsten einer diachronen Perspektive verlässt und einzelne Themen im Zeitverlauf betrachtet, wird sichtbar, dass sich in Mediendiskursen Kristallisationspunkte und Ruhephasen abwechseln. Dieses Oszillieren zwischen größerer und geringerer Aufmerksamkeit für ein Thema ist nicht zufällig

4 Ich greife im folgenden an einigen Stellen auf die Ausführungen in Weßler (1999) zurück.

und bedeutungslos. Es unterliegt im Gegenteil verschiedenen Prozessstrukturen, die sich gegenseitig überlagern und zunächst analytisch unterschieden werden müssen.

Die einfachste Prozessstruktur besteht in einer *periodisch wiederkehrenden Routineberichterstattung*. Jeden Monat wird an einem bestimmten Tag beispielsweise über die Bekanntgabe der neuen Arbeitslosenzahlen (und die entsprechenden Reaktionen der Interessengruppen) berichtet; an den übrigen Tagen spielt dieses Thema dagegen zunächst keine Rolle. In der wissenschaftlichen Rekonstruktion entsteht durch diese Prozessstruktur eine Berichterstattungskurve mit regelmäßigen, aber eher kleinen Ausschlägen nach oben.

Neben der routinierten Abarbeitung von Themen gibt es aber auch die großen gesellschaftlichen Debatten, die Themen zum Gegenstand haben, die über längere Zeit hinweg einen beträchtlichen Teil der Medienaufmerksamkeit zu binden vermögen. Downs (1972) hat dafür den Begriff des *„issue attention cycle“* geprägt: Nach einer Latenzphase, in der ein Problem zwar schon besteht, aber noch nicht die Aufmerksamkeit der Öffentlichkeit findet, wird das Thema von den Medien entdeckt, was zu einem steilen Anstieg des Berichterstattungsumfangs führt. Es folgt eine Plateauphase, nach der schließlich die Aufmerksamkeit langsam wieder abnimmt, bis das Thema erneut in der Latenz verschwindet. Auch wenn sich „issue attention cycles“ in der Realität nicht immer in dieser idealtypischen Form nachweisen lassen dürften, so bilden sie doch ein geläufiges und bedeutsames Prozessmuster in Mediendiskursen.

Die von mir durchgeführte Prozessanalyse der bundesdeutschen Drogenberichterstattung (Weßler 1999) hat schließlich ein drittes Muster zu Tage gefördert, das auch die „issue attention cycles“ zu überlagern scheint: eine *episodische Prozessstruktur*, die im folgenden etwas genauer beschrieben und in ihren Folgen für den Diskursverlauf qualifiziert werden soll.

3.1 Episodische Prozessstruktur

Gegenstand der Untersuchung war die Berichterstattung bundesdeutscher Printmedien zur sogenannten drogenpolitischen „Freigabe“-Debatte, also zur Frage einer möglichen strafrechtlichen Liberalisierung im Bereich der illegalen Drogen, in der Zeit von 1988 bis 1995. Die Untersuchung ist gemessen an der oben entwickelten Systematik denjenigen Studien zuzurechnen, die auf die Funktionsweise der Medienöffentlichkeit abzielen, und mit einem deutungsanalytischen Instrumentarium arbeiten.

Betrachtet man den Umfang der Berichterstattung zur „Freigabe"-Debatte im gesamten Untersuchungszeitraum, so fallen relativ kurze Phasen erhöhter Medienaufmerksamkeit und lange Phasen mit sehr geringer Medienaktivität auf (Abbildung 1). Die berichterstattungsintensiven Phasen korrespondieren jeweils mit einem für die drogenpolitische Diskussion zentralen politischen Ereignis. Der Diskurs ist also zeitlich durch bestimmte herausgehobene Ereignisse strukturiert, die sowohl bei den am Diskurs beteiligten Sprechern als auch bei den Medien Resonanz auslösen. Aus diesem Grund werden die Phasen 2, 4 und 6 als Ereignisphasen, die Phasen 1, 3, 5 und 7 dagegen als ereignisärmere Ruhephasen bezeichnet. Die Ereignisphasen bilden gewissermaßen Episoden, abgeschlossene Handlungsschritte in einem größeren Erzählzusammenhang. Die Drogenberichterstattung insgesamt ist einer längeren Erzählung vergleichbar, die ihr (zum Teil konstantes, zum Teil wechselndes) Personal unter einem Thema oder Motto immer wieder mit neuen Ereignissen konfrontiert.[5]

Diese episodische Verlaufsform der Berichterstattung zum Drogenthema erlaubt nun Vergleiche zwischen den einzelnen Phasen und Phasentypen. Sie zeigen, dass der Wechsel von Ereignisphasen und ereignisärmeren Ruhephasen erheblichen Einfluss auf fast alle untersuchten inhaltlichen Merkmale der Debatte haben. So ist in den Ereignisphasen durchweg ein überproportional großer Anteil von Kommentaren und Leserbriefen festzustellen. Das zeigt, dass die herausragenden Ereignisse zu einer Beteiligung zusätzlicher Akteure und damit zur Verbreiterung der Debatte sowie zu einer Verstärkung des Meinungsstreits geführt haben. Während die Berichterstattung in den Ereignisphasen stark durch das jeweilige Großereignis angestoßen wurde, verstärkt sich in den ereignisärmeren Phasen eine Form der ereignisunabhängigen Berichterstattung, die ohne spezifisches Ereignis als Berichterstattungsanlass auskommt. Auch der Blick über die Grenzen der Bundesrepublik hinaus auf das drogenpolitische Geschehen im Ausland ist stark auf die Phasen zwischen den Berichterstattungshöhepunkten konzentriert, während sich die Debatte in den Ereignisphasen auf die deutsche Situation verengt. Dies sind Ergebnisse, die auf der Beitragsebene gewonnen wurden. Für die inhaltliche Tiefenstruktur der drogenpolitischen Debatte bedeutsamer sind die Befunde auf der Aussagenebene, die im folgenden zusammengefasst werden.

5 Eine entsprechende Auswertung der von Gerhards, Neidhardt und Rucht (1998) untersuchten Abtreibungsdebatte in Deutschland hat auch bei diesem Thema episodische Prozessstrukturen deutlich gemacht, die die „issue attention cycles" überlagern. Ich danke Jürgen Gerhards für die Bereitstellung der Auswertung.

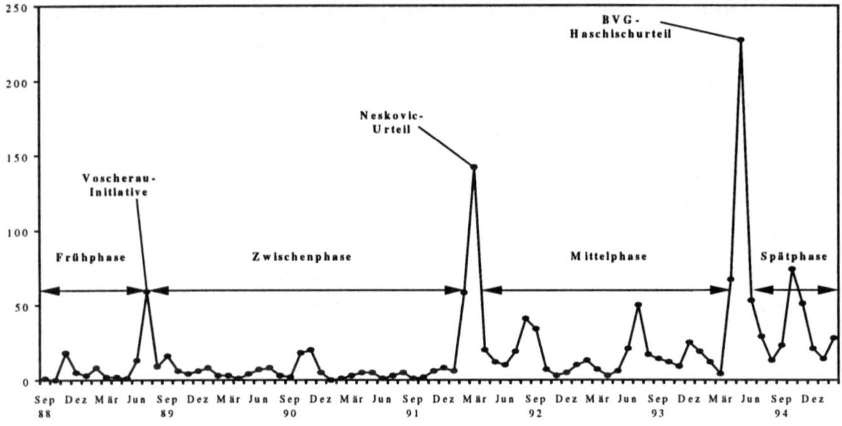

Abbildung 1: Ereignisphasen und ereignisärmere Phasen in der „Freigabe"-Debatte

3.2 *Deutungswandel im Mediendiskurs*

Für die Analyse des Diskursverlaufs auf der Aussagenebene ist die Frage zentral, welche Auswirkungen die episodische Prozessstruktur auf den Wandel der im Medieninhalt auffindbaren Deutungen hat. Lässt sich von Episode zu Episode ein Verschwinden unangemessener oder veralteter Idee-Elemente zugunsten zeitgemäßerer und zutreffenderer Deutungen feststellen? Stellen sich im Laufe der Zeit kollektive Lerneffekte ein? Hier stimmen die Befunde meiner Untersuchung – wie auch die von Gerhards, Neidhardt und Rucht (1998) – außerordentlich skeptisch. Mediendiskursen wohnt demnach keine generelle Tendenz zu gesteigerter Aufklärung und erhöhter Reflexivität inne. Mediendiskurse führen als solche nicht zum Konsens oder wenigstens zu einer argumentativ gestützten Mehrheitsmeinung. Sie unterliegen einer nicht-teleologischen Prozessdynamik. Die Medienöffentlichkeit ist ein zu großes und für die Sprecher zu wichtiges Forum, als dass hier Lernprozesse stattfinden könnten. Es kostet für die Sprecher zu viel, eigene Lerneffekte öffentlich zuzugeben, weil dies potentiell der eigenen Glaubwürdigkeit schadet und die Legitimität untergräbt. Lernprozesse können hinter verschlossenen Türen, nicht aber auf dem Marktplatz stattfinden (vgl. Gerhards, Neidhardt und Rucht 1998, 187).

Gleichwohl lassen sich in der drogenpolitischen Mediendebatte *zeitliche Variationen im Deutungsgeschehen* nachweisen. Nur sind diese nicht auf ein generelles Ziel hin orientiert, sondern selbst wieder episodisch, d.h. durch den Wechsel von Ereignisphasen und ereignisärmeren Phasen strukturiert. Das wird deutlich, wenn man die in der Drogenberichterstattung auffindbaren Deutungen im Zeitverlauf analysiert. Zu diesem Zweck wurden die in der Berichterstattung enthaltenen Problemdeutungen (Idee-Element-Aussagen) zunächst in einem mehrstufigen Auswertungsverfahren verschiedenen Lagern zugeordnet.[6] Dabei zeigte sich, dass die „Freigabe"-Debatte – wie wohl die meisten Mediendiskurse – eine bipolare Konfliktstruktur aufweist: Ein liberales Lager steht hier einem repressiven Lager gegenüber. In den Reihen des liberalen Lagers finden sich unter den politischen Akteuren vorwiegend Vertreter von SPD, Bündnis90/Die Grünen, FDP und PDS, während zum repressiven Lager vorrangig Vertreter der Unionsparteien gehören.

Auf der Basis der ermittelten Lagerstruktur lässt sich nun für jedes Idee-Element, das in den Deutungen eines der beiden Lager auftaucht, die Verteilung über die sieben Phasen bestimmen (Tabelle 1). Rund vier Fünftel der Idee- Element-Aussagen beider Lager sind in allen sieben Phasen der Debatte vertreten

Art der zeitlichen Verteilung	*Anzahl der Idee-Element-Aussagen*			
	liberales Lager		*repressives Lager*	
	%	N	%	N
durchgängige Idee-Elemente	77,3	1.675	83,2	1.112
neu hinzukommende Idee-Elemente	9,4	204	12,2	163
ereignisunabhängige Idee-Elemente	9,2	199	–	–
wegfallende Idee-Elemente	0,6	14	0,4	6
seltene Idee-Elemente	3,5	76	4,2	56
Gesamt	100,0	2.168	100,0	1.337

Tabelle 1: Zeitliche Entwicklung des Deutungsrepertoires
Basis: Alle Idee-Element-Aussagen aus Sprecheräußerungen der „Freigabe"-Debatte, die sich eindeutig einem der beiden Lager zuordnen ließen.

6 Ausschlaggebend waren dabei nicht theoretische Überlegungen, sondern das empirisch feststellbare gemeinsame Auftreten der Idee-Elemente in einer Äußerung. Die festgestellte Lagerstruktur wurde dem Material also nicht übergestülpt, sondern empirisch aus dem Material gewonnen. Zu den Einzelheiten des Vorgehens siehe Weßler 1999, 274-277.

(durchgängige Idee-Elemente). Dies spricht für eine relativ hohe Stabilität der Problemdeutungen im Untersuchungszeitraum. Die Kehrseite dieses Befundes besteht in der Feststellung, dass nur etwa jede zehnte Aussage ein Idee-Element betrifft, das im Laufe der Debatte neu in die Diskussion eingeführt wird (neu hinzukommende Idee-Elemente).[7] Diese Ausweitung des Deutungsrepertoires ist beim repressiven Lager mit 12,2% aller Idee-Element-Nennungen relativ etwas stärker ausgeprägt als beim liberalen Lager (9,4%). In jedem Fall waren *Innovationen im Deutungsrepertoire* – wenn auch in begrenztem Umfang – offenbar möglich.

Eine besondere Form der zeitlichen Variation im Deutungsgeschehen lässt sich – zumindest beim liberalen Lager – in ereignisärmeren Ruhephasen der Debatte ausmachen. Jede elfte Idee-Element-Nennung des liberalen Lagers betrifft ein Idee-Element, das ausschließlich in den ereignisärmeren Phasen 1, 3, 5 und 7 vorkommt (ereignisunabhängige Idee-Elemente). Weil der Diskurs in diesen Phasen weniger stark thematisch fokussiert ist und sich daher stärker in unterschiedliche Richtungen verzweigen kann, als das in Ereignisphasen der Fall ist, besteht die Möglichkeit, dass sich das *Deutungsrepertoire in ereignisärmeren Phasen stärker diversifiziert* als in Ereignisphasen. Zwar ist dieses Prozessmuster angesichts der relativen Stabilität der Deutungen quantitativ eher von untergeordneter Bedeutung. Für die inhaltliche Vielfalt der Deutungen in einem medienöffentlichen Diskurs sind die ereignisärmeren Phasen aber offenbar dennoch von Bedeutung. Und auch wenn diese inhaltliche Vielfalt noch nichts über die Qualität der Deutungen aussagt, bildet sie doch eine Voraussetzung für die differenzierte Behandlung eines Problems unter verschiedenen Gesichtspunkten.

Auch in einer anderen Hinsicht spielen die ereignisärmeren Phasen für den Verlauf der „Freigabe"-Debatte eine besondere Rolle. Denn in diesen Phasen ist der Profilierungsdruck, der auf den Öffentlichkeitssprechern lastet, offenbar weniger groß als in den Ereignisphasen. Es ist daher leichter möglich, dass sich die Parteidisziplin lockert und Sprecher, die eine von der generellen Linie ihrer Partei abweichende Deutung oder Regelungsbewertung vorbringen wollen, öffentlich zu Wort melden. Dies gilt in der „Freigabe"-Debatte zumindest für die (wenigen) CDU-Vertreter im liberalen Lager. Auf sie entfallen 23 (oder 4,3%) der Äußerungen des liberalen Lagers, das ansonsten durch SPD, Bünd-

7 Demgegenüber gibt es so gut wie kein Idee-Element, das im Zeitverlauf aus den Deutungen eines Lagers und damit womöglich ganz aus der Debatte ausgeschieden wäre (wegfallende Idee-Elemente). Die Gruppe derjenigen Idee-Elemente, die insgesamt so selten vorkommen, dass eine Untersuchung der zeitlichen Verteilung nicht sinnvoll ist (seltene Idee-Elemente), trägt zum Verständnis des Deutungswandels ebenfalls nichts bei.

nis90/Die Grünen und FDP dominiert wird. Fast alle dieser von der CDU-Linie abweichenden Äußerungen von CDU-Vertretern fallen in ereignisärmere Phasen, sodass die Parteidisziplin in diesen Phasen etwas gelockert erscheint.[8]

Auch diese *Lockerung der Parteidisziplin in ereignisärmeren Phasen* ist allerdings ein quantitativ wenig ins Gewicht fallendes Phänomen. Umso wichtiger ist es, dass in medienöffentlichen Diskursen dafür strukturelle Voraussetzungen bestehen. Denn das wenigstens temporäre Ausscheren aus der Parteilinie bietet die Möglichkeit, dass in einem medienöffentlichen Diskurs Brücken über die Lagergrenzen hinweg gebaut werden. Es kann daher dazu beitragen, Erstarrungen in medienöffentlichen Diskursen abzubauen oder zu verhindern. Um die Dynamik medienöffentlicher Diskurse wäre es wesentlich schlechter bestellt, wenn es ein Ausscheren aus der Parteilinie gar nicht gäbe – etwa weil ein Diskursklima herrscht, in dem sich jede öffentliche Annäherung an den Gegner verbietet.

4 Schlussbemerkung

Die hier präsentierten Befunde zur Prozessstruktur von Mediendiskursen basieren auf der Untersuchung eines ganz bestimmten Berichterstattungsthemas. Es ist bisher unklar, inwieweit sie tatsächlich allgemeine Momente medienöffentlicher Kommunikation erfassen. Das folgende Fazit ist also unter dem Vorbehalt einer Prüfung der Befunde in anderen thematischen Berichterstattungskontexten zu formulieren. Es versteht sich insofern auch als Anregung zu weiterer Forschung. Fasst man die Befunde mit diesem Vorbehalt zusammen, so liegt es nahe, die zentrale Leistung der Massenmedien für gesellschaftliche Diskurse nicht in der Herstellung von Konsens zu sehen, sondern darin, dass die Medien durch kontinuierliche Berichterstattung auch zwischen den herausragenden Großereignissen neue Argumente in die Debatte einschleusen (Deutungsinnovation) und Risse in den starren Fronten der Lager deutlich machen (Lockerung der Parteidisziplin). Aufgrund des empirisch festgestellten, geringen quantitativen Gewichts dieser Leistungen ist allerdings vor überzogenen normativen Erwartungen an die Medien zu warnen.

8 Insgesamt scheinen die CDU-Vertreter in stärkerem Maße der Parteidisziplin zu unterliegen als die Vertreter anderer Parteien. Denn die SPD- und FDP-Vertreter, die entgegen der generellen Erwartung aufgrund ihrer Äußerungen zum repressiven Lager zu zählen sind, verschaffen sich mit ihren von der Parteilinie abweichenden Äußerungen auch während der Ereignisphasen Gehör.

Dennoch hat deutungsorientierte Prozessanalyse auf einige Aspekte der Tiefenstruktur von Mediendiskursen aufmerksam gemacht, die weitere Beachtung verdienen. Dazu gehört zum einen die Kategorie der Deutungsvielfalt, die über die Vielfalt der behandelten Themenaspekte und die Meinungsvielfalt in Mediendiskursen hinaus einen wichtigen Gradmesser für die Komplexität solcher Diskurse darstellt. Die Analyse hat den Blick zweitens auf die Geschlossenheit bzw. Offenheit von Lagerstrukturen als Moment des Diskursverlaufs und als Determinante der inhaltlichen Flexibilität von Mediendiskursen gerichtet. Drittens schließlich hat die Untersuchung auf die Charakteristik unterschiedlicher Phasentypen und deren Bedeutung für das Deutungsgeschehen hingewiesen.

Dieser dritte Aspekt scheint von besonderer Bedeutung: Betrachtet man das hier untersuchte Forschungsfeld insgesamt, so scheint in der Entwicklung prozessorientierter Analysedesigns im Zusammenhang mit der inhaltlichen Tiefenstruktur von Mediendiskursen das größte Desiderat zu bestehen. Der vorliegende Beitrag versteht sich als ein Plädoyer in dieser Richtung. Er hätte seinen Zweck erfüllt, wenn deutlich geworden wäre, dass argumentations- und/oder deutungsorientierte Medienanalysen mit einem längerfristigen Zeithorizont trotz des relativ großen Untersuchungsaufwands durchaus der Mühe wert sind.

Literatur

Beckett, Katherine. 1995. Media depictions of drug abuse: the impact of official sources. In *Research in Political Sociology,* Vol. 7: *Mass media and politics*, hg. von Philo C. Wasburn, 161-182. Greenwich, Conn., London: JAI Press.

Brosius, Hans-Bernd. 1991. Schema-Theorie – ein brauchbarer Ansatz in der Wirkungsforschung? *Publizistik* 36: 285-297.

Dijk, Teun A. van, Hg. 1997. *Discourse studies: a multidisciplinary introduction.* Vol. 1: *Discourse as structure and process.* – Vol. 2: *Discourse as social interaction.* London, Thousand Oaks, New Delhi: Sage.

Downs, Anthony. 1972. The issue-attention cycle and the political economy of improving our environment. In *The Political economy of environmental control,* hg. von Anthony Downs, Joe S. Bain und Warren F. Ilchman. Berkeley : Institute of Business and Economic Research, University of California.

Entman, Robert M. 1993. Framing: Toward clarification of a fractured paradigm. *Journal of Communication* 43: 51-58.

Entman, Robert M. 1991. Framing U.S. coverage of international news: contrasts in narratives of the KAL and Iran air incidents. *Journal of Communication* 41: 6-27.

Entman, Robert M., und Andrew Rojecki. 1993. Freezing out the public: elite and media framing of the U.S. anti-nuclear movement. *Political Communication* 10: 155-173.

Fairclough, Norman. 1995. *Media discourse*. London, New York: Arnold.

Früh, Werner. 1989. Semantische Struktur- und Inhaltsanalyse (SSI): Eine Methode zur Analyse von Textinhalten und Textstrukturen und ihre Anwendung in der Rezeptionsanalyse. In *Massen-*

kommunikation: Theorien, Methoden, Befunde, hg. von Max Kaase und Winfried Schulz, 490-507. Kölner Zeitschrift für Soziologie und Sozialpsychologie, Sonderheft 30. Opladen: Westdeutscher Verlag.

Gamson, William A. 1989. News as framing. *American Behavioral Scientist* 33: 157-161.

Gamson, William A. 1988. A constructionist approach to mass media and public opinion. *Symbolic Interaction* 11: 161-174.

Gamson, William A., und Kathryn E. Lasch. 1983. The political culture of social welfare policy. In *Evaluating the welfare state: social and political perspectives*, hg. von Shimon E. Spiro und Ephraim Yuchtman-Yaar, 397-415. New York, London: Academic.

Gamson, William A., und Andre Modigliani. 1989. Media discourse and public opinion on nuclear power: a constructionist approach. *American Journal of Sociology* 95: 1-37.

Gamson, William A., und Andre Modigliani. 1987. The changing culture of affirmative action. In *Research in political sociology*, Vol. 3, hg. von Richard D. Braungart, 137-177. Greenwich, Conn., London: JAI Press.

Gerhards, Jürgen. 1993. *Neue Konfliktlinien in der Mobilisierung öffentlicher Meinung: Eine Fallstudie*. Opladen: Westdeutscher Verlag.

Gerhards, Jürgen, Friedhelm Neidhardt und Dieter Rucht. 1998. *Zwischen Palaver und Diskurs: Strukturen öffentlicher Meinungsbildung am Beispiel der deutschen Diskussion zur Abtreibung*. Opladen: Westdeutscher Verlag.

Iyengar, Shanto. 1991. *Is anyone responsible? How television frames political issues*. Chicago, London: University of Chicago Press.

Lüders, Christian. 1991. Deutungsmusteranalyse: Annäherungen an ein risikoreiches Konzept. In *Qualitativ-empirische Sozialforschung: Konzepte, Methoden, Analysen*, hg. von Garz, Detlef und Klaus Kraimer, 377-408. Opladen: Westdeutscher Verlag.

Meuser, Michael, und Reinhold Sackmann. 1992. Zur Einführung: Deutungsmusteransatz und empirische Wissenssoziologie. In *Analyse sozialer Deutungsmuster: Beiträge zur empirischen Wissenssoziologie*, hg. von Michael Meuser und Reinhold Sackmann, 9-37. Pfaffenweiler: Centaurus.

Pan, Zhongdang, und Gerald M. Kosicki. 1993. Framing analysis: an approach to news disourse. *Political Communication* 10: 55-75.

Rühl, Manfred. 1980. *Journalismus und Gesellschaft: Bestandsaufnahme und Theorieentwurf*. Mainz: v. Hase und Köhler.

Sabatier, Paul A. 1993. Advocacy-Koalitionen, Policy-Wandel und Policy-Lernen: Eine Alternative zur Phasen-Heuristik. In *Policy-Analyse,* hg. von Adrienne Héritier, 116-148. Politische Vierteljahresschrift, Sonderheft 24. Opladen: Westdeutscher Verlag.

Sabatier, Paul A. 1995. The argumentative turn in policy analysis and planning. *American Political Science Review* 89: 201-203.

Saxer, Ulrich. 1996. Zur Rationalität von Politik, Medien und Public Relations: Schlussfolgerungen aus einer schweizerischen Fallstudie. *Rundfunk und Fernsehen* 44: 531-538.

Saxer, Ulrich, und Cosima Tschopp. 1995. *Politik und Medienrealität: Die schweizerische Presse zur Abstimmung über den EWR*. Diskussionspunkt 31. Zürich: Seminar für Publizistik der Universität Zürich.

Schissler, Jakob, und Christian Tuschhoff. 1988. Kognitive Schemata: Zur Bedeutung neuerer sozialpsychologischer Forschungen für die Politikwissenschaft. *Aus Politik und Zeitgeschichte* B52-53: 3-13.

Toulmin, Stephen E. 1958. *The uses of argument*. Cambridge: Cambridge University Press.

Vowe, Gerhard. 1994. Politische Kognition: Umrisse eines kognitionsorientierten Ansatzes für die Analyse politischen Handelns. *Politische Vierteljahresschrift* 35: 423-447.

Weiß, Hans-Jürgen. 1989. Öffentliche Streitfragen und Massenmediale Argumentationsstrukturen: Ein Ansatz zur Analyse der inhaltlichen Dimension im Agenda Setting-Prozess. In *Massenkommunikation: Theorien, Methoden, Befunde*, hg. von Max Kaase und Winfried Schulz, 473-489. Kölner Zeitschrift für Soziologie und Sozialpsychologie, Sonderheft 30. Opladen: Westdeutscher Verlag.

Weiß, Ralph, und Werner Rudolph. 1993. *Die lokale Welt im Radio: Information und Unterhaltung im Lokalradio als Beiträge zur kommunalen Kommunikation*. Opladen: Westdeutscher Verlag.

Weßler, Hartmut. 1999: *Öffentlichkeit als Prozess: Deutungsstrukturen und Deutungswandel in der deutschen Drogenberichterstattung*. Opladen: Westdeutscher Verlag.

Verzeichnis der AutorInnen

Kai Arzheimer, wissenschaftlicher Mitarbeiter des Instituts für Politikwissenschaft, Johannes Gutenberg-Universität Mainz

Dr. Hans Bohrmann, Direktor des Instituts für Zeitungsforschung der Stadt Dortmund; Honorarprofessor für Journalistik am Institut für Journalistik, Universität Dortmund

lic. phil. Patrik Ettinger, wissenschaftlicher Mitarbeiter des Forschungsbereichs Öffentlichkeit und Gesellschaft, Universität Zürich

Dr. Jürgen Falter, Professor am Institut für Politikwissenschaft, Johannes Gutenberg-Universität Mainz

Dr. Friedrich Försterling, Professor am Institut für Psychologie, Ludwig-Maximilians-Universität München

Dr. Christina Holtz-Bacha, Professorin am Institut für Publizistik, Johannes Gutenberg-Universität Mainz

Dr. Kurt Imhof, Professor für Soziologie an der Universität Zürich; Leiter des Forschungsbereichs Öffentlichkeit und Gesellschaft

Dr. Otfried Jarren, Professor am Institut für Publizistikwissenschaft und Medienforschung, Universität Zürich; Direktor des Hans-Bredow-Instituts für Medienforschung, Universität Hamburg

Dipl.-Volkswirt Markus Klein, M.A., wissenschaftlicher Mitarbeiter des Zentralarchivs für Empirische Sozialforschung, Universität Köln

Dr. Manfred Knoche, Professor am Institut für Publizistik und Kommunikationswissenschaft, Abteilung für Medienökonomie und Empirische Kommunikationsforschung, Universität Salzburg

Eva-Maria Lessinger, M.A., Doktorandin an der Sektion für Publizistik und Kommunikation, Ruhr-Universität Bochum

Dr. Martin Liepach, Studienrat und wissenschaftlicher Mitarbeiter am Jüdischen Museum Frankfurt am Main

Dr. Claude Longchamp, Direktor des GfS-Forschungsinstituts, Bern

Dr. Dr. Gabriele Melischek, M.A., wissenschaftliche Mitarbeiterin der Kommission für historische Pressedokumentation, Österreichische Akademie der Wissenschaften, Wien

Dr. Fritz Plasser, Professor am Institut für Politikwissenschaft, Universität Innsbruck; Leiter des Zentrums für Angewandte Politikforschung in Wien

Dr. Ulrich Sarcinelli, Professor am Institut für Politikwissenschaft, Universität Koblenz-Landau, Abt. Landau

Dr. Ulrich Saxer, Professor für Kommunikationssoziologie an der Università della Svizzera italiana, Lugano

Dr. Helmut Scherer, Professor am Institut für Journalistik und Kommunikationsforschung, Hochschule für Musik und Theater Hannover

Dr. Klaus Schönbach, Professor für Allgemeine Kommunikationswissenschaft an der Universität Amsterdam

Dr. Josef Seethaler, wissenschaftlicher Mitarbeiter der Kommission für historische Pressedokumentation, Österreichische Akademie der Wissenschaften, Wien

Dr. Holli A. Semetko, Professorin für Öffentliche Meinung an der Universität Amsterdam

Dr. Hans-Jörg Stiehler, Professor am Institut für Kommunikations- und Medienwissenschaft, Universität Leipzig

PD Dr. Rudolf Stöber, Freie Universität Berlin

Dr. Hartmut Weßler, M.A., geschäftsführender wissenschaftlicher Mitarbeiter des Studiengangs Journalisten-Weiterbildung, Freie Universität Berlin

Dr. Jürgen Wilke, Professor am Institut für Publizistik, Johannes Gutenberg-Universität Mainz